WEN JIN XUE ZHI

⊙

《文津學志》編委會 編

文津学志

任继愈题

國家圖書館出版社

第十五辑

敦煌藏經洞發現一百二十周年紀念專刊

圖書在版編目（CIP）數據

文津學志.第十五輯/《文津學志》編委會編.—北京:國家圖書館出版社,2021.1
ISBN 978－7－5013－7195－2

I.①文…　Ⅱ.①文…　Ⅲ.①古籍—善本—研究—中國—叢刊　Ⅳ.①G255.1－55

中國版本圖書館 CIP 數據核字（2020）第 266769 號

書　　　名	文津學志（第十五輯）
著　　　者	《文津學志》編委會　編
責任編輯	景　晶

出版發行　國家圖書館出版社（北京市西城區文津街 7 號　100034）
　　　　　　（原書目文獻出版社　北京圖書館出版社）
　　　　　　010－66114536　63802249　nlcpress@ nlc. cn（郵購）

網　　址　http://www.nlcpress.com
印　　裝　北京武英文博科技有限公司
版次印次　2021 年 1 月第 1 版　2021 年 1 月第 1 次印刷

開　　本　787×1092（毫米）　1/16
印　　張　16.75
字　　數　365 千字
書　　號　ISBN 978－7－5013－7195－2
定　　價　90.00 圓

編委會

目　錄

"行百里者半九十"

——爲敦煌藏經洞文獻入藏國圖 110 周年作

柴劍虹

內容提要： 國家圖書館 110 年來在敦煌吐魯番資料的搜集、整理、編撰、出版以及服務方面頗有成效，未來一段時期應爭取進一步徹底厘清館藏敦煌文獻，繼續完成國圖所藏敦煌文獻的高清數字化掃描工作，向敦煌學界提供待綴合敦煌殘卷碎片高清圖版信息，進一步搜集和完善全世界敦煌學研究的檔案資料。

關鍵詞： 國家圖書館　敦煌學　敦煌文獻　學術服務

今年是敦煌莫高窟藏經洞劫餘文獻入藏中國國家圖書館 110 周年。20 世紀初藏經洞所出大量珍貴的古代文獻被外國考察隊、探險家等劫掠，其劫餘部分于 1910 年如何運抵北京以及清廷學部調撥入藏京師圖書館（國家圖書館前身）的事實，學界周知；之後國圖敦煌文獻歷次增藏及庋藏變遷的情況，近百年來國圖館員對這批藏品的編目、整理、研究成果，也有劉波研究館員的翔實敘錄和精當論述[1]，均無須我再贅述。敦煌文物、文獻流散的是是非非以及正負面效應，多年前我亦曾有專文簡要論及[2]，主要觀點是：

從 1907 年開始，我國敦煌的大量藝術品和藏經洞文獻相繼被外國考察隊、探險家、學者掠取而流散海外。這是確鑿無疑的歷史事實，歷史的記憶不能缺失，更不能曲解。誠然，敦煌文物的小量流失，始于 1900 年藏經洞發現後不久。首先是敦煌縣內，繼而擴展到甘肅省境內的酒泉等地，而後又流入新疆和內地。始作俑者當然就是王圓籙道士本人，最初拿到王道士進獻品的地方官員（如廷棟、汪宗瀚等）當然也難辭其咎。他們對敦煌文物的價值幾乎毫無正確的認識，因而并無珍惜之意，這是造成敦煌文物繼續大批流散的重要因素。至于 1902 年就從汪宗瀚處拿到了藏經洞所出敦煌寫本、絹畫、拓本的甘肅學政金石學家葉昌熾，雖然對它們的價值有所認識，也曾建議甘肅省當局將藏經洞文物運送蘭州保管，其本質上也祇是從一個金石鑒賞家的立場出發，并未將保護及研究付諸實際行動。被外國人劫餘的敦煌文獻奉命運送北京途中及入藏圖書館前，押運者及一些官員用撕裂等手段趁機竊取，又加劇了流散的厄運。可以説，清末政局的動盪和政權的衰弱，大批官吏的腐敗、昏庸，管理的鬆弛、混亂，加上王道士的無知與貪心，蔣師爺（孝琬）等人的爲虎作倀，之後民國初期政府又疏于文物管理和海關管控，鞭長莫及，是導致敦煌文物大量流散的根本原因。另一方面，

1

敦煌文獻的流散，促進了世界學術新潮流敦煌學的興起與形成、發展，也促使中國學人發憤圖强，努力將這一學術的“傷心史”變爲“争氣史”，尤其是近半個世紀以來，敦煌研究院的“莫高窟人”在敦煌莫高窟文物保護、研究中，中國敦煌吐魯番學會和包括中國國家圖書館在内的各收藏機構、高校、出版社的學者同仁在國内外所藏敦煌文獻的整理、刊布與研究中都取得了豐碩成果，爲推進這一“世界學術之新潮流”的蓬勃發展作出了舉世矚目的貢獻。

需要特别指出的是，經季羨林會長、任繼愈館長親自籌劃、指導，中國敦煌吐魯番學會與北京圖書館於 1988 年共建了北圖敦煌學資料中心。三十餘年來，該中心的歷任館員積極配合國圖相關業務，爲敦煌資料（也包括吐魯番地區乃至整個絲綢之路的歷史文化資料）的搜集、整理、編撰、出版工作以及爲學術界的服務，卓有成效，口碑甚佳。僅出版物而言，該資料中心同仁所編撰的兩個系列叢書中的相關目録索引類圖書早期有《北京圖書館藏敦煌遺書目録索引》《中國散藏敦煌文獻分類目録》《敦煌吐魯番学論著目録初編（日文部分）》《國家圖書館藏敦煌遺書研究論著目録索引（1900—2001）》《英藏法藏敦煌遺書研究按號索引》等種，此外還有資料整理編纂類的《敦煌社會經濟文獻真迹釋録》《敦煌莫高窟題記彙編》《王重民向達所攝敦煌西域文獻照片合集》《敦煌西域文獻舊照片合校》《敦煌大藏經》《敦煌禪宗文獻集成》《敦煌道藏》《敦煌密宗文獻集成》及其《續編》，研究著作類的《敦煌遺書研究論集》《敦煌佛典的流通與改造》《敦煌遺珍》《國家圖書館與敦煌學》以及該中心組織編輯的《敦煌與絲路文化學術講座》一、二輯等。近兩年則編輯出版了《絲綢之路研究論著叙録》《絲綢之路研究論文目録》，繼續發揮着資料中心的服務學界作用。即將出版的《漢文敦煌遺書題名索引》，必將爲學者的敦煌遺書目録查檢提供極大方便。至於這些年來資料中心參與的國際敦煌文獻數字化工程（IDP 項目），參與舉辦的大型學術會議、文獻資料展覽、學術講座，也都取得了很好的學術推進作用與社會效應。應該説，目前我國的敦煌學研究已在世界處於領先地位，國際敦煌學與絲路文化的交流合作成效顯著，“敦煌在中國，敦煌學在世界”的旗幟鮮明，其中，中國國家圖書館均功不可没。資料中心年輕人逐漸成長，資料的搜集、科研的跟進、學界的服務，更加成熟、全面、到位。

1998 年底，我國敦煌學界歷時十餘年編撰的《敦煌學大辭典》成功問世；2000年，在莫高窟藏經洞發現 100 周年之際，中國敦煌吐魯番學會的老會長季羨林教授一再强調：進入新世紀之敦煌學研究是“行百里，半九十”，任重而道遠，我國學人必須繼續努力。遵照季老的囑托，這 20 年來，在老、中、青三代學者的薪火傳承中，不僅我國敦煌文物的保護、研究，敦煌文獻的整理、釋録、出版、研究都取得了長足的進展，而且爲全國乃至世界的文化遺産保護管理與傳承創新都樹立了榜樣。據我所知，近年來，敦煌研究院和全國其他的文博機構以及高校相關院所，爲落實習近平總書記在敦煌研究院座談會上的講話精神，紛紛制訂規劃，落實各種措施。最近，中國敦煌吐魯番學會、敦煌研究院的幾位學者，就今後五到十年立項實施敦煌資料整理和研究工程，向全國古籍整理出版規劃領導小組提出了具體建議。據此，我覺得國家圖書館及其敦煌資料中心可以配合開展如下幾項工作。

其一，首先争取進一步徹底厘清國圖皮藏的敦煌文獻藏品（目前編爲 16579 號），包括後來發現的一些殘碎零片，在國圖原有幾種編目的基礎上，先組織人力編撰一部體例規範的《中國國家圖書館所藏敦煌文獻分類簡目》。其後，擴展資料來源途徑，編撰國内所有公私機構和藏家（目前據國圖敦煌資料中心統計爲敦煌研究院等 138 家與 5 位個人）所藏敦煌文獻的《中國國内散藏敦煌文獻目録》。

其二，繼續完成國圖所藏全部敦煌文獻高清數字化掃描複製工作；目前已完成的 5300 多號也需要根據高清標準做好核查、補正工作。爲編纂出版全彩色印製的《敦煌文獻總集》國圖部分打好扎實基礎。

其三，經認真調研向敦煌學界提供國圖和法國國家圖書館、俄羅斯聖彼得堡東方文獻研究所所藏敦煌殘卷碎片的待綴合的高清圖版信息，爲學界糾正原有的定名、年代誤判并進而編著《敦煌殘卷綴合集》提供必要支撑。

其四，在原有資料基礎上，進一步搜集和完善全世界敦煌學研究的檔案資料（包括中外學者個人的生平簡歷與研究課題及相關手稿、信札和代表性成果，以及相關學術會議的文字與圖像資料等）；尤其是 19 世紀後半葉到 20 世紀中期各國考察隊、探險家等在西域、中亞進行考古發掘的各類信息，特别是他們在敦煌地區掠取文物的真實情形（如斯坦因究竟如何進入藏經洞，俄藏、日藏敦煌寫本的獲取途徑等實情）。至于已知英、法、俄、日、美、德、韓、印度、澳大利亞、瑞典、丹麥等國公私所藏敦煌文獻的詳細而準確的資料，亦需要通過進一步的國際交流合作來獲取。

"行百里者半九十"。中國敦煌學研究史與國圖史同步且休戚相關。國家圖書館的前身京師圖書館創立 111 年，敦煌文獻入藏 110 年，亦是彈指一揮間。而今，敦煌學從"絕學"變爲"顯學"，正方興未艾。展望前程，任重而道逺。前面所述，袛是我的粗淺認識和不成熟的建議，僅供國圖同仁與學界朋友參考。

2020 年 8 月 26 日

注釋：
① 劉波：《國家圖書館與敦煌學》，國家圖書館出版社，2018 年 4 月。
② 柴劍虹：《敦煌文物流散的是與非》，《敦煌研究》2008 年第 2 期。

（作者單位：中華書局）

百年"敦煌文"整理研究的回顧與反思

鍾書林

内容提要："敦煌文"的概念，經歷了從無到有、從模糊到逐漸清晰的過程；"敦煌文"的整理研究，也經歷了從零散整理研究到集中整理研究的發展歷程。

關鍵詞： 敦煌文學　敦煌文　學術史

1900 年敦煌藏經洞文書發現，至今走過了 120 周年的歷程，敦煌文學研究經幾代學人的努力，已經取得了較大的成績。而"敦煌文"的概念，經歷了從無到有、從模糊到逐漸清晰的過程，"敦煌文"的整理研究也經歷了從零散整理研究到集中整理研究的發展歷程。就敦煌文學研究領域而言，敦煌文學中的變文、詩歌、小說、辭賦、歌辭等文體都有全集或專集問世，并取得深入拓展，其間名家輩出。而"敦煌文"整理研究，則相對比較冷落，不爲世所重。

朱鳳玉先生《百年來敦煌文學研究之考察》對百年來敦煌變文、敦煌詩歌、敦煌曲子詞、敦煌賦等進行系統之考察與展望[①]，"敦煌文"則付之闕如。縱觀百餘年來的敦煌文學之路，其實"敦煌文"的整理研究開拓最早，其後由於不斷遭致學人的質疑與批評，導致步履沉重、發展緩慢，與敦煌文學的發展漸漸不再合拍。

一、"敦煌文"整理的早期開拓

在敦煌文學整理研究中，以"敦煌文"整理研究的起步爲最早。早在 1909 年，羅振玉刊印出版《敦煌石室遺書》，在這批世界上最早的敦煌學研究資料中，收錄有蔣斧（1866—1911，又名蔣黼）輯錄的《沙州文録》。蔣斧的目標很明確，衹收"文"類作品，這是最早的一次"敦煌文"整理。其中收錄"碑"（《孔周碑》《李太賓碑》《吳僧統碑》《陰嘉政碑》《索法律碑》《翟家碑》《李明振碑》）、"敕"（《金山白衣王敕》）、"牒"（《瓜州牒》《馬軍武達兒上司空牒》《陳彦□等獻物牒》《僧龍訓等上司空牒》《又謝司空賜物牒》《又上司空獻酒牒》）、"狀"（《曹仁貴仲秋狀》《又獻物狀》）、"贊"（《曹夫人贊》《曹良才畫象贊》）、"記"（《曹元忠刻經象記》《宋刻陀羅尼記》《西夏刻經記》）6 種文類 21 篇作品。蔣斧雖然沒有明確界定"敦煌文"的概念，但他將這 21 篇作品集中，名曰《沙州文録》，并且細分爲 6 種文類，體現出他編選之初，已經有非常明晰的"敦煌文"觀念及分類標準，因而他在《沙州文録》中并未收錄詩歌、曲子詞等非文類作品。這頗值得我們珍視與探究。

爲何單獨編選一部《沙州文録》呢？蔣斧在該書的序言中交代得非常明晰。他説：

> 沙州越在西陲，自唐天寶、至德以後，兵革間阻，聲教隔絕，雖困守數十年，而至元和之季，終淪异族。宣宗收復河湟，時唐德已衰，羈縻而已。史册所紀，若存若亡。五季已降，中國亂離，宋雖混一宇内，而郡縣之置，不能西及甘凉，紀載之文，宜其多缺誤也。大興徐氏記西域水道，搜采碑版遺文，以證史傳，隻鱗片羽，讀者莫不珍若鳳毛。今秋遇法蘭西學士伯希和于京師，讀其所獲敦煌石室書卷，其完整者已由同人釀金影寫，所餘叢殘文字，皆足考見沙州沿革而補正舊史。

在這篇序言中，蔣斧高度評價了"敦煌文"的文獻價值。實際上也表明了他的編選意圖。他指出，自從中唐以後，敦煌淪陷，唐代對敦煌歷史的記載"若存若亡"；五代到北宋初年，有關敦煌歷史的記載也"多缺誤"，因此，這些新發現的敦煌石室遺書，即使"叢殘文字"，"皆足考見沙州沿革而補正舊史"。職是之故，蔣斧從伯希和處觀摩的有限資料中，精選出 21 篇"敦煌文"作品，輯爲《沙州文録》。同時，爲了凸顯出這 21 篇作品的文獻價值，他對每篇逐一加以按語考證，發掘其史料價值。由此開創了"敦煌文"整理研究的先河。

可惜的是，蔣斧在《沙州文録》刊印兩年後去世，後來的研究者由於諸多因素的影響，并未沿着蔣氏所開闢的路徑進一步推進相關工作，以致"敦煌文"的深層整理與研究工作在較長時間内一直徘徊不前。

稍後于蔣斧的劉復（半農）先生，也爲早期"敦煌文"的整理作出了開拓貢獻。劉復（1891—1934，又名半農）于 20 世紀 20 年代初赴歐洲留學，從法國國家圖書館藏敦煌寫本中抄録 104 種，輯成《敦煌掇瑣》，于 1925 年刊刻出版。這是較早的一次敦煌文學作品的系統整理。該書分上中下二集，其中上集輯録小説、雜文、俗賦、詩歌、曲子詞等，中集輯録户籍、契約、訴訟狀、官文書及有關婚姻、教育、宗教、數術的雜文書等，下集爲字書韵書寫本。這是繼蔣斧《敦煌文録》之後，對"敦煌文"作品的再次輯録整理，此次彙輯整理的"敦煌文"類及作品數量也并不算少。在《敦煌掇瑣》中，劉復雖然没有明確提出"敦煌文"概念，但是他將"雜文"與詩歌、曲子詞、賦等并提，實際上已經確立了"敦煌文"在敦煌文學諸文體中的地位。

蔡元培先生爲此書作序説："讀是編所録一部分的白話文與白話文五言詩，我們纔見到當時通俗文詞的真相。"蔡元培先生高度肯定了敦煌白話文的價值，并明確地將"文""詩""詞"并稱。蔡先生的這一評判，既承繼了中國古代"詩""文"并尊的傳統，又客觀反映了"敦煌文"在敦煌文學中蔚爲大宗的實情。

劉復 1917 年開始參與《新青年》雜志的編輯工作，積極投身文學革命，提倡白話文，1920 年先後到英國、法國留學，開始接觸敦煌遺書。劉復《敦煌掇瑣》輯録敦煌雜文，以及契約、訴狀等不少雜文書，在當時高喊"《文選》妖孽""桐城謬種"全盤否定古文的風氣下，這是非常可貴的。儘管蔡元培籠統稱之爲"白話文"，以示與《文選》、"桐城"古文的區別，但它們畢竟仍然屬于"文"的範疇，由此體現了劉復對"敦煌文"的重視。

《敦煌掇瑣》發表後的第四年——1929 年，鄭振鐸發表了《敦煌的俗文學》。這篇在敦煌文學研究史上具有里程碑意義的論文，充分肯定了敦煌俗文學的文學史意義，"敦煌俗文學"由此產生，并影響了以後數十年敦煌文學研究的走向。鄭振鐸《敦煌的俗文學》的發表，標誌着敦煌文學的研究步入新的階段。

時至今日，我們回顧百年敦煌文學研究歷程時，不能忽視蔣斧、劉復等老一輩敦煌學者在"敦煌文"整理研究領域的早期開拓之功。同時需要認識到，在敦煌文學的學科發展中，"敦煌文"其實是最早受到蔣斧等學人重視的一個分支，其輯錄整理工作，還要早于敦煌變文、敦煌詩歌、敦煌曲子詞等。這是我們在質疑或否定"敦煌文"概念時，尤其需要重視的。

二、"敦煌文"概念的提出、分歧和質疑

"敦煌文"概念的提出，與"敦煌文學"概念的出現密不可分。1920 年，王國維先生《敦煌發見唐朝之通俗詩及通俗小説》的發表，拉開了敦煌文學研究的序幕。其後鄭振鐸先生等提出"敦煌俗文學"的概念，一直流行于 20 世紀 80 年代之前的敦煌學界。雖然在 20 世紀 50 年代中期王利器先生就提出過"敦煌文學"的概念，但一直到 80 年代以後纔在敦煌學界普遍流行。此後，儘管有少數學者仍對"敦煌文學"的提法持質疑態度，但它已爲敦煌學界大多數學者所采用。

1988 年，周紹良先生《敦煌文學芻議》的發表，進一步深化了"敦煌文學"的概念。他認爲敦煌文學應該包括：①傳統文學和民間文學；②邊疆文學和中原文學；③官府文學和寺廟文學。周先生主張擴大敦煌文學的研究範圍，他仿照《文選》的文體分類法，將敦煌文學作品按照文體分成 30 大類，首次提出應當打破過去對于"敦煌文學"的狹隘認識，重視對表、疏、書、啓等諸多"敦煌文"作品的研究[②]。

稍後，顏廷亮先生在 1989 年主編的《敦煌文學》、1993 年主編的《敦煌文學概論》兩書中，將周先生的分類稍作調整，歸納爲 27 類，并將一些有文采的應用文體也納入文學研究的範疇，再一次地豐富了"敦煌文"研究的範圍。顏先生等指出："談起敦煌文學，人們首先想到的是其中的説唱作品、歌辭作品，然後是詩歌作品。至于散見于敦煌遺書中的表、疏、書、啓、狀、牒、傳記、祭文、碑銘、論、錄等等，雖然有很多作品不乏文學意味，而一向却是被忽視的。在一個很長的時間内，没有人認可'敦煌文'這一概念，更未見有人將其同敦煌文學直接地聯繫起來。其實，這是并不怎麼妥當的。"[③]顏先生等認爲奏議、論、錄、狀牒、書啓、碑銘、誄祭等，都屬于"敦煌文"研究的範疇，祇是遺憾的是，迄今尚未進行全面系統的挖掘整理。因此，顏廷亮先生在《敦煌文學概論》中專設"敦煌文"一章，并指出："從數量上説，敦煌文遠遠超過敦煌説唱、歌辭、詩賦等類，要占敦煌遺書中非宗教性文字的絶大部分；從質量上説，敦煌文中有許多作品都具有文學色彩，相當生動、深刻地反映了當年瓜沙地區乃至整個河西的社會生活面貌和人民群衆具有特色的精神生活。"[④]所有這些，不僅再次確認了"敦煌文"在敦煌文學中的重要地位，而且爲"敦煌文"的系統研究指明了

方向。

　　遺憾的是，"敦煌文"的提法仍然受到一些學者的質疑和異議。"敦煌文"概念及其相關内容，敦煌學界還存在不同的看法。顏廷亮先生等在周紹良先生的基礎上，多次修正"敦煌文"的含義。1992 年顏先生撰文指出，敦煌文"相當于今天所説的散文的一類作品，泛指敦煌文學中一切具有文學色彩的説理、叙事、抒情、述意文章，如論、説、文、録、書、啓、碑、銘、表、疏、狀、牒、帖、傳記、雜記、題跋、祭文等體的文學作品"⑤。到 1993 年《敦煌文學概論》中，顏先生對上述"敦煌文"的概念，不僅作了潤色修改，而且闡述更爲細緻。他説："這是先唐中國文學中的傳統類別。敦煌遺書中，文章類文字甚多；但是，有不少文章類文字，并不具有文學色彩。這裏所説的"敦煌文"類作品，僅指其中的具有文學色彩的文字，相當于今天所説的散文類文學作品。其形式上的特點，是以具有文采的散文或駢散相間的語言進行説理、叙事、表情、述意。其中所包括的文體，主要有：論、録、奏議、狀牒、書啓、碑銘、誄祭。⑥僅一年之差，顏先生對"敦煌文"概念的論述修正了不少，主要體現在兩處：一是將"泛指""一切"等詞，修改爲"僅指""其中"等，措辭更爲嚴謹；二是將"敦煌文"所包含的文類數量大爲減少，從 17 種變爲主要的 7 種（細分應爲 11 種），其中雜記、題跋、帖等文體不再提起。到 2000 年顏先生與張彦珍合著的《西陲文學遺珍——敦煌文學通俗談》一書，其"關于敦煌文的概念"一節中説："散見于敦煌遺書中的表、疏、書、啓、狀、牒、傳記、祭文、碑銘、論、録等，有許多都具有文學色彩。它們狀物、抒情、達志、論理，雖大都是治實之作，卻相當生動、深刻地反映了當年瓜沙地區乃至整個河西的社會生活面貌和人民群衆具有特色的精神生活。這些具有文學色彩的文字，便是敦煌文。也可以稱之爲敦煌散文。"⑦此處的表述，雖然在文體的種類上仍然沿襲了 1993 年《敦煌文學概論》第十三章《敦煌文》中的説法⑧，其他内容卻有了較大的更新，整個表述更爲嚴謹、到位，并提出了敦煌文"大多是治實之作"的觀點。顏先生幾經潤色、修改，使"敦煌文"的概念不斷得到完善、清晰。這種審慎的學問精神，頗令人敬佩，更值得筆者學習⑨。

　　1993 年 3 月《敦煌文學概論》出版之後，有學者很快提出異議。先是 1993 年第 3 期《中國社會科學》發表了王小盾的《敦煌文學與唐代講唱藝術》一文，認爲敦煌文學是"口頭文學"，并以此否定"敦煌文"在敦煌文學分類中的存在。緊接着，1994 年第 1 期《敦煌學輯刊》發表了一篇署名爲"勁草"的文章《〈敦煌文學概論〉證誤糾謬》，對《敦煌文學概論》以及"敦煌文"的研究提出了不少質疑。稍後在 1994 年第 2 期的《中國敦煌吐魯番學會研究通訊》上也發表了一篇署名爲"稚苗"的文章《〈敦煌文學概論〉證誤糾謬之糾謬》，對勁草的質疑提出商榷。

　　針對這些情況，《敦煌文學概論》第十三章"敦煌文"的撰寫者李明偉先生在 1995 年第 4 期《敦煌研究》上發表了《敦煌文學中"敦煌文"的研究和分類評價》一文，作爲對上述文章的回應。在這篇文章中，李明偉先生先是簡要地梳理了"敦煌文"概念提出的背景，繼而對敦煌文的概念、分類範疇及其依據等，又進行了深入闡述。在《敦煌文學概論》第十三章"敦煌文"的基礎上，李明偉先生提出了更爲嚴密的

"敦煌文"概念。他説："敦煌文學中的敦煌文主要是指敦煌遺書非佛藏雜著文字中那些具有文學色彩的散文。這些散文或文章主要來源于官私文書中的表、疏、狀、牒、帖、書、啓、契約；敦煌遺書中或敦煌地區留存的碑文、傳記、祭悼文；遺書中難以歸類的論、録、雜記、游記；敦煌遺書裏的書儀或其他時文軌範；敦煌遺書裏帶有故事性的小説等。"⑩在這裏，李先生又首次引入了"雜著文字"的概念。李先生强調"將敦煌遺書中的雜著文字列入敦煌文學中敦煌文的分類依據，首先是考慮到我國傳統的文學觀念及其在中古時期的演變現狀"，其次是"根據敦煌遺書中這類作品的實際情況來確定敦煌文的性質、範疇和分類"。在該文的最後，李先生表示："當然，對這些問題還會有許多不同意見，應該繼續討論下去。"⑪所有這些，都體現出李明偉先生對"敦煌文"概念及其相關問題的深思熟慮。同時，也體現出在對"敦煌文"的概念及其相關問題上，還存在着一些不同的看法。

在百年來的敦煌文學研究中，先後有敦煌變文、敦煌曲子詞、敦煌詩歌、敦煌賦、敦煌小説等文體受到學人的關注，并且作爲敦煌文學的一個分支被認可、確定下來。遺憾的是，"敦煌文"這一概念，雖然有早期蔣斧、劉復的整理研究，後來有周紹良、顏廷亮、李明偉等幾位先生的概念闡發及推廣，但一直没有得到廣泛的接受。

衆所周知，在數千年的中國古代文學中，詩、文一直在各種文體中居于重要位置，備受重視。這不由得讓人産生疑惑：難道在敦煌文學中就不一樣了嗎？爲什麽"敦煌詩"很早即受重視，而"敦煌文"連一席之地都没有？是學人們的衡量尺度有欠偏頗呢？還是敦煌文學中果真没有"文"的存在？這是頗值得反思的問題。正是這層反思，激勵了一批"敦煌文"研究者的探索熱情。

三、"文"的豐富内涵與"敦煌文"的内涵研究

在中國古代，"文"的概念是伴隨"文學"概念而出現的，又伴隨文體的不斷分化而逐漸清晰。老一輩敦煌學家姜亮夫先生説："在中國或西洋古代對于'文學'的範圍很大，後來許多附屬在這範圍内的東西，漸漸獨立成爲一種學問，而文學的定義，纔漸漸明瞭。在漢以前之所謂文學，它的範圍很廣，差不多是代表一切典章文物制度而言，簡直是文化的代表。降至六朝時，文學這名詞，分開了用而變爲文筆。……把文學分成兩種：有韻的文學（指詩歌等）；無韻的文學（散文）。不能不説是文學定義的一大進步，也是中國文學成立的時期。"⑫文學最早分爲詩歌、散文，這是文學的最初表現形態。

姜亮夫先生説："中國文學最初都是根本于實用纔生出某類文章。又因爲使用的便利，而後有某類某類的名稱。"⑬每一種文類的成熟，都會使文學的概念更加清晰。"自劉歆《七略》中列《詩賦》一略，爲後世論者之所宗，而文學之立門類，自此始。"⑭自從"賦"從"文"中分化出來，成爲其中的一個獨立的文體分支之後，散文作爲一個大的文體便逐漸分化爲一個一個小的文體，原來詩文即爲文學的格局被打破了。

劉歆之後，曹丕提出了八類文體：奏、議、書、論、銘、誄、詩、賦。這八類文

體，除"詩"之外，都屬于散文，是對"文"的具體化。西晋時期，陸機增到十類：詩、賦、碑、誄、銘、箴、頌、論、奏、說。到劉勰《文心雕龍》，有25篇是討論文體的：《原道》《徵聖》《宗經》《正緯》《辯騷》《明詩》《樂府》《詩賦》《頌贊》《祝盟》《銘箴》《誄碑》《哀弔》《雜文》《諧隱》《史傳》《諸子》《論說》《詔策》《檄移》《封禪》《章表》《奏啓》《議對》《書記》。其中哀弔、史傳、檄移、書記、諧隱、雜文等均爲新分化而出的文體。和劉勰同時代的蕭統，將文學定義得更加精密，在他的《文選》中，祇收錄那些"事出于沉思，義歸乎翰藻"的作品。蕭統將文體的名目分得更細，共有39類：一賦、二詩、三騷、四七、五詔、六册、七令、八教、九文（策問）、十表、十一上書、十二啓、十三彈事、十四箋、十五奏記、十六書、十七移、十八檄、十九對問、二十設論、二十一辭、二十二序、二十三頌、二十四贊、二十五符命、二十六史論、二十七史贊、二十八論、二十九連珠、三十箴、三十一銘、三十二誄、三十三哀文、三十四哀册、三十五碑文、三十六墓志、三十七狀、三十八弔文、三十九祭文。其中詔、册、令、教、上書、啓、彈事、箋、對問、狀、祭文等作爲新文體得到重視。到宋代李昉的《文苑英華》、呂祖謙的《宋文鑒》，元代蘇天爵的《元文類》，明代程敏政的《明文衡》，清代薛熙的《明文在》、莊仲方的《金文雅》、張金吾的《金文最》、孫星衍的《續古文苑》等，雖然細目各有出入，但總體的分類編輯，都仿效《文選》而與之相同。所以姜先生高度評價《文選》的文體分類時說："自從《文選》而後，後世的選家，祇有修正損益的功夫，而都不能出其牢籠，實在蕭氏以前的總集的選本，今既不能見，而後來的論者選者，又不能出其範圍，不能不令人視爲拱璧了。"[15]

談到選者對于"文"的分類時，姜亮夫先生又指出，姚鼐《古文辭類纂》、吳曾祺《涵芬樓古今文鈔》、儲欣《唐宋八家文類選》、曾國藩《經史百家雜鈔》四家"算是選文中有勢力的人物代表"[16]。姚鼐將"文"分爲12類：序跋類、奏議類、書說類、贈序類、詔令類、傳狀類、碑志類、雜記類、銘箴類、頌贊類、辭賦類、哀祭類。雖然他的分類"有點'學術分類'的意味"[17]，并且在"每類的序文裏都把它推合于六經諸子"[18]。吳曾祺將文類細分爲223門，比起徐師曾《文體明辨序說》的127門幾乎多了一倍，所以"要算論選文體最爲詳盡之作了"[19]。而曾國藩在文類的劃分上則打破了經史子集的界限，以文爲主，這與《文選》所追求的"事出于沉思，義歸乎翰藻"頗有些相似，"而其分類，也較各家爲得體"[20]。

從西漢劉歆到晚清曾國藩，大體反映出中國古代"文"類（散文）發展演化的規律。在散文的文體分類過程中，它呈現出這樣幾個特點：一是"文"類複雜，文體分類上的爭議和分歧較大，在文體的數量上，有數種、數十種乃至上百種不等。二是文體的種類逐漸增多，分類漸趨合理，文學的概念伴隨着文體的不斷分化而逐漸清晰。三是儘管對于"文"類的劃分有較大的分歧，但對于一些基本文類的劃分，意見還是比較一致的。特別是蕭統《文選》中所劃分出的那些文體名目，得到了普遍的認同。四是人們對"文"的理解大多取的是廣義概念，其內涵和外延都比較大，特別是在選家那裏尤其如此。

姜亮夫先生説："自文筆之説既分後，後世輯纂家大概都把詩、文分開來。而集部中遂有詩集文集的名目，選家也有詩選文選的區别。所謂詩者，多指樂府古體詩今體詩及宋以後的長短句而言。所謂文者，除一切散行文外，又將銘箴贊頌一類，也劃入此中。而宋以後的詞、元人的曲，却又不入詩選，而别成一系。唐人的小説，宋以後的平話，也不登文壇之選，而别在民間。"[21]所謂的詩、文、詞、曲、小説即由此而來。而在這五者之中，由姜先生的分析可知，"文"所囊括的内容最多，除一切散行文之外，還包括銘、箴、贊、頌等作品。綜而言之，"文"是一類内容極其豐富而複雜的文體。

弄清了上述"文"的概念及分類等問題，再來瞭解"敦煌文"的概念及分類就容易得多了。而周紹良先生等"敦煌文"的探討與研究，客觀上是完全契合上述"文"的概念及分類的。

周紹良先生在其名作《敦煌文學芻議》一文中指出："如果照《文選》的分類法，各類題材在'敦煌文學'中都可以找到踪影。"[22]周先生所論雖然是針對整個敦煌文學而言，但從其闡述來看，"敦煌文"無疑占了大多數。在該文中，周先生依照《文選》的分類方式，對敦煌文學提出了 30 大類文體，其中"敦煌文"共計有 13 大類 21 小類：表、疏、書、啓、狀、帖、牒、書儀，契約，傳、記，題跋，論説，文、録，頌、箴、碑、銘，祭文、邈真贊。上文所引的顏廷亮先生等對"敦煌文"所下的定義中，也至少提到了 11 種以上的敦煌文類。無論是周先生的 21 種，還是顏先生的 11 種或 17 種，都是與我國古代文體的傳統劃分方法相吻合的，具備較强的文體理論依據。下面我們不妨以《文選》《古文辭類纂》爲參照系，對"敦煌文"的豐富文體内涵予以瞭解，在周、顏等先生論述的基礎上增進對"敦煌文"文體劃分的認識。

之所以首推《文選》，因爲它是我國第一部按文體分類編排的著名文學總集，曾將文體細分至 39 種之多，第一次對散文門類加以區分，影響深遠。褚斌杰先生高度稱贊《文選》的文體分類方法："《文選》第一次就古今文體作了普通的考察，細加辨析，聚類區分，而完成了全面的文體分類。""這種大規模地將文學作品辨體區分，是空前的，在當時是一件具有創造性的工作。""它對後世的文體論，特別是文體分類學，影響十分重大。""《文選》在文學批評史上的主要貢獻，是它企圖通過選文來進一步區分文學與非文學的界限。從《文選》的選目來看，它摒弃了先秦的經、史、子著作，而專收後世所謂屬于集部的單篇詩、賦、散文。""使當時流傳着的衆多文章，均有類可繫。"[23]這種對散文作品歸類整理的首創之功，奠定了它在古代散文文體分類史上的首要地位。

清代姚鼐的《古文辭類纂》也是一部頗具影響的文體論著作，可謂我國古代文體分類學理論的殿軍之作。它將戰國至清代的古文辭賦按照文體劃分爲 13 類，并且吸收了自六朝至清代一千多年間各家文體分類學的經驗，而對歷代文體加以重新整理、歸類，足見它在我國古代文體分類學領域的重要地位。

爲了方便瞭解三者在文體方面的關係，我們采用表格方式（見下表）加以對比説明。

《文選》、《古文辭類纂》、"敦煌文"三者的文體情況一覽表

《文選》	史論、論	序	表、上書、彈事、奏記、箋	書、啓、難、設論、對問	詔、令、册、教、策、檄	行狀	碑文、墓志	箴、銘	頌、贊、史述贊	辭、賦	哀文、誄、吊文、祭文	移書	連珠	符命					
《古文辭類纂》	論辨類	序跋類	奏議類	書說類	詔令類	傳狀類	碑志類	雜記類	箴銘類	頌贊類	辭賦類								
敦煌文	論	序、題跋	表	書、啓、狀、問答㉔	詔、敕	傳	碑、墓志	功德記、游記㉕	箴、銘	邈真贊	兒郎偉	祭文			書儀	釋門文範㉖	牒、帖	錄	契約

　　表格中"贈序類"一體，《文選》與"敦煌文"中都沒有，這是《古文辭類纂》與前二者的一點差別。"贈序"文始見于唐代，宋代以後較爲繁榮，一般都將其與"序跋"視爲一體。而《古文辭類纂》則認爲"贈序"雖然也以"序"名篇，但性質已與一般書序不同，故另立"贈序"類。除此之外，《文選》《古文辭類纂》中有的文類，"敦煌文"中大致都有。而"敦煌文"中文體顯得更廣泛，另有書儀、契約、牒、錄以及釋門文範等。像《朋友書儀》《敦煌錄》等作品，雖然很難納入《文選》的分類，但其文學性强，理應在"敦煌文"中有一席之地。對此，李明偉先生強調指出："應當注意到，'敦煌文'的'文'與《文選》的'文'相比，其作品的作者面和所反映的社會生活面，更爲廣闊。一則"敦煌文"的作者爲數甚衆，這些作者的社會階層分布也十分廣泛。二則應用的處所場合甚多，因而涉及的生活面很廣闊。"㉗所以文體樣式也比較豐富。由此可見，有着如此豐富的文體資源的"敦煌文"寶藏，應該得到應有的重視，同時也亟待更爲深入系統的整理和研究。

四、"敦煌文"的文體分類研究

　　最早對"敦煌文"進行文體分類研究的，是老一輩敦煌學家周紹良先生。1988年周先生在《敦煌文學芻議》中，依照《文選》的分類方式，對敦煌文學提出了30個文體類目㉘，其中"敦煌文"共計有13大類21小類。這是首次全面系統地對"敦煌文"

進行分類。雖然周先生還沒有提出"敦煌文"的概念，但爲後來"敦煌文"概念的確立指明了方向。

1989 年，顏廷亮先生主編的《敦煌文學》，按照周紹良先生的文體分類，將上述"敦煌文"中的 14 大類文體作品逐一進行了分析與研究。1992 年，顏廷亮先生在《敦煌文學》的基礎上，發表《敦煌文學概説》一文，首次提出了"敦煌文類"的説法，并且列舉了論、説、文、録、書、啓、碑、銘、表、疏、狀、牒、帖、傳記、雜記、題跋、祭文 17 種文體^㉙。除帖、題跋、箴、書儀四種文體外，幾與周先生所述相吻合。

1993 年，顏廷亮先生主編的《敦煌文學概論》出版，該書第二章"敦煌文學的類別"、第十三章"敦煌文"兩處分別對"敦煌文"作了分類，内容稍有不同。從該書"編寫説明"中的分工撰寫情況來看，第二章爲譚蟬雪先生撰寫，第十三章爲李明偉先生撰寫。第二章主要列舉了論、録、奏議、狀牒、書啓、碑銘、誄祭 7 大類 11 小類，此外還談及箴、題跋、傳記、説、功德記、雜記等文體，共計 17 小類^㉚。雖然總數和上文顏先生的一樣，但具體文類略有差别，除書儀、帖、文三種文體没有提到外，還將"表、疏"合爲"奏議"。第十三章主要列舉了表、疏、書、啓、狀、牒、傳記、祭文、碑銘、論、録 11 種文體，此外還論述了燃燈文、禮佛文等佛教文類，以及包含寫經題跋、功德記、游記在内的雜記文體等^㉛。2000 年，顏廷亮與張彦珍合著的《西陲文學遺珍——敦煌文學通俗談》一書，對"敦煌文"的分類基本上沿用了《敦煌文學概論》第十三章的看法，并且指出"敦煌文也可以稱之爲敦煌散文"^㉜。

由于一些學者對"敦煌文"概念的提出及其文體分類存在一定的異議，所以從周紹良先生開始，到顏廷亮等先生，一直在不斷地努力完善"敦煌文"的概念及其分類。關于敦煌文的分類，雖然從周紹良先生到顏廷亮等先生没有形成完全一致的看法，但大體的分類内容相同。從總體上講，周紹良先生根據《文選》的文體分類方法，將"敦煌文"分爲 13 大類 21 小類，較爲客觀地揭示了"敦煌文"作品的全貌。

值得一提的是，在蕭統所生活的時代，由于"小説"文體還没有真正發展成熟起來，所以《文選》中也没有"小説"一體。有些學者將"小説"也歸入散文的範疇。如著名學者陳尚君先生在整理《全唐文》作品時，將"小説"也作了收録，如《全唐文補編》卷六五收入白行簡《李娃傳》^㉝。陳先生在該書《前言》"文的體認"中指出："今人一般所稱的唐人小説……《全唐文》已收李公佐《謝小娥傳》、沈亞之《异夢録》、《馮燕傳》，《全唐文拾遺》已收沈既濟《枕中記》，其他十餘篇不收，是否能有恰當的標準呢？没有。……爲劃一體例計，本書均予收録。"^㉞陳先生《全唐文補編》中所收録的"小説"一體，可以進一步擴大我們對"敦煌文"文體分類的認識。按照陳先生的劃分，敦煌遺書中的"小説"文類，似亦可以歸入廣義的"敦煌文"之中。而李明偉先生《敦煌文學中"敦煌文"的研究和分類評價》在《敦煌文學概論》第十三章"敦煌文"分類的基礎上，提出了"敦煌遺書裏帶有故事性的小説等"也屬于"敦煌文"的新看法^㉟。

結合敦煌文獻中"敦煌文"作品的實際情況，參照《文選》等文體理論典籍的文體劃分標準，同時吸收周紹良、顏廷亮等先生的研究成果，筆者認爲"敦煌文"包括詔、敕、論、序、題跋、表、疏、書、啓、狀、問答（語録）、傳、碑、墓志銘、邈真贊、功德記、游記、箴、銘、兒郎偉、祭文、帖、牒、契約、録、書儀、釋門文範等27 種文體，如果加上小説，則爲 28 種。在周紹良 21 種的基礎上，又多了詔、敕、問答、序，而將周先生的“文”類用“釋門文範”取代，將“説”“頌”二體去掉，并將周先生的“記”類文體細分爲功德記、游記兩類，“銘”類文體再分爲“墓志銘”與“箴銘”兩類。同時考慮到在敦煌文獻中，“序”與“題記”（題跋）存在一定的區別，因而將二者單列。這 27 種文體的劃分由來，同時請參閲上文“一覽表”中的文體對比。

總而言之，確立“敦煌文”概念的有無，以及劃分“敦煌文”文體的標準，都不能簡單依據我們今天的標準來考量。而應該將它們置之于當時的歷史環境、文學的總體狀況之中，這樣，得到的結論將相對更爲客觀。

衆所周知，在我國古代文學作品中，詩歌與散文一直謂爲“文學正宗”，歷朝備受關注。如果在敦煌文學作品中，不立“敦煌文”一類，那麽與當時的歷史事實顯然是不相符合的。

通過研究我們知道，敦煌遺書中的“敦煌文”作品不僅文體豐富，而且數量衆多。其數量之多，大約占敦煌文學作品總量的一半以上[36]。換言之，如果不重視這些“敦煌文”作品，不承認“敦煌文”這個概念，那麽敦煌文學作品的數量將在總體上減少一半以上。相較于敦煌變文、敦煌詩歌、敦煌曲子詞來説，“敦煌文”的整理與研究，亟待我們努力深入挖掘。

五、“敦煌文”的文體分類整理

1993 年，李明偉先生在《敦煌文學概論》中指出，“敦煌文”的數量很大，“在這爲數衆多的作品中，有很多都是文學佳作，遺憾的是，這些佳作一向不爲中國文學史研究者所重視，有些研究者甚至連存在着這些佳作這一事實也不怎麽瞭解。這種狀况，無疑是應當加以改變的”[37]。爲此，在《敦煌文學概論》中專設“敦煌文”一章，煌煌數萬字，宏觀建構，總體勾勒出敦煌文的全貌，爲後來的“敦煌文”研究指明努力的方向。

自從 1988 年周紹良《敦煌文學芻議》的發表，特別是 1993 年 3 月《敦煌文學概論》出版之後，有關“敦煌文”整理研究的論著不斷涌現。在論文方面，李明偉《敦煌文學中“敦煌文”的研究和分類評價》、邵文實《敦煌俗文學作品中的駢儷文風》等文章，價值都很高。

在專著方面，成績更是喜人。其最爲突出的特點，便是一些隸屬于“敦煌文”範疇的文類作品，陸續得到整理、出版。如 1992 年鄭炳林先生的《敦煌碑銘贊輯釋》[38]，1994 年姜伯勤、項楚、榮新江先生合著的《敦煌邈真贊校録并研究》[39]，對敦煌邈真贊以及碑銘、功德記等進行了一次系統的整理。1993 年趙和平先生的《敦煌寫本書儀研究》[40]，1995 年周一良、趙和平先生合著的《唐五代書儀研究》[41]，1997 年趙和平先生

《敦煌表狀箋啓書儀輯校》[42]，對朋友書儀、吉凶書儀等敦煌書儀進行了整理研究。1995年黄徵、吴偉先生的《敦煌願文集》[43]，是對亡文、患文、啓請文等釋門文書以及兒郎偉的系統整理。1997年寧可、郝春文先生的《敦煌社邑文書輯校》[44]，對帖、社文、社齋文、狀牒等社邑文書進行了系統整理。1998年沙知先生的《敦煌契約文書輯校》[45]，是對契約、放妻（良、奴）書、遺書等文書的全面整理。2009年楊寶玉先生《敦煌本佛教靈驗記校注并研究》[46]，是對敦煌靈驗記所作的整理與研究。2010年竇懷永、張涌泉先生《敦煌小説合集》[47]，是對敦煌小説的整理。2014年鍾書林、張磊《敦煌文研究與校注》[48]，對“敦煌文”加以專題研究，并對書信、祭文、傳記等12種文類加以整理。上述專著各依類而整理，爲“敦煌文”的深入整理研究做出了貢獻。

此外，還有唐耕耦、陸宏基先生的《敦煌社會經濟文獻真蹟釋録》[49]、郝春文先生的《英藏敦煌社會歷史文獻釋録》[50]等，雖然并不是敦煌文類的集中整理，但也收録了大量的相關作品，厥功甚偉。

這些整理著作的作者大多是熟諳敦煌文獻的專家，所以其總體質量都很高，代表着我國自20世紀90年代以來“敦煌文”的文體分類整理與研究領域所取得的突出成就。

六、“敦煌文”的若干特徵研究

“敦煌文”，也可以稱之爲敦煌散文[51]。它與其他散文既有聯繫，又有區別。相對于其他散文，“敦煌文”具有較强的地域性和跨地域性特徵。“敦煌文”中的大部分作品均産生于敦煌地區，反映當地人民的生活習俗、文化風貌、社會政治等諸多方面，帶有鮮明的地域特色。但有一些作品，是從中原地區以及周邊地區流入敦煌的，它們體現了敦煌與周邊以及中原地區的文化交流情况，因而，在這些作品中，又體現了跨地域性的特徵。它們豐富複雜的文化交融性，是其他散文所無法具備的顯著特徵。

“敦煌文”具有較强的跨時代性和相對時代性特徵。“敦煌文”非一朝一代之文學，其作品主要涵蓋唐五代至宋初共四百餘年，時間跨度比較大，經歷了多次政權更替與社會動蕩。但與此同時，“敦煌文”又體現出相對穩定的時代性，如學者們將敦煌文學的歷史演變，大致劃分爲三個歷史時期：一是吐蕃進占前的歷史時期，二是吐蕃統治時期，三是歸義軍時期[52]。這三個不同歷史時期，各自體現出一定的特點。“敦煌文”作爲敦煌文學的一個分支，也體現出這樣的歷史演變特徵。除這三個歷史時期外，在歸義軍時期，還有一個特殊的歷史時期，即張承奉建立的西漢金山國政權時段，形成了頗具特色的西漢金山國文學。早在20世紀初，老一輩敦煌學家如羅振玉、蔣斧、王仁俊等即已開始關注西漢金山國，到1935年王重民先生《金山國墜事零拾》發表，這一特殊歷史時期的研究更備受學人關注。2009年，顏廷亮先生力作《敦煌西漢金山國文學考述》的出版，系統地展現了這一階段的文學全貌。顏先生共“勾稽文學作品70件”[53]，其中絶大多數均爲“敦煌文”作品。因此，這些現象和特徵，又體現出“敦煌文”的相對時代性。

"敦煌文"作品應用性與文學性兼具。"敦煌文"作品不少是爲了適合實際生活應用的需要而産生的，而書、啓、祭文、牒、狀、邈真贊、碑銘等作品有些是世俗儀式或宗教儀式的産物，如書儀、釋門文範、寫經題記等，它們的應用性一般很強。但是，這些應用性作品十分講求文采，追求駢儷之美，如邈真贊、書儀等，從而展現出應用性與文學性兼具的藝術風格。這在其他散文作品中是很少能見到的。周一良、趙和平《唐五代書儀研究》，鍾書林、張磊《敦煌文研究與校注》等，均設有專題對敦煌文的上述文學特徵加以探討。

　　"敦煌文"的作者群體廣泛。"敦煌文"的作者不僅爲數衆多，而且社會階層分布十分廣泛，上到歸義軍節度使以及顯宦望族，下至販夫走卒、僧徒農夫，無所不包。同時還有一定數量的女性作者，在祭文、願文、寫經題記、書儀等應用性很強的文類中，均出現了她們的身影。所有這些，展現出"敦煌文"作者群體的獨特之處。

　　"敦煌文"的作品内容廣博。在"敦煌文"的整理與研究中，不少學者習慣用官、私文書的概念來命名一些"敦煌文"作品。這確實體現了"敦煌文"不同于其他散文的地方。李明偉先生稱敦煌文"應用的處所場合甚多，有的是政治場合使用的'官文書'，有的是民間友朋親緣間使用的私函，有的是民間社團組織進行某種活動時使用的文字，有的是各階層人士婚喪、禮佛、游覽等等活動中留下的筆墨，因而涉及的生活面很廣闊。……真切地以'百科全書'形式再現了當年敦煌地區乃至整個河西的社會生活情景"[54]。從"敦煌文"豐富的文體類別中，也大致可以看出它的多樣性和廣闊性，李明偉先生用"百科全書"來形容"敦煌文"的内容涵蓋面，是頗爲精當的。

　　"敦煌文"作品更具有原始性。李明偉先生指出，"敦煌文"作品"没有經過有意識的歷史篩選而被保存下來，因而也就大致保留了當年敦煌文總體的原始面貌，更爲全面、樸素"[55]。不少"敦煌文"作品仍然保留着它們的原生態狀貌，今天我們去閱讀敦煌寫本的時候，可以很清晰地看到創作時留下的痕迹，可以想象或揣摩它們被創作時的情形。它們不像其他散文，經過人爲的編選、衡定以後，纔傳播于後世。

　　"敦煌文"作品具有濃厚的宗教色彩。由于當時的敦煌地區佛教、道教盛行，特別是佛教，滲透在社會生活的各個領域，不可避免地影響到當時的文學創作，從而使文學作品帶有濃厚的宗教色彩。敦煌不少著名的文學家，如悟真、靈俊、道真等，都是有名的僧人，不少"敦煌文"作品出自他們之手。

　　"敦煌文"的出現也并不是孤立的。它是敦煌文化與中原文化相互交融的産物，它和中原文學、其他散文有着非常密切的關係。周紹良《敦煌文學芻議及其他》指出："敦煌地區的文化是中原地區文化學的一個分支：從它的整體和全面來説，也是當時中原地區文學的一個分支。當然，它又帶有自己的邊疆地區文學的某些特色，這種特色，不但反映在通俗文學中，也反映在傳統文學作品中。"[56]所以，從這一點上看，"敦煌文"與其他散文一樣，都是中原文學的一脈，它們共同組成了中國散文這個"大家庭"。

　　對此，李明偉先生闡述説："敦煌文并不是憑空産生的。……從一個方面説，表明中原文化和文學在敦煌地區有着巨大的影響和很深的根基；從另一方面説，表明敦煌文乃是中原文化和文學在敦煌地區所開的花、所結的果。由此也可以知道，敦煌文并不單純是一種區域性的文學現象，而是還具有更爲普遍意義的文學現象。"⑤

所有這些論斷，均啓發我們在研究"敦煌文"時，應當儘量將"敦煌文"的整理研究納入到與當時中原文化和文學之間的互動關係中多方位地考察，同時運用宗教學、歷史學、民俗學、文學、語言學的視角與方法進行考察，而不是"就敦煌而説敦煌"。

七、海外對"敦煌文"的重視與研究

如前所述，在過去較長時間内，由于受到多種因素的影響，我國的敦煌文學研究先後重視變文、詩歌、曲子詞等作品的研究⑧，"敦煌文"概念的提出及整體研究則遲至 1988 年周紹良先生《敦煌文學芻議》發表以後，纔比較充分地展開。在海外，對"敦煌文"的重視與研究則相對較早。海外對"敦煌文"的重視與研究，與國内有學者對"敦煌文"的概念及其相關研究不斷提出質疑、异議的情形，形成了鮮明的對比。

在英國，負責英國博物館藏敦煌文獻編目的翟理斯在其《英國博物館藏敦煌漢文寫本注記目録》中，將敦煌文獻分爲佛教文書（Buddhist Texts）、道教文書（Taoist Texts）、摩尼教文書（Manichean Texts）、世俗文書（Secular Texts）、印刷文件（Printed Documents）五大類。其中，他又將世俗文書（Secular Texts）劃分爲22類，其中第五類傳記（Tales and Biographies）、第六類雜記（Miscellaneous Texts）、第七類詔敕（Edicts and Proclamations）、第八類奏疏（Memorials and Petitions）、第九類信函（Letters）、第十七類釋門文範（Lists and Buddhist and Other Works）等，都屬于敦煌文的範疇。尤其是第九類即"信函"類（Letters）文書，翟理斯又具體分爲四類：有日期的信函（Dated Letters）、無日期的信函（Undated Letters）、有作者署名的信函（Model Letter-writers）、官方文函（Official Reports）⑨，體現出翟理斯對信函等敦煌文作品的重視程度。

在俄羅斯，孟列夫《俄藏敦煌漢文寫卷叙録》將俄藏敦煌漢文寫卷分爲佛教經典、儒家與道家著作、歷史與法律、文學、碑文、信函等多種類型，其中"文學"類分爲文藝散文、未定名記叙文作品、尺牘、詩歌、變文、聖地游記述等類別⑩。其中的碑文、信函、尺牘、文藝散文、未定名記叙文作品、聖地游記述等類別，均屬于"敦煌文"的範疇，與詩歌、變文并稱。

在日本，學者們對于"敦煌文"的研究系統且深入。池田温責任編集的《講座敦煌》5《敦煌漢文文獻》中，日比野丈夫的《地理書》對敦煌文獻中的志、游記，如《敦煌録》《大唐西域記》《五臺山巡禮記》《西天路竟》《惠超往五天竺國傳》等文學性較强的敦煌文類作品，作了介紹與研究；中村裕一的《官文書》對唐代公文書的概貌，以及"王言"類、上行文書、告身等文書，都進行了梳理與研究；竺沙雅章的《寺院文書》對寺院的牒文、教團行政文書、僧官以及寺職任免狀、施入及追福文書等，分別作了叙述和研究；池田温的《契》對契約、遺書、放妻書、契類書儀等，進行了較爲深入的研究⑪。以上各家的研究涉及的游記、志、録、敕告、牒、契約、遺書、書儀等，均屬于"敦煌文"的範疇，雖然這些作品大多實用性强，亦不乏有文采的作品。

在金岡照光責任編集的《講座敦煌》9《敦煌の文學文獻》中，對"敦煌文"的研究更爲系統而深入。在金岡照光的"總説"《敦煌文學の諸形態》中，將敦煌文學總體劃分爲三大類：講唱體類、散文體類、韻文體類，其中"散文體類"又細分爲"對話體類""通常散文體"。雖然他的散文體類包羅的散體文類，與我們上文探討的有所不同，但他這種將文體劃分爲韻文、散文的做法，非常合乎中國古代文體分類的精髓。更難能可貴的是，他還對《董永傳》《高僧傳因緣》，特別是"邈真贊"，進行細緻而具體的研究，并取得較高成就⑫。此外，池田温編《中國古代寫本識語集録》一書⑬，這是敦煌學界迄今爲止最爲全面地整理敦煌題跋（題記）的專著，影響較大。

這些海外學者的敦煌文整理研究，帶給我們許多借鑒和思考。

八、餘論

陳寅恪先生在《陳垣敦煌劫餘録序》中説："一時代之學術，必有其新材料與新問題。取此材料，以研求新問題，則爲此時代學術之新潮流。""敦煌學者，今日世界學術之新潮流也。"⑭新世紀伊始，榮新江先生在《敦煌學十八講》中曾引用上述陳先生的話，并對新世紀的敦煌學作出展望："敦煌學之所以一直作爲世界學術之新潮流而長盛不衰，原因之一是敦煌文獻收藏單位在不斷公布新材料，敦煌學者也在不斷地思考新問題。""敦煌寫本的編目、整理、校録、考釋和敦煌學的個案研究，仍將在21世紀持續下去，而且相信會做得越來越細。但從敦煌學的資料來看，還有不少課題值得開拓。"⑮敦煌文的整理與研究，也應如榮先生所説，具有廣闊的研究前景，還有不少工作值得學人們去努力。

敦煌遺書從1900年被發現開始，就承擔着東西方文化合作與交流的重要使命。敦煌文化是我們中華優秀傳統文化的代表之一，也是展現中國文化、民族精神以及不同文明之間交流互鑒溝通的重要媒介。在新的歷史條件與時代機遇下，敦煌文化的合作與交流，敦煌遺書的整理與研究，更多地受到中外學術界的關注。因此，放眼未來，"敦煌文"的深層整理與研究，承載着更多的使命，任重而道遠，更需砥礪前行。

注釋：

① 朱鳳玉：《百年來敦煌文學研究之考察》，民族出版社，2012年。
② 周紹良：《敦煌文學芻議》，《甘肅社會科學》1988年第1期，100—111頁。
③ 顏廷亮主編：《敦煌文學概論》，甘肅人民出版社，1993年，456頁。
④ 同注③。
⑤ 顏廷亮：《敦煌文學概説》，《蘭州教育學院學報》1992年第1期，8頁。
⑥ 同注③，86頁。
⑦ 顏廷亮、張彥珍：《西陲文學遺珍——敦煌文學通俗談》，甘肅人民出版社，2000年，146頁。
⑧ 同注③。

⑨ 張錫厚先生在給顏廷亮先生《敦煌西漢金山國文學考述》一書所作的序言中稱讚說："廷亮先生治學一向勤奮嚴謹，既善于獨立思考，又不固執己見，而是樂于在廣泛吸收他人研究成果的基礎上自出新見并樂見他人學術上對自己的批評。"顏先生的這種精神確實感人，正是這種精神促使他在包含"敦煌文"在內的敦煌文學研究領域不斷進步，取得了頗爲可觀的研究成果。

⑩ 李明偉：《敦煌文學中"敦煌文"的研究和分類評價》，《敦煌研究》1995 年第 4 期，118—119 頁。

⑪ 同注⑩，126 頁。

⑫ 姜亮夫：《文學概論講述》，雲南人民出版社，2000 年，5 頁。

⑬ 同注⑫，128 頁。

⑭ 同注⑫，129 頁。

⑮ 同注⑫，138 頁。

⑯ 同注⑫，149 頁。

⑰ 同注⑫，147 頁。

⑱ 同注⑫，147 頁。

⑲ 同注⑫，147 頁。

⑳ 同注⑫，149 頁。

㉑ 同注⑫，142 頁。

㉒ 同注②，2 頁。

㉓ 褚斌杰：《中國古代文體概論》，北京大學出版社，1984 年，24—26 頁。

㉔ 如 P. 3047《南陽和尚問答雜徵義》，胡適收入《敦煌唐寫本神秀和尚遺集》，定名爲"神秀語錄第一殘卷"，後改現名。所以，"敦煌文"中還應有"問答"類或"語錄"類文體。

㉕ "功德記""游記"雖然都以"記"名篇，但文體內容相差較大，茲暫歸于一類。

㉖ 釋門文範在敦煌遺書中數量較多，如《禮佛文》《燃燈文》等，周紹良、顏廷亮等先生將之歸入"文"類。

㉗ 同注③，456—457 頁。

㉘ 該文係先生提交 1987 年香港國際敦煌學術討論會論文，在《甘肅社會科學》發表時有所刪節；在臺北新文豐出版公司出版時，所提到的文體總類爲 32 種（周紹良：《敦煌文學芻議及其他》，臺北新文豐出版公司，1992 年，4—63 頁）。

㉙ 同注⑤，8 頁。

㉚ 同注③，85—87 頁。

㉛ 同注③，456—501 頁。

㉜ 同注⑦，146 頁。

㉝ 陳尚君：《全唐文補編》，中華書局，2005 年，797 頁。

㉞ 同注㉝，7 頁。

㉟ 同注⑩，119 頁。

㊱ 這個比例祇是大約的估計。敦煌文作品數量到底有多少，由于對文體等概念的認識並不一致，目前無法得到確切的數字。不過正如李明偉先生所強調的："敦煌文類作品究竟有多少，迄今尚無確切的統計數字。然而，無論如何，數量很大是無疑的。"（同注③，501 頁）

㊲ 同注③，501 頁。

㊳ 鄭炳林：《敦煌碑銘贊輯釋》，甘肅教育出版社，1992 年。

㊴ 姜伯勤、項楚、榮新江：《敦煌邈真贊校錄并研究》，臺北新文豐出版公司，1994 年。

㊵ 趙和平：《敦煌寫本書儀研究》，臺北新文豐出版公司，1993 年。

㊶ 周一良、趙和平：《唐五代書儀研究》，中國社會科學出版社，1995 年。

㊷ 趙和平：《敦煌表狀箋啓書儀輯校》，江蘇古籍出版社，1997 年。

㊸ 黄徵、吴偉：《敦煌願文集》，岳麓書社，1995 年。

㊹ 寧可、郝春文：《敦煌社邑文書輯校》，江蘇古籍出版社，1997 年。

㊺ 沙知：《敦煌契約文書輯校》，江蘇古籍出版社，1998 年。

㊻ 楊寶玉：《敦煌本佛教靈驗記校注并研究》，甘肅人民出版社，2009 年。

㊼ 竇懷永、張涌泉：《敦煌小説合集》，浙江文藝出版社，2010 年。

㊽ 鍾書林、張磊：《敦煌文研究與校注》，武漢大學出版社，2014 年。

㊾ 唐耕耦、陸宏基編：《敦煌社會經濟文獻真蹟釋録》，第 1 輯，書目文獻出版社，1986 年；第 2—5 輯，全國圖書館文獻縮微複製中心，1990 年。

㊿ 郝春文：《英藏敦煌社會歷史文獻釋録》，社會科學文獻出版社，2003—2020 年（第 1—16 卷）。

(51) 同注⑦，146 頁。

(52) 同注③，124—128 頁。

(53) 顔廷亮：《敦煌西漢金山國文學考述》，甘肅人民出版社，2009 年，48—53 頁。

(54) 同注③，457 頁。

(55) 同注③，456—457 頁。

(56) 周紹良：《敦煌文學芻議及其他》，63 頁。

(57) 同注③，457 頁。

(58) 對上述文體的重視與一些著名學者的影響不無關係，如鄭振鐸先生對“變文”概念的闡釋，王重民先生利用敦煌詩歌所作的《全唐詩補遺》，任半塘（二北）先生對敦煌曲子詞的整理和研究，等等。

(59) ［英］翟理斯（Lionel Giles）：《英國博物館藏敦煌漢文寫本注記目録》（*Descriptive Catalogue of the Chinese Manuscripts from Tunhuang in the British Museum*），英國博物館董事會（The trustees of the British Museum），1957 年，229—280 頁。

(60) ［俄］孟列夫（Л. H. 緬希科夫）主編，袁席箴、陳華平譯：《俄藏敦煌漢文寫卷叙録》，上海古籍出版社，1999 年，575—607、671—676 頁。

(61) ［日］池田温責任編集：《講座敦煌》5《敦煌漢文文獻》，大東出版社，1993 年，321—353、533—691 頁。

(62) ［日］金岡照光責任編集：《講座敦煌》9《敦煌の文學文獻》，大東出版社，1991 年，1—266、517—542、573—622 頁。

(63) ［日］池田温：《中國古代寫本識語集録》，東京大學東洋文化研究所，1990 年。

(64) 陳寅恪：《陳垣敦煌劫餘録序》，《陳寅恪集・金明館叢稿二編》，三聯書店，2001 年，266 頁。

(65) 榮新江：《敦煌學十八講》，北京大學出版社，2001 年，365 頁。

（作者單位：武漢大學文學院、武漢大學中國傳統文化研究中心）

中古時期敦煌在家信衆的佛教信仰研究回顧與展望

陳大爲

内容提要：國内外學術界對敦煌在家信衆的佛教信仰做了很多有價值的探索，但這些相關論著都是對其中某一方面進行具體研究，迄今尚未見有專門對此問題作總結的通論性成果。有鑒于此，亟須對敦煌在家信衆的佛教信仰作通論性研究。我們應該將敦煌佛教納入到整個中古社會佛教發展的歷史背景當中去，從宗教學和文化史的角度探討敦煌在家信衆在中古敦煌地區的活動情況，并總結敦煌在家信衆佛教信仰的特點。

關鍵詞：中古時期　敦煌佛教　佛教信仰

古代敦煌是絲綢之路上的一顆璀璨的明珠，是中西交通的咽喉，也是中西佛教文化交流的橋頭堡和中轉站。

就敦煌佛教信仰的主體而言，應包括出家信衆（僧尼）和在家信衆兩部分。關于前者，郝春文先生《唐後期五代宋初敦煌僧尼的社會生活》一書作了系統的考索，不僅論述了敦煌地區從俗人到僧人的過程和程序，而且詳盡討論了該地區僧尼生活方式、財産關係、宗教活動和收入以及僧尼的遺産處理和喪葬問題。作者從歷史學的角度，將僧尼置于更廣闊的社會中去觀察，思路新穎，結論可靠[①]。相對于出家信衆，學界對敦煌在家信衆佛教信仰的研究就稍顯薄弱了。20世紀70年代日本學者金岡照光《敦煌の民衆》一書對吐蕃和歸義軍時期敦煌民衆的宗教生活和社會生活情況作過探討，部分涉及敦煌在家信衆的佛教信仰[②]。20世紀80年代，日本學者編纂的《講座敦煌》叢書之《敦煌の歷史》有若干章節涉及敦煌佛教信仰，如第五章第四節爲"歸義軍與敦煌佛教教團"，第五節爲"莫高窟千佛洞與歸義軍"[③]。限于體例，以上著作都未能對敦煌在家信衆的佛教信仰作充分的討論。

最近30年來，國内外學術界對敦煌在家信衆的佛教信仰作了很多有價值的探索。代表性的有榮新江《歸義軍史研究——唐宋時代敦煌歷史考索》部分章節涉及敦煌上層佛教和庶民佛教，如第九章"歸義軍時代的敦煌佛教與佛教界"就探討了歸義軍佛教的來源和9、10世紀敦煌佛教的盛衰等問題[④]。杜斗城等著《河西佛教史》對兩晋至明清時期包括敦煌在内的河西地區佛教歷史進行了概括性的梳理[⑤]。馬德、王祥偉《中古敦煌佛教社會化論略》討論了歷史上敦煌社會化佛教的問題，如第八章"敦煌社會的佛教生活"就涉及敦煌在家信衆的社邑、經濟、軍政等社會活動[⑥]。這些論著都是對在家信衆的佛教信仰的某一方面進行具體研究，未能作出通論性總結。郝春文、陳大爲《敦煌的佛教與社會》對敦煌佛教與社會的關係進行了深入的研究，涉及敦煌僧團、寺院、石窟和依附人口等内容。但囿于篇幅，未能對敦煌在家信衆做專題性考察[⑦]。有鑒于此，亟須對敦煌在家信衆的佛教信仰作通論性研究。

毋庸置疑，探討這一問題，我們應主要利用敦煌藏經洞出土資料和敦煌石窟資料。根據敦煌資料的特點，時間範圍大致限定在魏晋南北朝至北宋初年，基本屬于中國中古時期，空間範圍則限定在古代敦煌地區。以下幾個方面值得我們關注：

一、中古時期敦煌在家信衆群體構成研究

佛教信衆，從廣義上講，指所有信仰佛教的人，包括佛教七衆：比丘、比丘尼、沙彌、沙彌尼、式叉摩那、優婆塞、優婆夷。從狹義上講，指的是在家二衆，即優婆塞和優婆夷，這裏探討的是狹義的信衆。我們需要對敦煌在家信衆的身份構成、族群屬性、生活狀態等問題做全面分析。

從身份構成上來看，敦煌的在家信衆包括各種階層，既有當權者，又有世家大族，而更多的是普通平民。從族群屬性上分析，他們當中既有漢人，又有粟特人、吐蕃人、吐谷渾人、黨項人、回鶻人等其他民族居民。由于身份地位、家庭狀況、經濟收入以及性别年齡的差異，他們的生活狀態不同，導致其在佛教信仰方面也展現出不同的情况。我們需要針對敦煌在家信衆不同群體佛教信仰的差異性進行研究。

二、中古時期敦煌在家信衆的法事活動研究——以設齋法會爲中心

中古時期敦煌地區的齋會分爲定期舉行的齋會和不定期舉行的齋會兩大類，前者包括與佛陀有關的紀念日、僧尼或在家信衆定期舉行的常規性齋會、普天同慶或普天同悲的官齋法會；後者則包括與信仰法器等相關的三寶齋法會、私齋法會和社區法會。無論是哪種齋會活動，都少不了敦煌在家信衆的身影。敦煌文獻中大量寺院賬目文書及齋文，既有上層齋會活動的記録，也有下層民間齋會的記録，補充了正史和傳統佛教文獻的不足。

齋會活動的同時一般伴隨着施主的布施，布施是檀越主給予寺院及其僧侣的奉獻，由于施主的身份不同，敦煌在家信衆的布施可以分爲官施和私施兩種。官施指的是春官齋、秋官齋和冬官齋等齋會活動中官府的施捨，又以春秋官齋最爲常見，也最爲重要。春秋官齋由都司統一組織、具體部署，諸寺僧人與在家信衆共同參與，僧人的主要任務是轉經。私施主要是施主出于個人原因設齋時給予僧人的布施。敦煌寺院文書尤其是《施捨疏》所提供的信息對于瞭解敦煌官私施捨的情况大有裨益。通過對中古時期敦煌地區齋會活動的梳理，可以揭示在家信衆在設齋法會中的作用，尤其是敦煌在家信衆在春秋官齋中的作用。

三、中古時期敦煌在家信衆與佛教寺院的關係研究——以社邑組織爲中心

中古時期敦煌佛教寺院十分注意把自己周圍的信徒組織起來，結成宗教團體。這種佛教團體雖名稱不同，但實際上都是佛教結社，可以統稱爲佛社。佛社多以從事一種佛教活動爲主，也兼行一些其他佛教活動。不少佛社即以其所從事的主要活動爲名，如以幫助僧團舉行燃燈供佛活動爲主的佛社稱燃燈社，以幫助僧團舉行行像活動爲主的佛社稱爲行像社，等等。佛社作爲敦煌佛教僧團的外圍組織，是佛教僧團經濟與勞

力的重要來源之一，大大增強了寺院的經濟實力，部分地彌補了寺院勞動人手的不足，從而爲佛教的傳播和發展提供了物質基礎。佛社的成員大多爲在家信衆。大量佛社的存在，擴大了佛教的社會基礎。

與此同時，寺院和僧人還采用各種方式對以生活互助爲主的私社施加影響。經過寺院、僧人的不懈努力，大部分以經濟和互助活動爲主的私社，都不同程度地受到寺院的控制。這些私社在保持其傳統的同時，也兼行一些佛教活動。它們和佛社一樣是寺院經濟與勞動力的重要來源，分別爲寺院提供各種所需物品和勞動力。由于傳統私社數量很大，組織相對比較嚴密，紀律嚴明，存在時間也比較長，所以它們對寺院所起的作用遠遠超過了佛社，而在家信衆在私社中也占有相當大的比例，他們與敦煌佛教寺院關係密切。通過對中古時期敦煌地區社邑組織的内部構成、佛事活動的研究，能够揭示在家信衆與佛教寺院的關係。

四、中古時期敦煌在家信衆與莫高窟的關係研究——以開窟禮佛爲中心

莫高窟始建于前秦建元二年（366；或認爲此"建元"年號應屬東晉，即344年），經北凉、北魏、北周、隋、唐、五代、宋、元等朝代，歷時千年。這些歷代開鑿的洞窟密布岩體，大小不一，上下錯落如蜂窩狀，全長達1600餘米。莫高窟窟群分爲南北兩區，現存大小洞窟735個。有編號的492個洞窟共有壁畫45000平方米，彩塑2000餘身。敦煌莫高窟在營建過程中得到了社會的大力支持和資助，在長達一千多年的創建和發展過程中，敦煌的官府、官員、僧侶、大族、民間社邑、過往行客和普通百姓都參與其中，可以説，没有敦煌在家信衆的支持，就没有莫高窟。

莫高窟大部分洞窟爲禮佛窟，這些洞窟是佛教信徒禮佛、觀像的處所。敦煌石窟大量的供養人題記，也證明了歷代來莫高窟、榆林窟、西千佛洞等石窟禮佛朝拜的信徒絡繹不絶；敦煌壁畫中還有不少禮佛圖，信徒們通過禮佛供養來尋求佛祖的庇佑。敦煌莫高窟儼然成爲出家佛教信徒和在家佛教信衆共同使用的公共空間。我們需要以開窟禮佛爲中心探討中古時期敦煌在家信衆與莫高窟的關係，并對莫高窟的宗教與世俗功能進行解讀。

五、中古時期敦煌在家信衆與世俗政權的關係研究——以寫經講經爲中心

在家信衆是敦煌地區居民的主要組成部分，也是世俗政權事務的重要參與者。抄寫與誦讀佛經是佛教在家信衆的重要修習活動，也是建立功德的主要途徑之一。從十六國北朝隋唐至吐蕃歸義軍時期，敦煌地區的寫經活動分爲官方抄經和平民抄經，前者是由官方組織專門的抄經機構以及由官員和貴族供養佛經，後者是平民百姓本人發願本人抄寫或本人發願請他人抄寫佛經。爲世俗政權祈福是寫經的主要目的之一。寫經的同時也要誦讀佛經，敦煌遺書中大量寫經題記爲我們瞭解敦煌在家信衆抄誦佛經活動提供了不可多得的第一手材料。

講經説法是佛教僧侶的重要宗教活動之一，以佛法度人，宣説教法，利益衆生，是爲法施。十六國北朝時期，敦煌講經以官府組織居多，講經内容以大乘經典爲主。唐五代時期，官方控制下的敦煌僧團時常組織講經活動，爲城隍禳灾的同時也向在家信徒宣傳佛教知識，俗講活動非常盛行，敦煌文書中保存的大量講經文、變文即是明

證。我們可以從官方組織的寫經、講經活動的視角來探討中古時期敦煌在家信衆與世俗政權的關係，并涉及敦煌在家信衆在世俗政權中的地位問題。

六、中古時期敦煌在家信衆佛教信仰的類型和特點研究

敦煌遺書的内容包羅萬象，但因爲它是佛教寺院的藏書，因此，它的主體是佛教典籍，大約占總數的百分之九十左右，包括十六國時期到北宋初年時間跨度達 600 多年的豐富的佛教資料。根據敦煌遺書上保存的題記，目前所知年代最早的藏經洞文獻是後涼麟嘉五年（393）王相高所寫之《維摩詰經》，年代最晚的是寫于北宋咸平五年（1002）的敦煌王曹宗壽編造袱子寫經題記。其中既有歷代大藏經收録的傳世佛經，如《大般若波羅蜜多經》《金剛般若波羅蜜多經》《妙法蓮華經》《金光明最勝王經》《維摩詰所説經》《大乘無量壽經》等；又有極爲廣泛的中國人撰寫的佛教著作，包括經律論疏釋、史傳、目録、音義和雜文等諸多方面；還有大量的寺院文書，包括寺院賬目、藏經目録、僧尼名册、借貸契據、析産遺囑、牒狀帖啓等。這些資料，如實地反映了中古時期敦煌佛教存在和發展的狀況。其中，晚唐至五代時期有關敦煌佛教的資料數量最多，涵蓋最廣，反映的情況最爲具體而充實。對于敦煌佛教，目前學界存在着"世俗佛教""民間佛教""民衆佛教""民俗佛教""平民佛教""庶民佛教"以及"信仰型佛教"等多種稱謂。其實，無論如何命名，都是爲了説明敦煌佛教不同于正統佛教。而作爲敦煌佛教信仰主體的敦煌在家信衆，他們的佛教信仰類型多種多樣，有十王信仰、賓頭盧信仰、觀音信仰、五臺山文殊信仰、毗沙門天王信仰、阿彌陀信仰和海龍王信仰等。在家佛教信仰與民間宗教甚至與道教、袄教、景教、摩尼教等其他宗教信仰皆有交集，這似乎更能反映出中國古代信仰世界的實際情形。學界目前需要對這一問題作深入探討。我們希望以敦煌爲窗口，透視中古時期普通民衆的日常佛教信仰的特點。

綜上所述，我們需要以敦煌在家信衆的佛教信仰爲突破口，重點考察魏晋南北朝至北宋初期中國佛教在某些重要方面的變遷，揭示發生這些變遷的原因，總結敦煌佛教不同于其他地區佛教的主要特點，闡釋其在敦煌乃至河西世俗政權以及庶民生活中承擔的角色。以下三個研究視角應該引起我們注意：

一、探討敦煌古代文化，繞不過佛教。而在家信衆又是敦煌佛教信仰中尤爲重要的主體，因此，對中古時期敦煌在家信衆的佛教信仰的研究，對深入認識和瞭解古代敦煌文化意義重大。從宗教學和文化史的角度去探究中古時期敦煌在家信衆的佛教信仰，這是一個新的視角。

二、應該將敦煌佛教納入到整個中古社會佛教發展的大歷史背景當中去，考察敦煌地區的佛教是如何發展的，探討其在整個中國中古佛教發展中的歷史地位，爲進行中古佛教研究提供個案，同時也開闢不同于以往研究方法的另一條道路。

三、我們需要關注的另一視角是探討敦煌在家信衆在中古敦煌地區的活動情況，考察其與世俗政權、佛教寺院、莫高窟的關係，全面體現佛教對世俗社會事務的滲透，并在佛教社會功能的詮釋方面做出新的有益的嘗試。尤其是對中古時期敦煌在家信衆佛教信仰的特點進行總結，學界尚無先例，希望在這一方面能有所突破。

【本文係 2016 年國家社科基金一般項目 “中古時期敦煌在家信衆的佛教信仰研究”（16BZS042）、2017 年 “曙光計劃” 項目 “絲綢之路上的佛教傳播研究”（17SG42） 階段性成果】

注釋：

① 郝春文：《唐後期五代宋初敦煌僧尼的社會生活》，中國社會科學出版社，1998 年。

② ［日］金岡照光：《敦煌の民衆》，東京評論社，1972 年。

③ ［日］榎一雄主編：《講座敦煌》2《敦煌の歷史》，大東出版社，1980 年。

④ 榮新江：《歸義軍史研究——唐宋時代敦煌歷史考索》，上海古籍出版社，1996 年。

⑤ 杜斗城等：《河西佛教史》，中國社會科學出版社，2009 年。

⑥ 馬德、王祥偉：《中古敦煌佛教社會化論略》，中國社會科學出版社，2010 年。

⑦ 郝春文、陳大爲：《敦煌的佛教與社會》，甘肅教育出版社，2013 年。

（作者單位：上海師範大學歷史系）

敦煌吐魯番文獻與仁井田陞的中國法制史研究（上）

趙　晶

內容提要：仁井田陞被譽爲日本中國法制史研究的開創者，敦煌吐魯番文獻（尤其是敦煌文獻）的陸續公布是其研究得以推進和深化的原動力之一。仁井田氏的研究一般被分爲二戰之前與之後兩個階段，戰前的成果以《唐令拾遺》《唐宋法律文書の研究》《支那身份法史》爲標志，戰後的成果除《中國の社會とギルド》《中國の農村家族》外，又以彙總其單篇論文的《中國法制史研究》四大册爲代表。仁井田氏利用敦煌吐魯番文獻進行的上述研究，可分爲"外史"與"内史"兩大部分。"外史"包括對文獻本身的搜羅與校録、對某類文獻的體系化整理，以及圍繞畫押、印章等文書樣式展開研究；"内史"着眼于文獻所載的内容，藉此討論法源、財産法、身份法、刑罰等問題。

關鍵詞：敦煌吐魯番文獻　仁井田陞　中國法制史

仁井田陞（1904—1966），1928 年畢業于日本東京帝國大學法學部，進入大學院後，師從于中田薰；後于 1929 年受聘爲東方文化學院東京研究所助手，承擔"唐令的復原及其歷史的研究"課題，1934 年以《唐令拾遺》一書榮獲日本學士院恩賜賞；1937 年以《唐宋私法史文書の研究》一文，獲得東京帝國大學博士學位；1942 年成爲東京大學東洋文化研究所教授，至 1964 年榮退，爲東京大學名譽教授。據幼方直吉、福島定夫所編仁井田陞"著作目録"可知，其著作單行本共 16 種，論文 377 篇①，堪稱宏富。滋賀秀三曾評價道："仁井田陞博士，大概是最早的、專門從事中國及其相鄰的東亞諸國法制史研究的人，對此傾注了渾身的精力，好像要獨自包攬這一方面的所有研究一樣，通過可以稱得上是超級旺盛的研究活動，他構築起這一嶄新學問領域的基礎，毫不誇張地説，他作爲這一領域的第一人，已是世界知名。"②"在日本，中國法制史作爲一門學科確立起來，首先就是依靠了仁井田陞先生的力量……仁井田陞大力開拓了前人未踏的領域，在日本研究中國法制史方面留下了巨大的足迹，這是爲衆人所承認的。"③

仁井田氏之所以能夠取得如此傲人的業績，敦煌吐魯番文獻的出現是極爲重要的契機。他于 1964 年的回憶文中提及，自己之所以爲敦煌文獻所吸引，其實可追溯至在京華中等學校讀書期間（1917—1922），老師鳥山喜一④對東洋史的講述爲此埋下了伏筆⑤；而他在榮休之後，于 1965 年應杜希德（Denis Twitchett）之邀，赴倫敦大學擔任客座教授、對大英博物館所藏敦煌文獻展開調查之際⑥，不幸得病，于翌年逝世⑦。由此可見，敦煌文獻幾乎貫穿其一生的學習與研究生涯，對于仁井田氏本人的研究乃至于日本中國法制史學都有不可取代的學術意義。

目前關于仁井田氏生平業績的概述與介紹，日本學界已有一定積累，但未見以敦煌吐魯番文獻爲切入點者⑧；有關 20 世紀前半期敦煌學與日本的唐代法制史學的關係，辻正博曾撰文詳加介紹⑨，雖亦涉及仁井田氏的相關業績，但僅限于法典類文獻的考釋、介紹，既未涉及公、私法律文書⑩以及在此基礎上展開的法源史、財產法史、身份法史與刑罰史等研究，也未論及他在二戰以後的成果⑪。筆者擬以敦煌吐魯番文獻爲切入點，全面檢視仁井田氏在中國法制史研究領域的業績，從而彰顯近代以來敦煌學、吐魯番學與日本中國法制史學的緊密關係。

一、仁井田氏的自我總結

仁井田氏在 1964 年回顧自己三十五年的研究生涯時，曾專列一節 "西域發現的古文獻"，講述其研究與敦煌吐魯番文獻的關係⑫。

他自稱在從事研究之初，就爲敦煌所吸引，在斯坦因、伯希和從敦煌劫掠而去的文獻中，有許多是他研究所需的資料，從《唐令拾遺》（1933）開始，他與敦煌就結下了很深的緣分。正因如此，在松岡讓撰寫小説《敦煌物語》時，他還迅速地在《歷史學研究》第 8 編第 10 號（1938）上發表書評，予以介紹⑬。

關于第二本專著《唐宋法律文書の研究》（1937），他謙稱自己在制定計劃時可謂初生牛犢不怕虎，因爲基本没有經手過敦煌資料。通過對中村不折所藏吐魯番資料等的調查，又在白鳥庫吉、吉川逸治的幫助下，拿到了斯坦因、伯希和所獲敦煌文獻的一些照片，最終完成了對唐宋户籍、奴隸買賣文書、人質文書、保證文書、雇傭文書、家産分割文書等的研究。其中，保證文書部分接續了中田薰的研究，圍繞均田制，又和鈴木俊展開了争論。

至于其第三本專著《支那身分法史》（1942），研究的是家族法與奴隸法的問題。其中處理了此前并未利用的伯希和所獲、在敦煌發現的唐宋時期的放妻書。這些文獻由那波利貞在巴黎調查所得并提供給他做研究。

在他看來，進入 20 世紀五、六十年代以來，敦煌吐魯番文獻領域的兩大進展推動了相關研究的飛躍式發展：其一是 1945 年⑭斯坦因所獲敦煌文獻的縮微膠捲入藏東洋文庫，其中包括唐律、令、格以及奴隸放良文書等新資料；其二是龍谷大學藏大谷探險隊所獲吐魯番文獻開始得到整理、利用，其中引人注目的是大量與唐代土地制度（均田制）和交易制度相關的基本資料。關于這些文獻的新研究，都收入《中國法制史研究》全四卷（1959—1964）。

表1　仁井田氏以敦煌吐魯番文獻爲主要研究對象的單篇論文[15]

1932	①敦煌出土的唐公式、假寧兩令
1934	①關于唐令復舊——附董康氏的敦煌發現散頒刑部格研究 ②敦煌等發現唐宋户籍的研究
1936	①敦煌發現唐水部式的研究 ②斯坦因探險隊敦煌發現法律史料數種 ③伯希和探險隊敦煌發現法律史料數種
1937	①敦煌發現法律史料資料解説 ②吐魯番出土的唐代公牘——蒲昌府文書等
1938	①關于唐宋告身的現存墨迹本 ②最近發表的敦煌發現唐律令殘卷 ③敦煌發現十王經圖卷所見刑法史料 ④許氏《敦煌雜録》與所收的法律史料——附説《敦煌石室寫經題記》
1939	①斯坦因、伯希和兩氏從敦煌帶來法律史料數種 ②支那古文書的略花押及畫指研究小史——以敦煌等發現文書爲中心 ③A Study of Simplified Seal-marks and Finger-seals in Chinese Documents，with Special Reference to Documents Secured in the Western Regions
1940	①吐魯番發現唐代的庸調布和租布 ②唐代古文書所見官印
1941	①敦煌發現唐宋時代的離婚狀
1955	①斯坦因第三次中亞探險帶來的中國文書與馬伯樂的研究——以法律經濟史料爲中心
1956	①敦煌發現的西夏文書殘片
1957	①唐律令及格的新資料——斯坦因敦煌文獻
1958	①斯坦因敦煌發現的唐代放良文書 ②斯坦因敦煌發現的天下姓望氏族譜——關于唐代的身份性内婚制
1959	①敦煌發現的放良文書 ②斯坦因敦煌發現的唐宋家族法關係文書 ③唐末五代的敦煌寺院佃户關係文書——關于人格性不自由規定
1960	①吐魯番出土的唐代交易法關係文書 ②吐魯番發現的唐代土地法關係文書 ③敦煌發現的唐宋交易法關係文書（其二） ④敦煌發現的中國的計帳與日本的計帳
1961	①吐魯番發現的唐代租田文書的兩個形態
1963	①吐魯番發現的高昌國及唐代租田文書 ②敦煌唐律特别是捕亡律殘卷
1964	①敦煌發現則天時代的律殘卷
1965	①伯希和敦煌發現唐令的再吟味——特别是公式令殘卷 ②伯希和敦煌發現唐職員令再吟味

這一綱目性的自述已清晰地交代了仁井田氏利用敦煌吐魯番文獻進行中國法制史研究的學術歷程，其實這也與日本敦煌學、吐魯番學的發展歷程基本吻合：1930 年代以前爲第一階段，大家把目光聚焦于佛典與古逸經典上；1930 年至第二次世界大戰爆發爲第二階段，因中國社會經濟史研究的興盛，學者將目光投向了古文書，但相關研究僅關注文書的内容，忽視了紙質、筆迹，且當時敦煌文獻的全貌仍未明瞭，將同種文書作通盤分析尚無可能；二戰以後爲第三階段，此時因微縮膠捲技術發達，各個藏地紛紛出版寫本目録，敦煌文書的全貌日漸明晰，由此産生了新的研究方法，即"開始將古文書作爲文書予以處理"，并且出現了將敦煌文書與吐魯番文書合并考察的傾向[16]。

仁井田氏曾以"外史"（法規整理）和"内史"（法律内容研究，如債權法、親屬法等）爲標準對法律史研究進行劃分[17]，筆者借鑒這一方式，將其利用敦煌吐魯番文獻進行的中國法制史研究亦劃分爲"外史"與"内史"兩大部分，"外史"包括對文獻本身的搜羅與校録、對某類文獻的體系化整理，以及圍繞畫押、印章等文書樣式展開研究；"内史"著眼于文獻所載的内容，藉此討論法源、財産法、身份法、刑罰等問題。此外，因爲"'文書'一詞在歷史的史料學和古文書學中，是有别于書籍的帶有限定的專門用于記録的意思（是有特定發信人和收信人）的文件，因此對包含有典籍、文書、記録在内的敦煌資料，比起稱作'文書'來，使用'文獻'的通稱更好一些"[18]，所以筆者使用"文獻"一詞來涵蓋法典類殘卷、公私法律文書以及圖像材料。

二、外史研究

（一）文獻的搜羅與校録

在 20 世紀初期，敦煌所出唐代法典類文獻的公布基本靠以下兩種途徑：第一，學者親閲原卷，過録其文，或自己發表，或提供給學有所長者發表。如王仁俊過録了北京所藏河字 17 號《名例律疏》殘卷，收入其所著《敦煌石室真迹録》；而狩野直喜抄録了 S. 1880《東宫諸府職員令》的部分内容，王國維據此撰寫了《唐寫本殘職官書跋》，并收入羅振玉的《敦煌石室碎金》。第二，學者接到收藏者提供的照片，或親自拍攝照片，再由自己或他人刊布録文或照片。如羅振玉將伯希和贈送的 P. 2507《水部式》照片，收入《鳴沙石室佚書》并加跋文，予以定名；又如内藤湖南在巴黎拍攝了 P. 3078《神龍散頒刑部格》殘卷，并由董康過録其文并發表[19]。

表 2　仁井田氏對法典類文獻的公布、校録與研究[20]

種類	文獻	工作	
		公布照片	校録、研究
律	大谷 8098《擅興律》		1931#
	大谷 8099《賊盜律》		1931#
	P. 3608＋P. 3252《職制、户婚、廐庫律》	1964	1964①
	Ch. 0045《捕亡律》		1963②

種類	文獻	工作	
		公布照片	校錄、研究
律疏	河字 17 號《名例律疏》		1931#、1933
	李盛鐸舊藏《雜律疏》		1931#、1933
	S. 6133《賊盜律疏》		1957①
	P. 3690《職制律疏》		1938②
令	P. 4634 + S. 1880 + S. 3375 + P. 4634C₂《東宮諸府職員令》	1933 *、1964、1965①	1932①、1933、1936②、1957①、1964、1965②
	P. 2819《公式令》	1933 *	1932①、1933、1965①
格	P. 3078 + S. 4673《散頒刑部格》	1964㉑	1934①、1957①
	S. 1344《户部格》	1964	1957①
式	P. 2507《水部式》	1964	1931、1933、1936①
	P. 2504《職官表》	1933	1932①、1933㉒

在前引仁井田氏的自述中，他曾提及自己得閱敦煌吐魯番文獻的途徑：實地調查、依靠他人調查所得（包括原文抄錄和照片）、閱覽縮微膠捲。在技術手段尚不發達的早期，學者大多祇能依靠親閱原卷者的錄文展開研究，自然不乏以訛傳訛的現象。如《東宮諸府職員令》殘卷，收入《敦煌石室碎金》的文本依據的是狩野直喜的手抄底稿，但仁井田氏於 1932 年看到這份底稿時，却發現與刊行本有所差別，因此據底稿重做校錄㉓；此後，得益于白鳥清在倫敦獲得的原卷照片，仁井田氏於 1936 年加以增訂，補充了此前未予錄出的文字㉔；又因英藏敦煌文獻的縮微膠捲入藏東洋文庫，他重新進行考察，于 1957 年公布了新的可予綴合的殘片（S. 3375），并坦言卷帙破損嚴重，不能僅依賴照片，有必要對原卷進行仔細調查㉕；1965 年赴倫敦親閱原卷之後，再次寫下了錄文的補訂筆記㉖。由此可見技術手段的進步對于學術推進的重要性，以及親閱原卷的不可替代性。

不僅法典類文獻如此，公、私法律文書的研究也是一樣。如内藤乾吉發表于 1933 年的 S. 3392《天寶十四載三月十七日騎都尉秦元告身》研究是以今西龍的手抄稿爲據，5 個月後，玉井是博給内藤氏寄來了他在倫敦謄錄的抄本，二者的錄文有所差別，直至仁井田氏在 4 年後出版的《唐宋法律文書の研究》中刊布了該文書的照片，個中是非方得定讞㉗。

由于并非人人都有親閱原卷的機會，所以同行之間的互相幫助就顯得更爲重要。如仁井田氏對《職官表》的利用，得益于羽田亨、石田幹之助的照片以及小島祐馬的手抄稿（由内藤乾吉轉述）㉘；撰寫《唐宋法律文書の研究》時，他既蒙中村不折分享個人所藏文書原件，又得益于黑板勝美、白鳥清、吉川逸治等在歐洲各地所拍攝的文書照片㉙。正因如此，仁井田氏也盡量争取獲得原藏機構的許可，在自己的著作中刊印照片。除表 2 所示法典類殘卷的照片外，他還在《唐宋法律文書の研究》中刊布過敦煌、吐魯番所出契約、遺書、户籍、告身等圖版 23 幅，在《補訂中國法制史研究》中又刊布過敦煌、吐魯番所出各種文獻圖版 40 幅、插圖 6 幅，爲學界準確釋讀這些文獻提供了可靠的依據，如内藤乾吉曾根據仁井田氏刊布的照片，指出其録文的失誤之處[30]。

（二）文獻的體系化整理

仁井田氏于 1937 年出版的《唐宋法律文書の研究》被目爲 "中國古文書學體系化之最初嘗試"[31]。該書分爲三編，第一編爲通論，涉及法律文書的源流、材料、花押、手印、印章等問題；第二編爲私法關係文書，共分買賣文書（下分土地買賣、家屋買賣、家畜買賣、人身買賣）、交換文書、施入文書、消費借貸文書（下分無息借貸、有息借貸、共同債務、扣押抵債、保證、連帶保證、不動産質押、動産質押、人質）、使用借貸文書、租賃文書（下分土地租賃、家畜租賃）、雇傭文書、承攬文書、票據（彙票、本票、支票）、賠償文書、離婚狀（休書、離書）、養子文書、家産分割文書、遺言狀、户籍等十五類；第三編爲公文書，分告身、鐵券、國際盟約文書、教（附：牒）、符、過所及公驗等六類。其涵蓋範圍廣泛，且援入羅馬法及現代私法理論與分類體系，可謂鴻篇巨制。根據其後所附 "法律文書索引"，這本著作共涉及敦煌文書 50 件，吐魯番文書 25 件，庫木吐喇文書 4 件，和闐文書 6 件，金石類 37 件，其他元代以前的文書 45 件，日本、西夏、回鶻文書 6 件[32]。可見敦煌、吐魯番所出法律文書對于構建中國古文書學體系的重要價值。當然，此書并未窮盡當時可見的所有法律文書，那波利貞曾對此作出過極爲精到的評價：如第七章的雇傭文書，本書僅舉出了大英博物館的龍德四年文書和法國國立圖書館的殘卷而已，以他調查的法藏文書爲限，唐末五代的相關文書至少還有 7 件，但仁井田氏所選的龍德四年文書是相當典型的例子，即使增補其他 7 件，也難以得出不同的有關雇傭契約的結論來。因此本書的做法是選取典型材料，而非羅列同類文書[33]。

此外，在當時的古文書學者看來，文書之所以爲文書，必然具備文書的製作者、相關意思表示以及文書的接收者等要素[34]。若以此爲標準，本書單列的 "户籍" 一章，顯然不符合 "文書" 的定義。但仁井田氏并未拘泥于這種現代標準，而是徵引了《唐律疏議》、《宋刑統》卷十九《賊盗律》 "盗制書及官文書" 條的疏議，以唐代立法者的認識爲據，將 "倉糧財物、行軍文簿賬及户籍、手實之屬" 都作爲官文書予以處理；又因户籍登記的是身份關係和賦役關係等（特別是土地所有關係），與私法史研究密切相關，所以就把它歸于私法關係文書編中予以討論[35]。事實上，自 1970 年代以降，在日本古文書學研究中，傳統的 "文書" 定義逐漸被質疑， "文書—記録" 這種涇渭分明的分類體系日漸被消解。其理由大約有二：第一，在這一分類體系中，處于文書與記録之間的 "書面群" 無法被明確定義；第二，因其所處時、空的變化，文書也好，記録也罷，它們的功能會隨之發生改變，使得某一書面物會突破 "文書—記録" 的分類界限，從而具有雙重屬性[36]。近年來，中國學者黄正建也注意到了唐代立法者眼中的

"官文書"不同于日本學者對"文書"的定義㉟,得出了與仁井田氏相同的結論。這些"後見之明"都可凸顯仁井田氏當時的卓識鋭見。

在這一體系建立之後,仁井田氏又根據文獻公布的進度,在相應的條項之下,增補新的典型文書。

1. 私法關係文書

(1) 財産關係文書

1938年,他檢出許國霖《敦煌雜録》所披露的17件契約(包括土地家屋買賣文書1件、消費借貸文書10件、家畜租賃文書2件、雇傭文書2件、承攬文書1件),并指出,按照中田薰的觀點,中國的雇傭契約可分爲兩種,一是雇傭訂約者個人,二是雇傭訂約者的整個家族,《唐宋法律文書の研究》所收敦煌史料中未能舉出第二種契約的實例,而《敦煌雜録》中恰有一件,可補其不足㊳。

1939年,他又根據新見英、法兩國所藏敦煌文書,分別充實了家畜買賣文書、家畜租賃文書、雇傭文書和畫指文書的實例,并提出一些新的看法,如將此前被視爲兩件家畜買賣契約的文書綴合爲一;除雇傭訂約者個人的契約之外,還列舉一些以家族爲對象的雇傭契約,并考察雇傭的勞務種類等,從而延伸至農耕奴隸、農耕勞動者的討論㊴。

1960年,他根據斯坦因文書的縮微膠捲,增補了買賣文書(下分土地買賣[特別標舉了土地的絶賣契約和附回贖條件的買賣契約]、家屋買賣、家畜買賣、人身買賣、普通動産買賣)、消費借貸文書(下分豆麥與絹褐借貸、不動産質押、動産質押、人質)、租賃文書、雇傭文書、承攬文書的實例;又以大谷探險隊所獲吐魯番文書爲據,增補了消費借貸文書(借麥)、租賃文書(租田)、雇傭文書、買賣文書和當票(帖子)的實例㊵。從上述列舉可知,他的增補并非是單純的資料羅列,而是想要在原有體系之下,增加更多的、具有不同特點和内容的二級、三級子類。

如同屬于租田文書,當仁井田氏看到《文物》1960年第6期上發布的《新疆吐魯番阿斯塔那北區墓葬發掘簡報》時,就敏鋭地檢出貞觀十七年(643)正月的租田文書,與此前他所寓目的其他吐魯番所出租田文書進行比較,從而剖析出兩種租借形態,即阿斯塔那墓出土的租田文書著重規定了租種者違反義務後的懲罰,而此前所見的其他文書則都強調地主的責任。由此,他又進一步推測,這可能是因貞觀十七年時吐魯番地區被納入唐朝疆域纔三年,文書體現的是均田制實施以前的情况㊶。

此外,如前所述,仁井田氏之所以將"户籍"納入到私法關係文書編中,是着眼于户籍登記的土地所有關係。在大谷文書披露以後,與此相關的文書數量與類別就更爲豐富了,被他歸納爲退田簿、給田簿和欠田簿等三類。他研究這些土地關係文書的目的之一,是討論均田制在唐代的實施情况㊷。然而,相比于他此前所見到的相關文書,大谷文書的特殊價值在于,提示了永業田與賜田亦在還授之限的情况,這與當時的律令規定不合㊸。

(2) 家族關係文書

在《唐宋法律文書の研究》中,仁井田氏雖列了"離婚狀"一節,但并未覓得相關實例，後得益于那波利貞所分享的材料，于 1941 年發表文章討論 2 件法藏離婚狀（P. 3730、P. 3220）[44]，填補了此前的缺憾。類似之例，亦見于他在 1958 年從斯坦因文獻的縮微膠捲中檢出 4 件放良文書的雛形[45]。

1959 年，他在全面梳理斯坦因文獻縮微膠捲的基礎上，又增補了家産分割文書、遺言狀、養子文書、離婚狀和放良文書的實例。以離婚狀而言，他根據語言風格，將上述兩件法藏離婚狀分爲甲、乙兩類，除了分別檢出數件與它們風格一致的文書加以歸類外，又將 S. 343 另判爲丙類[46]。

（3）寺户關係文書

在仁井田氏看來，敦煌寺户的地位既非奴隸，也非雇傭人，因此寺户關係文書是有別于奴隸買賣文書和雇傭文書的第三種文書。就寺户關係文書而言，他又細分爲兩類：其一以《敦煌雜録》所收 6 件文書爲典型，皆爲報恩寺、隆興寺、開元寺、安國寺、靈修寺以及光明寺等六大寺院的寺户向都司倉提出的借用麥種或食糧的申請書；其二以斯坦因文獻中的 S. 1475 號爲例，所收爲寺户與靈圖寺或其僧人簽訂的借麥文書。經由兩類文書的考察，他以寺户遷徙與結婚自由受限爲由，指出寺户在法律人格上的不完全性[47]。

2. 公法關係文書

《唐宋法律文書の研究》是以仁井田氏的博士學位論文"唐宋私法史文書の研究"爲基礎增修而成的，因此對公法關係文書著墨不多。1953 年，馬伯樂整理的《斯坦因第三次中亞探險所獲漢文文書》出版，仁井田氏從中檢出了較爲重要的馬政文書，并與此前藤枝晃詳考的有鄰館藏"長行馬"文書進行了比較，析出了一些子類，如除長行馬文書外，還有馬籍、官馬往返登記簿、死馬帳簿等[48]。

（三）文書樣式的研究

所謂文書樣式，是指文書的字體、文體，或者發出方、到達方、標題、正文、結語、署名等位置關係及其書寫方法[49]。如 20 世紀早期有關公文書研究的熱點話題，就聚焦于敦煌所出 P. 2819《公式令》殘卷。仁井田氏不僅據此復原了移式、關式、牒式、符式、制授告身式、奏授告身式，而且還介入到内藤乾吉與瀧川政次郎有關《公式令》年代問題的爭論之中，并因看到了此卷的照片，發現背面紙縫蓋有"涼州都督府印"，而改變了原先的看法[50]。

對于敦煌吐魯番文獻而言，字體、書風、格式以及所捺官印等在很多情況下是判斷其製作年代的重要依據，在相關個案的研究中皆會觸及。仁井田氏在樣式研究中的突出貢獻，是集中討論了花押、畫指節、捺指印、印章等問題，這也是他被認爲是日本中國古文書學體系化之旗手的原因。

如在《唐宋法律文書の研究》中，他利用英藏、法藏的敦煌文書和吐魯番文書的實例，細緻地區別了花押與"略花押"（如"十""七""力""巾""○"）、點式畫指（祇畫三點，多用食指）與指形式畫指（按照指頭形狀畫出，多用中指，且一般而言貫徹男左女右的原則）、畫指與捺指印等，并在梳理文書所見官印實例之餘，還從中檢出了一例極爲少見的私印[51]。

到了 1939 年，他根據新披露的材料，開始修正以往的觀點。如之前他曾歸納畫指的各種類型（圖1），此時則據法藏五代後周顯德五年二月團保文書，作出增修（圖2）：

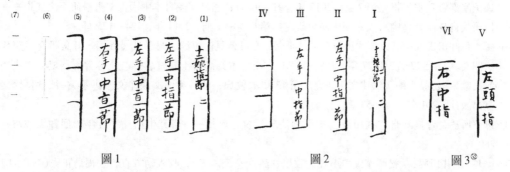

圖1　　　　　　　　圖2　　　　　圖3[52]

如圖 1 所見第（5）種，最下部的横綫是否存在，曾因文書紙張破損而不可知，此時他覺得有充分的理由可以補出最下部的横綫（圖2之Ⅳ），而且還新增了圖2之Ⅲ。隨後，他又根據大谷文書修正了以往所持唐代最早的畫指文書爲書道博物館藏咸亨二年（671）吐魯番文書的看法，將畫指文書的時限推進至高昌國時期；又根據敦煌所出五代後唐清泰三年（936）家屋買賣文書，增補了兩種指節圖（圖3）。[53]

【本文係教育部哲學社會科學研究後期資助項目“日本東洋法制史學史初編”（18JHQ064）階段性成果】

注釋：

① 該目録收入［日］幼方直吉、福島正夫編《中國の伝統と革命——仁井田陞集》（2），平凡社，1974 年，385—413 頁。漢譯本爲張立經譯，張仁善審校《仁井田陞著作目録》，周東平、朱騰主編《法律史譯評》第 6 卷，中西書局，2018 年，269—291 頁。

② ［日］滋賀秀三：《仁井田陞博士の〈中國法制史研究〉を讀みて》，《國家學會雜志》第 80 卷第 1、2 號，1966 年，88 頁。需要説明的是，本文所引日文論述，若未專門指明譯者、漢譯本，皆爲筆者自譯。

③ ［日］滋賀秀三著，吕文忠譯：《日本對中國法制史研究的歷史和現狀》，中國法律史學會主編《法律史論叢》第 3 輯，法律出版社，1983 年，298 頁。

④ 鳥山喜一（1887—1959），日本東洋史、渤海史學者。著有《渤海史考》（奉公會，1915 年）、《支那小史——黄河の水》（刀江書院，1928 年）等。

⑤ ［日］仁井田陞：《中國の法と社會と歷史——研究生活三十五年の回顧》，《中央公論》1964 年 7 月號；後收入所著《東洋とは何か》，東京大學出版會，1968 年，272 頁。

⑥ 關于在大英博物館調查的簡況，可參見他于 1965 年 11 月 18 日寫給菊池英夫的書信（［日］仁井田陞：《中國の法と社會と歷史——遺稿集》，岩波書店，1967 年，207—209 頁）。

⑦ ［日］池田温：《仁井田陞》，江上波夫編《東洋學系譜》第 2 集，大修館書店，1994 年，264 頁。

⑧ ［日］山本達郎等：《先學を語る——仁井田陞博士（含　略年譜・主要著作目録)》，《東方學》第 78 號，1989 年，179—206 頁；［日］池田温：《仁井田陞》，257—267 頁；［日］田仲一成：《我

心目中的先師——仁井田先生的生平與學術活動）,《古今論衡》第 19 期, 2009 年, 112—123 頁。

⑨ ［日］辻正博:《草創期の敦煌學と日本の唐代法制史研究》,［日］高田時雄編《草創期の敦煌學》, 知泉書館, 2002 年, 149—165 頁。

⑩ 關于仁井田氏的公文書研究, 可參見小島浩之《中國古文書學に関する覺書》（上）,《東京大學經濟學部資料室年報》第 2 號, 2012 年, 91—92 頁; 趙晶《論日本中國古文書學研究之演進——以唐代告身研究爲例》,《早期中國史研究》第 6 卷第 1 期, 2014 年, 124—125 頁。

⑪ 關于仁井田氏在二戰以後的法典類文獻研究, 亦可參見池田温、岡野誠《敦煌・吐魯番発見唐代法制文獻》第 27 號, 1977 年, 189—229 頁; 漢譯本爲高明士譯《敦煌、吐魯番所發現的唐代法制文獻》, 趙晶主編《法律文化研究》第 13 輯 "敦煌、吐魯番漢文法律文獻專題", 社會科學文獻出版社, 2019 年, 3—53 頁。

⑫ 以下所述, 皆摘譯自仁井田陞《中國の法と社會と歷史——研究生活三十五年の回顧》, 278—280 頁。

⑬ ［日］仁井田陞:《松岡讓氏の小說〈敦煌物語〉を読みて》, 收入幼方直吉、福島正夫編《中國の伝統と革命——仁井田陞集》(2), 3—4 頁。

⑭ 關于這個時間點, 參見［日］仁井田陞《研究生活三十年の回顧》,《中國の法と社會と歷史——遺稿集》, 172 頁。需要注意的是, 此稿根據仁井田氏 1964 年在東京大學東洋文化研究所所作退官演講的録音整理而成, 與前引《中國の法と社會と歷史——研究生活三十五年の回顧》有所不同。

⑮ 選譯自［日］幼方直吉、福島正夫編《中國の伝統と革命——仁井田陞集》(2), 388—413 頁。需要説明者有二: 第一, 所收英文論文 1 篇, 爲日文的英譯本, 筆者僅譯出日文論文標題, 保留英文論文標題; 第二, 許多同題論文另有單獨的 "要旨" 發表, 此表未收。

⑯ ［日］竺沙雅章:《中國古文書学の現段階》,《書の日本史》第九卷《古文書入門 花押・印章総覽 総索引》, 平凡社, 1977 年, 126—129 頁。

⑰ ［日］仁井田陞:《唐令拾遺》, 東方文化学院東京研究所, 1933 年, 1 頁。

⑱ ［日］池田温著, 張銘心等譯:《敦煌文書的世界》, 中華書局, 2007 年, 41—42 頁。

⑲ 參見［日］池田温、岡野誠撰, 高明士譯《敦煌、吐魯番所發現的唐代法制文獻》, 4—13 頁; 辻正博《草創期の敦煌學と日本の唐代法制史研究》, 153—156 頁。

⑳ 在此表中, 年份 + 序號者, 其篇目可參照表 1。此外, 僅録年份者, 則指專著, 如 1933 指《唐令拾遺》(1933 後綴以 ＊ 者, 表示爲 1964 年覆刻版)、1964 指《中國法制史研究: 法と慣習・法と道德》; 至于 1931#, 特指仁井田陞、牧野巽《故唐律疏議製作年代考》下篇第八節(《東方學報》第 1、2 號, 1931 年, 後收入律令研究會編《譯注日本律令》［一］, 東京堂, 1971 年, 553—574 頁), 根據説明, 此節爲仁井田陞執筆。

㉑ ［日］仁井田陞:《補訂中國法制史研究: 法と慣習 法と道德》, 東京大學出版會, 1991 年 (1964 年初版), PL. Ⅶ、Ⅷ頁。

㉒ 同注⑰, 85—87、322、553—573、603—604、649、733、750 頁。

㉓ 同注⑰, 77 頁。

㉔ ［日］仁井田陞:《シタイン探險隊敦煌発見法律史料数種》,《國家學會雜志》第 50 卷第 6 號, 1936 年; 收入《補訂中國法制史研究: 法と慣習・法と道德》, 229 頁。

㉕ ［日］仁井田陞:《唐の律令及び格の新資料》,《東洋文化研究所紀要》第 13 册, 1957 年; 收入《補訂中國法制史研究: 法と慣習・法と道德》, 272—284 頁。

㉖ 同注㉑, 772 頁。

㉗ 内藤乾吉:《中國法制史考證》, 有斐閣, 1963 年, 35 頁。

㉘ 同注⑰，85 頁。

㉙ ［日］仁井田陞：《唐宋法律文書の研究》，東方文化学院東京研究所，1937 年，3—4 頁。

㉚ ［日］内藤乾吉：《評仁井田陞〈吐魯番発見の唐代租田文書の二形態〉》，《法制史研究》第 13 號，1963 年，294 頁。

㉛ 同注⑯，126 頁。

㉜ 同注㉙，《索引》13—17 頁。

㉝ ［日］那波利貞：《紹介仁井田陞著〈唐宋法律文書の研究〉》，《史林》第 23 卷第 1 號，1938 年，179—180 頁。

㉞ 同注㉙，3 頁。

㉟ 同注㉙，650 頁。

㊱ ［日］村井章介：《中世史料論》，《古文書研究》第 50 號，1999 年，35—37 頁。

㊲ 黄正建：《唐代“官文書”辨析——以〈唐律疏議〉爲基礎》，《魏晋南北朝隋唐史資料》第 33 輯，上海古籍出版社，2016 年，38 頁。

㊳ ［日］仁井田陞：《許氏〈敦煌雜録〉と所収の法律史料——附説〈敦煌石室寫經題記〉》，《東洋學報》第 25 卷第 1 號，1938 年；収入《補訂中國法制史研究：土地法・取引法》，東京大學出版會，1991 年（1960 年初版），827—830 頁。

㊴ ［日］仁井田陞：《スタイン・ペリオ両氏將來法律史料数種》，《東方學報》（東京）第 9 册，1939 年；収入《補訂中國法制史研究：土地法・取引法》，647—674 頁。

㊵ ［日］仁井田陞：《敦煌発見の唐宋取引法關係文書》（その二）、《吐魯番発見の唐代取引法關係文書》，収入《補訂中國法制史研究：土地法・取引法》，575—826 頁。

㊶ ［日］仁井田陞：《吐魯番発見の唐代租田文書の二形態》，《東洋文化研究所紀要》第 23 號，1961 年；収入《補訂中國法制史研究：奴隷農奴法・家族村落法》，東京大學出版會，1991 年（1962 年初版），249—260 頁。

㊷ 相比于其他否定均田制實效性的學者，他堅定地認爲均田制并非書面規定，而是得到過全面實施的。參見仁井田陞《研究生活二十年の回顧》，170 頁。

㊸ ［日］仁井田陞：《吐魯番発見の唐代土地法関係文書》，《補訂中國法制史研究：土地法・取引法》，152—163 頁。

㊹ ［日］仁井田陞：《敦煌発見唐宋時代の離婚狀》，《東方學報》京都第 11 册第 4 分册，1941 年，5—16 頁。

㊺ ［日］仁井田陞：《スタイン敦煌発見の唐代奴隷解放文書》，《東洋文化研究所紀要》第 15 號，1958 年；収入《補訂中國法制史研究：奴隷農奴法・家族村落法》，20—43 頁。

㊻ ［日］仁井田陞：《スタイン敦煌発見の唐宋家族関係文書》，《東洋文化研究所紀要》第 17 號，1959 年；収入《補訂中國法制史研究：奴隷農奴法・家族村落法》，563—599 頁。

㊼ ［日］仁井田陞：《唐末五代の敦煌寺院佃户関係文書——人格的不自由規定について》，《西域文化研究》第 2 號，1959 年；収入《補訂中國法制史研究：奴隷農奴法・家族村落法》，44—92 頁。

㊽ ［日］仁井田陞：《スタイン第三次中亞探險將來の中國文書とマスペロの研究——法律経済史料を中心として》，《史學雜志》第 64 編第 6 號，1955 年；収入其《補訂中國法制史研究：土地法・取引法》，831—850 頁。

㊾ ［日］小島浩之：《中国古文書学に関する覚書》（上），《東京大学経済学部資料室年報》2（2012），86 頁。

㊿ 具體争論，參見趙晶：《論内藤乾吉的東洋法制史研究》，《古今論衡》第 32 期，2019 年，74 頁。

(51) 同注㉙，24—84 頁。另外還可參見仁井田陞：《支那古文書の略花押及び畫指研究小史——敦煌等発見文書を中心として》，《書苑》第 3 卷第 9 號，1939 年，2—22 頁；《唐代の古文書に見えたる官印》，《書菀》第 4 卷第 9 號，1940 年，21—28 頁。

(52) 三圖分别引自仁井田陞《唐宋法律文書の研究》（59 頁）、《補訂中國法制史研究：土地法・取引法》（671、673 頁）。

(53) [日] 仁井田陞：《スタイン・ペリオ两氏將來法律史料數種》，《補訂中國法制史研究：土地法・取引法》，665—674 頁。需要指出的是，黄正建在考察畫指與花押時，僅回顧了《唐宋法律文書の研究》，并未注意到這些後續研究，對仁井田氏觀點的評判未盡全面。參見黄正建《敦煌吐魯番契據文書中的署名畫指與畫押——從古文書學的視角》，《隋唐遼宋金元史論叢》第 8 輯，上海古籍出版社，2018 年，221—237 頁。

（作者單位：中國政法大學法律古籍整理研究所）

守護國寶：國立敦煌藝術研究所對莫高窟可移動文物的保管

宋　翔

内容提要： 國立敦煌藝術研究所對近代石窟寺乃至文物保護事業具有重要的開創意義，其所制定的諸多文物保管措施與觀念影響深遠。該所在莫高窟文物保管上確立了收歸國有、在地保管兩項基本原則。在其他機關對莫高窟碑刻、文書等可移動文物提出保管訴求之時，國立敦煌藝術研究所及其上級主管機關堅持了以上兩項基本原則，并通過各種方式予以回絕。在維護其保管權的同時，也減少了文物的流動風險。

關鍵詞： 國立敦煌藝術研究所　可移動文物　文物保護

20 世紀 40 年代，國立敦煌藝術研究所（以下簡稱"藝研所"）的建立對于莫高窟的保護具有重要意義。衆所周知，石窟寺作爲一種重要的文化遺產，多集壁畫、造像、碑刻以及古建築等于一體，内涵十分豐富。民國時期，面對這些不同類別的文物——大體包括可移動及不可移動文物兩大類，如何有效地進行保管，是一大難題。1930 年 6 月，國民政府頒布的《古物保存法》雖從法理上確立了"古物國有"的基本準則，但具體由誰或哪一級機構來保管，并未明確規定，祇要求"古物除私有者外，應由中央古物保管委員會責成保存處所保存之"。這就使得具體操作過程中，"直轄于中央之機關""省市縣或其他地方機關"以及"寺廟或古迹所在地"皆是其認可或合法的保存處所[①]。這樣一來，對于石窟寺中所包含的諸多可移動文物如造像、碑刻等之保管權，就極有可能産生爭議。藝研所時期曾多次面臨這一問題。本文擬系統梳理該所對莫高窟可移動文物之保管措施及其實施過程中所遇到的困境、解決方式等，以期更好地認識藝研所之建立在近代石窟寺乃至文物保護事業中的意義。

一、收歸國有、在地保管——兩項基本原則之確立

莫高窟的文物保管問題，主要涉及到所有權和保管權兩個層面。關于所有權，1942 年底，向達發表了《論敦煌千佛洞的管理研究以及其他連帶的幾個問題》一文，其開篇即主張要將莫高窟"定爲國寶，收歸國有"：

> 要免去這一切毛病，祇有將千佛洞定爲國寶之一，收歸國有的一個辦法！
> ……我們自己却把中國藝術上獨一無二的一個例子，千多年來先民精神心血所寄托所創造的一件極精美的作品，任其自成自毁，士大夫不知愛護，國家不去管理，

這是令人看來最難過的一件事！所以我的第一個建議，是要保存千佛洞，非將千佛洞收歸國有不可。至于有人也許以爲收千佛洞爲國有，或不免要引起地方的抗議，我想這絕不會有的。<u>千佛洞是中國整個文化上的一個表現，絕不是某地或某人所得而私有的，</u>這同孔子之是中國整個文化上的一個代表，而不是山東或曲阜孔氏所得而私有，是一樣的道理。<u>甘肅不少明達之士，大概也會同意我這一點小小的建議吧。</u>②

前已論及，國民政府公布的《古物保存法》（1930 年 6 月 2 日）所確立之“古物國有”觀念，構成了向達主張將莫高窟“收歸國有”的法理依據。而中央古物保管委員會上呈行政院之《古物之範圍及種類草案説明書》（1935 年 5 月 31 日）又提出了“國寶”概念：“規定古物中之有國寶價值者，若爲官物，則設國立與地方官立之博物館、美術館、圖書館及古物保存處所等，以爲保管。”③故若將莫高窟定位爲“國寶”④，即可據此建立國立或地方官立機構來管理。此外，“國寶”一名亦突出了莫高窟超越地方文化的價值，正如上引向達文中所言，“千佛洞是中國整個文化上的一個表現，絕不是某地或某人所得而私有的”。故其所有權理應歸屬于國家。

藝研所成立後，亦根據財政部規定進行過國有財産申報登記，且通過興建圍墙、劃定保護區的方式，進一步明確其所屬莫高窟地區國有財産的邊界範圍。兹將該所致教育部呈文引録如下：

　　竊查本所爲徹底保管千佛洞古迹起見，曾呈准興建圍墙，此項工程經過，業于五月二十一日敦字第二一一號文呈報在案，惟查圍墙以内，包括沙漠、田地畝、洞窟及中寺、下寺兩所共計面積九一三八零平方公尺，該項地畝、房屋，向爲二、三喇嘛經管，因地處戈壁，且距城遥遠，地方政府亦未經丈量，歷時既久，幾至形成無人負責經管之現象，此次本所修建圍墙時，經修建委員會議決定，重要古迹盡行圈入，俾資管理，故凡圍墙所轄，均擬劃爲本所財産，并擬遵照鈞部本年四月十二日總字第一七四零七號訓令轉頒財政部《清查國有財産辦法》，依式填報，是否有當，理合將實際情形，備文呈明，仰祈鑒核示遵。謹呈教育部部長陳。國立敦煌藝術研究所所長常書鴻。⑤

通過修建圍墙，將“重要古迹盡行圈入”，“凡圍墙所轄，均擬劃爲本所財産”，亦即將圍墙之内的國有財産皆劃入藝研所名下，以便于保管。

對此件呈文，教育部回覆道：“仰即依照《清查國有財産暫行辦法》第三條甲項登記之，由該所暫行保管。”⑥在準予國有財産登記的同時，也確認了藝研所對圍墙内莫高窟文物的保管權。

而保管權也就涉及到莫高窟文物保護的另一層面之問題，即莫高窟“收歸國有”後，由誰以及如何來保管？對此，1943 年 3 月，藝研所曾制定過《敦煌千佛洞安西萬佛峽保管辦法》。該辦法全文如下：

　　一、爲保管千佛洞、安西萬佛峽之古迹古物，以供專家研究并發揚我國文化起見，特定本辦法。

二、千佛洞、萬佛峽之古迹古物由甘肅省政府及國立敦煌藝術研究所負責保管之。

三、千佛洞及萬佛峽内一切建築、雕塑、壁畫、佛經等古迹古物，非經呈準不得私用或變更其原有形態。

四、千佛洞及萬佛峽附近地區未經開掘之古物，非經呈準不得采掘。

五、千佛洞及萬佛峽附近地區，如有古物古迹之發現，非經呈準不得擅自處理。

六、千佛洞及萬佛峽所屬各洞應逐一編號，并注明所在位置及洞内一切古迹古物之名稱、尺寸、大小、附近照片，編製專冊，分存教育、内政兩部，中央古物保管委員會，甘肅省政府及國立敦煌藝術研究所。

七、爲免除各洞口爲流沙淹没，風雨剥蝕起見，其修建保護辦法經派員勘察後，由藝術研究所會同甘肅省政府辦理。

八、凡進香人民不得在洞内住宿，其攜帶牲畜不準入洞。

九、游覽人士非經許可不得擅自入洞或攝製照片。

十、爲維持治安及禁止閑雜人等隨意入洞起見，由甘肅省政府派警察十名至廿名駐紮千佛洞，歸藝術研究所指揮。

十一、爲解決游覽人士食住問題，由甘肅省政府在敦煌縣城及千佛洞附近分建招待所，并由藝術研究所指定專人招待引導。

十二、本辦法經教育部及甘肅省政府核準施行。[⑦]

除了一些具體的保護措施外，該保管辦法有兩點規定特別值得注意：一是負責保護的主體爲"甘肅省政府及國立敦煌藝術研究所"；另一則是"千佛洞及萬佛峽内一切建築、雕塑、壁畫、佛經等古迹古物，非經呈準不得私用或變更其原有形態"，亦即盡量維持原狀、在地保管。

這兩點均極爲重要，藝研所作爲設立于地方的國家機關，十分需要得到地方政府之支持。從該所創設及運轉過程中，我們也看到其得力于甘肅省府、敦煌縣府之處甚多。在諸如修建圍墻、維修洞窟等方面，地方政府皆有人力及物力方面的支持。故該保管辦法確認甘肅省政府亦負有保護之責，是十分必要的。而維持原狀、在地保管則可以更好地保護文物。如所周知，文物與其周邊環境是共生的關係，脱離所在環境勢必會減損其文物價值。且在當時内憂外患的歷史背景下，維持原狀尤其是在地保管，亦可減少文物輾轉運送過程中丢失的可能性。故在藝研所具備保管條件的前提下，維持原狀、在地保管是較爲合理的選擇。

《敦煌千佛洞安西萬佛峽保管辦法》是藝研所制定，且經教育部、内政部審核備案的重要文件，規範了其日後的文物保管工作。此外，藝研所針對個別可移動文物還制定了一些具體管理辦法。如《拓印千佛洞碑碣管理辦法》（1944 年 1 月）：

一、凡在千佛洞地區内之一切碑碣，統由本所加以管制，以免損毀。

二、本所各種碑碣之拓印，概由本所雇工爲之，各界人士不得自行拓印。

三、本所爲減少碑碣之損毀，每種每月拓印三十份。

四、本所爲應游人需要碑碣拓本起見，每月所拓印之各種碑碣，由本所販賣部經售，酌收工料費，特將其價目列左：1. 六朝經幢殘斷每份二張四拾元。2. 六朝螭龍紋圖案每份一張二十元。3. 唐大中五年洪辯碑每份一張八十元。4. 唐隴西李府君修功德碑記每份一張一百元。5. 唐宗子隴西李氏再修功德碑記每份一張一百元。6. 武周聖曆元年重修莫高窟佛龕碑殘斷每份三張八十元。7. 唐天馬磚拓片每份一張十五元。8. 唐龍鳳磚拓片每份二張二十元。9. 唐磚拓片每份三十二張三百二十元。10. 元莫高窟刻石每份一張五十元。11. 元皇慶寺碑每份二張一百元。12. 唐花磚每份十元。

五、凡游人欲購千佛洞各種碑碣拓本者，每人每種限購一份，并須在碑帖拓印登記簿上簽名蓋章。⑧

以往由于缺乏管理，碑碣"一任游客寺僧拓製捶印，毀損程度年有增加"。現改由該所加以保管，統一拓印，"由本所販賣處定價出售，除開銷外，如有贏餘，充作本所員工福利之用"⑨，可謂一舉兩得。

對一些散落殘破、保存條件不完備的可移動文物，藝研所還設有陳列室，以集中保存。"千佛洞歷遭浩劫毀損已多年，本會（即"國立敦煌藝術研究所籌備委員會"——引者注）到達之初，即作殘破古物之收集，數月以來已積有成數，今後擬分門別類，妥爲保藏陳列，俾參觀者先在陳列室獲得一有系統之概念，然後參觀洞窟，較有興會，同時并收得教化之效，對于研究人員，亦有許多便利。"⑩史岩在《敦煌千佛洞現狀概述》一文中曾詳細記述該陳列室所展陳之文物：

（一）繪畫方面：唐代幡畫——原爲上寺喇嘛所有，今歸本所，畫白描佛像，有于院長右任題字。

（二）石刻方面：六朝經幢殘石——原存岷州廟，新近徵得縣府同意，始行入藏。上刻漢藏經文，及佛像浮雕；唐索勳紀德碑殘石——亦由岷州廟移來；唐李懷讓碑殘石——原藏千佛洞；元莫高窟碣——至正八年物，上爲綫雕佛像，旁有梵藏漢蒙及西夏回鶻諸種文字；元皇慶寺碑——至正十一年立，有碑陰；明鐵碑——全體鐵鑄，原爲皇慶寺物。

（三）造像方面：六朝小型泥佛——約有十餘件，均由各窟搶獲，多北魏西魏物，彌足珍惜；唐代石刻天王像——原存岷州廟，今歸本所，全體完好，惜中斷爲二；唐代石刻菩薩像——原出千佛洞，至佳，亦中斷，按敦煌附近石刻造像極罕見，此二像殊不可多得；唐佛頭殘塑——原爲安西榆林窟，深恐毀失，特運歸保存，雖屬殘破之半面，實唐窟塑典型；宋代天王塑像——中型，原出千佛洞，宋塑白眉。

此外如漢藏文寫經殘頁，天馬、龍、鳳以及蓮華、寶相蓮華、忍冬等紋唐磚，均足一觀。民初白俄住此時，防軍于某洞發現珠冠，後經發掘寫經一冊，木乃伊狀態之女體一軀，他物均已散亡，惟髑髏一，手一，足二，現存陳列室，皮骨均全，一足尚存襪，質料爲絲，中實以絲綿，疑是唐物。⑪

可見，該陳列室具有小型博物館性質，對于莫高窟及其附近地區所發現的碑刻、塑像以及文書等可移動文物負有收藏、保管之責。

二、保管權之爭：兩項基本原則之運用

藝研所所采取的以上諸種措施，使得莫高窟文物在當時的歷史條件下得到了相對有效的保護。但由于這些文物的重要價值舉世皆知，故諸多機構通過各種途徑皆欲將其收入囊中。如此一來，關于莫高窟文物尤其是可移動的部分，其保管權問題就産生了些許爭議。

先是來自于其他國立機關的文物保管訴求。1944 年 8 月 30 日，藝研所因修建職員宿舍，于莫高窟中寺後園土地廟發現六朝藏經多種，即所謂“土地廟文書”。同年 11 月 1 日，國立北平圖書館館長袁同禮呈函教育部，“擬請令飭國立敦煌藝術研究所將該所新近發現之六朝寫本殘經撥歸職館保藏”，其中提到：

> 該所發現上項寫本後，已有初步檢驗報告，<u>竊查該所爲專門研究藝術之機關，上項寫本并無藝術價值，或無由該所特別保藏之必要，而職館三十餘年以來，已爲國內敦煌寫本專門保藏之唯一機關</u>，爲謀此項文獻之集中保藏及研究利用計，擬請鈞部令飭國立敦煌藝術研究所，將該所發現之寫本，悉數撥歸職館永遠保藏，所請是否有當，敬候批示祗遵。[12]

袁同禮以土地廟文書無藝術價值爲由，認爲不應交由藝研所保管。但其實這是一種誤解，該所并非如袁所言“爲專門研究藝術之機關”。在上一節所引《敦煌千佛洞安西萬佛峽保管辦法》中即規定：“千佛洞、萬佛峽之古迹古物由甘肅省政府及國立敦煌藝術研究所負責保管之。”藝研所負有“千佛洞、萬佛峽之古迹古物”保管之責，上述之土地廟文書自然包括在內。且該批文書發現之初，教育部即曾下達指令，令藝研所“妥爲整理保管”[13]，再次確認了該所的保管權。可能是因爲“藝術研究所”之名，造成袁同禮“該所爲專門研究藝術之機關”的印象。

此外，袁同禮所舉“職館三十餘年以來，已爲國內敦煌寫本專門保藏之唯一機關”的理由同樣站不住脚。1919 年，針對莫高窟殘存的敦煌藏文寫卷保管問題，甘肅省教育廳曾訓令敦煌縣知事，“將該項梵字（實爲藏文——引者注）經卷，悉數運送來省，交由省城圖書館保存”[14]。後經交涉，雙方議定的保存辦法爲：“查該寺石洞嚴密乾燥，擬將成捆者，仍舊保存該處。九十捆，計共四百四十一斤半。將其餘四捆及打夾十一打，移置勸學所內。除由委員賫省一捆四斤，一打六十六斤，保存甘省圖書館外。其餘三捆十五斤四兩，十打一千五百八十四斤，永保存于該處縣勸學所，以作古物紀念。”[15]即將該批藏文寫卷分別保存于甘肅省圖書館、敦煌縣勸學所以及莫高窟內。舉此一例，即可見國立北平圖書館并非“三十餘年以來，已爲國內敦煌寫本專門保藏之唯一機關”。

基于以上兩點，袁同禮主張將土地廟文書交由國立北平圖書館“保藏”，其理由顯然是不能成立的。故此一申請上呈教育部後，被駁回。在當時戰火頻仍的背景下，由

藝研所在地保管，是較爲合理的選擇。

再者，1946 年 1 月 7 日，甘肅省政府因籌設省立博物館之需，亦欲調撥該批土地廟文書交省博物館陳列：

> 查本省府近擬在蘭設立博物館一所，現正籌建館址徵集陳列物品以便定期開幕，查敦煌藝術研究所前曾在敦煌千佛洞發現藏經雜文等六十六種、碎片三十二塊，爲西北文獻之重要研究資料，足資陳列，除函該所允予如數撥交該館陳列外，相應咨請查照備案爲荷。⑯

從"函該所允予如數撥交"一句來看，甘肅省政府的語氣較爲强硬，似乎没有商量餘地。這可能是由于根據《敦煌千佛洞安西萬佛峽保管辦法》規定，甘肅省政府亦負有"保護千佛洞古物"之責。在函件中，甘肅省政府又特別强調該批寫卷"爲西北文獻之重要研究資料"，突出其地域文化價值，故應交由展示西北文化的甘肅省博物館來保管陳列。

另一方面，敦煌爲甘肅省府之管轄範圍。如前所述，甘肅省教育廳即曾令敦煌縣知事調撥過敦煌藏文寫卷。藝研所雖是中央機關，但畢竟設立于敦煌，且在諸多方面得甘肅省府人力、物力之支持甚多。因此，在調撥土地廟文書問題上，甘肅省政府是直接致函藝研所，望其"允予如數撥交"，并同時呈文教育部備案。

又因此時藝研所已改由中央研究院接辦，故教育部又將此函轉與該院辦理。中央研究院在徵詢過藝研所意見後，回函道：

> 甘肅省政府公鑒：前準貴府函囑將本院敦煌藝術研究所發現之六朝藏經借與貴府存藏，本院當電該所查詢，頃據復稱，該項經典現尚在研究整理時期，擬于研究完畢後，再行洽商辦理。相應電復，即希查照爲荷。⑰

中央研究院在回函中，先是轉換了一下概念，將甘肅省政府提出的"撥交"改爲"借與"，這無非是强調保管權還在藝研所，其性質衹是暫時出借。後轉述藝研所之意見，"該項經典現尚在研究整理時期，擬于研究完畢後，再行洽商辦理"。意爲即使是出借的話，現在也不行，衹能等到該所"研究完畢後，再行洽商辦理"。這實際上是對甘肅省府的主張予以委婉拒絶。此次事件，體現了藝研所對其保管權尤其是在地保管原則的堅持。因一旦開了先例，其他地方機關即容易援引，這就無形中增加了文物的流動風險。

此外，敦煌縣政府及其所屬機構對藝研所所藏《元至正八年莫高窟六字真言碣》（以下簡稱"真言碣"）亦曾提出過保管訴求。關于此事經過，該所在上呈教育部的函件中報告甚詳：

> 謹簽呈者，竊查千佛洞原有《元至正八年莫高窟六字真言碣》一塊，上具藏、蕃、漢、西夏、回鶻、蒙等六種文字，與居庸關六種文字碑爲國内僅存之重要碣石，有關于文獻歷史者至巨，該碣體積單薄，石質鬆脆，久經拓印，損毀已多，如再令其弃置，必使此有歷史價值之古物遭受不可補償之灾害，本所有鑒及此，成立之初即將該碑妥爲存放陳列室，并準限制拓印，以維該石之壽命在案。乃鄉

愚婦孺多以此碑爲免灾益壽之符咒，相傳爲交際饋贈之禮物，初無學術考古性質，地方人士需要既多，對本所此種限止拓印辦法，殊多不滿，累次要求巨量拓印，本所未敢徇私贈與，以滿人意，前年縣參議會乃因此決議，停止由該縣補給站平價供給本所柴草等物，此際以距縣城遥遠，采辦困難，兩年以來，同人等雖備受斷炊絕糧之苦，但仍一本本所規定辦法，嚴格管制，日前又接敦煌縣政府轉來參議會決議，以地方權利爲辭，要求將莫高窟碣石移交縣屬文獻會保管，本所以責任所在，不敢輕于交待，今特將敦煌參議會及縣政府來文及本所去電原文抄録附呈，理合將辦理經過呈報鑒核，是否有當，敬請示遵爲禱。[18]

可見，此一事件主要是對真言碣拓印權之爭奪。藝研所所售之真言碣碑拓，除碑文外，尚附有于右任題跋，故一經推出，極受歡迎。隨着赴莫高窟旅游、考察人數漸增，其背後所蘊藏的經濟利益可想而知。又該碑對于敦煌地方人士亦具有特殊意義，爲其"免灾益壽""交際饋贈"之物。故敦煌縣政府急欲索回，"以地方權利爲辭，要求將莫高窟碣石移交縣屬文獻會保管"，以方便其拓印。

但敦煌縣文獻委員會并非保管碑碣之地。據内政部頒行的《市縣文獻委員會組織大綱》（1931年10月）第十三條"文獻委員會應盡量徵集左列各種書志圖片"下有"與本市縣有關之詩文著述及金石拓片"[19]一項。可知，該會爲金石拓片收集之所。按照規定，藝研所僅須向其提供真言碣拓片即可。

又，敦煌縣政府"以地方權利爲辭"，即突出真言碣的地方文獻價值，"莫高窟（此處缺一"碑"字——引者注）爲本縣故物，其在文獻上之價值，至大且巨，其保管機構應屬地方始爲允當"[20]。但莫高窟早已被收歸國有，其國寶價值亦爲多數人所認可，故此一理由并不充分。教育部在回函中即提到："查莫高窟六字真言碣係國家重要文物，不應移交地方機構，仍仰該所妥爲保管。"[21]强調其國寶價值、國有屬性，并對藝研所的保管權予以確認、認可。

三、結語

藝研所在近代石窟寺乃至文物保護事業中具有重要的開創意義，其所制定的諸多文物保管措施與觀念影響深遠。莫高窟作爲世界文化遺産，集壁畫、塑像、文書、碑刻及古建築等于一體。在當時的歷史背景下，莫高窟文物尤其是可移動的部分，保管難度較大。

對此，藝研所在文物保管上，先是將其收歸國有，并强調其國寶價值。再制定《敦煌千佛洞安西萬佛峽保管辦法》，以規範管理。該保管辦法既確立了負責莫高窟文物保護的主體是藝研所及甘肅省政府，又提出文物保管應盡量維持原狀、在地保管。此外，還采取了發布《拓印千佛洞碑碣管理辦法》、建立陳列室等管理措施。以上這些，使得莫高窟文物在當時的歷史條件下得到了相對有效的保護。

而莫高窟文物所具有的重要價值又引發了關于保管權的爭議。對文書、碑刻等可移動文物，國立北平圖書館、甘肅省府、敦煌縣府等機構曾先後提出過保管訴求。面對這些爭議與訴求，藝研所及其上級主管機關堅持了收歸國有（或古物國有）、在地保管等原則，并通過各種方式予以回絶，在維護其保管權的同時，亦减少了文物的流動風險。

【本文係國家社科基金重大項目"敦煌學學術史資料整理與研究"（17ZDA213）階段性成果】

注釋：

① 《國民政府抄發〈古物保存法〉的訓令》（1930 年 6 月 2 日），載中國第二歷史檔案館編《中華民國史檔案資料彙編》第 5 輯第 1 編《文化（二）》，江蘇古籍出版社，1994 年，609—611 頁。

② 方回（即向達——引者注）：《論敦煌千佛洞的管理研究以及其他連帶的幾個問題（中）》，《大公報》1942 年 12 月 28 日第 3 版。

③ 《中央古物保管委員會檢送〈暫定古物範圍及種類草案〉致行政院呈》（1935 年 5 月 31 日），中國第二歷史檔案館編《中華民國史檔案資料彙編》第 5 輯第 1 編《文化（二）》，637—638 頁。此外，該草案説明書中提出："國寶之標準，有必不可少之條件二：一可爲歷史之要證者，一可爲藝術之代表者。然須臨時由各項專家品定後再由古物保管委員會指定機關保管之。"

④ 1941 年 10 月 24 日，于右任在蘭州接受中央社記者采訪，"至談及敦煌千佛洞時，于院長更欣然談稱，此乃東方各民族藝術之淵海，爲我國之'國寶'"（《中央日報》1941 年 10 月 26 日第 2 版），亦稱之爲"國寶"。

⑤ 《國立敦煌藝術研究所呈教育部文》（1944 年 6 月 17 日），原件存于臺北"國史館"，檔案號：019000001388A。此據車守同《國立敦煌藝術研究所的時代背景與史事日志》，擎松圖書，2013 年，304 頁。

⑥ 《教育部指令國立敦煌藝術研究所》（1944 年 8 月 2 日），原件存于臺北"國史館"，檔案號：019000001388A。此據車守同《國立敦煌藝術研究所的時代背景與史事日志》，316 頁。此外，教育部回函中所提《清查國有財産暫行辦法》（1943 年 8 月 2 日）第三條甲項之具體内容爲："土地。凡田地、山地、荒地及其他能獲得收益之土地，均屬之。"（《主計通訊》1944 年第 52 期，12 頁）

⑦ 原件存于臺北"國史館"，檔案號：019000001390A。此據車守同《國立敦煌藝術研究所的時代背景與史事日志》，170 頁。

⑧ 原件存于臺北"國史館"，檔案號：019000001388A。此據車守同《國立敦煌藝術研究所的時代背景與史事日志》，303—304 頁。

⑨ 《國立敦煌藝術研究所呈教育部文》（1944 年 6 月 17 日），原件存于臺北"國史館"，檔案號：019000001388A。此據車守同《國立敦煌藝術研究所的時代背景與史事日志》，302 頁。

⑩ 《國立敦煌藝術研究所籌備委員會呈教育部函》（1943 年 8 月 9 日），原件存于臺北"國史館"，檔案號：019000001390A。此據車守同《國立敦煌藝術研究所的時代背景與史事日志》，234 頁。

⑪ 史岩：《敦煌千佛洞現狀概述》，《社會教育季刊》1943 年第 1 卷第 2 期，92—93 頁。

⑫ 同注⑧，355—356 頁。

⑬ 《教育部發國立敦煌藝術研究所指令》（1944 年 10 月 26 日），原件存于臺北"國史館"，檔案號：019000001388A。此據車守同《國立敦煌藝術研究所的時代背景與史事日志》，352 頁。

⑭ 衛聚賢：《敦煌石室》附録十二"檔案（敦煌縣政府存）"，《説文月刊》第 3 卷第 10 期，1943 年，

39 頁。

⑮ 同注⑭，40 頁。

⑯《教育部致中央研究院公函》（1946 年 2 月 6 日），原件存于南京中國第二歷史檔案館，檔案號：393－01－02－06－076。此據車守同《國立敦煌藝術研究所的時代背景與史事日志》，454 頁。

⑰《中央研究院代電甘肅省政府》（1946 年 5 月 29 日），原件存于南京中國第二歷史檔案館，檔案號：393－01－02－06－076。此據車守同《國立敦煌藝術研究所的時代背景與史事日志》，470 頁。

⑱《國立敦煌藝術研究所呈教育部函》（1949 年 3 月 18 日），原件存于臺北"國史館"，檔案號：019000001392A。此據車守同《國立敦煌藝術研究所的時代背景與史事日志》，628—629 頁。

⑲《中華民國法規大全》第 1 册，商務印書館，1936 年，1162 頁。

⑳《敦煌縣政府發國立敦煌藝術研究所代電》（1949 年 3 月 10 日），原件存于臺北"國史館"，檔案號：019000001392A。此據車守同《國立敦煌藝術研究所的時代背景與史事日志》，627 頁。

㉑《教育部長杭立武發國立敦煌藝術研究所指令》（1949 年 6 月 2 日），檔案號：019000001392A。此據車守同《國立敦煌藝術研究所的時代背景與史事日志》，636 頁。關于此事，藝研所對敦煌縣政府之回覆爲："如以對該碣之管理未善，則凡在保護該碣、減少拓印之原則下，一切高見本所均樂于接受，必要時并可由貴府指派專員，經常駐扎千佛（此處漏一'洞'字——引者注），監督拓印，以資信守。"（原件存于臺北"國史館"，檔案號：019000001392A。此據車守同《國立敦煌藝術研究所的時代背景與史事日志》，628 頁）

（作者單位：浙江大學歷史系）

盧是敦煌考察補證

王　晶

內容提要： 1942年夏，盧是經雷震推薦加入西北藝術文物考察團，作爲第二批成員前往敦煌考察一年之久。期間，盧是居住在莫高窟中寺，與同在敦煌考察的張大千、向達等人互動頻繁，結下了深厚的情誼。西北藝術文物考察團現存的千佛洞壁畫、彩塑攝影作品大多出自盧是之手，盧是在介紹敦煌藝術、風俗人情方面作出了較大的貢獻。

關鍵詞： 盧是　王子雲　西北藝術文物考察團　敦煌

西北藝術文物考察團（下文簡稱"藝文考察團"或"考察團"）是我國首支采用臨摹、攝影等科學手段調查莫高窟并向全國介紹敦煌藝術的考察團體，在敦煌學學術史上地位特殊。藝文考察團赴敦煌考察的主要人員有團長王子雲、成員雷震、鄒道龍、盧是[①]。盧是[②]在敦煌考察了近一年的時間，與同在敦煌考察的藝術家張大千及中研院西北史地考察團的向達等人結下了深厚的情誼。

目前學界關於藝文考察團敦煌考察時間、敦煌考察人員等方面的論述較多，但關于盧是敦煌之行的研究，留下過多餘白。盧是在敦煌考察時間最長，留下了百餘幅敦煌壁畫臨摹品、風俗人物速寫和攝影作品，在向全國介紹敦煌藝術、風俗人情方面貢獻頗大，有必要對其逐一補證，以期更全面地認識20世紀40年代藝文考察團在敦煌的考察活動以及對敦煌莫高窟的保護作出的貢獻。

一、考察團敦煌住宿地點

敦煌居住條件惡劣，"多數佛洞被黃沙掩埋，洞門雖可匍伏進入，但洞内沙深數尺。在長達三四里的沙崖前，有兩座破廟算是可以住人的房屋，其他什麼也看不見，真像是一處天外鬼域"[③]。當時在敦煌的考察團體或個人都住在窟外的兩個寺廟——上寺和中寺[④]。在現存的回憶録及書信中，關于藝文考察團住宿地點的記載存在一定爭議。

據王子雲回憶，千佛洞附近可堪住宿的祇有兩座破廟，裏面剩幾張破床爛桌，藝文考察團住在上寺，張大千住在下寺（王子雲的意思應該是中寺）[⑤]。西北史地考察團的石璋如却説張大千住在比較講究的上寺，他們和藝文考察團一起住在中寺：

　　　　張大千很熱心地安排我們住的地方，張大千住屋子比較講究的上寺，幫忙我們的藝術考察團住在比較寬大的中寺，我們因爲去感謝藝術考察團的協助，雙方商談後就安排同住中寺，不過是分住在兩邊的廂房，不在一個屋子裏。⑥

盧是寫給段文杰的信中亦稱在敦煌考察時和西北史地考察團的向達一起住在中寺，張大千住在上寺：

> 文杰學兄：一別四十載。我原名盧善群，一九四二年在松林崗西畫系畢業後，在教育部藝術文物考察團（王子雲、雷震一起），到西北一帶考古，任繪畫兼攝影工作。在千佛洞臨摹壁畫近一年，當時張大千住上寺，我和中央研究院西北史地考察團團長向達同住在中寺（兩人同食同住）。⑦

這一點在向達 1942 年 10 月 11 日寫給曾昭燏的信中得到了證實，他抵達千佛洞之後，"宿中寺（今名雷音禪林）"，"次晨陪同行諸君匆匆一覽，浼教部藝術文物考察團盧君爲導"⑧。盧是不僅在向達到達千佛洞次日即受邀做他的嚮導，此後還和向達一起去安西萬佛峽臨摹壁畫，并且曾同西北史地考察團的其他成員一道赴西千佛洞、古玉門關、陽關等處考古，與其關係密切。在赴敦煌考察之前，盧是祇是國立藝專的一名學生，與向達等人并無交集，之所以能和他們結下深厚的情誼，應該和同住有關係。綜上所述，藝文考察團在敦煌的住宿地點是中寺，而非上寺。

二、盧是敦煌之行的原因

1. 盧是個人發展之需要

1939 年，王子雲因與國立藝專（昆明校區）校長滕固不睦而辭職前往重慶，但他一直心系藝專的學生，向教育部建議成立藝術文物考察團也有借此解決藝專部分學生工作問題的意圖。考察團首批成員中的姚繼勳、雷震和鄒道龍，便是國立藝專的畢業生。

和王子雲一樣，盧是在幼年時期即立下了"到天涯海角去，前途是光明的，不達到目的不止"⑨的宏願。在考入國立藝專後，受校長滕固的美術史、考古學思想的影響，盧是對美術考古的興趣漸濃。王子雲組建藝術文物考察團時，盧是還是國立藝專的在校學生，對他們的西北考察活動頗感興趣。

在藝專求學期間，盧是的大半經濟來源得自父親（盧實夫）的供給。據《盧是藝術年譜長編》記載，盧是父親曾屢次致信盧是，述及家中經濟拮据并詰問其畢業後去向：

> 你畢業後，下半年，若不須家庭負擔經濟，或能補助我多少？以我計劃，家庭倩債，本年冬一概可以還清。⑩

因爲求學而加重家庭經濟負擔，盧是深感內疚，迫切希望找到一份合適的工作，既可以實現專業上的理想，又能解決生計問題、反哺家庭。

2. 敦煌考察之需要

西北考察路途艱苦，中途因病退出者比比皆是，考察團人員流動性較大，需要經常性地補充一些優秀的專業技術人員。敦煌是藝文考察團考察計畫中重要的一站。1941 年 12 月，國民政府監察院長于右任在重慶大力宣揚保護敦煌文物之重要性，強調"似此東方民族之文藝淵海，若再不積極設法保存，世稱敦煌文物，恐遂湮銷，非特爲考古家所歎息，實是民族最大之損失"[⑪]。1942 年 6 月 15 日，藝文考察團王子雲、雷震、鄒道龍三人先期趕赴敦煌考察千佛洞，但到 7 月中旬，雷、鄒二人便因不堪勞累返回蘭州了。僅靠王子雲一人顯然無法順利完成考察任務（因爲需要留出一人負責采買臨摹所用之工具），敦煌考察工作一度陷入停滯狀態，亟需吸納一名繪畫功底扎實、品性堅毅的新成員，接續在敦煌的調查。

　　盧是最終得以加入藝文考察團，主要出於雷震的推薦。盧是在 1956 年 11 月 8 日寫的調查材料中提到：

> 考察團約在 1940 年于重慶青木關成立，後出發經過成都，到西安、河南、蘭州河西走廊地帶等東至洛陽、西達敦煌這條線上進行考察。我是由該團雷震的介紹，于 1942 年夏天纔去的。當我到蘭州時，該團已由洛陽到敦煌回來。我知道該團主要的是想到敦煌去。所以我到蘭州約住兩星期，就一人到敦煌臨摹壁畫近一年之久。[⑫]

雷震爲盧是國立藝專的同學，二人私交甚篤，1940 年雷震出發考察之前還曾與盧是徹夜長談，日常書信往來十分頻繁。雷震知曉盧是不久（1942 年 7 月中旬）將從國立藝專西畫系畢業，而且對赴西北考察極具熱情，便將他推薦給了王子雲。盧是和王子雲有過短暫的師生之誼，曾參與王子雲等國立藝專教授組建的"國立杭州藝專抗敵宣傳畫隊"[⑬]。王子雲對盧是的西畫功底和品性人格有一定瞭解。因此，在盧是從國立藝專畢業之際，王子雲便向盧是發送電報，邀請他到敦煌去臨摹古代壁畫。盧是遂正式加入藝文考察團，作爲第二批進入敦煌考察的成員常駐千佛洞，主要承擔繪畫、攝影工作。

三、盧是在敦煌的考察活動

　　正式赴敦煌之前，盧是先去蘭州與第一批赴敦煌考察的兩名成員交流臨摹壁畫的經驗，在蘭州停留了兩周。1942 年 8 月，盧是抵達敦煌，當時著名畫家張大千和西北史地考察團的勞榦、石璋如都在敦煌工作。勞榦、石璋如和藝文考察團諸人在前往敦煌的路上就有過交集[⑭]，初到敦煌時他們結伴參觀洞窟，後來因爲各自的任務不同——王子雲主要看壁畫、勞榦主要記錄壁畫上的題記、石璋如負責測量窟型和地形，就各自活動了。

　　盧是在敦煌代表的是國民政府，"吃食由敦煌縣政府經辦"[⑮]，但吃飯須親自動手，至於臨摹用的顏料工具則由王子雲前往蘭州采辦，生活條件遠比不上得到當地駐軍支持、財力雄厚又準備充足的張大千。在敦煌考察期間，盧是每天都工作十幾個小時以上，爲了改善攝影效果，經常在"千佛洞內往返數十趟揣摩尋找最佳視覺，從角度、用光到定影、顯像，每一環節都精益求精，一絲不苟"[⑯]。最終，盧是憑藉一架老式的德國相機和有限的膠片資源，記錄下了許多莫高窟壁畫、彩塑的珍貴影像。此外，盧是"爲了節省材料，畫稿都是用價格低廉的草紙代用，不到十分成熟，絕不隨意定稿在較好的紙張上"[17]。盧是勤懇踏實的工作作風受到同在敦煌的張大千、向達等人的認可，與他們結下了亦師亦友的深厚情誼。

1. 與張大千的交往

張大千和藝文考察團的關係較爲融洽，張氏曾特意邀請王子雲吃他做的四川菜[18]。他們都是畫家（張大千精于國畫，王子雲則是西畫出身），而且都負有臨摹敦煌壁畫的任務，所以比較聊得來。曾有一次，藝文考察團的鄒道龍半夜在九層樓上大喊發洩被附近護衛的駐兵抓住盤問，後來是張大千出面作保纔解決了這一麻煩[19]。盧是到敦煌後，與張大千慢慢熟悉起來。張大千曾爲盧是畫了一幅山水荷花畫及一幅對聯，對聯爲："秋風古道題詩瘦，落日平原縱馬高。"上款題"善群仁兄畫家囑書"，下款題"大千張爰"[20]。盧是亦爲張大千創作了一幅記錄他敦煌考察生活瞬間的全身速寫。雖然現存的文字資料中沒有過多關于張大千與王子雲、盧是等人具體交往的記載，但可以確定他們在敦煌考察期間一直保持着比較友好的關係。

張大千舉室遷居敦煌臨摹北魏隋唐五代壁畫，爲此不僅請其子侄學生相助，還從青海塔爾寺雇傭了四名喇嘛畫師。他們用透明的畫紙直接從原壁畫上印描，在臨本上還原敦煌壁畫之原貌，"原壁畫如有瑕疵，則加以改動，使臨本更爲完美"[21]。張氏的臨畫方式引起了同在敦煌的向達的嚴重不滿，向達曾直言"臨畫本是佳事，無可非議，而此輩對于壁畫，任意勾勒，以便描摹，梯桌畫架，即擱壁上，是否損及畫面，毫不顧惜"[22]。對張氏剝離壁畫的行徑，更是強烈譴責，稱這是"最足令人憤恨者"[23]。向達還耗費三日之功寫成了《論敦煌千佛洞之管理研究以及其他連帶的幾個問題》一文，約近萬言，呼籲將千佛洞收歸國有并設立管理機構。不過，向達并不主張過分追究張大千過往行爲的責任，因爲張氏剝離壁畫時，西北史地考察團的勞榦、石璋如也在敦煌，亦所不免，一旦反唇相譏，不好面對[24]。

觀張大千與向達的矛盾，"首先是是非之爭，即張大千在臨摹壁畫時對敦煌藝術的破壞，作爲學者的向達要保護敦煌，制止、反對這種行徑"[25]。王子雲雖和張大千的關係不錯，亦肯定了他給千佛洞洞窟編號的貢獻，但對張氏摹繪古壁畫的方法頗有异議，認爲他的作品"令人感到紅紅綠綠，十分刺目，好像看到新修的寺廟那樣，顯得有些'匠氣'和火氣"[26]。王子雲及藝文考察團摹繪敦煌壁畫的目的是"保存原有面目，按照原畫現有的色彩很忠實地把它摹繪下來"，從保護文物角度出發；而張大千則是"運用塔爾寺藏教壁畫的畫法和色彩，把千佛洞因年久褪色的壁畫，加以恢復原貌"[27]，考慮的是藝術創作。二人在藝術審美上有些衝突，但王子雲、盧是及藝文考察團的其他成員都未對張大千毀壞壁畫的做法公開發表意見，顯然也有礙于情面的意味[28]。

2. 與向達的交往

向達是西北史地考察團歷史組的組長，因爲安置家屬問題未能與勞榦、石璋如同時到達敦煌。1942 年 10 月 5 日，向達抵達酒泉時，勞、石二人已經結束了敦煌的工作轉赴金塔、毛目一帶。向達在敦煌考察共 9 月餘，曾形容千佛洞的工作和生活是"匹馬孤征，僕僕于驚沙大漠之間，深夜秉燭，獨自欣賞六朝以及唐人的壁畫"，"如同隔世"[29]。盧是非常欽佩向達扎實的歷史學和考古學功底，常借同住之便，"日夕聽向達講授歷史、考古、宗教、地理諸學科知識"[30]。在其《西北紀行詩之三・古玉門關道上志懷》詩序中記道："北京大學教授、中央研究院西北史地考察團團長向達先生，比我長十八歲，史地專家，學識淵博。在千佛洞與余同食、同住、同游半年多。飯後常講故事給我聽，獲益良多。"[31]向達很欣賞盧是嚴謹踏實的工作態度，經常邀請他一同參與敦煌考察。

1942 年 10 月 17 日至 23 日，盧是和向達偕同西北史地考察團地理組的周廷儒一起走訪了南湖、紅山口和西千佛洞一帶。西千佛洞位于莫高窟以西黨河北岸的斷崖上，距離敦煌城約 35 公里，保存了北魏以迄唐宋的石窟、壁畫等，對于西千佛洞，盧是和向達都"徘徊不忍去"[32]。此外，他們圍繞南湖作了一番踏查，不僅調查了古壽昌縣的城郭遺址，盧是還在南湖西面的古董灘"拾得銅鋏一枚，形制約同晶體之燙髮鋏而小，遍體翠綠"[33]。從南湖到敦煌的途中，漢烽燧遺址到處可見，但這次考察尚未來得及發掘，祇留下一張諸人與烽燧的合影以爲記念。1943 年 5 月 12 日，向達計劃前往安西萬佛峽臨摹壁畫，邀請盧是一同前往，同去的考察人員僅他們二人。向、盧出發之前，張大千也帶着子侄門人去萬佛峽臨摹壁畫，向達和張大千之間因"毀壞敦煌壁畫"一事發生過激烈衝突，向達對張大千啓行時"敦煌軍政商學重要人物舉至車站相送"[33]的浩蕩聲勢亦感不忿。

在同張大千、向達的交往過程中，盧是充分學習了他們嚴格、科學的工作方式和理念，從一名剛從藝專畢業的學生逐漸成長爲能獨當一面的美術考古學者。他的考察方法也由速寫、臨摹、攝影等常規美術考古手段，逐漸延伸到對古遺址的勘察與調查，在"古董灘"以及漢晉烽燧遺址旁采集到漢晉以至北朝時期的銅鋏、竹管等一些珍貴文物標本，就是很好的例子。

【本文係國家社科基金重大項目"敦煌學學術史資料整理與研究"（17ZDA213）階段性成果】

注釋：

① 一說何正璜也是敦煌之行的成員。除《敦煌莫高窟現存佛洞概況調查》（曾以何正璜的名義發表在 1943 年重慶出版《説文月刊》第 3 卷第 6 期上，全文收録在王子雲《從長安到雅典：中外美術考古游記》97—121 頁）一證外，目前未發現任何回憶録、圖像等資料佐證何正璜曾到過敦煌一事，何氏本人所寫的考古游記中亦未提到敦煌。何正璜乃敦煌考察一員之説應爲誤會，因爲考察團赴敦煌考察時何氏正在蘭州待産（1942 年 7 月 17 日，何正璜在蘭州誕下大女兒王蕾。參見任之恭：《何正璜傳》，太白文藝出版社，2015 年，292 頁。李廷華在《王子雲傳》第 113 頁中也説："其時何正璜因爲生孩子，暫時住在蘭州"），不可能去到物資匱乏、環境惡劣的敦煌。而《敦煌莫高窟現存佛洞概況調查》是王子雲、何正璜合作完成的。何正璜文筆清麗，在藝文考察團兼任文書一職，負責團內賬務、書函、文稿等所有文字工作。王、何夫妻二人經常協力寫作文稿，如1941 年元月考察團到達西安的消息就是二人合作完成的（王子雲先起稿，再交由何氏修飾成稿刊

登）。敦煌考察期間，爲采購物資和照顧待産的妻子，王子雲經常往返于蘭州和敦煌之間，期間將其測繪的敦煌石窟相關數據資料交予何正璜撰寫文章。因此，《敦煌莫高窟現存佛洞概況調查》一文的完成，應是王、何二人之功，何正璜不是藝文考察團敦煌之行的成員。

② 盧是（1918—1992），初名盧善群，後改名盧濬（西北藝術文物考察團期間即用此名）、盧是等。1936 年考入杭州國立藝專西畫系，師從林風眠、潘天壽、王子雲等。因“盧是”乃其生前使用的最後一個名字，流傳、影響較爲廣泛，故本文統一采用“盧是”一名。

③ 王子雲：《從長安到雅典：中外美術考古游記》，岳麓書社，2005 年，51—52 頁。

④ 上寺和中寺位于莫高窟九層樓前的南側，坐東朝西，面向石窟。寺院規模不大，在王圓籙修建三清宮之前，莫高窟衹有這兩座寺院，南邊的稱上寺，北邊的稱下寺，有了三清宮之後，把三清宮稱爲下寺，原來的下寺則改稱中寺。上寺又稱雷音寺，中寺由雷音禪林和皇慶寺組合而成，大約建于清代，曾是僧侶誦經念佛和起居生活的場所。參孫儒僩：《莫高窟的上寺和中寺——國立敦煌藝術研究所基地回顧》，《敦煌研究》2004 年第 1 期。

⑤ “千佛洞的對面平地有上、下寺兩個僧寺（實爲住所），我們住在上寺，張大千住在下寺。”（王子雲：《從長安到雅典：中外美術考古游記》，70 頁）

⑥ 陳存恭、陳仲玉、任育德訪問，任育德記錄：《石璋如先生訪問紀錄》，“中央研究院近代史研究所”，1982 年，252 頁。

⑦ “盧是寫給段文杰的信”，劉進寶教授主持“段文杰書信整理小組”提供。

⑧ 榮新江編：《向達先生敦煌遺墨》，中華書局，2010 年，377 頁。

⑨ 盧是：《樂源詩稿·別鄉》，手稿，盧是之子盧夏藏。刊于趙毅煒《試論盧善群藝術文物攝影理念的形成軌迹與成就、影響》，《文博》2007 年第 5 期，76 頁。

⑩ 羅宏才：《盧是藝術年譜長編》，文物出版社，2011 年，90 頁。

⑪ 于右任：《建議設立“敦煌藝術學院”案》，《長安學叢書·于右任卷》，三秦出版社，2011 年，108 頁。

⑫ 收入王子雲個人情況檔案。轉引自羅宏才《盧是藝術年譜長編》，97 頁。

⑬ 吳冠中、方幹民、王文綉等人也在此列。當時拍攝的合影，載于廣東美術館編：《抗戰中的文化責任——“西北藝術文物考察團”六十周年紀念圖集·歷史圖版》，嶺南美術出版社，2005 年，14 頁。

⑭ 藝文考察團和西北史地考察團都是中央派出的考察隊伍，他們在同一時間乘坐公路局車從酒泉趕往安西。車輛在即將到達嘉峪關時出現了意外，其中一輛車的車胎壞了，不得已請車上乘客下車等待，石璋如等人下車後因爲痴于研究關帝廟籤文而錯過了修好車胎重新上路的車輛，也因此差點丟失考察儀器和行李，後來藝文考察團幫助他們交待公路局人員妥善照管中央機關的儀器，避免了儀器丟失。經過此事，兩個團體在敦煌考察時關係更爲密切。（此事見《石璋如先生訪問紀錄》，249 頁。）

⑮ 同注③，70 頁。

⑯ 盧夏：《秋風古道題詩瘦：盧是與西北藝術文物考察團》，廣東美術館編《廣東美術館年鑒 2005》，澳門出版社有限公司，2007 年，484 頁。

⑰ 同上。

⑱ 同注③，71 頁。

⑲ 同注⑥，256 頁。

⑳ 同注⑯，484 頁。

㉑ 段文杰：《臨摹是一門學問》，《敦煌研究》1993 年第 4 期，11 頁。

㉒ 1942 年 11 月 5 日向達于敦煌莫高窟致曾昭燏函。榮新江編：《向達先生敦煌遺墨》，380 頁。

㉓ 同注㉒。

㉔ 1943 年 1 月 13 日向達于敦煌莫高窟致曾昭燏函。榮新江編：《向達先生敦煌遺墨》，388 頁。

㉕ 劉進寶：《向達與張大千——關于張大千破壞敦煌壁畫的學術史考察》，《中華文史論叢》2018 年第 2 期，374 頁。

㉖ 同注③，71 頁。

㉗ 同注③，70 頁。

㉘ 李廷華：《王子雲傳》，太白文藝出版社，2015 年，120 頁。

㉙ 向達：《唐代長安與西域文明》，商務印書館，2015 年，2 頁。

㉚ 同注⑩，99 頁。

㉛ 同注⑩，100 頁。

㉜ 同注⑧，380 頁。

㉝ 同注⑧，379—380 頁。

㉞ 同注⑧，408 頁。

（作者單位：浙江省東陽中學）

鄭振鐸先生關于敦煌的兩通書信

劉　波

内容提要： 鄭振鐸 1957 年致趙萬里函兩通，内容分別爲當年 5 月在敦煌莫高窟考察敦煌壁畫、11 月在蘇聯列寧格勒考察敦煌文獻的所見所感。這兩通書信展現了鄭振鐸對敦煌藝術、敦煌文獻的摯愛與熱情，後者還是中國學者考察俄藏敦煌文獻的最早記録，以及最早向中國學者介紹孟列夫等人整理俄藏敦煌文獻工作情況的中文史料。

關鍵詞： 鄭振鐸　趙萬里　敦煌壁畫　敦煌文獻

鄭振鐸先生（1898—1958）是一位在多個學術領域都有著卓越成就的學者，也是 20 世紀中葉我國文化文物事業的領導者。作爲中國俗文學研究的開拓者和中堅力量，他在敦煌文學研究上有杰出的貢獻[①]。同時，他也是敦煌文獻熱心的調查者、敦煌石窟保護和敦煌學研究的熱心推動者。

因爲特别的機緣，我從趙萬里先生（1905—1980）家中所存書信中，看到了一批鄭振鐸致趙萬里書信。他們兩人是多年的至交，志趣相投，都酷嗜古籍文獻，不能常見面時便以書札互通信息，留下了很多往來信件。其中 1957 年有兩通内容與敦煌相關，這兩封信的主體部分已收入拙著《趙萬里先生年譜長編》（中華書局，2018 年 8 月），但限于體例僅迻録大部分原文，没有就相關事項作出説明。兹將它們重新校録如下，并略加解説，以見鄭振鐸先生對敦煌文獻和敦煌藝術的關心。

一、1957 年 5 月 7 日鄭振鐸自敦煌莫高窟致趙萬里函

1957 年 4 月中旬，鄭振鐸率全國人大、政協視察團赴陝西、甘肅兩省考察，同行的包括何遂等文物專家。這次西行，到訪西安、蘭州、黑水城、敦煌等地，其中在敦煌停留了 5 天，即 5 月 5 日傍晚到達，5 月 10 日清晨離開。這是鄭振鐸第一次到訪敦煌，他在日記中對行程有概要記述。此行前後的詳細情況與相關資料，王睿穎、劉進寶已有詳細介紹[②]。

在敦煌期間，鄭振鐸給趙萬里寫了一封信。這封信的信封上題："北京文津街一號北京圖書館善本部趙萬里同志。敦煌千佛洞鄭寄。"可知是從莫高窟寄出的。寫信日期是 5 月 7 日，即鄭振鐸到達敦煌之後的第 3 天的早晨。鄭振鐸當天日記中有記載："作信給空了、康生、趙萬里，與昨日所寫的同時交郵。"[③]這封信的内容，主要是陝甘兩省之行的觀感：

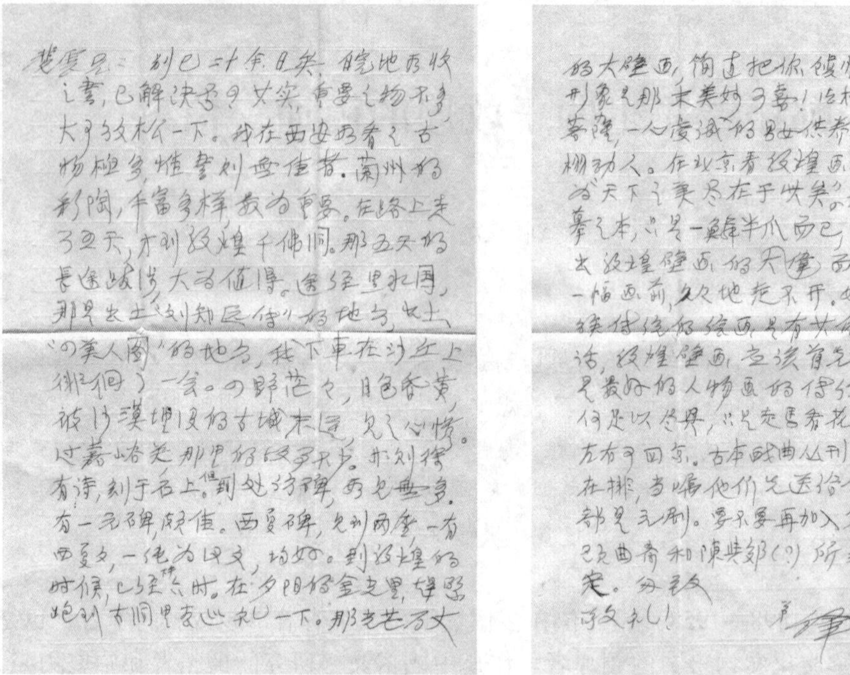

圖 1 1957 年 5 月 7 日函

斐雲兄：別已二十餘日矣。皖地所收之書，已解決否？其實，重要之物不多，大可放鬆一下。我在西安所看之古物極多，惟書則無佳者。蘭州的彩陶，豐富多樣，最爲重要。在路上走了五天，纔到敦煌千佛洞。那五天的長途跋涉，大爲值得。途經黑水國，那是出土《劉知遠傳》的地方，出土《四美人圖》的地方，我下車在沙丘上徘徊了一會。四野茫茫，日色昏黄，被沙漠埋没的古城末運，見之心慘。過嘉峪關，那裏的故事不少。林則徐有詩，刻于石上。但到處訪碑，所見無多。有一元碑，頗佳。西夏碑，見到兩座，一有西夏文，一純爲漢文，均好。到敦煌的時候，已經下午六時。在夕陽的金光裏，趕緊跑到古洞裏去巡禮一下。那光芒萬丈的大壁畫，簡直把你鎮攝住了！人物形象是那末美妙可喜！法相尊嚴的諸佛菩薩，一心虔誠的男女供養人，無一不栩栩動人。在北京看敦煌畫展覽時，總以爲"天下之美盡在于此矣"。那裏知道，臨摹之本，祇是一鱗半爪而已，萬萬不能表現出敦煌壁畫的偉大面貌也。站在一幅畫前，久久地走不開。如果説，中國民族傳統的繪畫是有其優良的特點的話，敦煌壁畫應該首先被選出來。這是最好的人物畫的傳統也。住三天，何足以盡興，祇是走馬看花而已。十五日左右可回京。《古本戲曲叢刊》四集的目録，已在排，當囑他們先送給你看看。幾乎全部是元劇。要不要再加入息機子、尊生館、顧曲齋和陳與郊（？）所刻的？乞酌定。匆致

敬禮！弟鐸啓。五月七日。

這封信涉及很多事情。"皖地所收之書"，指的是 1957 年 2 月中旬至 3 月上旬，趙萬里、路工（葉楓）率訪書團赴安徽蕪湖、屯溪、歙縣、績溪、黟縣、休寧等縣市訪

54

書。這次訪書由鄭振鐸協調安排，2 月 1 日他在家中召集王冶秋、張珩、趙萬里、路工、王益一起吃午飯并商議訪書事宜，趙萬里、路工出發前于 2 月 5 日向鄭振鐸辭行④。他們在皖南見到了繁榮的古書交易，訪得數量可觀的古籍文獻，最重要的是戲曲史重要資料明適適子校刊本《董解元西廂記》八卷，以及清初刻本傳奇《歌林拾翠》，徽派版畫代表作陳老蓮《博古葉子》、蕭雲從《太平山水圖》和顧正誼《圖譜》，此外還有不少明刻家譜、魚鱗册和詩文稿本等⑤。

《古本戲曲叢刊》是鄭振鐸主持編印的一套叢書，收録元明清三朝的戲曲作品，這部書是古典文學史研究的重要參考資料。初集 1954 年出版，收《西廂記》及元、明兩代戲文、傳奇 100 種；二集 1955 年出版，收明代傳奇 100 種。三集 1957 年出版，收明清之際劇作 100 種。撰寫此函前後，鄭振鐸正在組織四集的選編工作，函中提及“《古本戲曲叢刊》四集的目録已在排”，并徵詢版本目録學家、戲曲研究與文獻整理專家趙萬里對選目的意見。這裏提到的“息機子”，即明息機子編《雜劇選》，明萬曆二十六年（1598）刻本；“尊生館”即明黃正位編《陽春奏》，明萬曆三十七年（1609）黃氏尊生館刻本；“顧曲齋”，即明王驥德編《古雜劇》，明萬曆顧曲齋刻本；“陳與郊”，即明陳與郊編《古名家雜劇》，明萬曆刻本。這四種劇作，最後都列入了四集的選目。該集 1957 年 10 月付印，1958 年 12 月出版，出版時鄭振鐸已經遇難。從這封信所述，可以看到《古本戲曲叢刊》四集的選目調整過程，即起初計劃收録的“幾乎全部是元劇”，後來調整爲元明兩代雜劇集。他們之間的討論，對選目的最終調整當有促進作用。

這封信還簡要介紹了鄭振鐸此行的行程與觀感，包括西安的文物、蘭州甘肅省博物館收藏的彩陶，以及黑水城遺址、嘉峪關。而談論的重點，則仍是他們共同關注的古籍文獻。西安“書則無佳者”。到黑水城，鄭振鐸想到的是《劉知遠傳》和《四美人圖》。《劉知遠傳》即戲曲作品《劉知遠諸宮調》，係金代刻本，1907 至 1908 年間科茲洛夫于黑水城掘得，1935 年鄭振鐸據傳抄本校訂，將其收入《世界文庫》第 2 册，1958 年 4 月蘇聯國家對外文化聯絡委員會贈還中國，現藏中國國家圖書館；《四美人圖》爲金代人物版畫，刻有標題“隨朝窈窕呈傾國之芳容”，四美人指緑珠、王昭君、趙飛燕、班姬，1909 年科茲洛夫在黑水城掘得，今藏俄羅斯聖彼得堡愛爾米塔什博物館。説到嘉峪關，重點是林則徐詩刻石。元碑，即 5 月 3 日在酒泉文化館所見的《大元肅州路達魯花赤世襲之碑》⑥（張維《隴右金石録》著録爲“酒泉東門蒙古文碑”），碑陰爲回鶻文，今存酒泉市博物館。談到的“西夏碑”，即 5 月 1 日在武威所見的《凉州重修護國寺感應塔碑銘》⑦。趙萬里在石刻史料研究上頗有建樹，撰有《漢魏南北朝墓志集釋》，鄭振鐸知道他對碑刻頗感興趣，故而談及。

當然，這通書信最主要的內容，是對敦煌石窟藝術的觀感。信中説，當天到達莫高窟的時候，已經下午 6 點，顧不得休息和其他事務，“在夕陽的金光裏，趕緊跑到古洞裏去巡禮一下”，可見鄭振鐸對敦煌藝術的渴慕，急切之情溢于言表。看到栩栩動人、光芒萬丈的佛菩薩形象，他被“鎮攝住了”，流連忘返，意猶未盡。

鄭振鐸在這封信中，重點提及佛菩薩、供養人等人物形象，可見他觀賞敦煌壁畫的主要關注點在人物畫。他還將敦煌壁畫摹本與莫高窟原作做比較。信中提到北京的

"敦煌畫展覽"，指的應是 1951 年 4 月在故宮午門舉辦的"敦煌文物展覽"和 1955 年 9 月在故宮博物院奉先殿舉辦的"敦煌藝術展覽"。前者的展品中有敦煌壁畫摹本 927 件，《文物參考資料》1951 年第 4、5 期辟爲"敦煌文物展覽特刊"，鄭振鐸爲之撰寫文章《敦煌文物展覽的意義》；後者的展品中有壁畫摹本近 300 件，以及莫高窟 285 窟的原大複製品⑧。他感到此前以爲美盡在此的壁畫摹本，衹是敦煌藝術的一鱗半爪，從而對敦煌藝術的偉大有了新的更高的認識。

這種新認識，對鄭振鐸隨後在蘭州與甘肅省長鄧寶珊的談話中強調敦煌莫高窟保護等相關工作，也許有直接的影響。在這次會談中，他指出"嘉峪關和敦煌石窟目前非加修補不可，希望省上多給幫助，現在希望給敦煌供應一部（分）鋼筋"，又強調"修整中要以不改變原來的形式爲原則"；又提出改善招待工作的問題，強調"敦煌需建房二三十間，約需款十五萬元左右，請省上研究解決"⑨。鄭振鐸以文化部副部長、國家文物局局長的身份，對甘肅省主要領導提出的這些意見，必定有助於促使省政府更加重視敦煌石窟保護等相關工作，對于莫高窟文物保護條件的改善無疑具有積極推動作用。

同年，鄭振鐸主持制定了編輯出版《敦煌石窟全集》計劃，邀請王乃夫、王冶秋、王振鐸、王朝聞、葉淺予、劉敦楨、吳作人、張珩、周一良、金維諾、趙萬里、趙正之、夏衍、夏鼐、宿白、常書鴻、梁思成、董希文、謝稚柳、翦伯贊等 20 人組成編委會。編委會在 1958 年至 1959 年先後召開三次會議，制定了《敦煌石窟全集》出版計劃綱要、選題計劃、編輯提綱和分工辦法等文件草案⑩。這部《敦煌石窟全集》的第一卷已經于 2011 年出版，鄭振鐸先生 60 年前的規劃正在逐步實現。

二、1957 年 11 月 18 日鄭振鐸自蘇聯列寧格勒致趙萬里函

1957 年 9 月初至 12 月初，鄭振鐸應邀前往東歐訪問，途經保加利亞、捷克斯洛伐克和蘇聯。11 月中旬，他在列寧格勒考察中國文物文獻，所見頗豐，興奮不已，于 11 月 18 日給趙萬里寫信詳談見聞：

斐雲吾兄：

我于十五日夜車到了列寧格勒，參觀了冬宮博物館的中國部（有三大寶庫！一，敦煌的壁畫與塑像〔均是原物！〕；二，甘肅黑水城出土的宋元佛畫和道教畫；三，新疆出土的壁畫、塑像等等），到了東方研究所看其所藏敦煌卷子（在一萬卷以上！但以零星殘片爲多，正着手整理），又到了物質文化研究所看其所藏的阿爾泰出土的文物（相當于中國的戰國時代，有受中國影響的地方）。三天以來，足不停步，目不暇給，手不停鈔。因爲十分地興奮，所以完全忘了疲勞，有時甚至忘了午餐。每次午餐都到下午四五時纔吃，也不覺得餓。眼飽，肚子也飽了！所念念不忘的《劉知遠諸官調》和《四美人圖》等，均已見到。《四美人圖》和《義勇武安王位》，篇幅都很大，足足有長方條桌那末大小。這是始料所不及的。最重要的，當然是許多敦煌卷子：

1. 莊子一卷（漁父第三十一）（殘）

2. 文選一卷（謝靈運、韋孟、張茂先、曹子建詩）（殘）

3. 王梵志詩一卷（殘）

4. 景德傳燈録（?）一卷

5. 南宗囋（嘆五更）一卷

6. 孝經二卷

7. 論語子路第十三一卷

8. 左傳殘頁二張

9. 老子一卷（71—80章）

10. 刊謬補缺切韵（入聲廿八鐸、廿九職，中國所未見者）

11. 燕子賦二卷

12. 項托變文（?）一卷

13. 婦科醫書一卷

14. 侯白之啓顔録（?）一殘頁（記晏子事）

15. 維摩詰經變文二卷

一時也記之不盡，總之，是世人所未知的。因爲，他們正要陸續整理，陸續發表，所以，不便向他們要照片。又，在莫斯科的列寧圖書館裏，見到了（一）明鈔本《永樂靖難録》（四函），（二）《三朝要典》（二函），均大連書也。惜此行匆匆，未能仔細地翻檢一番，詳爲記載也。他們又藏有不少的《道藏》殘本。你近來身體如何？甚念！有新的發現否？致

敬禮！振鐸。十一月十八日燈下，于莫斯科。

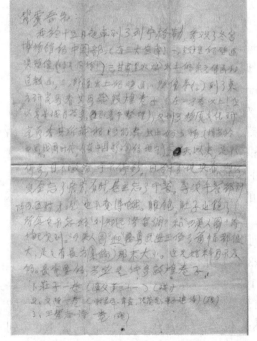
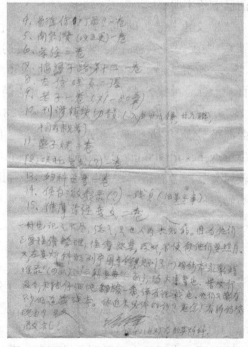

圖2 1957年11月18日函

查鄭振鐸日記，他于 11 月 15 日由莫斯科啓程前往列寧格勒，16 日晨抵達，19 日晚 11 點 55 分乘車前往莫斯科，則 18 日仍在列寧格勒。那麼此函末署"于莫斯科"，爲一時筆誤。18 日日記載"到東方研究所看敦煌卷子……寫信給森玉、其芳、斐雲，即發出"[11]，同日致唐弢函末署"一九五七年十一月十八日于列寧格勒"[12]，都可爲證。據日記，鄭振鐸當天演講一次，赴東方研究所看敦煌卷子兩次，撰書信至少四通，非常忙碌，有此筆誤，也在情理之中。總之，這封信撰寫于列寧格勒（今聖彼得堡），是沒有問題的。

此函所述的參觀經歷及所見文物文獻，另見于前些年已刊布的鄭振鐸日記[13]與當天致徐森玉、唐弢函[14]。這幾份資料可以互相參證，劉進寶、王睿穎已撰文詳加闡發[15]，本文就部分細節略加補充。

據鄭振鐸日記，當天他給唐弢、徐森玉、何其芳、趙萬里四人寫信，我們現在已經能讀到致唐、徐、趙的三封信。比較起來，三封信所述見聞大體上是一致的，都包括冬宮博物館中國古文物三大寶庫、東方學研究所藏敦煌卷子。不過，根據收信人的專業不同，鄭振鐸的介紹也各有側重。徐森玉是文物鑒定專家，因此鄭振鐸特別提到在冬宮博物館的明代銅器中見到一隻洛陽金村（或輝縣）出土的金銀錯的鼎誤判爲明代仿古之作陳列在明代文物中。對文學專家唐弢，他具體介紹的文獻祇有《維摩詰經變文》《劉知遠諸宮調》和黑水城出土版畫《四美人圖》等三件。

寫給趙萬里的信是三者中介紹文獻最詳細最具體的一通，其中敦煌文獻還編有序號，計 15 種，内容爲四部書和俗文學作品：

1. 莊子一卷。即 Дx178a（列 1426）。此件《俄藏敦煌文獻》標注"館藏缺"[16]，目前已下落不明。

2. 文選一卷。即 Ф242（列 1452）。此卷所存者爲謝靈運《述祖德詩》、韋孟《諷諫》、張茂先《勵志詩》、曹子建《上責躬應詔表》。

3. 王梵志詩一卷。即 Ф256（列 1456）。據題記，此卷爲沙門法忍所抄王梵志詩一百一十首。可與 S.4277 綴合，是王梵志詩的一個重要寫本。

4. 景德傳燈録（？）一卷。即 Дx1728（列 2686）。此件孟列夫等編《蘇聯科學院亞洲民族研究所藏敦煌漢文寫本注記目録》（Описание Китайских Рукописей Дуньхуанского Фонда Института Народов Азии）[17]著録作"景德傳燈録（？）"，《俄藏敦煌文獻》考訂爲《楞伽師資記序》[18]。此外，Ф229（列 897）亦爲《景德傳燈録》，不過該件有尾題，著録時沒有標注疑問號的必要，因此鄭振鐸當時寓目的必定不是 Ф229。

5. 南宗嘆（嘆五更）一卷。即 Ф171（列 1363）。

6. 孝經二卷。即 Дx1318（列 1423）、Дx838（列 1424）。

7. 論語子路第十三一卷。即 Дx953（列 1422）。

8. 左傳殘頁二張。孟列夫等編《注記目録》著録《左傳》寫本三件，即 Дx1367（列 1417）桓公二年杜注、Дx362a（列 1418）僖公二十一年二十二年、Дx1456（列 1419）昭公十三年。鄭振鐸所見二張，爲三者之二。

9. 老子一卷（71—80 章）。即 Дx1111（列 1425）。孟列夫等編《注記目録》著録爲第 73 至 80 章，是確切的；鄭振鐸所記有筆誤。

10. 刊謬補缺切韵。即 Дx1372（列 1519）。

11. 燕子賦二卷。即 Дx796（列 1484），孟列夫等編《注記目録》著録爲兩個殘片。《俄藏敦煌文獻》將 Дx796 與 Дx1343、Дx1347、Дx1395 綴合爲一[19]。

12. 項托變文（？）一卷。即 Дx2352（列 2862）《孔子項託相問書》。此外，Дx1356（列 1481）亦爲《孔子項託相問書》，但爲册頁裝，鄭振鐸當日寓目這一件的可能性比較小。

13. 婦科醫書一卷。即 Дx924（列 1536）。《俄藏敦煌文獻》定名爲《婦科秘方》[20]。

14. 侯白之啓顔録（？）一殘頁（記晏子事）。即 Дx925（列 1483）。孟列夫等編《寫本注記目録》著録爲《晏子賦》；《俄藏敦煌文獻》同[21]。

15. 維摩詰經變文二卷。即孟列夫等編《注記目録》著録《維摩詰所説經講經文》兩件，Ф252（列 1474）、Дx684（列 1475）。後者《俄藏敦煌文獻》定名爲《經疏》[22]。

鄭振鐸 1957 年 11 月查閱蘇藏敦煌遺書是敦煌學史上的一件值得注意的事件，正如劉進寶教授所指出，鄭振鐸"是查閱蘇藏敦煌文獻的第一位中國學者"，"是蘇聯公布其收藏之前少數知情人之一"，他在日記、書信中寫下的文字"可以説是對蘇藏敦煌文獻在公布之前最詳盡的記録"[23]。這幾份記録中，以鄭振鐸致趙萬里函最爲詳細，因此，在其他資料已經公布之後，此函仍具有一定的文獻價值。

值得注意的是，鄭振鐸信中記録的 15 件敦煌文獻，其題名與孟列夫等所編目録的著録大多相同，少數幾個略有差异。據日記，鄭振鐸在 11 月 16 日、18 日兩天裏，三次前往東方學研究所看敦煌卷子，共寓目二三百卷。這麼短的時間，他本人不太可能做太詳細的考訂。蘇聯專家在接待和介紹時，憑藉的無疑是東方學研究所的整理編目成果。當時主持這項工作的是孟列夫。孟列夫于 1955 年進入東方學研究所，1957 年 2 月領頭組織三人工作小組，開始對該所藏敦煌文獻進行系統整理編目[24]。到鄭振鐸到訪時，他們的工作已經進行了大約 9 個月。

鄭振鐸在這份信中提及，這些敦煌卷子"正着手整理"，又説"他們正要陸續整理，陸續發表，所以不便向他們要照片"，可見俄方向他介紹了敦煌文獻整理編目工作的情況和計劃。同日致唐弢函也提到"現正在整理中"[25]，同日致徐森玉函則談到 11 月 16 日前去時"祇將他們放在手邊的幾十卷翻閲了一下，就發現有《維摩詰經變文》二卷，都是我們所不知道的"[26]，可知鄭振鐸直接接觸到了孟列夫等初步整理編目的成果。雖然鄭振鐸没有記下孟列夫及其同事的姓名，但是仍然可以説，這三封信是最早向中國學者介紹孟列夫等人整理俄藏敦煌文獻工作情況的中文史料。

這封信還提到在莫斯科和列寧格勒看到的其他文獻。《劉知遠諸宫調》和《四美人圖》，上一封信中也提到了，可見鄭振鐸對他們確實是"念念不忘"的。《義勇武安王位》，是一幅金代刻印的關公像版畫，今藏俄羅斯聖彼得堡愛爾米塔什博物館。11 月 11 日在莫斯科列寧圖書館見到《永樂靖難録》（明抄本）、《三朝要典》及殘本《道藏》若干册，都見于鄭振鐸日記，不過這封信注明了的前二者的函數，記録更爲詳細。鄭振鐸還特別注明前二者爲"大連書"，即抗戰勝利後蘇聯從原"南滿洲鐵道株式會社大連圖書館"掠走的書籍。

三、結　語

雖然《敦煌學大辭典》收録了"鄭振鐸"這個詞條[20]，不過大概由于他從事且取得較高成就的領域太多，一般辭書或文章在介紹鄭振鐸的時候，很少稱他爲"敦煌學家"。其實，鄭先生完全稱得上是一位敦煌學家。他對敦煌學的貢獻，不光在敦煌俗文學的研究上，更在于推動敦煌文獻調查整理、敦煌石窟保護、敦煌藝術弘揚等方面。以上這兩通書信，具體而微地展示了鄭振鐸先生對敦煌文獻、敦煌藝術的摯愛與熱情，由此我們可以更深入地瞭解他熱衷于推動敦煌學發展的原因所在。

【本文係國家社科基金重大項目"敦煌學學術史資料整理與研究"（17ZDA213）階段性成果】

注釋：

① 楊曉華：《鄭振鐸先生的敦煌文學研究》，《敦煌學輯刊》2009 年第 3 期，29—33 頁。

② 王睿穎、劉進寶：《鄭振鐸 1957 年甘肅行記暨敦煌考察報告》，《絲綢之路》2009 年第 4 期，50—53 頁。

③ 鄭振鐸著，陳福康整理：《鄭振鐸日記全編》，山西古籍出版社，2006 年，514—515 頁。

④ 同注③，489 頁。

⑤ 趙萬里：《皖南訪書記》，《旅行家》1957 年第 9 期，收入《趙萬里文集》第二卷，國家圖書館出版社，2012 年，488—493 頁。

⑥ 同注③，512 頁。

⑦ 同上。

⑧ 《敦煌文物研究所與故宮博物院舉辦"敦煌藝術展覽"》，《文物參考資料》1955 年第 10 期，96 頁。

⑨ 同注②，52 頁。

⑩ 敦煌研究院編，樊錦詩、蔡偉堂、黄文昆編著：《敦煌石窟全集》第一卷《莫高窟第 266～275 窟考古報告》第一分册，文物出版社，2011 年，1 頁。

⑪ 同注③，581 頁。

⑫ 鄭振鐸：《鄭振鐸全集》第十六卷，花山文藝出版社，1998 年，222 頁。

⑬ 同注③，580—581 頁。

⑭ 同注⑫，221—222、244—245 頁。

⑮ 劉進寶、王睿穎：《鄭振鐸與俄藏敦煌文獻》，《南京師範大學學報（社會科學版）》2009 年第 3 期，71—76 頁。

⑯ ［俄］孟列夫、錢伯城主編：《俄藏敦煌文獻》⑥，上海古籍出版社，1996 年，119 頁。

⑰ 此據 1985 年臺北新文豐出版公司"敦煌叢刊初集"影印本，該叢刊將此目題名譯爲"蘇俄所劫敦

　　煌卷子目録"。

⑱〔俄〕孟列夫、錢伯城主編：《俄藏敦煌文獻》⑧，上海古籍出版社，1997 年，316 頁。

⑲〔俄〕孟列夫、錢伯城主編：《俄藏敦煌文獻》⑦，上海古籍出版社，1996 年，119—120 頁。

⑳ 同注⑲，201 頁。

㉑ 同注⑲，202 頁。

㉒ 同注⑲，49 頁。

㉓ 同注⑮，72、75、74 頁。

㉔ 柴劍虹：《俄羅斯漢學家孟列夫對國際敦煌學的貢獻》，《敦煌學輯刊》2016 年第 3 期，2 頁。

㉕ 同注⑫，221 頁。

㉖ 同注⑫，244 頁。

㉗ 季羨林主編：《敦煌學大辭典》，上海辭書出版社，1998 年，898 頁。"鄭振鐸"詞條由趙和平
　　撰稿。

（作者單位：國家圖書館古籍館）

英藏敦煌《詩經·周南》寫本校證

許建平

内容提要： 英藏敦煌唐寫本 S. 1722 存《詩經·周南》11 篇全部文本，是今所見最早的《詩經·周南》寫本，《敦煌經部文獻合集》《英藏敦煌社會歷史文獻釋録》都作過校録，但仍有校録未盡未確之處。將唐寫本與宋刻本《毛詩詁訓傳》對勘，對其中九條异文作了考辨。

關鍵詞： 敦煌遺書　詩經　周南　毛詩詁訓傳

英藏敦煌文獻中，有一件存《周南》11 篇全部文本的寫本，編號 S. 1722。該號寫本中存有兩部分内容，第一部分是《兔園策府》，共 172 行，第二部分是《詩經》，接抄于《兔園策府》之後，凡 91 行，白文，無毛傳鄭箋。然其首題云 "周南關雎詁訓傳弟一　毛詩國風"，尾題 "周南之國十有一篇　凡三千九百六十三字"，知其乃是據《毛詩傳箋》本抄録。關于寫本的抄寫時代，可參《敦煌經籍叙録》之解説[①]。《敦煌經部文獻合集》首次對寫卷作了校録[②]，《英藏敦煌社會歷史文獻釋録》吸收《敦煌經部文獻合集》成果再次校録[③]。但現在看來，《敦煌經部文獻合集》的校録仍有不盡人意之處，或僅有簡單結論而缺少證明過程，或説法有誤，故有必要對其相關條目重作校勘。寫本原文據《英國國家圖書館藏敦煌遺書》之影印本[④]，校以《中華再造善本》影印國家圖書館所藏宋刻本《毛詩詁訓傳》（簡稱 "宋本"），并參校以日本大念佛寺藏《毛詩二南殘卷》（簡稱 "日藏本"）[⑤]、唐石經（據《景刊唐開成石經》，中華書局 1997 年影印民國十五年皕忍堂摹刻雙鈎本）及其他敦煌《詩經》寫卷。

1. 周南關雎詁訓傳弟一（第 1 行）

弟，宋本作 "第"。

《説文·弟部》云："弟，韋束之次弟也。"[⑥] 無 "第" 字。段玉裁于《竹部》末據孔穎達《毛詩正義》引《説文》補 "第" 字[⑦]。王筠曰：

> 次弟之弟，《玉篇》已作 "第"，知 "第" 字之來已久。然 "弟" 下明云 "次弟"，則《説文》無 "第" 可知。且《玉篇》先出 "弟" "爷" 而後出 "第" 字，説之曰："今爲第。"[⑧] 則是 "第" 字之作，雖在顧氏之前，而其時未久，故曰今也。其《竹部》又出 "第" 字，則孫强輩忘其已收《弟部》而增之也。……《廣韵》"第" 下云："《説文》本作弟，韋束之次弟也。" 則唐本《説文》無 "第"

可知。《毛詩》孔疏引《説文》"第，次也"，即"弟"下説"韋束之次弟也"，但省其文耳。又曰："字從竹弟，弔非字，不過分而爲二，以明字體如此耳。"茂堂過聽，乃增此文于竹部之末。⑨

黄侃《説文段注小箋》亦認爲段氏不應增"第"字："此字亦不當增。古止作'弟'，形誤作'弔'，'弔'復誤爲'第'。"⑩

案：空海《篆隷萬象名義》之《弟部》無"第"而《竹部》有"第"⑪，《篆隷萬象名義》的體例及收字全仿原本《玉篇》，可證顧野王《玉篇》確已收"第"字。但孫强所增者爲《弟部》之"第"而非《竹部》之"第"，"今爲第幾也"之語乃孫强所添而非顧野王之語，故不可因"今"字遂謂"第"字的産生在顧氏之前不久。王筠所言有誤。劉寶楠《愈愚録》卷五"弔"字條云："《漢孝成鼎銘》云'第一'，又《好畤供厨鼎銘》云'弔百卅'、'弔八百六十'。《汾陰宫鼎銘》云'弔廿三'，《虹燭錠銘》云'第一'。漢時凡从'竹'之字，皆書作'卄'，此見古本有'第'字。"⑫秦代小篆已見"第"字⑬，漢代簡牘亦多見此字⑭，皆作"次第"義。《廣雅·釋詁》已收入此字："第，次也。"⑮此字日藏本作"第"，P.4634b《毛詩》亦作"第"，P.3737《毛詩》或作弟或作"弔"，P.2669、P.2506《毛詩傳箋》作"第"，是唐代《毛詩》寫本弟、弔、第三字混用。《干禄字書》云："弔第，次第字，上俗下正。"⑯以"第"爲正字，故官方定本唐石經《毛詩》即作"第"，亦可見唐時作"次第"義之"第"字已經通行。唐本《説文》應有"第"字，故段玉裁據《毛詩正義》所引《説文》補"第"，不可謂誤，而且鄭珍也見到《穀梁傳疏》卷一引《説文》"第"字⑰，可爲段氏提供材料。從秦漢文字中已有"第"字來看，許慎《説文》極有可能收有"第"字，顧野王《玉篇》"第"字即據《説文》。季旭昇謂"弟"形"上部遂訛成'卄'頭，後世又訛成'竹'頭"⑱，弔、第皆由"弟"訛變而來，《毛詩》原貌蓋當爲"弟"。

2. 嗟歎之不足，故詠歌之。（第6行）

詠，宋本作"永"。

《説文·永部》："永，長也，象水巠理之長。"又《言部》："詠，歌也。咏，詠或從口。"⑲徐灝曰："詠之言永也。長聲而歌之，所謂'聲依永'也。永、詠古今字。"⑳章太炎《文始》曰："（永）孳乳爲泳，潛行水中也。潛行者必知水理。由長義又孳乳爲詠，歌也。《書》曰：'歌永言。'"㉑張舜徽云："蓋古初但用'永'字，而咏、詠皆後增之體。"㉒高田忠周《古籀篇》于"詠"字下云："古唯以'永'爲之，《虞書》'歌永言'，《詩·碩鼠》'誰之永號'箋：'歌也。'皆是也。然作'詠'，即永言以兼會意也。"㉓向光忠云："'永'、'詠'（咏）本爲一源，而'長言'之曰'永言'，乃'永'義之引申，金文增形爲'咏'，小篆更形爲'詠'，則是用以專指'長言'之義，以别于'永'之其它所指。"㉔孫偉龍云："'詠'、'咏'實爲'永'加注不同義符的分化字。"㉕據諸家所言，"詠"爲"永"之後起增旁字。黄瑞雲曰："寫本是。'永、詠'經籍通用，然二字實有别。……《詩·序》'詠歌'，結構同于'嗟歎'，并爲二字平列，非謂長歌也，故當作'詠歌'。"㉖《敦煌經部文獻合集》據黄氏之説而以作"詠"

爲然，《英藏敦煌社會歷史文獻釋録》承之。

　　案：《詩序》"言之不足，故嗟歎之；嗟歎之不足，故詠歌之；詠歌之不足，不知手之舞之、足之蹈之"句，《禮記·樂記》作"故歌之爲言也，長言之也。説之，故言之；言之不足，故長言之；長言之不足，故嗟歎之；嗟歎之不足，故不知手之舞之足之蹈之也"㉗。《史記·樂書》同《禮記·樂記》。這裏我們不討論《詩序》與《樂記》誰早誰晚，相比較可見，"長言"與"詠歌"相對，《樂記》云"歌之爲言也"，是"長"對"詠（永）"，"言"對"歌"，"長言"即是"詠歌"。孔穎達釋此句云："平言之而意不足，嫌其言未申志，故咨嗟歎息以和續之。嗟歎之猶嫌不足，故長引聲而歌之。長歌之猶嫌不足，忽然不知手之舞之足之蹈之。"㉘我們不知《正義》所據底本作何字，但從其釋爲"長歌"可知，乃是釋"永（詠）"爲"長"。從"長言"與"詠歌"相對來看，"詠"本應是"永"字，《説文》云："詠，歌也。"若謂《詩序》作"詠歌"，則得釋爲"歌歌"，其不通可知。《古籍篇》引《詩·碩鼠》"誰之永號"鄭箋"永，歌也"以證，然朱熹《詩集傳》云："永號，長呼也。"㉙是以鄭玄爲非，"永"釋長，不釋爲詠。陳奐云："猶言樂郊之地，民無長嘆耳。"㉚其説當是承《詩集傳》。故作"詠歌"者，後世改"永"爲"詠（咏）"耳，如《晉書·王廙傳》："亦是詩人嗟歎詠歌之義也。"㉛《高僧傳》卷十三《經師》"論"："故《詩序》云：'情動于中，而形于言。言之不足，故詠歌之也。'"㉜《藝文類聚》卷四十三《樂部三·舞》引《毛詩序》："情動于中而形于言，言之不足，故嗟歎之，嗟歎之不足，故詠歌之。"㉝《初學記》卷十五《樂部上·歌》引《毛詩序》："情動于中而形于言。言之不足，故嗟嘆之；嗟嘆之不足，故詠歌之；詠歌之不足，不知手之舞之，足之蹈之。"㉞慧琳《一切經音義》卷三十六《金剛頂經》中卷"諷詠"條引《毛詩序》："言之不足，故嗟歎之；嗟歎之不足，故詠歌之；詠歌之不足，故不知手之舞之。"㉟唐石經作"永"，《文選》卷四十五《毛詩序》亦作"永"㊱，應是《毛詩》原貌。日藏本作"詠"，所據亦是已改之本。

　　3. 吟詠情性，以諷其上，達于事變而懷其舊俗者也。（第17行）

　　諷，宋本作"風"。

　　《説文·風部》："風，八風也。"又《言部》："諷，誦也。"㊲"風"字甲骨文都寫作"鳳"，到戰國時的楚帛書中纔演變成"風"形㊳。李守奎云："'諷'字出現較晚，尚未發現先秦古文字形體。"㊴出土戰國文獻中，凡"諷"義之字皆寫作"風"㊵。現在見到的"諷"字最早在西漢後期的居延新簡㊶，所以《説文》收有"諷"字。而西漢早期的張家山漢墓竹簡中尚不寫作"諷"，如《二年律令·史律》："試史學童以十五篇，能風書五千字以上，乃得爲史。"㊷《漢書》作"諷"義者都寫作"風"，顔師古注皆云"讀曰諷"㊸。是"諷"爲"風"之後起字，《詩序》本當作"風"字，寫卷作"諷"，乃後人所改。日藏本、唐石經、P. 4634b皆作"風"，與宋本同。

　　4. 言天下之事，刑四方之風，謂之雅。（第20行）

　　刑，宋本作"形"。《敦煌經部文獻合集》以"刑"爲"形"之音誤字而改爲"形"，《英藏敦煌社會歷史文獻釋録》以"刑"爲"形"之借字。

《説文·刀部》：“刑，剄也。”又《彡部》：“形，象形也。”[44]周寶宏説：“形字未見于先秦古文字資料。”[45]據白于藍統計，戰國秦漢出土簡帛中有“刑”無“形”，凡釋“形”義之字均寫作“刑”[46]。王輝云：“形字産生很晚，金文有刑無形，漢隸雖有形字，但形刑二字常混用。”[47]案漢代雖已有“形”字[48]，但馬王堆漢墓帛書中“形”字寫作“刑”60次，無一次“刑”寫作“形”者[49]，可見當時仍通用“刑”字。即使到了南北朝時，仍多有用“刑”字者，如佛教用語“有形”一詞，即常寫作“有刑”[50]。所以説，“形”是“刑”的換旁後起字，即使在“形”字已通行的南北朝隋唐時期，刑、形仍有混用。寫卷作“刑”、日藏本及唐石經作“形”，即此種現象之反映。

5. 采采卷耳，不盈傾筐。（第45行）

傾，宋本作“頃”。

唐石經與宋本同，《經典釋文》出“頃”字[51]。李富孫云：“頃、傾古今字。”[52]徐灝云：“頃、傾古今字，《人部》曰：‘傾，仄也。’頭不正即傾仄之義。”[53]張舜徽云：“傾乃頃之後起增偏旁體也。自經傳以傾爲傾衺、傾覆字，而頃專爲頃刻、頃畝之用矣。”[54]戰國秦漢簡帛中，作傾衺、傾覆義者皆作“頃”，無作“傾”者[55]。陳喬樅云：“《御覽》所據蓋《毛詩》之異文。”[56]是也，寫卷即是《毛詩》。張慎儀云：“《荀子》引《詩》、《詩》釋文引《韓詩》仍作‘傾’，申公學出荀子，是魯韓毛同也。作‘傾’者疑係齊詩，《御覽》所據或誤。”[57]其説誤也。王先謙謂“字當以‘傾’爲正”[58]，是據《説文》之釋義爲説，非據文字爲説。程燕《〈詩經〉異文輯考》據王先謙之説而謂“敦煌本所用乃本字”[59]，則誤也。《毛詩》本應作“頃”，“傾”乃後起本字，故後人多以“傾”改“頃”。P.4634b、Дх.11933B、S.2729《毛詩音》皆已改作“傾”，《太平御覽》卷998《百卉部五·胡枲》引《詩》亦作“傾”[60]。

6. 陟彼礒矣，我馬瘏矣。（第48行）

礒，宋本作“砠”。《英藏敦煌社會歷史文獻釋録》改作“砠”，未出校。

《説文·山部》引《詩》作“岨”[61]。《經典釋文》出“礒”，云：“本亦作砠。”[62]盧文弨改“礒”爲“礒”[63]。周邵蓮云：“礒，右從穴從且，今本且多譌亘。”[64]説與盧氏同。宋元遞修本《釋文》作“礒”[65]，即可爲盧氏所改作證。是《經典釋文》實與寫本同。《五經文字·石部》云：“礒，亦作砠，見《詩·風》。”[66]陳啓源云：“砠、礒、岨三字實同一字。”[67]鍾麐云：“岨、礒、砠三字異形，當從《説文》作‘岨’。”[68]《釋名·釋山》云：“石載土曰岨。岨，臚然也。”[69]與《説文》同。案：“砠”爲“岨”之後起換旁字，“礒”則爲“砠”之增旁俗字。S.3951、S.2729《毛詩音》、日藏本、唐石經皆作“砠”，與宋本同。

7. 南有樛木，葛藟縈之。（第54行）

縈，宋本作“縈”。

《經典釋文》出“縈”，云：“本又作縈，烏營反，《説文》作蘂。”[70]《説文·糸部》：“縈，收韏也。”又《艸部》：“蘂，艸旋皃也，從艸縈聲。《詩》曰：‘葛藟蘂之。’”[71]段玉裁注：“蘂與縈音義同。”[72]陳鱣《簡莊疏記》云：“蘂爲正字，縈爲假字，縈爲別字。”[73]

65

案:《説文·衣部》:"褧,鬼衣,从衣熒省聲,讀若《詩》曰'葛藟縈之'。"[74]是許慎所見《詩》有作"藑"者,亦有作"縈"者,陳喬樅因而謂"《草部》所引作'藑'者,三家之异文"[75]。王筠云:"'縈'依今本爲是。《毛傳》'縈,旋也',《説文》'藑,艸旋皃',蓋分別文也。"[76]《玉篇·糸部》"縈"字下引《毛詩》"葛藟縈之"[77],是顧野王所見《毛詩》作"縈"。徐鼒《讀書雜釋》卷三"葛藟縈之"條云:"作幣誤也。《説文》無幣字。"[78]"幣"字始見于《玉篇》[79],其爲後起字可知也。程燕《〈詩經〉异文輯考》云:"縈作幣,乃是形符義近互換。"[80]案程説是也,"糸"旁"巾"旁古常混用,説參甄尚靈《論漢字意符之範圍》、王輝霞《武后及武周時期墓志异體字研究》[81]。S.3951、日藏本、唐石經與宋本同;P.4634b、P.2660與寫本同,則已改爲後起字也。

8. 言若螽斯不妬忌,則子孫衆多也。(第56行)

衆斯,宋本"衆"作"螽"。《敦煌經部文獻合集》以"衆"爲"螽"之音誤字,《英藏敦煌社會歷史文獻釋錄》承之。

孔穎達云:"此言'螽斯',《七月》云'斯螽',文雖顛倒,其實一也。"[82]《豳風·七月》"五月斯螽動股"[83],《爾雅·釋蟲》作"蜙螽"[84],《經典釋文》出"蜙"字,云:"本又作蚣,《詩》作斯。"[85]《説文》無"蜙"字,亦無"蚣"字,雷濬云:"蓋《爾雅》本作斯,譌爲析,又加虫,遂成蜙字。"[86]"蜙"爲"斯"之後起加旁字。《説文·蚰部》:"螽,蝗也。或从虫衆聲。"[87]《春秋·桓公五年》"螽"[88],《公羊傳》作"蟓"[89]。劉鈞杰云:"衆是多,螽是害蟲名,因繁殖快、幼蟲多而得名。"[90]衆、螽同源,"螽"因"衆"而得名,故又寫作"蟓",實"衆"之後起加旁字,與"斯"加"虫"作"蜙"的情形相同。盧文弨《鍾山札記》卷四"衆維魚矣"條引丁希曾説:"'衆'乃'蟓'字之省,《説文》作'螽',與'螽'同。"[91]"衆維魚矣"爲《小雅·無羊》文,此句可與《螽斯》篇互證。安徽大學藏戰國竹簡《螽斯》篇此字即作"衆"[92],正與寫卷同。寫本篇題作"螽",餘皆寫作"衆";日藏本第一、第三兩章寫作"衆",餘皆作"螽",由其衆、螽二字混寫的情況,可窺見其文字演變之軌迹,疑《毛詩》本即作"衆",後加"虫"作"蟓",又換旁作"螽"。

9. 未見君子,惄如調飢。(第83行)

飢,宋本作"饑"。

案:《説文·食部》:"飢,餓也。""饑,穀不孰爲饑。"[93]這兩字之義絕然不同,《説文·心部》"惄"篆下引《詩》即作"飢"[94]。邵瑛云:"《玉篇》《廣韵》皆與《説文》同。自《類篇》《集韵》以'飢'通作'饑',至《韵會》直謂'饑''飢'字异而義同,'羈''機'韵异而音同,轉以舊注'飢''饑'不同者爲非是。于是喜茂密者作'饑',趨簡便者作'飢',而古字遂亂矣。"[95]邵氏僅據字典爲説,從文獻使用情況來看,戰國中期以前飢、饑的使用區別明確,不相混用。戰國以後,以"饑"借"飢"的情況越來越多。西漢以後,以"飢"借"饑"的情況也出現了,二者越來越趨于混用不分[96]。到六朝時,二字已經合并[97],可以説,已經成爲了异體字,所以邵瑛説:"二字俗或互用。"[98]S.0789、S.3951、S.2729《毛詩音》、日藏本、唐石經皆與寫本同，尚保持《毛詩》原貌。

【本文係國家社會科學基金一般項目“敦煌經學文獻綜合研究”（19BZS005）階段性成果】

注釋：

① 許建平：《敦煌經籍叙録》，中華書局，2006 年，139 頁。

② 張涌泉、許建平、關長龍：《敦煌經部文獻合集》第 2 册，中華書局，2008 年，425—429、470—479 頁。

③ 郝春文、趙貞：《英藏敦煌社會歷史文獻釋録》第 7 卷，社會科學文獻出版社，2010 年，499—509 頁。

④ 方廣錩、［英］吳芳思：《英國國家圖書館藏敦煌遺書》第 27 册，廣西師範大學出版社，2013 年，31—36 頁。

⑤ 載《京都帝國大學文學部景印舊鈔本》第十集，日本京都帝國大學文學部，1942 年。據王曉平考察，該寫本抄寫于平安時代的前期至中期，其所據底本出于中唐以前（王曉平：《日本詩經學文獻考釋》，中華書局，2012 年，73 頁），則該寫本的抄寫時間相當于中國的唐末五代時期。

⑥（漢）許慎：《説文解字》，中華書局，1963 年，113 頁。

⑦（清）段玉裁：《説文解字注》，上海古籍出版社，1981 年，199 頁。

⑧《宋本玉篇》云：“第，今爲第幾也。”（中國書店，1983 年，63 頁）其意謂“第幾之第”，王筠誤讀，引文删“幾也”二字，此條釋義變成“第，今爲第”，遂致不可讀。

⑨（清）王筠：《説文釋例》，中華書局，1987 年，386 頁。

⑩ 黃侃：《説文段注小箋》，黃侃箋識、黃焯編次《説文箋識四種》，上海古籍出版社，1983 年，161 頁。

⑪［日］釋空海：《篆隸萬象名義》，中華書局，1995 年，23、143 頁。

⑫（清）劉寶楠：《愈愚録》卷五，（清）劉台拱、劉寶樹等《寶應劉氏集》，廣陵書社，2006 年，520 頁。

⑬ 王輝：《秦文字編》第 2 册，中華書局，2015 年，683 頁。

⑭ 張顯成：《〈敦煌漢簡〉中〈説文〉未收之秦漢字》，《許慎文化研究 2：第二屆許慎文化國際研討會論文集》，中國社會科學出版社，2015 年，490 頁；黃瀟瀟：《秦漢簡帛文獻與〈説文解字〉新證》，中國農業大學出版社，2017 年，148 頁。

⑮（清）王念孫：《廣雅疏證》，江蘇古籍出版社，1984 年，73 頁。

⑯（唐）顏元孫：《干禄字書》，中華書局，1985 年，23 頁。

⑰（清）鄭珍：《説文逸字》，《續修四庫全書》第 223 册，上海古籍出版社，1995 年，356 頁。

⑱ 季旭昇：《説文新證》，藝文印書館，2002 年，477 頁。

⑲ 同注⑥，第 240、53 頁。

⑳（清）徐灝：《説文解字注箋》，《續修四庫全書》第 225 册，上海古籍出版社，1995 年，309 頁。

㉑ 章太炎：《文始》，《章太炎全集》第 7 册，上海人民出版社，1999 年，312 頁。

㉒ 張舜徽：《説文解字約注》卷五，中州書畫社，1983 年，36 頁。

㉓［日］高田忠周：《古籀篇》，大通書局，1982 年，1352 頁。

㉔ 向光忠：《考文字之孳乳　溯形聲之濫觴》，高思曼主編《第一屆國際先秦漢語語法研討會論文

集》，岳麓書社，1994 年，268 頁。按向氏謂金文加口爲"咏"，其實甲骨文裏已有"咏"字，説見于省吾《甲骨文字釋林》卷下《釋杏》（中華書局，1979 年，388 頁）。

㉕ 李學勤主編：《字源》，天津古籍出版社、遼寧人民出版社，2012 年，182 頁。

㉖ 黃瑞雲：《敦煌古寫本〈詩經〉校釋札記（二）》，《敦煌研究》1986 年第 3 期，39 頁。

㉗ 《禮記注疏》卷三十九，《十三經注疏》，藝文印書館，2001 年，702 頁。

㉘ 《毛詩注疏》卷一之一，《十三經注疏》，藝文印書館，2001 年，13 頁。

㉙ （宋）朱熹：《詩集傳》，中華書局，1958 年，67 頁。

㉚ （清）陳奐：《詩毛氏傳疏》卷九《魏葛屨詁訓傳・碩鼠》，中國書店，1984 年，12 頁。

㉛ （唐）房玄齡等撰：《晉書》，中華書局，1974 年，2004 頁。

㉜ （南朝梁）釋慧皎：《高僧傳》，中華書局，1992 年，507 頁。

㉝ （唐）歐陽詢：《藝文類聚》，上海古籍出版社，1982 年，771 頁。

㉞ （唐）徐堅等著：《初學記》，中華書局，1962 年，376 頁。

㉟ （唐）釋慧琳：《一切經音義》，《中華大藏經》第 58 册，中華書局，1993 年，126 頁。

㊱ （南朝梁）蕭統：《文選》，中華書局，1977 年，637 頁。

㊲ 同注⑥，284、51 頁。

㊳ 曾憲通：《古文字資料的釋讀與訓詁問題》，《訓詁論叢》第 3 輯，文史哲出版社，1997 年，740 頁。

㊴ 同注㉕，170 頁。

㊵ 王輝：《古文字通假釋例》，藝文印書館，1993 年，932 頁。

㊶ 劉志基：《中國漢字文物大系》第 3 卷，大象出版社，2013 年，102 頁。

㊷ 張家山二四七號漢墓竹簡整理小組：《張家山漢墓竹簡〔二四七號墓〕》，文物出版社，2001 年，203 頁。

㊸ 例參《故訓匯纂》，商務印書館，2003 年，2511 頁。

㊹ 同注⑥，92、184 頁。

㊺ 同注㉕，787 頁。

㊻ 白于藍：《戰國秦漢簡帛古書通假字彙纂》，福建人民出版社，2012 年，735—737 頁。

㊼ 王輝：《馬王堆帛書〈六十四卦〉校讀札記》，《古文字研究》第 14 輯，中華書局，1986 年，282 頁。

㊽ 王輝《古文字通假釋例》云："漢碑有形字，見鄭固碑、孔彪碑。"（405 頁）

㊾ 沈祖春：《〈馬王堆漢墓帛書［壹］〉假借字研究》，巴蜀書社，2008 年，31 頁。

㊿ 郭瑞：《魏晉南北朝石刻用字中的同音借用現象例説》，《中國文字研究》第 7 輯，廣西教育出版社，2006 年，101 頁。

51 （唐）陸德明：《經典釋文》，中華書局影印通志堂本，1983 年，54 頁。

52 （清）李富孫：《詩經異文釋》，《續修四庫全書》第 75 册，上海古籍出版社，1995 年，123 頁。

53 （清）徐灝：《説文解字注箋》，《續修四庫全書》第 226 册，150 頁。

54 同注㉒，卷十五 21 頁。

55 白于藍：《戰國秦漢簡帛古書通假字彙纂》，758—759 頁。

56 （清）陳喬樅：《詩經四家異文考》卷一，清道光二十三年（1843）刻本，4 頁。

57 張慎儀：《詩經異文補釋》卷一，清光緒至民國間《蔓園叢書》本，4 頁。

58 王先謙：《詩三家義集疏》，中華書局，1987 年，24 頁。

59 程燕：《〈詩經〉異文輯考》，安徽大學出版社，2010 年，10 頁。

⑥《太平御覽》卷九九八，清嘉慶二十三年（1818）歙鮑崇城刊本，3 頁。

⑥ 同注⑥，190 頁。

⑥ 同注�51，54 頁。

⑥（清）盧文弨：《經典釋文考證》第 1 冊，《叢書集成初編》，中華書局，1985 年，67 頁。

⑥（清）周邵蓮：《詩考异字箋餘》，《續修四庫全書》第 75 冊，上海古籍出版社，1995 年，301 頁。

⑥（唐）陸德明：《經典釋文》，上海古籍出版社影印北京圖書館藏宋刻宋元遞修本，1985 年，208 頁。

⑥（唐）張參：《五經文字》卷中，清光緒九年（1883）鮑廷爵刻《後知不足齋叢書》本，35 頁。

⑥（清）陳啓源：《毛詩稽古編》卷一，《中華再造善本》影印清抄本，國家圖書館出版社，2009 年，10 頁。

⑥（清）鍾麿：《易書詩禮四經正字考》，《叢書集成續編》第 17 冊，上海書店出版社，1994 年，136 頁。

⑥（清）王先謙：《釋名疏證補》，上海古籍出版社，1984 年，60 頁。

⑦ 同注㉑，54 頁。

⑦ 同注⑥，275、23 頁。

⑦ 同注⑥，40 頁。

⑦（清）陳鱣：《簡莊疏記》，《叢書集成續編》第 12 冊，上海書店出版社，1994 年，630 頁。

⑦ 同注⑥，173 頁。

⑦ 同注㊄，7A 頁。

⑦（清）王筠：《説文釋例》，273 頁。馬瑞辰《毛詩傳箋通釋》云："《説文》'褮'字注又云'讀若《詩》葛藟褮之'，蓋因正文褮字而誤。"（中華書局，1989 年，51 頁）馬氏所據乃小徐本《説文》，王筠已在《釋例》中謂小徐本所引爲譌字。

⑦（南朝梁）顧野王：《玉篇》，《續修四庫全書》第 228 冊，上海古籍出版社，1995 年，627 頁。

⑦（清）徐灝：《讀書雜釋》，中華書局，1997 年，28 頁。

⑦ 同注⑪，279 頁。《篆隸萬象名義》的體例及收字全仿原本《玉篇》。

⑧ 同注㊣，12 頁。

⑧ 甄尚靈：《論漢字意符之範圍》，《金陵齊魯華西三大學中國文化研究匯刊》第 3 卷，1943 年 9 月，183 頁；王輝霞：《武后及武周時期墓志异體字研究》，西南大學碩士學位論文，2010 年，58 頁。

⑧《毛詩注疏》卷一之二，《十三經注疏》，藝文印書館，2001 年，36 頁。

⑧《毛詩注疏》卷八之一，《十三經注疏》，藝文印書館，2001 年，284 頁。

⑧《爾雅疏》卷九，《十三經注疏》，藝文印書館，2001 年，162 頁。

⑧ 同注㉑，430 頁。

⑧（清）雷濬：《説文外編》，《中華漢語工具書書庫》第 35 冊，安徽教育出版社，2002 年，331 頁。

⑧ 同注⑥，283 頁。

⑧《春秋左傳注疏》卷六，《十三經注疏》，藝文印書館，2001 年，105 頁。

⑧《公羊注疏》卷四，《十三經注疏》，藝文印書館，2001 年，53 頁。

⑨ 劉鈞杰：《同源字典補》，商務印書館，1999 年，237 頁。

⑨（清）盧文弨：《鍾山札記》，中華書局，2010 年，90 頁。

⑨ 黄德寬、徐在國：《安徽大學藏戰國竹簡（一）》，中西書局，2019 年，77 頁。

⑨ 同注⑥，108 頁。

⑨ 同注⑥，219 頁。

㊌（清）邵瑛：《說文解字群經正字》，《續修四庫全書》第 211 册，上海古籍出版社，1995 年，145 頁。

㊏ 王彤偉：《南北朝前"饑、飢"的使用情况》，《漢語史研究集刊》第 13 輯，巴蜀書社，2010 年。

㊐ 朱葆華：《原本玉篇文字研究》，齊魯書社，2004 年，61 頁。

㊑ 同注㊌，145 頁。

（作者單位：浙江大學漢語史研究中心）

俄藏敦煌讖緯文獻 Дх. 11051A、Дх. 11051B 《春秋運斗樞抄》 輯綴研究

陳于柱　張福慧

内容提要： 俄藏敦煌文獻 Дх. 11051A、Дх. 11051B 的内容主要出自漢代緯書《春秋運斗樞》，故其性質應是讖緯文獻，而非此前所認定的星占書。Дх. 11051A 與 Дх. 11051B 實是同一書葉的上下兩部分，綴合後的文字編排與《開元占經》所引《春秋運斗樞》佚文不同。此件文獻的發現和校理爲《春秋緯》的輯佚提供了新的珍貴資料，也爲學界更深入地瞭解該緯書的内容結構提供了新的參考。法藏敦煌文獻 P. 2683《瑞應圖殘卷》所引注文本《春秋運斗樞》，很可能出自宋以後散佚的宋均注《春秋緯》。

關鍵詞： 敦煌文獻　讖緯　春秋運斗樞

俄羅斯科學院東方文獻研究所藏敦煌文獻 Дх. 11051 由兩張殘片構成，卷中文字書寫工整、筆迹一致，正面均畫有烏絲界欄。第一張殘片 Дх. 11051A 首尾均缺，書頁上端存六行文字，下端殘缺。第二張殘片 Дх. 11051B 上端殘缺，下端存七行文字，靠近地脚位置的部分文字有殘泐，該殘片背面書有題記"西□□□老人時年八十一，加之□□□□輟筆"。上海古籍出版社 2000 年刊布了 Дх. 11051 的圖版[①]，但未予定名。楊寶玉教授最早就此件寫本的年代、作者等問題做了開創性研究[②]，極具啓發意義[③]。近年出版的《俄藏敦煌文獻叙録》首次對 Дх. 11051A 與 Дх. 11051B 正面内容開展定名工作，將兩者均擬名爲"星象占卜書"[④]。不過，Дх. 11051 的文獻性質與定名問題仍有進一步討論的必要，兩張殘片的具體關係、文字書寫也亟待釐清和校理，以上問題的解決，對于學界深入認識此件俄藏敦煌文獻的學術價值至爲重要。

一、Дх. 11051A、Дх. 11051B 文獻性質再探

《俄藏敦煌文獻叙録》之所以將 Дх. 11051 定性爲星占書，或許出于對兩張殘片均記録有不同天文星象的考量，如 Дх. 11051A 中的"枉矢"，原是一種箭名[⑤]，在古代天文學也被視作一種星象，《史記·天官書》載："枉矢，類大流星，蛇行而倉黑，望之如有毛羽然。"[⑥]《唐開元占經》引《河圖稽耀鈎》曰"辰星之精散爲枉矢"，又引《荆州占》"填星之精變爲枉矢"。再如 Дх. 11051B 記載的"蚩尤旗"同樣也是彗星的别稱[⑦]。然而需加注意的是，記録星象或星占的文獻，其性質未必就是星占書，古代讖緯文獻中就融攝有大量的星象變化、陰陽灾异和未來徵祥之事。

讖緯是漢代方士所造作，依傍經術的書籍⑧。緯書多依托儒家經義宣揚瑞應占驗之事，《詩》《書》《禮》《樂》《易》《春秋》及《孝經》均有緯書，稱之"七緯"。諸類緯書中與天文星占聯繫最密切者當屬《春秋緯》，其中尤以《元命包》《文耀鈎》《運斗樞》《感精符》多見⑨。而 Дx. 11051A、Дx. 11051B 正面記錄的主要内容正是來自緯書《春秋運斗樞》。略舉幾則例文證明如下：

"□□生，萬人壽"（Дx. 11051B），此句讖語源自《初學記》《太平御覽》所引《春秋運斗樞》佚文"衡星得，則麒麟生，萬人壽"。

"□尉謀主，以逆人倫，誅□□"（Дx. 11051B），也應與《唐開元占經》引《春秋運斗樞》佚文"太尉謀主，以逆人倫，誅符命"出自同一藍本。

"則日月光，三足烏"（Дx. 11051B）與"禮義修，物類合"（Дx. 11051A），相類文字亦見于《藝文類聚》引《春秋運斗樞》佚文"維星得，則日月光，烏三足，禮儀修，物類合"。

"老人"（Дx. 11051B）與"星□□冥莢生"（Дx. 11051A），與《太平御覽》引《春秋運斗樞》佚文"老人星臨國則蓂莢生"亦近同。

總體來看，雖然尚有個別文字暫不能落實其出處，但 Дx. 11051A、Дx. 11051B 的主體出自古代緯書《春秋運斗樞》，殆無疑義。故而，俄藏敦煌文獻 Дx. 11051A 與 Дx. 11051B 的確切性質應是讖緯文獻，而非《俄藏敦煌文獻叙錄》所認定的星占書。

二、Дx. 11051A、Дx. 11051B 綴合校理與定名

關於 Дx. 11051A、Дx. 11051B 兩張殘片的關係問題，學界以往由于沒能準確考訂其性質和内容，故尚未解決。將殘片内容與存世的《春秋運斗樞》佚文相比定，可以發現 Дx. 11051A、Дx. 11051B 分別有四處文字可以直接銜接，除上揭文中的後兩則例文所在之處外，尚有以下兩處：Дx. 11051B 的第二行與 Дx. 11051A 第三行文字、Дx. 11051B 的第五行與 Дx. 11051A 第六行文字，均是可以前後相順連的同一句讖語。因此，俄藏敦煌文獻 Дx. 11051A、Дx. 11051B 實是同一書葉的上下兩部分，彼此的前六行均可直接對應，祇不過由于撕裂等原因導致兩者中間出現殘損而已（見圖1）。

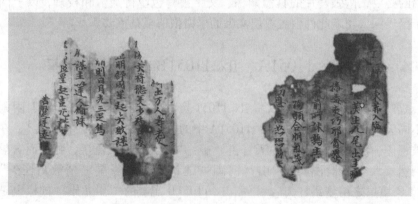

圖 1　Дx. 11051B、Дx. 11051A

爲便于學界利用此件文獻，兹將 Дx. 11051A、Дx. 11051B 綴合釋録如下，并持傳世的《春秋運斗樞》佚文對照校理一二。

（前缺）

1. 舒彗東蒂入臨□□□麒麟生[1]，萬人壽。老人

2. 星□□冥莢生。九尾出，主病□□□失符，德美（義）少殘百〔姓〕[2]，家

3. 獄慘毒，吏巧邪貪暴[3]，□□□□明舒國星起起大敗謀

4. 枉矢，流箭所誅。鶉生□□□則日月光，三足烏，

5. 禮義修，物類合，明氣茂[4]□□□太尉謀主[5]，以逆人倫，誅□□

6. □□切恩憙怒恐□□[6]□□□星起，蚩尤旗□□

7. □□□若蹶逆，遠雅

（後缺）

校記：

[1]　"麒麟"，據《初學記》《太平御覽》引《春秋運斗樞》佚文補。

[2]　"美"，當做"義"，據《唐開元占經》引《春秋運斗樞》佚文及文義改；"姓"，據《唐開元占經》載《春秋運斗樞》佚文補。

[3]　"貪"，《唐開元占經》引《春秋運斗樞》佚文無。

[4]　"明氣茂"，存世《春秋運斗樞》佚文均無。

[5]　"太"，據《唐開元占經》引《春秋運斗樞》佚文補。

[6]　"恩""恐"，《唐開元占經》引《春秋運斗樞》佚文分别作"愚""動"。

因目前傳世的《春秋運斗樞》佚文均分散見載于其他古籍中，其完整構成情況已難以考見，故 Дx. 11051A + Дx. 11051B 的内容書寫究竟是該緯書完整的一部分、還是該緯書的摘録或改編，遽難判斷，因此筆者暫將此件定名爲《春秋運斗樞抄》。

三、Дx. 11051A + Дx. 11051B《春秋運斗樞抄》的文本特點

綴合後的 Дx. 11051A + Дx. 11051B 前後均缺，起"舒彗東蒂入臨"，訖"遠雅"，可考訂出的識語約有六組，分别涉及衡星、老人星、璣星、枉矢、維星、衡星等天文星象⑩，六組識語依照此順序書寫其相應的祥瑞或灾異之事，其内容多與《初學記》《藝文類聚》《唐開元占經》《太平御覽》引《春秋運斗樞》佚文近同。以上資料中保存《春秋運斗樞》佚文最多的當屬《唐開元占經》，該書"北斗星占五十八"引《春秋運斗樞》的一段佚文與敦煌文獻 Дx. 11051A + Дx. 11051B《春秋運斗樞抄》相近者較多：

> 王者承度行義，郊天事神不敬，廢禮文，不從經圖，則樞星不明。主病目舌若喉，此類見。主以逆天自恣，爲三公名侯所謀，舉土功，立州侯，失德逆時，

73

害謀顯惡，問仰左官，隨意已虐符，則璇星不明。主鮮落若偏枯，近臣恣，將相謀主，以逆陰失符，德義少殘百姓，家獄慘毒，吏巧邪暴，設變害舒，失民命，懷冤抑，則璣星不明。主病心腹，若眩疸，太尉謀主，以逆人倫，誅符命，到禁切恩，喜怒動失時，則橫星不明。若主痹歷，逆以無禁誅，遠雅頌，若倡優，奢政偏度，毀讒則嬉，則玉衡不明。主若痿歷，以迷或誅德任過，官多尸祿，爵賞逆符，不修斗度房表之樞，法令數更，以苛相杓，則開陽星不明。主若腐疸，以不聰明，誅廢江淮，不省山瀆之祠，州土之位不應天符，斬伐無度，壞山絶渠，威德四弱，外國遠州，搖光不明。主若腫疣痔痛備，失樞。⑪

上述《唐開元占經》所引《春秋運斗樞》佚文雖有若干語句義欠明確，但細加分析，會發現此段讖語乃遵循特定的編寫規律，即以樞星、璇星、璣星、橫（權）星、玉衡星、開陽星、瑤光星的順序爲綱逐一開展，而該順序實際是以北斗七星的結構次序爲基礎設計⑫。敦煌文獻 Дx. 11051A + Дx. 11051B《春秋運斗樞抄》殘存的六組讖語雖也是以星象爲綱，但却并未完全遵循北斗七星的順序，尤其是在"吏巧邪貪暴"與"太尉謀主"之間、"切恩喜怒恐"與"若蹶逆"之間的讖語，爲《唐開元占經》"北斗星占五十八"引《春秋運斗樞》佚文所未見。以上現象充分説明，僅就相近内容而言，敦煌本 Дx. 11051A + Дx. 11051B《春秋運斗樞抄》的文字編排與《開元占經》所引《春秋運斗樞》不同。

關于 Дx. 11051A + Дx. 11051B《春秋運斗樞抄》的抄寫時間問題，楊寶玉教授將此件文獻背面題記與其他 11 件敦煌文獻中均多次出現的"老人"相比定，將俄藏敦煌文獻 Дx. 11051A + Дx. 11051B 的書寫年代考訂爲天祐元年（904）。

四、俄藏敦煌文獻《春秋運斗樞抄》學術價值芻議

讖緯作爲漢代儒學的重要組成部分，到東漢盛極一時。魏晋以後，讖緯之學爲歷代所禁毀，喪失甚多，尤其隋煬帝曾發使搜繳與讖緯相涉者皆焚之，《隋書·經籍志》記載："自是無復其學，秘府之内，亦多散亡。"⑬唐以後幸存下來的讖緯文獻更多屬零篇斷簡。所以元明以降，不少學者開始注意讖緯文獻的輯佚工作，并取得了十數種讖緯文獻輯佚成果⑭。上世紀 60 年代至 90 年代，日本、中國學者相繼出版《重修緯書集成》《緯書集成》⑮，均爲讖緯集大成之作。

對敦煌藏經洞出土讖緯文獻的系統關注，始于陳槃先生的《古讖緯研討及其書録解題》，該書詳細討論了敦煌本《白澤精怪圖》《易三備》《瑞應圖》等一批文獻⑯。竇懷永先生重點對敦煌文獻中的《瑞應圖》佚文進行了輯校整理，基本解決了其文字問題⑰。

需加强調的是，俄藏敦煌讖緯文獻 Дx. 11051A + Дx. 11051B《春秋運斗樞抄》爲以上諸家輯校本所未收，它的發現和校理，無疑是對既有讖緯文獻整理成果的重要補充，尤其爲《春秋緯》的輯佚、校勘工作提供了新的珍貴資料。如 Дx. 11051A + Дx. 11051B 中"吏巧邪貪暴"之"貪"字，《唐開元占經》引《春秋運斗樞》無，僅就此句而言，

顯然敦煌本《春秋運斗樞抄》文義更勝。同時，由于此件敦煌文獻的文字書寫與讖語編排存在不少异于傳世《春秋運斗樞》佚文的地方，所以兩者不僅可以互爲補充、相互發明，而且也爲更深入地瞭解和認識該緯書的内容結構提供新的參考。

值得注意的是，法藏敦煌文獻 P. 2683《瑞應圖殘卷》中存有兩段《春秋運斗樞》佚文，其中第一段"黄龍負圖授舜"條引《春秋運斗樞》讖語中出現兩組注文："注云：臨河觀望也，月或爲丹"；"注云：黄龍，含樞紐之使也，故龍匣皆黄；四合者，有道相入也；有户，言可開闔也。《尚書中候》云：舜沉璧，黄龍負卷舒圖出水壇畔，赤文録字。"以上注文均以雙行夾注的形式書寫（見圖2）。漢代流傳下來的《春秋緯》主要有《演孔圖》《元命包》《文耀鈎》《運斗樞》《感精符》《合誠圖》《考异郵》《保乾圖》《漢含孳》《佐助期》《握誠圖》《潛譚巴》《説題辭》《命曆序》，舉凡十四種，歷史上爲《春秋緯》作注者主要有鄭玄、宋忠、宋均三人⑱。《隋書·經籍志》介紹阮孝緒《七録》有《春秋緯》三十卷，宋均注。《舊唐書·經籍志》《新唐書·藝文志》并著録宋均注《春秋緯》三十八卷，然宋以後散佚。法藏敦煌文獻 P. 2683《瑞應圖殘卷》徵引的《春秋運斗樞》佚文，不排除來自宋均注《春秋緯》的可能。Дx. 11051A + Дx. 11051B《春秋運斗樞抄》與 P. 2683《瑞應圖殘卷》注文本《春秋運斗樞》的發現，説明在唐宋時代的敦煌不僅流傳和使用過緯書《春秋運斗樞》，而且其注文本也爲當時人們所熟知，并與學界此前業已瞭解的敦煌本《白澤精怪圖》《易三備》《瑞應圖》等資料，共同建構起一幅唐宋之際讖緯文獻流布傳播的區域圖景。

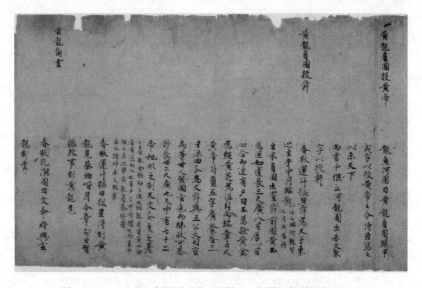

圖2　P. 2683《瑞應圖殘卷》（圖版取自國際敦煌項目 IDP）

【本文係全國高校古籍整理項目"敦煌漢藏文天文氣象占寫本的整理與比較研究"（1815）階段性成果】

注釋：

① ［俄］孟列夫、錢伯城主編：《俄羅斯科學院東方研究所聖彼得堡分所藏敦煌文獻》第15冊，上海古籍出版社，2000年，158頁。

② 楊寶玉：《敦煌本佛教靈驗記校注并研究》，甘肅人民出版社，2009年，138頁。

③ 本文的研究正是源于楊寶玉教授的教示。研究過程中楊寶玉教授多次向筆者提供幫助，特致謝忱！

④ 邰惠莉主編：《俄藏敦煌文獻叙錄》，甘肅教育出版社，2017年，721頁。

⑤ "枉矢"係中國古代八矢之一，《周禮·夏官·司弓矢》："凡矢，枉矢、絜矢利火射，用諸守城、車戰。"鄭玄注："枉矢者，取名變星，飛行有光，今之飛矛是也。"

⑥ （漢）司馬遷：《史記》卷二十七，中華書局，1963年，1336頁。

⑦ （北魏）崔鴻《十六國春秋·前秦·苻堅》載："四月，天鼓鳴，彗出于箕尾，長十餘丈，或名蚩尤旗。"

⑧ 鍾肇鵬：《讖緯論略》，遼寧教育出版社，1991年，26頁。

⑨ 徐棟梁、曹勝高：《〈春秋緯〉的整理與研究》，《深圳大學學報（人文社會科學版）》2010年第1期，141頁。

⑩ 此件寫本讖語中兩次涉及衡星。

⑪ ［日］安居香山、中村璋八輯：《緯書集成》，河北人民出版社，1994年，728頁。

⑫ 《五行大義》引《合誠圖》："斗第一星名樞，二名璇，三名璣，四名權，五名衡，六名開陽，七名標（搖）光。"引自劉國忠《〈五行大義〉研究》，遼寧教育出版社，1999年，242頁。

⑬ （唐）魏徵、長孫無忌等撰：《隋書》卷三十二，中華書局，1973年，941頁。

⑭ 同注⑧，246頁。

⑮ 上海古籍出版社編：《緯書集成》，上海古籍出版社，1994年。

⑯ 陳槃：《古讖緯研討及其書錄解題》，臺北"國立編譯館"，1991年，291、549、642頁。

⑰ 竇懷永：《敦煌本〈瑞應圖〉讖緯佚文輯校》，《浙江與敦煌學：常書鴻先生誕辰一百周年紀念文集》，浙江古籍出版社，2004年，396—406頁。

⑱ 同注⑨，138頁。

（作者單位：天水師範學院歷史文化學院）

國圖藏敦煌文書研究札記之一

陳麗萍

内容提要： 國家圖書館藏敦煌文書 BD06437v2、BD16506、BD16552 可綴合，内容爲《悟真邈真讚》，它與法藏敦煌文書 P.4660《悟真邈真讚》（全本）相比間有少許异文，應是以 P.4660 爲底本的抄本。BD11391 原定名《失名類書》，實爲《搜神記》抄本，當銜接于 BD14685 之後，是纂抄改編各類"孝子傳"而成的"孝行"篇部分。

關鍵詞： 國家圖書館　敦煌遺書　搜神記　類書　邈真讚

一、《悟真邈真讚》

法藏敦煌文書 P.4660（6）號（P.4986 + P.4660 號高 28、長 1731.5 厘米，共抄録了 39 件邈真讚，悟真邈真讚位于第六）爲《悟真邈真讚》全抄本，共計 34 行，題名《河西都僧統京城内外臨壇供奉大德兼闡揚三教大法師賜紫沙門悟真邈真讚并序》，由蘇覃撰、恒安書，廣明元年（880）七月七日抄寫[①]。該卷陳祚龍等先生皆有校録[②]。

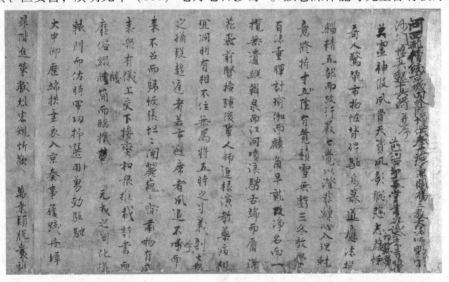

圖 1　P.4660（6）前部

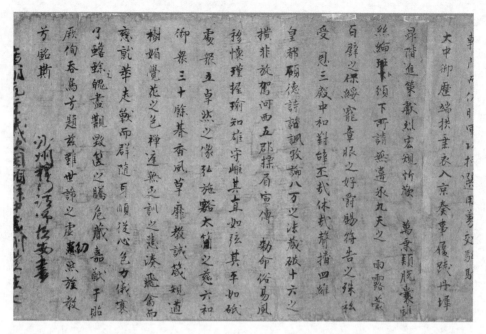

圖 2　P. 4660（6）後部

　　此外，敦煌文書中還存有其他《悟真邈真讚》抄本，如國圖藏 BD06437 號正面爲《金剛般若波羅蜜經》，背面的 4 件古代補紙皆有文字，其中 BD06437v1 號爲僧尼名籍 2 行，BD06437v2 號是由 3 塊殘片（可分別以 A、B、C 標記，詳下文）綴合而成的，《中國國家圖書館藏敦煌遺書》（下文簡稱《國圖藏》）據上引 P. 4660（6）《悟真邈真讚》全本將其定名爲《河西都僧統京城內外臨壇供奉大德兼闡揚三教大法師賜紫沙門悟真邈真讚并序》，并展示了綴合次序及錄文③，鄭炳林、鄭怡楠《敦煌碑銘讚輯校（增訂本）》亦收入該號④。此外，《國圖藏》中還刊布了 2 件《悟真邈真讚》抄本的殘片，分別編爲 BD16506、BD16552 號。

　　BD16506 號是揭自 BD05973《妙法蓮華經卷第一》⑤背面的古代補紙，高 11.7 厘米、長 9 厘米，存 4 行，行 8—9 字⑥。BD16552 號是揭自 BD06005《妙法蓮華經》卷第七⑦背面的古代補紙，高 12.2、長 7 厘米，存 5 行，行 3—9 字⑧。《國圖藏》對這 2 件殘片也皆已定名《悟真邈真讚》，并有初步錄文，但未説明它們與 BD06437v2 號的關聯，而《敦煌碑銘讚輯校（增訂本）》未收入。參照 P. 4660（6）號，可知 BD16506、BD16552 與 BD06437v2 號當爲同卷，可以直接綴合爲一體，具體來看：

　　BD16506 號爲《悟真邈真讚》的起首部分即第 1—4 行，第 4 行"蔭有競"3 字有殘缺，與 BD16552 號第 1 行所存的筆畫正好能對接；BD16552 號第 5 行殘存之"五時"筆畫，與 BD06437v2A 號第 1 行所缺筆畫也能對接，可以説，BD16552 號是銜接和補充 BD16506 與 BD06437v2A 號的關鍵。新的綴合本有 18 行，除了前述的 3 塊殘片可相銜至第 14 行，第 15—16 行爲 BD06437v2B 號，第 17—18 行爲 BD06437v2C 號。比對 P. 4660（6）號全全本，綴合本第 15—16 行文字全存外，其他部分的下部皆有殘缺，可知它大致保存了《悟真邈真讚》抄本的上部。

現參考諸家錄文，將綴合本 BD16506 + BD16552 + BD06437v2A + BD06437v2B + BD06437v2C《悟真邈真讚》過錄如下：

1. 英靈神假，風骨天 資 。[夙彰聰愍，志蘊懷]

2. 奇。人驚阛市，物怪背 [碑。驅烏慕道，應]

3. 法而⑨投緇。精五部而政 [行，嚴七覺以澄非。練心入理，]

4. 剋意修持，寸蔭有競，[積雪無虧，三冬教學，百法]

5. 重暉。討瑜伽而麟角早 [就，攻凈名而一攬無遺。縱辯]

6. 泉而江河噴浪，騁舌端 [而唇際花飛，前賢接踵，後]

7. 輩人師。逗根演教，藥病 [相宜，洞明有相，不往無爲。將]

8. 五時之了義，剖七衆之 [猶疑。趨庭者若市，避]

9. 者席（席者）若⑩風追。不呼而來，[不召而歸。]

10. 三思⑪恢張坦坦，開麗巍 [巍。肅物有威，表衆有儀。上]

11. 交下接，爕和衆推。裁詩 [書而靡俗，綴牋簡而]

12. 臨機。贊元戎之開化，從 [轅門而佐時。軍功抑選，]

13. 勇效驅馳。　大中御 歷 ，[端拱垂衣，入京奏事，履]

14. 躍⑫丹墀。昇階進策，獻烈 [宏規。忻歡萬乘，穎脱囊]

15. 錐。絲綸頒下，所請無違。承九天之渥澤⑬，蒙百

16. 譬之撫⑭綏。寵章服之好爵，錫（賜）付（符）告之殊 私 。受

17. 恩三殿，中和對辭。丕哉休利（哉），聲 [播四維]。

18. 皇都碩德，詩諮諷（後缺）

《國圖藏》已指出，BD06437v2 號文字與 P.4660（6）號略有不同，法藏本可能有遺漏。經比較，新的綴合本與法藏本有 10 處不同：多出"而""若""三思"4 字，"躍""渥澤""撫"與法藏本對應之"踐""雨露""保"不同，"者席""錫""付""利"當爲倒文或別字，已據法藏本校改。從邈真讚常見的四六文風標準看，綴合本中的"而""若""三思"當爲衍文，具有校勘價值的祇有"躍""渥澤""撫"3 處。這些差異并不能説明法藏本有所遺漏，兩種抄本間祇是存在少量文字异同而已。

兩個抄本紙張高度接近，格式皆遵循每行 16—18 字的規範，但因抄本中各有衍字、缺字或删字，使兩個抄本每行的起止字略有參差。抄寫規範的一致，説明它們可能出自同一底本。再從字迹判斷，法藏本雖有删改，但字迹工整秀麗；綴合本雖有界欄，却破格 1—2 字抄寫，字迹也比較潦草隨意。法藏本在"元戎""大中""萬乘""雨露"前皆有 1—2 字的空闕，綴合本所存部分祇有"大中"前有空闕。據以上諸種迹象，推測綴合本或當是以 P.4660（6）號爲底本的又一《悟真邈真讚》抄本。據鄭炳林先生的輯錄統計可知，現存敦煌本邈真讚有 90 多篇，重出者僅有 3 篇⑮，《悟真邈真讚》的重出抄本，除了具有一定的校勘意義外，還能爲考察敦煌本邈真讚的抄寫與流傳形態增添新例。

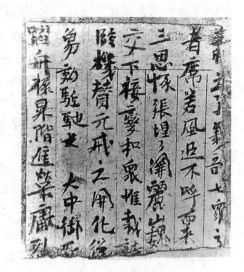

圖3　BD06437v2C　　圖4　BD06437v2B　　圖5　BD06437v2A

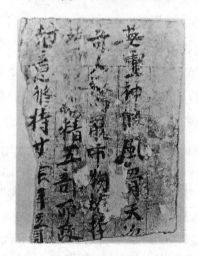

圖6　BD16552　　　　圖7　BD16506

二、《搜神記》

　　BD11391號，存11行，行6—17字，高13、長16厘米，前後上下均殘缺，《國圖藏》定名《失名類書》[16]，并有初步録文。爲便于討論，先將該卷過録如下：

1. ▭▭▭▭▭▭▭▭▭▭▭漢時京兆▭▭▭家甚▭▭▭▭
2. ▭▭▭▭▭▭▭皆升斗量之分託。唯庭前有一▭▭▭
3. ▭▭▭▭▭▭▭兄弟欲分此樹。從一面盡作三段。此▭▭
4. ▭▭▭▭▭▭▭▭▭尚自致死，況我等孔懷不▭▭▭▭

80

5. ▭ □枝條□□勝常也。
6. ▭ □□歇，詣於衛國，在道傍（旁）槐下而息。問 □▭
7. ▭ 爲兄弟，一屬龍山，一屬帝京，一人屬安定，一人 ▭
8. ▭ 長者自伯重，其次者名仲重，其次者 ▭
9. ▭ 重。相將俱卫国，市中见一老母孤单 告 ▭
10. ▭ 病，此人等悲泣，其老母囑曰 ▭
11. ▭ 遭荒離亂 ▭

（後缺）

圖 8　BD11391

BD11391 號字迹雖比較工整清晰，但因前後左右皆闕，故很難判斷性質。據《國圖藏》解題，前一段（第1—5行）爲"'三荆'兄弟分樹故事，見 S.78 號"；後一段（第6—11行）爲"五郡孝子故事，見蕭廣濟《孝子傳》"，并判定爲9—10世紀歸義軍時期抄本。受此提示，本文將 BD11391 號內容分別解析。

第一段的"三荆"故事，出自周景式《孝子傳》，題"荆樹連陰"：

　　古有兄弟，忽欲分異，出門見三荆 ［同］ 株，接葉連陰。歎曰：木猶欲聚，況我兄弟，而欲殊哉？遂還，相爲雍和。一曰田真兄弟。⑰

《藝文類聚》⑱《初學記》⑲《太平御覽》⑳中皆有此條。《藝文類聚》將"三荆"歸于"木部"，《初學記》將其歸于"友悌"，并與《詩經·棣》聯題爲"棣華荆葉"，突出了兄弟友愛的教化意義。《太平御覽》則較爲特殊，在其"友悌""木部"兩類中皆有此條，一爲突出兄弟情，一爲彙集與"荆"相關之感應故事，拼合了《藝文類聚》與《初學記》的結構模式。周景式《孝子傳》已佚，目前所見的是僅存3條的輯本，且"三荆"顯然推崇的是友悌而非孝道，不知爲何會入選《孝子傳》？此外，值

81

得注意的還有兩點：故事的主人公，《孝子傳》中虛化爲三兄弟，同時備註另有一種説法爲田真兄弟；故事中的"三荆"就是三棵荆樹。目前所見叙事更生動的"三荆"故事，出自吳均《續齊諧記》：

> 京兆田真兄弟三人，共議分財。生資皆平均，惟堂前一株紫荆樹，共議欲破三片。明日，就截之，其樹即枯死，狀如火燃。真往見之，大驚，謂諸弟曰："樹木同株，聞將分析，所以憔悴。是人不如木也。"因悲不自勝，不復解樹。樹應聲榮茂，兄弟相感，合財寶，遂爲孝門。真仕至太中大夫。陸機詩云：三荆歡同株。[21]

《續齊諧記》的叙事雖然更加生動，但没有題名，不過故事的主人公爲京兆籍的田真兄弟，顯然是進一步演繹了《孝子傳》備註的信息。故事中的"三荆"也成了欲三分一棵荆樹之意，而且荆樹一天之内經歷了榮—枯—榮的巨變，增加了叙事的傳奇色彩，也突出了人—木之間的感應關聯。尤其是最後田真兄弟"合財寶，遂爲孝門"，迎合了這一故事源自《孝子傳》的背景，還進一步具體説明田真官至太中大夫，强化了"三荆"故事的真實性。不過，《續齊諧記》最後所引陸機《豫章行》"三荆歡同株"[22]句，也頗值得玩味。陸機是西晉人，詩句中已出現"三荆"，顯然取意早于成書于東晉的《孝子傳》，而《續齊諧記》更是遲至南梁時期的作品，若從時間上溯，"三荆"故事應該很早就流傳了，至于文字記録和流傳，或許也早于周景式《孝子傳》。

《國圖藏》所舉與 BD11391 號相關的 S.78 號爲敦煌本《語對》[23]。其實，在俄藏Дx.00970《類林》、日本真福寺藏《珊玉集》等類書中也摘引了三荆故事。

> 田真，京兆人。兄弟三人遂分居，唯有庭前一株荆樹，真共分之，夕爲謀議，至明欲分其樹，枝葉枯萎，兄弟見之，泣淚而言曰："樹本無心，尚恨分張，況我兄弟！"遂感而共住。漢武帝時人，仕至太中大夫。[24]

> 田真，前漢京兆人也，兄弟三人，二親并没，共議分居家之資産，分之悉訖。唯有庭前三株紫荆，枝葉美茂。真兄弟等議欲分之，明旦即伐析其荆。逕宿花葉枯萎，根莖憔悴。真旦攜鋸而往，見之大驚，謂諸弟曰："樹木無情，尚怨分别，況人兄弟孔懷，何可離哉。是人不如樹木也。"因對悲泣，不復解樹。樹即應聲青翠如故，兄弟相感，編合財産，遂成孝之門也。出《前漢書》。[25]

《類林》《珊玉集》皆將"三荆"故事歸于"感應"類，這與《續齊諧記》《初學記》等强調兄弟友悌的基調不同，轉而强調人、物之間的感應關係。而且相較于《續齊諧記》中對時間的虛化，它們還將故事確定爲漢武帝時及出自《漢書》，但實際上《漢書》中并無田真其人其事。當然，若對比"三荆"之意的理解，《類林》似乎沿襲《續齊諧記》較多，而《珊玉集》更接近《孝子傳》，但故事的叙述及語義等方面總體上還是沿襲了《續齊諧記》的基礎，繼而再次將時間、人物形象乃至故事出處具體化。

再轉而關注敦煌本《語對》[26]。P.2524 號《語對》在其第二十一類"兄弟"中，記載了諸如同饗（趙孝）、共被（姜肱）、推梨（孔融）、讓棗（王戎）等兄弟友悌的人物故事，并摘録《詩經》《論語》等經典中意義相類的詞句，其中第 15 題棠棣，第16 題怡怡，第 17 題三荆：

棠棣：《毛詩》曰：棠棣，燕兄弟也。棠棣之華，萼不韡韡。

怡怡：《論語》云：兄弟怡怡，怡怡如［也］。

三荆：前漢田真兄弟三人，親没，將分居［別］財。并分訖，唯庭前荆樹未分，將欲伐之，樹經宿枯萎。真感之，泣曰：樹猶怨分張，奈何孔懷分居哉？遂不復分，樹還復如故。

《語對》記事簡練，因此"三荆"故事在《語對》中的演繹空間反而縮小，甚至没有出處記録，但也保留了"西漢""田真兄弟"等叙事要素，可見其抄録的底本與《類林》《珦玉集》等類同。"三荆"故事流傳至宋代已改名"田真泣樹"或"田真哭荆"乃至"田真"[27]，應如同舜、董永、丁蘭、王祥等孝子故事皆以主人公名命名的風氣相關。"三荆"故事在宋金時被納入"二十四孝"體系之中，至明萬曆時期纔被剔除[28]，但依然廣爲流傳，而且故事的内容被不斷充實，尤其關于"荆樹"的形象，從最初版本的三兄弟欲分三棵荆樹，衍化爲一棵荆樹欲被三兄弟一分爲三。"一分爲三"更接近于一個大家庭的"分家"隱喻，因此一棵荆樹成爲後世流傳這一故事中的固定表述了，而"紫荆"也成爲田姓後人的固定堂號。

當然，本文更關注的是，《語對》分類中，第二十類"報恩"中的傷蛇、二十三"孝養"、二十五"孝行"、二十六"孝感"、二十七"孝婦"中的曾子、董永、郭巨、孟宗、東海孝婦、姜詩妻等孝行事迹，也多見于敦煌本《搜神記》（詳下文），這一重要信息顯示，與《語對》同一題材的 BD11391 號可能也與《搜神記》有關係。

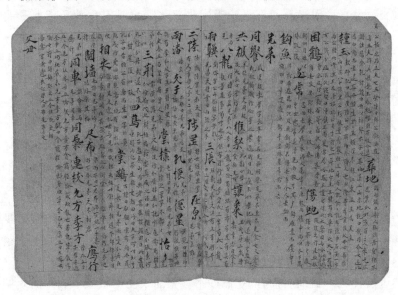

圖9　P.2524

第二件五郡孝子故事，出自蕭廣濟《孝子傳》。蕭廣濟《孝子傳》十五卷，見載于《隋書·經籍志》《新唐書·藝文志》[29]，《太平御覽》亦曾引證[30]，今亦僅存輯本[31]，摘引如下：

五郡孝子者，中山、常山、魏郡、鉅鹿、趙國人也。少去鄉里，孤無父母，相隨于衛國，因結兄弟。長元重，次仲重，次叔重，次季仲，次稚重。朝夕相事，財三千萬。于空城中見一老姥，兄弟下車再拜曰：“願爲母。”母許焉。積二十四年，母得病，口不能言，五子乃仰天歎：“願使我母語。”即便得語，謂五子曰：“吾太原董陽猛女，嫁同郡張文賢，死亡。我男兒名焉遺，七歲值亂亡失，心前有七星，右足有黑識。”語未竟而卒。五子送喪，會朝歌長晨出，亡其記囊，疑五子所竊，收得三重。詣河內告枉，具言始末。太守號哭曰：“生不識父，與母相失，痛不自聊！”知近爲五子所養，馳使放三重。

此外，這一故事還見載于八卷本《搜神記》[32]：

　　《世説》云：五郡之人，各是异財，而逢喪亂，常山一人、安定一人、襄陵一人、博陵一人，悉皆孤獨，俱行衛國，同至樹陰，因相問姓名，各言離亂，狀惻然。因相謂曰：“我等皆無骨肉，今日幸得聚會，亦天然也。可爲兄弟已否？”衆曰“諾”。因結義爲兄弟，長字仲伯、次名文仲、次名季仲、次名叔仲、次名雅仲。五人因相將詣衛國，市中見一老母孤單告乞，五人收養侍奉，敬如事親母。孝心無二，已經三年。其母遇疾，五人憂愁不能寢食。母曰：“吾是并州太原人董世臺之女，嫁同郡張文賢爲妻，任北海太守。因遭荒亂，文賢早亡，葬在太原赤山之下，八塚同行，東頭第一塚是賢塚。吾死後，汝等若能與我送葬到塚側，吾平生之願畢矣。吾遭荒亂之日，有一子姓張名遺，年七歲，胸中有七鷹，足下有通徹之文。父喪，因流浪相失，汝等宜思記之，他日有如此子即我子也，宜話吾之由。”言訖而卒。五人扶喪至太原，忽叔仲橫被朝歌令禁繫。時有一人走投太守，言養母之狀，述并葬之由。太守曰：“汝何姓氏，具以對之。”因話男之形狀。太守聞之，號哭擗地，曰：“此吾母也。吾以幼小，兵革離亂，母子相失迫今。”又哭之，乃發使往朝歌迎喪，并具表聞奏于魏帝，陳其流浪之由，并述五人孝狀。[魏帝]善其人義重，可以旌之，五人各爲太守，仲伯河中太守，文仲河東太守，叔仲河南太守，季仲河西太守，雅仲河北太守，并賵贈張遺母喪，追封太原縣太夫人。仍遷張遺爲魏府都護。噫！孝心動于天地，感應昭信矣。義乎可流傳千古。

　　《搜神記》本爲東晉干寶撰，原書已佚，後人多有仿作，目前所見的《搜神記》主要有二十卷本[33]、三十卷本[34]、八卷本和敦煌一卷本（詳下文）。有關《搜神記》的輯佚問題本文不多涉及，就掛名仿作而言，敦煌本中就有中村不折 139 號題句道興所撰的一卷本《搜神記》，其中有些故事同時收錄在以上三種《搜神記》中[35]。

　　敦煌本《搜神記》目前所知有 10 個抄本。張涌泉先生將較早刊布的 8 個抄本分爲三個體系（本文以 A、B、C 簡稱），他指出從創作時間看，A 類應是底本，其他兩類或是此本的篡改本[36]。《國圖藏》所刊 BD11871[37]、BD14685 號[38]均被判斷爲《搜神記》抄本，并確定了它們與其他已知抄本間的綴合關係，因此目前所知的 10 個抄本仍可劃分爲三個抄寫體系：

中村不折 139、P. 5545（約缺 60 行）… + BD11871、P. 3156P1、S. 3877、

P. 2656（A 類）

S. 525（B 類）

P. 5588₄ + S. 6022 + BD14685（C 類）

目前所見敦煌本《搜神記》中的 37 個故事，見于二十卷本者 8 則、八卷本者 15 則、三十卷本者 6 則，學界也早已關注到敦煌本與八卷本的行文布局更爲接近，其中 B 類是與八卷本相似性更高的抄本（S. 525 號有朱筆逗點、朱筆分題號，抄寫形式也異于其他抄本）；筆者曾研究過的 C 類，則因爲三件文書的綴合而展現了不見于其他抄本的內容，即"隋侯珠""姜詩妻"。敦煌本《搜神記》與八卷本《搜神記》的關係最爲密切，《搜神記》中的人物或故事也多見于其他類書抄本，因此，與敦煌本類書抄本和八卷本《搜神記》皆有關聯的 BD11391 號應該也是《搜神記》抄本，其中"三荆""五郡孝子"故事皆出自周景式、蕭廣濟的《孝子傳》，這不由令人想起 BD14685 號。

BD14685 號中的主人公依次爲：隋侯（前殘）、狄羲、李純、郭巨、姜詩妻（後殘）等五位。如抄本所示，後兩位則亦出自《孝子傳》。曲金良先生早已指出，《搜神記》中應有分類標題，而抄錄諸多出自《孝子傳》中的故事，應歸類于"孝行篇"中㉟。李劍國先生在《新輯搜神記》中認爲應復原原本中的分類標題，至于丁蘭、董永、郭巨孝子故事他認爲應該入"感應"類㊵。結合其他敦煌本《搜神記》抄本間的差異，如"孔子"僅見于 P. 5545 號，"羊角哀"僅見于 P. 2656 號，以及以上所舉 C 類中也獨出"隋侯珠""姜詩妻"故事，説明我們所見的敦煌本《搜神記》不僅所據原本的體系有所不同，且因爲抄本皆爲殘本，這就很難斷定敦煌全本《搜神記》中確切包括了多少則故事，些未見載丁已知抄本中的、有迹可循的故事，雖然沒有直接綴合關係，但也可以判定爲《搜神記》抄本殘片。

比對 BD11391 號與 BD14685 號的書寫風格及筆迹，二者也極爲相似，那麼，BD11391 號應當是銜接于 BD14685 號之後的一塊《搜神記》抄本殘片，是 C 類抄本中以"孝子傳"爲題，擇選、篡抄了各類《孝子傳》中的故事而成的"孝行"篇章。

圖 10　BD14685

【本文係國家社科基金冷門絕學研究專項個人項目"中國國家圖書館藏敦煌社會經濟文書的整理與研究"（20VJXG035）階段性成果】

注釋：

① 上海古籍出版社、法國國家圖書館編：《法國國家圖書館藏敦煌西域文獻》第 33 册，上海古籍出版社，2005 年，25—27 頁。

② Chen Tsu-lung, *Éloges de personnages éminents de Touen-houang sous les T'ang et les Cinq Nynasties*（《敦煌邈真讚研究》），Paris，1970，pp69—71；唐耕耦：《敦煌社會經濟文獻真蹟釋錄》第 5 輯，全國圖書館文獻縮微複製中心，1990 年，114—116 頁；鄭炳林：《敦煌碑銘讚輯釋》，甘肅教育出版社，1992 年，116—141 頁；鄭炳林、鄭怡楠輯釋：《敦煌碑銘讚輯釋（增訂本）》，上海古籍出版社，2019 年，380—414 頁；姜伯勤、項楚、榮新江：《敦煌邈真讚校錄并研究》，新文豐出版公司，1994 年，189—191 頁；周紹良主編：《全唐文新編》第四部第三册，吉林文史出版社，1999 年，10213—10214 頁；陳尚君編：《全唐文補編》，中華書局，2005 年，1057—1058 頁；張志勇：《敦煌邈真讚釋譯》，人民出版社，2015 年，26—36 頁。

③ 中國國家圖書館編，任繼愈主編：《中國國家圖書館藏敦煌遺書》第 87 册，北京圖書館出版社，2008 年，109—110 頁、條記目錄 7 頁。

④ 《敦煌碑銘讚輯校（增訂本）》，590—592 頁。

⑤ 中國國家圖書館編，任繼愈主編：《中國國家圖書館藏敦煌遺書》第 80 册，北京圖書館出版社，2008 年，235—238 頁、條記目錄 13 頁。

⑥ 中國國家圖書館編，任繼愈主編：《中國國家圖書館藏敦煌遺書》第 146 册，國家圖書館出版社，2012 年，210 頁、條記目錄 92 頁。

⑦ 中國國家圖書館編，任繼愈主編：《中國國家圖書館藏敦煌遺書》第 81 册，北京圖書館出版社，2008 年，14—15 頁、條記目錄 4 頁。

⑧ 同注⑥，圖版 239 頁、條記目錄 100 頁。

⑨ "而"，P. 4660（6）號無。

⑩ "若"，P. 4660（6）號無。

⑪ "三思"，P. 4660（6）號無。

⑫ "躍"，P. 4660（6）號作"踐"。

⑬ "渥澤"，P. 4660（6）號作"雨露"。

⑭ "撫"，P. 4660（6）號作"保"。

⑮ 鄭炳林：《敦煌碑銘讚抄本概述》，《敦煌吐魯番文獻研究》，蘭州大學出版社，1995 年，1—12 頁。

⑯ 中國國家圖書館編，任繼愈主編：《中國國家圖書館藏敦煌遺書》第 109 册，國家圖書館出版社，2009 年，175 頁、條記目錄 46 頁。

⑰（清）茆泮林輯：《十種古逸書·古孝子傳》，清道光二十二年（1842）刻本，25 頁。

⑱（唐）歐陽詢：《藝文類聚》卷八十九《木部中·荆》，上海古籍出版社，2013 年，2298 頁。

⑲（唐）徐堅等：《初學記》卷十五《友悌第五》，中華書局，1962 年，424 頁。

⑳（宋）李昉：《太平御覽》卷四百一十六《人事部·友悌》、卷九百五十九《木部八·荆》，中華書局，1960 年，1919、4256 頁。

㉑（南朝梁）吳均撰，王根林校點：《續齊諧記》，上海古籍出版社，2012 年，227 頁。

㉒（晋）陸機：《豫章行》，《先秦漢魏晋南北朝詩·晋詩》卷五，中華書局，2008 年，657—658 頁。

㉓ 王三慶已考證出"三荆"故事早見於《續齊諧記》。參見王三慶《敦煌本古類書〈語對〉研究》，文史哲出版社，1985 年，267—268 頁。

㉔［俄］孟列夫、錢伯城主編：《俄羅斯科學院東方研究所聖彼得堡分所藏敦煌文獻》第 7 册，上海古

籍出版社，1996 年，233 頁；録文參王三慶《敦煌類書》，麗文文化出版公司，1993 年，221 頁。

㉕《影印鈔本卷子本瑊玉集》卷十二《感應篇第四》，《古逸叢書》之十六，清光緒十年（1884）遵義黎氏校刊本，43—44 頁。

㉖據王三慶研究，敦煌本《語對》共有 S.78、S.79、S.2588、P.2524、P.4636、P.4870 等抄本，參見《敦煌類書研究》，97—99 頁。其中祇有 P.2524 號爲全本，S.78 號雖存三荆故事，但該卷爲殘本，故本文以 P.2524 號爲例論述。

㉗如故宮博物院所藏北宋二十四孝磚雕中，"三荆"故事題名僅爲"田真"（馮賀軍：《北宋二十四孝磚雕（十）》，《紫禁城》2010 年第 11 期，93 頁）。

㉘段鵬琦：《我國古墓葬中發現的孝悌圖像》，中國社會科學院考古研究所編著《中國考古學論叢——中國社會科學院考古研究所建所 40 年紀念》，科學出版社，1993 年，463—473 頁；潘文芳：《"二十四孝"研究》，福建師範大學碩士學位論文，2010 年；后曉榮：《宋金"畫像二十四孝"——中國最早、最成熟的二十四孝》，《西部考古》第 12 輯，科學出版社，2016 年，437—445 頁。

㉙《隋書》卷三十三《經籍志二》，中華書局，1973 年，976 頁；《新唐書》卷五十八《藝文志二》，中華書局，1975 年，1840 頁。

㉚《太平御覽》卷三百七十二《人事部十三·足》，1718 頁。

㉛同注⑰，17—19 頁。

㉜（晋）干寶撰，（明）商濬輯：《搜神記》卷四，《稗海》第 1 冊，大化書局（據振鷺堂原刻本影印），1985 年，119—120 頁。據張涌泉先生列舉，所謂八卷本《搜神記》，實有明萬曆二十年（1592）何允中輯刻《廣漢魏叢書》本、萬曆中商濬輯刻《稗海》本、民國四年（1915）王文濡輯刻《説庫》本等六種存世（張涌泉主編審定《敦煌小説合集》之《搜神記》解題，浙江文藝出版社，2010 年，103 頁），學界常用的八卷本多爲《稗海》本，筆者從之。

㉝（晋）干寶撰，汪紹楹校注：《搜神記》，中華書局，1980 年。

㉞（晋）干寶撰，李劍國輯校：《新輯搜神記》，中華書局，2007 年。

㉟陳麗萍：《國家圖書館藏四件敦煌變文抄本研讀記》，中國文化遺産研究院編《出土文獻研究》第 15 輯，中西書局，2016 年，450—472 頁；

㊱張涌泉主編審定：《敦煌小説合集》，浙江文藝出版社，2010 年，103—107 頁；張涌泉、竇懷永：《敦煌小説整理研究百年：回顧與思考》，《文學遺産》2010 年第 1 期，152、156 頁；張涌泉：《新見敦煌變文寫本叙録》，《文學遺産》2015 年第 5 期，146 頁。

㊲中國國家圖書館編，任繼愈主編：《中國國家圖書館藏敦煌遺書》第 110 冊，國家圖書館出版社，2009 年，122 頁、條記目録 35 頁；游自勇：《〈搜神記〉校補——從國圖藏 BD11871 號文書談起》，中國人民大學國學院主編《國學的傳承與創新——馮其庸先生從事教學與科研六十周年慶賀學術文集》，上海古籍出版社，2013 年，1214—1222 頁；趙貞：《國圖藏 BD14685〈搜神記〉探析》，《敦煌文獻與唐代社會文化研究》，北京師範大學出版社，2017 年，165 頁；張涌泉：《新見敦煌變文寫本叙録》，《文學遺産》2015 年第 5 期，146—147 頁。

㊳中國國家圖書館編，任繼愈主編：《中國國家圖書館藏敦煌遺書》第 131 冊，國家圖書館出版社，2010 年，362 頁、條記目録 22 頁；陳麗萍：《國家圖書館藏四件敦煌變文抄本研讀記》，中國文化遺産研究院編《出土文獻研究》第 15 輯，450—472 頁；趙貞：《國圖藏 BD14685〈搜神記〉探析》，《敦煌文獻與唐代社會文化研究》，162—179 頁。

㊴曲金良：《敦煌寫本〈孝子傳〉及其相關問題》，《敦煌研究》1998 年第 2 期，156—164 頁。

㊵同注㉞，133—152 頁。

（作者單位：中國社會科學院古代史研究所、敦煌學研究中心）

從敦煌《葉净能詩》看唐代道教符籙術的文學書寫

王志鵬

內容提要：《葉净能詩》存于敦煌 S. 6836 卷，是王重民等編《敦煌變文集》中唯一的一篇道教文學作品。考察其道教符籙的突出强調和文學書寫等特徵，可見憑藉符籙神力，演繹出一系列令人稱奇嘆异的故事，不僅具有濃厚的文學色彩，而且也帶有明顯的民間道教特徵，這也是唐五代時期道教符籙術在民間廣泛流行的文學反映。《葉净能詩》具有深厚的民間文化土壤，也是神魔小説的濫觴，在後代産生了深遠的影響。

關鍵詞：敦煌遺書　道教符籙術　文學書寫

　　《葉净能詩》是王重民等編《敦煌變文集》中唯一的一篇道教文學作品，抄于敦煌遺書 S. 6836 卷，開頭略有殘缺，《敦煌變文集》據尾題補題名爲"葉净能詩"。而張錫厚認爲《葉净能詩》全篇都用散文叙述，題名中"詩"是"話"字之誤[①]。胡士瑩則認爲"詩"當爲"傳"，因兩字草書形近而誤，故擬題爲"葉净能傳"[②]。黃徵、張涌泉《敦煌變文校注》認爲文末"葉净能詩"四字"恐僅爲詩贊之題而非全篇篇名"[③]。王國維《大唐三藏取經詩話跋》云："其（今按：指《大唐三藏取經詩話》）稱詩話，非唐、宋士夫所謂詩話，以其中有詩有話，故得其名。"[④]張鴻勛通過比較《葉净能詩》篇末的三十八句哭辭與《大唐三藏取經詩話》的結尾，認爲二者極爲相似，因而推斷《大唐三藏取經詩話》的取名與《葉净能詩》有相承關係[⑤]。同時，張鴻勛、金榮華、羅寧、蕭欣橋、袁書會等都對《葉净能詩》的内容進行了較爲深入的探討[⑥]，一般認爲《葉净能詩》是創作于晚唐五代時期的作品[⑦]。

　　葉净能，一作葉静能，唐代道士，主要活動在唐高宗、武后、中宗時期，《舊唐書》卷五十一《后妃傳上·中宗韋庶人傳》云："時國子祭酒葉静能善符禁小術，散騎常侍馬秦客頗閑醫藥，光禄少卿楊均以調膳侍奉，皆出入宫掖。"[⑧]中宗景龍四年（710），李隆基起兵誅殺韋后，葉静能也被斬。據《唐會要》卷六十七《試及邪濫官》載，武后神龍元年（705）六月，除方術人葉净能爲國子祭酒，但當時就遭到侍中恒彦範、左衛騎曹參軍宋務光、酸棗縣尉袁楚客等人的强烈反對，謂之爲"方伎庸流""或挾小道以登朱紫，或因淺術以取銀黃""妄引鬼神而惑主"，并斥之爲"國賊"[⑨]。需要注意的是，敦煌《葉净能詩》中所述之事大多與史上的葉净能無關，而以玄宗時期葉法善的傳説居多。《葉净能詩》中所述救狐魅之女、地下鼓樂、天旱祈雨、玄宗觀燈、八月十五游月宫、入柱隱形之事，均見于記述唐代道士葉法善故事的《唐葉真人傳》[⑩]。唐趙璘《因話録》卷五云："有人撰集《怪异記傳》云：'玄宗令道士葉静能書符，不見國史。'不知葉静能,中宗朝坐妖妄伏法。玄宗時,有道術者,乃法善也。談話之誤差尚可,若著于文字,其誤甚矣。"⑪由此可見,在唐代時有關葉净能與葉法善的故事傳說已經互相混雜。正如項楚所云:"本篇雖題爲《葉静能詩》,實則薈萃了當時民間流傳的許多著名道士的故事,如葉法善、羅公遠、張果、明崇儼、仇嘉福等,而集中于葉净能一身,可謂'怪異記傳'之集大成者。"⑫

迄今爲止學界對敦煌《葉净能詩》已有不少研究成果,而其中大多側重于對原卷文字的整理校録、校注或詞語校訂等方面,如王重民等編《敦煌變文集》(1957),潘重規《敦煌變文集新書》(1994),黄徵、張涌泉《敦煌變文校注》(1997),項楚《敦煌變文選注》(2006)等,也有一些單篇論文對原卷中個別字句詞語進行考訂補正。此外,還有一些研究者將《葉净能詩》當作話本小説來分析探討,但很少從道教角度,特別是其中對道教符籙的突出强調和文學書寫等特徵,尚未有人對此進行過專門探討,故筆者結合唐代道教符籙術的發展,擬對其豐富的文學想象和誇張叙事等特徵進行考察,并指出這也是唐五代時期道教符籙術在民間廣泛流行的文學反映。

一、《葉净能詩》的主要内容及其故事來源

敦煌《葉净能詩》的主要内容是由多個故事聯綴而成,情節曲折離奇,想象豐富,具有濃郁的文學色彩和較强的故事性。《葉净能詩》以道士葉净能的符籙術爲中心展開情節,極寫其高超道術。

開頭部分交代葉净能幼年在會稽山學道的緣由。葉净能在會稽山會葉觀中看到有女道士悉解符籙,心生羨慕,便住于道觀,日夜精修,勤苦而學,年廿入于道門。葉净能樵冠黄帔,卷不離手,志誠感神,得神人之助,送符木一卷,令净能勤苦而學,并告訴净能不要讓別人知道,云:"得成,無所不遂,尊師忽要升天,須去即去,須來便來。推五岳即須臾,喝太陽(大洋)海水時向逆流,通幽洞微,制約宇宙,造化之内,無人可偕。……天上天下,一切靈祇名字,留在此符本之中。"最後期以在大羅天相見,説完神人消失不見。

此後净能傾心在道,勤苦修習,道業大進,并精通法術,能招神劾鬼,符籙術天下獨絶。云:

> (净能)便開符讀之,脚下分明,悉注鬼神名字,皆論世上精魅。不禁小邪,忽要拔地移山,即使一神符。净能便于會稽山内精法,上應天門,下通地理,天下鬼神,盡被净能招將,神祇無有不伏(服)驅使。净能便于會稽山内,令神人鬼魅驅馳,無不遂心。要呼便呼,須使便使。若在道精熟,符籙最絶,宇宙之内,無過葉净能者矣。⑬

在此,叙述葉净能符籙術的神奇效力,達到極致。同時稱美葉净能的不凡外表及其高明道術,云:"若至太處,性同緩急;一旦意欲游行,心事祇在須臾,日行三萬五萬里。若不湌,動經三十五十日;要湌,頓可食六七十料(斗)不足。或即隱身没影,即便化作一百個人。"爲下文講述葉净能的種種奇行异能作了充分的鋪墊。

下文叙述葉净能種種神异法术。最後爲哭辭，以皇帝的語氣，采用韵文形式，稱述净能的神奇道術及其上歸大羅天的緣由。尾題有"葉净能詩"四字。

需要指出的是，敦煌《葉净能詩》的内容圍繞十多個故事展開情節，重在突出道士净能法術的高妙神异。從現存歷代文獻記載及研究來看，《葉净能詩》中所述故事多見于唐人小説及雜記性著述，而且許多故事與道士葉净能無關，其將歷史上許多道士的故事集中于葉净能一人身上。其中有的故事見于正史，如新舊《唐書》，有的見于《道藏》。據相關研究表明，《葉净能詩》中所述故事在唐代傳奇志异、雜記中幾乎都能找到旁證[⑭]。具體包括《太平廣記》《説郛》及其所引書目，如《集异志》《仙傳拾遺》《廣异録》《逸史》《朝野僉載》《明皇雜録》《宣室志》《續神仙傳》《廣德神异録》《歲時廣記》《幽怪録》《神仙感遇傳》《逸史》《開天傳信録》《龍城録》《楊太真外傳》《异人録》《碧雞漫志》《津陽門詩注》《鹿革事類》《唐逸史》《唐語林》《酉陽雜俎》等多種，由此可見在唐宋時期道教傳説的盛行及其流傳之廣泛。

由于《葉净能詩》的内容以故事爲主，研究者多稱之爲變文或小説，還有人視之爲我國早期的話本小説。所述故事文中説明是發生在唐王朝玄宗年間，而且多集中于帝都皇宫，不少事件都跟玄宗皇帝有着密切關係，玄宗皇帝不僅是道士葉净能神异道術的傾慕者，而且在寫作方式上，玄宗皇帝也是作爲高道葉净能的陪襯者來表現。據此，有的研究者推斷作者當是崇道者[⑮]，筆者贊同這種看法，認爲敦煌《葉净能詩》的創作目的就是爲了宣揚道教的符籙術。

二、道教符籙的神奇運用及其文學表現

道教思想十分龐雜。元代馬端臨《文獻通考》卷二百二十五《經籍考》有云："道家之術，雜而多端。"[⑯]道教符籙自張道陵、寇謙之發端，後來逐漸成爲道教中的一項重要法器。符籙術的思想基礎是鬼神信仰，稱其有召神劾鬼、鎮魔降妖之功效。漢末的五斗米道、太平道，魏晉時期的李家道、于君道、清水道等，都包含以符籙咒術爲人治病、以祈禳齋醮爲人謝罪除災等内容。漢末以來，社會上以畫符念咒，以香灰神水給人治病、消災、却禍爲主要宗教活動的道士結成道教組織，又稱"符水道教"。符水道教主要活動于民間，以"却禍治病爲務"，區别于上層士族的神仙道教。

符籙起源于巫覡，符籙亦稱"符字""墨籙""丹書"等，筆劃屈曲，似篆字形狀。符籙是符和籙的合稱。籙與符相似，都是道士使用的一種文字或圖形，符與籙有時混同，實際上二者有着細微區别。符的内容主要是祈禳之詞，籙的内容主要是鬼神名字。道教稱符籙具有神力，鬼神會保佑持籙者。在早期道教中，不同級别的信徒和道士分别被授予不同等級的籙，規定很嚴格。籙代表着持籙者的修行程度和在教團中的地位，入道、升級都要授籙。授籙往往還要舉行隆重的宗教儀式[⑰]。

道教符籙在長期的傳習過程中，造作了衆多符書，同時也創造了紛繁的符籙道法。道教符籙的運用十分廣泛，有爲人治病、驅鬼鎮邪、救災止害等功能。同時，道教齋醮法事，或書符于章表，上奏天神，或用符召將請神，或用符聯繫冥府等，都離不開

符籙，并形成了以符咒等方術治病驅鬼爲主的道教"符籙派"。魏晉時期，道教符籙已經相當龐雜。而道教中的幻化之術，主要源自先秦的墨家。葛洪《抱朴子內篇》卷十九《遐覽》云："其（道教）變化之術，大者唯有《墨子五行記》，本有五卷……其法用藥用符，乃能令人飛行上下，隱淪無方，含笑即爲婦人，蹙面即爲老翁，踞地即爲小兒，執杖即成林木，種物即生瓜果可食，畫地爲河，撮壤成山，坐致行厨，興雲起火，無所不爲也。"[⑱]這在《葉净能詩》中有着較爲突出的表現。符籙術主要繼承了南北朝天師道的傳統，而道教的靈寶派也十分尊崇符籙。唐代符籙派道教十分盛行，茅山宗、龍虎宗、閣皂宗蔚爲道教符籙的三大宗，延續到宋代，又產生了天心派、神霄派、清微派、東華派等道教符籙支派，影響很大。

道教除製造種種神靈故事外，也常常舉行齋醮活動，祈禱祭祀。唐代道教繼承了道教請神驅鬼、治病消灾的傳統，并迎合當時人們長生不死、飛升成仙等觀念，同時還提供各種養生長壽的方法。唐代皇室與道教關係密切，符籙派道士經常爲皇室舉行各種齋醮法事，場面浩大，儀式隆重，宗教宣傳效果顯著。由此也可推想唐代道教符籙的盛況。相反，不主符籙的道教正一派，在隋唐時期地位不高，也不受李唐王朝重視[⑲]。而敦煌《葉净能詩》是唐代道教符籙術興盛發展的具體體現。

敦煌《葉净能詩》可以説是以道教符籙來統攝全篇，其中講述道士葉净能的神异法術，大都是通過符籙來實現的。符籙可以説既是貫穿《葉净能詩》全文的一條紅綫，也是葉净能使用超自然力量法術、展示符籙術神奇功能的法寶。符籙吸引葉净能成爲道士，此後葉净能專心致力于此，努力學習，精勤修行，最後感得神人幫助，獲如意神通，從而達到上天入地，無所不能，自由變化，天下獨絶的境界，成爲天下最著名的符籙道士。

葉净能成爲道士的因緣，與符籙也有一定的關係。《葉净能詩》開頭部分叙述葉净能在會稽山會葉觀，看到"女冠□□悉解符籙，復依太上老君之教"，心生羡慕，因此住在觀内，"日夜精修，勤苦而學"，長年廿，便入道門。此後專心道門，卷不離手，志誠通神，感得神人送符本一卷，告誡净能："勿遣人知也。得成，無所不遂……推五岳即須臾，喝太陽（大洋）海水時向逆流，通幽洞微，制約宇宙，造化之内，無人可偕。……天上天下，一切靈祇名字，留在此符本之中。"净能開符讀之，"脚下分明，悉注鬼神名字，皆論世上精魅。不禁小邪，忽要拔地移山，即使一神符。净能便于會稽山内精法，上應天門，下通地理，天下鬼神，盡被净能招將，神祇無有不伏（服）驅使。"強調符籙法術的特异神奇，而净能符籙天下獨絶："若在道精熟，符籙最絶，宇宙之内，無過净能者矣。"道士净能則美貌清暢，情腸（常）寬閑。若至太處，性同緩急；一日意欲游行，心事祇在須臾，日行三萬五萬里。若不湌，動經三十五十日；要湌，頓可食六七十料（斗）不足。或即隱身没影，即便化作一百個人。"經過一系列的不斷渲染，净能符籙法術達到神奇無比、變幻自在、無所不能、充滿魔力的極致，爲下文具體展開净能的種種故事作好了充分的鋪墊。

接着叙述在唐玄宗時期，皇帝聖明，再崇道教。净能自會稽山遠赴長安，行經數日，大羅王化作闊有五里的大河而試净能。净能"書符一道，抛向水中，其河枯竭"，首次使用符籙，就顯示出神奇力量。

途中遇張令妻奠祭華岳神後而猝亡，家人痛切悲號。淨能知其被岳神娶去，于是"取筆書一道黑符，吹向空中，化爲著黑衣神人，疾速如雲，即到岳神廟前……淨能作色愶然，又取朱筆書符，吹向空中，化作一使人，身著朱衣……又取雄黃及二尺白練絹，畫道符吹向空中，化爲一大將軍。身穿金甲，罩上兜鍪，身長一丈，腰闊數圍。乃拔一劍，大叫如雷，雙目赫然，猶如電掣。展轉之間，便至岳神廟前"，最後嚇得岳神長跪設拜，哀祈使者。張令妻蘇醒後說："我在岳神前拜堂之次，忽有一將軍，身穿金甲，罩上兜鍪，拔劍上殿，擬斬岳神。岳神怕他，而乃放妾却回。"可見符籙術具有威懾世間鬼神的神異功能。

淨能到了長安，于玄都觀安置，人有"參謁問其道術，淨能具說符籙之能，除其精魅妖邪之病，無不可言矣……不經信宿，長安兩市百姓，悉知玄都觀內一客道士，解醫療魅病，兼有符籙之能"。

開元皇帝好道，宣詔淨能。淨能便說道法，深悅聖情。皇帝意樂長生不死之術，淨能奏曰："有符籙之升天地，除其精魅魍魎妖邪之病；合煉神丹，不得阻隔。陛下若求至理長生不死之法，亦將易也。"玄宗聞奏，性意悅然，願爲弟子。敕觀家選一院，皇帝日日親自駕幸淨能院內，談論道法。

一日，皇帝意欲求仙，淨能便爲遥采仙藥。行至錢塘江，見水深渺渺，廣闊莫測其涯。江有惡蜃，舟舡不敢過之。淨能遂書符一道，抛向江中，其江水泛澄三日，漂其惡蜃于沙灘之上。淨能一見，斬爲三段。便過其江，取得仙藥，進上皇帝。

高力士不信，乃試淨能。在蕭墻之內，掘地道打五百面鼓，言有妖聲，請淨能剪除。淨能奉旨，索水一碗，噀之作法。"水一離口，雲霧斗（陡）暗，化作大蛇，便入地道。眼如懸鏡，口若血盆，毒氣成雲，五百人悉皆作曾寒灾聲，不敢打鼓。"淨能既聞聲絶，奏明皇帝此非妖鼓之聲，而是"試臣符籙之功，令人打鼓"。

皇帝詔淨能于大內飲宴作樂，與嬪妃玩樂，歌吹繽紛，皇帝却心不歡悅。淨能于是懷中取筆，在瓮子上畫一道士，把酒盞飲。其瓮子便變作一個道士，身長三尺，著樺冠黃陂，"妙解章令，又能飲宴，論今説古，無有不知，多解多能，人間皆曉"。玄宗一見，龍顔大悦，詔道士共飲。後來淨能見道士飲酒推辭，建議斬首。皇帝令高力士取劍斬道士。"頭隨劍落，抛在一邊。頭元是酒瓮子蓋，身畫瓮子身，向上畫一個道士，帖符一道。緣酒瓮子恰滿便醉。"皇帝一見大笑，妃后共賀，衆人驚笑不已。變文云："皇帝即朝廷大臣，嘆淨能絶古超今，化窮無極，暴書符籙，□（暢）聖幽玄，人間罕有，莫測變現，與太上老君而無異矣。"這將葉淨能符籙術的神妙高超推向極致，也將故事情節的發展推向高潮。

玄宗傾心好道，專意求仙，思望長生，又貪采符籙之妙。皇帝夜夢神人送來龍肝，其味甚美，忽然驚覺，詔淨能問之。淨能奏曰："陛下合得龍肉吃。"淨能乃索水一盆，橫劍其上，作法書符一道，抛著盆中，雲霧斗（陡）暗，良久霧收雲散，空中有神人送龍腿一隻，進上皇帝。

開元十三年（725）天下亢旱，帝詔淨能求雨。淨能便作結（法）壇場，書符五道，先追五岳直官要雨，又追天曹，令計會五岳四瀆，速須相將下雨。終于前後三日雨足。

開元十四年，皇帝大赦天下，任百姓點燈供養，非常作樂。當皇帝問净能諸州縣燈火情景，净能奏曰："蜀郡有燈，供養至極，伏恐京國不如。"皇帝知蜀郡偏遠，怪而問之，進而同净能一道去劍南觀燈，最後證實其説不謬。因此，"皇帝展轉懷愧，求道仙，嘆净能是事莫測其涯，符籙天下每不可比"。儘管叙述過程中并没有涉及符籙，而由皇帝的感嘆，知觀燈之行也是净能通過使用符籙術來實現的。

皇后無子，擬求净能。皇帝詔净能問。净能對皇帝書符，吹向空中，當時化爲神，便乃升天。又書符牒問地府。須臾天曹地府同報："皇后此生不合有子。"

八月十五日夜，皇帝與净能及隨駕侍從于高處玩月，皇帝問及月中之事，净能奏説願將陛下往至月宮游看，皇帝大悦。净能作法，須臾便到月宮，觀看樓殿台閣，盡是水精七寶合成。返回後，皇帝專心求法，曰："示朕道法，盡朕一身，永受天禄，與朕爲師。"净能奏曰："微臣道法，皆是符籙之功，豈可傳受。"月宮之游，群臣共賀，也云："若道教通神，符籙絶妙，天下無過葉天師耶！"將符籙與葉天師完全結合在一起。

後來，净能看到有一宫女美貌殊絶，深受帝寵。净能歸觀內，書一道符，變作一神。神人每至三更，取此女來觀內寢，天明送歸宫中。過了半年，美人昏昏似醉，都不覺知，而有身孕，乃上奏皇帝。皇帝知是净能作法，詔高力士商量。皇帝謂高力士曰："葉净能移山覆海，變動乾坤，制約宇宙，升虚空而自在，變化無難，朕將煞之，恐將難矣。"力士奏曰："葉净能升雲往來，皆用符籙之功，今因大殿內設計欲謀殺之，净能何以得知。"遂于金吾仗取五百人，刀劍悉如霜雪，伏于殿后，不令人知。皇帝詔净能，净能早知伏煞殿后。既至殿前，皇帝逼問術法，帝聞净能奏，悖然大怒。高力士遣五百人上殿擬斬净能。净能思心作法，即變身入殿柱中，莫睹踪由。高力士奉敕削柱，全無净能踪影。净能柱內奏曰："臣且歸大羅天去也。"皇帝與高力士見一條紫氣，升空而去。皇帝追悔不及。

此後，皇帝寢食不安。旬日之後，中使在赴蜀川途中，忽見净能緩步徐行。使人歸奏，皇帝臨殿而望蜀川，滿目流淚。最後以皇帝的口吻追述與净能的月宮游歷和蜀川觀燈的經歷，實際上重在突出道教神丹長生不死的奇效和神符移山倒海、撼天動地的威力：

> 朕之葉净能，世上無二。道教精修，清虚玄志。煉九轉神丹，得長生不死。服之一粒，較量無比。元始太一神符，即能運動天地，要五曹喚來共語，呼五岳隨手驅使。造化須移則移，乾坤要止則止。亦能將朕月宫觀看，復向蜀川游戲。

表達出對宗教神異的虔誠嚮往之情，後面還表現出對净能"异心"的後悔之意。

通觀全篇，敦煌《葉静能詩》集中展現了道教符籙的種種神異功能和超凡力量，神妙莫測，令人神往。符籙既是刻畫道士葉净能神通廣大、法力無邊的重要道具，這也是作者藉此發揮豐富想象，以誇張浪漫的筆法，自由生動地展現種種新奇美妙的情境，并取得極大成功的關鍵因素。

三、《葉净能詩》的創作背景及文學特徵

道教尊老子爲教主，奉爲神明，老子姓李，與唐皇室同姓。李唐王朝推崇道教，尊崇老子，帶有利用老子以提高李氏家族門第和權威、神化李唐王朝統治的意味。唐高祖曾到終南山禮謁老子廟，又造太和宮。高宗時追尊老子爲太上玄元皇帝，規定王公百官都要誦習《道德經》，并作爲考選官員的科目之一。後又規定《道德經》爲科舉内容。唐玄宗開元十二年頒布《氏族志》，以老君爲唐室李氏族祖。玄宗在位期間，推行了一系列崇道政策。如詔敕各地修建玄元皇帝廟，神化"玄元皇帝"；提高道教經典《道德經》的地位，玄宗皇帝親自爲《道德經》作注，修《義疏》，在天寶十四年（755）頒布《御注老子》和《義疏》，令學者習之；置崇玄館，士子以《老子》參加考試，稱道舉。敕修《一切道經音義》，玄宗自己作序。開元中，發使搜求道經，最後編纂《三洞瓊綱》，這是我國歷史上第一部道教經書總集，又稱"開元道藏"。同時優禮道士，在開元九年迎請茅山派道士司馬承禎，親受法籙。此外對道士吳筠、張果、葉法善、李含光等都給予很高的禮遇。唐玄宗的崇道政策，對于提高道教地位，推動道教發展，産生了重要影響。可以説，敦煌《葉净能詩》就是在此背景下展開，重在宣揚道教符籙神异功能的文學作品。

敦煌《葉净能詩》具有强烈的文學色彩，這不僅表現在内容上，也體現在作者的組織構思之中。《葉净能詩》雜采衆書的道教故事，通篇由當時流傳廣泛的十多個故事貫穿而成。這些道教故事傳説，原本大多與葉净能無關，特別是其中的人物，如翟常和康太清等，均爲敦煌地區衆所周知的人物[20]，却也成爲《葉净能詩》中的人物。作者將這些故事加以剪裁、渲染及精心組織，集中于道士葉净能一身。由此可以看出《葉净能詩》在創作上具有鮮明的文學虚構性。

《葉净能詩》故事情節曲折奇异，想象豐富，誇張自由，營造了一種極度浪漫的文學世界。葉净能的符籙術，上天入地，無不自在，天界地府，皆可化現，所有神靈鬼怪，均爲之驅使。既可借助符籙，在八月十五之夜飛升月宮，在其中賞玩游走，感受其清冷寒徹的環境，也可即刻穿越三千里，從長安赴劍南巡歷，觀燈奏樂；既可結壇求雨，也可爲皇帝采得長生不死之仙藥，還能從天上爲皇帝取來龍肉吃。葉净能的符籙術不僅有起死回生之術，而且也令鬼神忙怕，縱使妖魅也會橫死其劍下。世間計謀心事，全能早知，生活隨心所欲，任何願望，無有不遂，宛如生活在一個透徹明净、一覽無餘的水晶世界。

符籙術幻化無窮的描寫，集中表現在皇帝與净能、嬪妃在大内飲宴玩樂的過程中。皇帝詔净能于大内飲宴，嬪妃同歡，歌吹繽紛，皇帝却不高興。净能承帝命，乃懷中取筆，在瓮子上畫一道士，把酒盞飲，帖（貼）在瓮子上。其瓮子便變作一個道士，身長三尺，著榻冠黄陂，立于殿西南角。净能奏曰：此道士"妙解章令，又能飲宴，論今説古，無有不知，多解多能，人間皆曉"。道士奉詔，從殿西角趨而直至殿前，口口稱臣，不失朝儀。玄宗一見，龍顔大悦，妃后婇女，悉皆歡笑。皇帝詔道士共飲，

道士巡到便飲，都不推辭。皇帝極歡。道士被勸較多，巡巡不闕。從巳時飲至申時，道士已飲一石，酒瓮子恰蕩（滿）。樽中有酒五升，净能奏請道士飲餘酒。道士苦苦推辭，净能發怒，向皇帝建議斬首。皇帝"令高力士取劍斬道士。頭隨劍落，抛在一邊。頭元是酒瓮子蓋，身畫瓮子身，向上畫一個道士，帖符一道。緣酒瓮子恰滿便醉"。皇帝一見大笑，妃后共賀，衆人驚笑不已。真是"人間罕有，莫測變現"。

《葉净能詩》的故事情節并非平鋪直叙，而是跌宕起伏，曲折離奇，富于戲劇變化，往往能引人入勝。如長安崇賢坊百姓康太清小女被野狐精魅，或笑或哭，或走或作，或出街中亂走，及惡口罵詈人，因請净能救治。净能告訴康太清夫婦說："此病是野狐之病，欲得除愈，但將一領氈來，大釘四枚，醫之立差。"康太清夫婦聽說，即刻歸家，取來氈子及釘，并引女子同至觀中。净能當時左手持劍，右手捉女子，斬爲三段，血流遍地。一院之人，無不驚愕。康太清夫婦號天叫地，高聲唱走，投縣門告玄都觀道士把劍殺人。接着寫净能都不忙懼，"收氈蓋着女子尸〔體〕，釘之内四角，血從氈下交流"。隨後净能却于房内，彈琴長嘯，都不爲事。這不僅完全出人意料，而且令人費解。直到捕賊官到院内尋找殺人道士，净能纔回答說，方纔是療野狐之病，閑人不知，妄說殺人。捕賊官揭氈驗看，却見"康太清女子與野狐并臥，女子宛然無損，野狐斬爲三段"。令人稱奇。康太清夫婦見此情景，匍匐作禮。這也帶有濃厚的民間特徵。

又如文中所述蜀都觀燈，情節也多變化，曲折有味，并注意強調事件的真實性。首先交代時間是在開元十四年，皇帝大赦天下，一任百姓點燈供養，諸宫看燈，非常作樂。敕令坊市百姓，一任點燈，勿令禁夜。觀燈後皇帝問及諸州縣燈火，净能回答說："蜀都有燈，供養至極，伏恐京國不如。"皇帝驚奇問净能，劍南距離長安三千里，如何得知彼地有燈火？净能說自己剛剛看過，擔心皇帝不信，因此建議皇帝與自己同往觀看。這是交代事件的起因。接着寫皇帝便令高力士等火急裝束，一同去劍南看燈。净能作法，便將皇帝及左右隨駕等，同往劍南。急似飛雲，猶如電掣，片刻即到。巡歷街衢，同游諸處。又見坊市點燈鋪設，供養交橫，音樂至極，深悦帝情。净能又將皇帝于蜀王殿上，隨駕同觀奏樂。皇帝在夜深時刻欲還歸長安，净能奏曰："陛下駕幸此郡，須教蜀郡人知看燈，于蜀王殿上奏樂。"并建議皇帝在蜀王殿上留下一件隨身衣物。此後，净能作法，將皇帝及衆人送回到長安。叙述至此，蜀都觀燈也應結束，但變文後面接着還叙寫蜀郡節度使及官寮百姓等，聞蜀王殿上作樂，搜尋得小汗衫一領，錄表奏言异事。皇帝覽表，又見汗衫，確知實事，龍顔大悦。因此又親問事宜，使人具言正月十五日夜赴蜀都觀燈之事。翟常回蜀中具言詔命。官吏百姓，共相慶賀。

皇帝與高力士欲殺净能，净能變身入大殿柱中，于柱内奏曰："臣且歸大羅天去也。"接着化作一條紫氣，升空而去。後面又寫旬日之後，中使赴蜀川途中，忽見净能在前面緩步徐行。净能高聲唤中使，言自己要歸大羅天，在路不及修表，要中使傳語陛下等等，叙述宛轉，如在目前，然皆離奇不可信。

《葉净能詩》具有深厚的民間文化土壤，這也是後代神魔小説的濫觴，特別是對明代著名小説《西游記》有着重要影響，其中葉法善帶唐明皇游月宫之事還出現在清代紀昀所著的《閱微草堂筆記》㉑。符籙法術的招之即來，揮之即去，驅神役鬼，無所不能；化神升天，牒問地府，威懾岳神，斬妖除魅，隨心所欲，化現無窮，取仙藥，得龍肉，月宮游賞，蜀郡觀燈；還能讓人起死回生，救人苦疾；同時還能拔地移山，令大河頓時枯竭，具有超自然的無限威力。這是當時人們豐富想象的誇張表現。《葉净能詩》的民間性也表現在秘密傳授，具有一定的神秘性，這與道教法術的授受性質相一致。神人送符本給葉净能時，特別告誡"勿遣人知"，"天上天下，一切靈祇名字，留在此符本之中，吾亦不能言，患人知天文"等。

需要指出的是，敦煌《葉净能詩》總體思想境界并不高，其中所記之事，除救張令妻起死回生和療救康太清小女魅狐之病，具有救困扶危的積極意義外，別的則多爲日常平庸之事，特別是葉净能入京後，多寫葉净能陪伴唐玄宗皇帝取樂游玩或飲酒消遣，富有生活情趣，文學色彩濃厚，但缺少精神文化層面的追求和道德關懷，甚而帶有一定的庸俗性。如其中所述葉净能行法夜取宮女就寢一事，具有鮮明的自我享樂思想傾向。大内宮女受帝寵愛，而葉净能爲其美貌所吸引，乃書符變作神人，每夜三更，取來同寢，天明送歸，直到美人懷孕，事情敗露。這與葉净能作爲道門高德的身份并不相符。前面葉净能救張令妻後，張令夫婦謝恩，净能答曰："道之法門，不將致物爲念，不求色欲之心，不貪榮貴，唯救世間人疾病，即是法門。"二者前後矛盾不一致之處，顯著可見。這也是《葉净能詩》在内容構思上的欠缺之處。

總的説來，敦煌《葉净能詩》憑藉符籙神力，演繹出一系列令人稱奇嘆異的故事，具有濃厚的文學色彩，并帶有明顯的民間道教特徵。《葉净能詩》通過對葉净能符籙術的多方面描寫，集中展現了道教符籙不僅可以療治疾病，救人危急，化解困難，而且可以號令鬼神，勘問事由。更爲奇特的是，借助符籙還可以得仙藥，取龍肉，升月宮，自由穿行宇宙山川，在天界冥府也可任意行走，化現種種神異情境，供人賞玩取樂。這一方面突出道教符籙術的神通廣大、法力無邊的特徵，同時表現出道教富有生活情趣、注重生命關懷的思想傾向。

注釋：

① 張錫厚：《敦煌文學》，上海古籍出版社，1980 年，89 頁。

② 胡士瑩：《話本小説概論》，中華書局，1980 年，31 頁。

③ 黃徵、張涌泉校注：《敦煌變文校注》，中華書局，1997 年，341 頁。

④ 李時人、蔡鏡浩校注：《大唐三藏取經詩話校注》，中華書局，1997 年，55 頁。

⑤ 張鴻勛：《敦煌話本〈葉净能詩〉考辨》，甘肅省社會科學院文學研究所編《敦煌學論集》，甘肅人民出版社，1985 年，131—132 頁。

⑥ 同注⑤，130—144 頁；金榮華：《讀〈葉净能詩〉札記》，《敦煌學》第 8 輯，1984 年；羅寧：《讀葉净能詩》，《新國學》第四卷，巴蜀書社，2002 年；蕭欣橋：《論敦煌宗教話本〈廬山遠公話〉和〈葉净能詩〉》，《浙江大學學報》（人文社會科學版）2004 年第 1 期；袁書會：《中國古代早期白話小説探析——以〈葉净能詩〉爲中心》，《西藏民族學院學報》（哲學社會科學版）2004年第 5 期。

⑦ 金榮華則據文中故事有出自 9 世紀末成書的《開天傳信記》，推斷其産生時間當在五代（907—

959）甚至是宋初（參見金榮華《讀〈葉净能詩〉札記》。張鴻勛認爲敦煌《葉净能詩》創作于 763 年到 806 年間（參見張鴻勛《敦煌話本〈葉净能詩〉考辨》，136—137 頁）。

⑧（後晋）劉昫等撰：《舊唐書》，中華書局，1975 年，2174 頁。

⑨（宋）王溥撰：《唐會要》，中華書局，1955 年，1182 頁。

⑩《道藏》第 18 册，文物出版社，1988 年，78—90 頁。葉法善生平事迹，又見于《舊唐書》卷一百九十一《方伎·葉法善》和《新唐書》卷二百零四《方伎·葉法善》。

⑪（唐）趙璘撰：《因話録》，上海古籍出版社，1957 年，106 頁。

⑫ 項楚：《敦煌變文選注》，中華書局，2006 年，431 頁。

⑬ 引文主要依據項楚著《敦煌變文選注》，并參考其他校本，下文不再説明。

⑭ 參見張鴻勛《敦煌話本〈葉净能詩〉考辨》、張鴻勛《敦煌話本詞文俗賦導論》（臺灣新文豐出版有限公司，1993 年）、張鴻勛《敦煌説唱文學概論》（臺灣新文豐出版有限公司，2004 年）、羅寧《讀葉净能詩》等。

⑮ 羅寧：《讀葉净能詩》，165—188 頁。

⑯（元）馬端臨：《文獻通考》，中華書局，1986 年，1810 頁。

⑰ 朱越利：《道經總論》，遼寧教育出版社，1991 年，56 頁。

⑱（晋）葛洪著，王明校釋：《抱朴子内篇校釋》，中華書局，1986 年，337 頁。

⑲ 同注⑰，88 頁。

⑳（清）王重民等編：《敦煌變文集》，人民文學出版社，1957 年，229 頁注［16］。

㉑（清）紀昀《閱微草堂筆記》記吕道士善幻術，在宴會中焚符攝魂，又云："此小術，不足道，葉法善引唐明皇入月宫，即用此符。"

（作者單位：敦煌研究院文獻研究所）

敦煌寫本《百鳥名》"吉祥鳥"探微

內容提要：敦煌本《百鳥名》是曹氏歸義軍時期頗爲流行的通俗文學作品，其中"以鳥名官"的書寫方式以及對鳳凰、鸚鵡、吉祥鳥、野鵲等衆多飛鳥吉祥意義的描述，具有深厚的歷史文化傳統。尤其是鳥中之王鳳凰，由于被賦予了仁德的品質，完全符合儒家對于"聖王"道德規範的塑造，因而在中國古代的帝王年號和宮殿命名中得到廣泛運用。從某種意義上説，《百鳥名》呈現的鳳凰來儀、百鳥朝鳳的吉慶祥和圖景，折射出撰者及傳抄者對太平盛世的美好期盼，也寄托着曹氏歸義軍經營沙州和交通中原的政治理想。

關鍵詞：敦煌遺書　通俗文學　百鳥名

敦煌説唱故事類文本中，《百鳥名》是一部描繪飛鳥王國"君臣儀仗"的通俗文學作品。1957年，王重民在《敦煌變文集》中首次對這件文學唱本作了整理[①]，由此引起了學者的關注與探究興趣。陳祚龍《敦煌學園零拾》[②]、劉瑞明《敦煌抄卷〈百鳥名〉研究》[③]、項楚《敦煌變文選注》[④]、潘重規《敦煌變文集新書》[⑤]以及黃徵、張涌泉《敦煌變文校注》[⑥]等論著，在文本整理的基礎上，進一步對《百鳥名》所見的諸種飛鳥作了不同程度的解釋。張鴻勛、郭淑雲從敦煌俗文學的角度，探討了《百鳥名》的文化意蘊及其流變影響[⑦]。相較而言，澳大利亞學者劉易斯·梅奧（Lewis Mayo）的研究頗有新意，他將《百鳥名》的文本書寫與歸義軍聯繫起來，通過對寫本中不同飛鳥的解讀與分析，進而探討了敦煌歸義軍的鳥類秩序[⑧]。最近，周晟結合《燕子賦》對《百鳥名》中的部分鳥名作了新的考證和解釋[⑨]。宋佳霖的碩士論文《飛鳥的話語權：唐代政治社會秩序下的鳥類形象書寫》對《百鳥名》體現的飛鳥等級秩序及文化意義給予關注[⑩]。若將視野進一步延伸，美國學者薛愛華早在20世紀60年代對于《新唐書·五行志》飛鳥異常活動記載的逐條評析[⑪]，堪稱唐代飛鳥研究的重要成果，今天來看仍有較高的參考價值。在上述研究成果的啓發下，本文擬將《百鳥名》納入中國古代的飛鳥文化中予以審視，對其中蘊含的"以鳥名官"現象以及文本中的鳳凰、鸚鵡、吉祥鳥、野鵲等衆多飛鳥與政治社會的關聯進行討論，并對中國古代的飛鳥祥瑞略加説明。

一

敦煌本《百鳥名》現知有 S.3835、S.5752 和 P.3716v 三個寫卷。S.3835 首尾完整，首題"百鳥名君臣儀仗"，尾題"百鳥名一卷。庚寅年十二月日押牙索不子自手記者"。同卷還抄有《太公家教一卷》《千字文一卷》，據卷背所抄"太平興國九年（984）四月二日莫高鄉百姓馬保定賣宅舍契"[12]，可知"庚寅年"爲宋淳化元年（990）。S. 5752抄有《醜婦賦》和《百鳥名》兩部分內容。卷中《百鳥名》抄寫兩次，內容均不完整。其中第二篇後半部分書法拙劣，疑爲學童習字所抄，其後雜寫"乙未年（935或995）六月十五日立契"等文字[13]。P. 3716v所抄《百鳥名》僅存6行，亦有標題"百鳥名君臣儀仗"，同卷還抄有《新集書儀一卷》《王梵志詩一卷》《晏子賦一首》和《趙洽醜婦賦一首》。據《新集書儀》尾題"天成五年庚寅歲十二月燉煌伎術院禮生張儒通"[14]，可知P. 3716v《百鳥名》抄于後唐明宗天成五年（930）以後。因此，從這三件寫卷的時代來看，敦煌本《百鳥名》是曹氏歸義軍時期頗爲流行的通俗文學作品。

就內容而言，《百鳥名》對飛鳥王國及"君臣儀仗"的描述形象逼真，生動活潑，呈現出一幅"有鳳來儀"的百鳥會聚圖景：

> 百鳥名，君臣儀仗。是時二月向盡，纔始三春。百鳥林中而弄翼，魚玩水而躍鱗。花照勺（灼），色輝鮮，花初發而笑日，葉含芳而起津。山有大蟲爲長，鳥有鳳凰爲尊。是時之（諸）鳥即至，雨集雲奔，排備儀仗，一仿人君。白鶴身爲宰相，山鷗鴣直諫忠誠。翠碧鳥爲紈（糾）壇（彈）侍御，鷂子爲游弈（奕）將軍。鶻鷹作六軍神策，孔雀王專知禁門。護澤鳥偏知別當，細逛子通事舍人。鴻雁專知禮部，鴻鶴太史修文。日月鳥夜觀星象，赤觜鴉晝望烟雲。突厥鳥權知蕃館，老鴉專望烟雲。印尾鳥爲無才技，專心遏舞鄉村。白練帶，色如銀，久在山間別作群。聞道鳳凰林裏現，將男携女皆來臻。熏胡鳥，鶛鶛師，鴻娘子，鮑鶄兒，赤觜鴨，碧生（玉）雞，鴛鴦作伴，對對雙飛，奉符追喚，不敢延遲，從此是鳥即至，亦不相違。淘河鳥，腳趑趄，尋常傍水覓魚喫。野鴨遙見角鷗來，刺頭水底覓不得。白鸚鵡，赤雞赤，身上毛衣有五色，兩兩三三傍水波，向日遙觀真錦翼。巧女子，可憐喜（許），樹梢頭，養男女，銜茅花，拾柳絮，窠裏金針誰解取？隴有（右）道，出鸚鵡，教得分明解人語。人衷般糧總不如，籠裏將來獻明珠。鶺鴒亦曾作老鼠，身上無毛生肉羽，恰至黃昏即出來，白日何曾慕風雨。念佛鳥，提胡盧，尋常道酒不曾酤。澤雉沿身百種有，鷦鷯向後一切無。獨春鳥，悉鼻卑，出性爲便高樹枝。雀公身存惹子大，却謙（嫌）老鴟没毛衣。吉祥鳥，最靈喜，出在臺山岩長裏。忽然現出彩雲中，但是人人皆頂禮。花没鴿，色能美，一生愛踏伽藍地。野鵲人家最有靈，好事于先來送喜。黑鸛鴒，黃花樓，飛來飛去傍山頭。山鵲觜紅得人愛，群神身獨處處飛。寒豪（號）[鳥]，夜夜號。青雀兒，色能青，毛衣五色甚[分]明。聞道鳳凰林裏見，皆來拜舞在天庭。了也。《百鳥名》一卷。庚寅年十二月日押牙索不子自手記者。[15]

顯而易見，《百鳥名》採用擬人化手法，將林中飛鳥與人間社會的職官聯繫起來，通過鳥類生活習性及象徵意義的差異，委以不同的官職，進而描繪出一幅井然有序、各司其職的飛鳥王國景象。若從內容來看，《百鳥名》的文本實際上由兩部分組成，第一部分是飛鳥王國中領有職官名號的鳥類描述；第二部分是那些没有官衔的普通鳥類的生活習性的説明。在這個"鳥兒國"中，鳳凰是鳥中之王，最爲尊貴，可謂鳥國君主；白鶴身爲鳥國宰相，統率百官，總攬政務；山鷦鷯是直諫忠誠，相當于左右補闕、左右拾遺和諫議大夫；翠碧鳥爲糾彈御史，掌監察官邪，糾彈大臣，肅正綱紀；鷂子爲游奕將軍，主司巡邏偵察事務；鶻鷹作六軍神策，相當于神策六軍，負責保衛京師和宿衛宮廷以及行征伐事；孔雀王專知禁門，當爲天子禁軍；細逗子爲通事舍人，掌朝見引納、辭謝及通奏等事；鴻雁專知禮部，主管禮樂、祭祀、外交、學校等事務；"鴻鶴太史修文"，相當于史官，專門掌管史料，記載史事和編撰史書；"日月鳥夜觀星象，赤觜鴉晝望烟雲"，當是晝夜觀察天象和風雲氣色的天文官員；"突厥鳥權知蕃館"，主管四夷蕃族的禮儀接待和迎送交往；"老鴉專望烟雲"，負責狼烟瞭望和敵情警報。……在這個飛鳥王國中，鳳凰是鳥國帝王，其他群鳥臣僚，"雨集雲奔"，朝見鳳凰，"排備儀仗，一仿人君"，其場面排場完全可與帝王政治中的朔望朝參相類比。

《百鳥名》"以鳥名官"的擬人寫法，實際上是遠古鳥圖騰文化的一種歷史積澱。《詩經·商頌》"天命玄鳥，降而生商"，即將商民族的始祖降世與"玄鳥"聯繫起來。《國語·周語》稱："周之興也，鸑鷟鳴于岐山。"韋昭注："鸑鷟，鳳之別名也。"[16]由此，鳳鳴岐山也成爲西周興起的祥瑞預兆。《左傳·昭公十七年》載："我高祖少暤，摯之立也，鳳鳥適至，故紀于鳥，爲鳥師而鳥名。鳳鳥氏，曆正也。玄鳥氏，司分者也；伯趙氏，司至者也；青鳥氏，司啓者也；丹鳥氏，司閉者也。祝鳩氏，司徒也；鴡鳩氏，司馬也；鳲鳩氏，司空也；爽鳩氏，司寇也；鶻鳩氏，司事也。五鳩，鳩民者也。五雉，爲五工正，利器用、正度量，夷民者也。九扈爲九農正，扈民無淫者也。"[17]少暤，或曰少昊，係東夷部落首領，相傳他即位時，剛好有鳳鳥飛來以示吉慶，少昊便以"鳥"爲標識，設官授職。任命鳳鳥氏掌管天文、曆法，玄鳥氏掌管春分、秋分，伯趙（勞）氏掌管夏至、冬至，青鳥氏掌管立春、立夏，丹鳥氏掌管立秋、立冬；任命五種鳩鳥爲司徒、司馬、司空、司寇、司事，分管民政、軍事、建築、刑律、營造等事務；任命五種雉鳥爲五工正，掌管手工業；任命九種扈鳥爲九農正，掌管農業。這樣一來，通過對二十四鳥的設官授職，少昊初步構建了一個職官完備、權責分明的氏族部落王國，可謂是早期氏族社會鳥圖騰文化與社會生活的反映[18]。

《周易·繫辭下》曰："古者包犧氏之王天下也，仰則觀象于天，俯則觀法于地，觀鳥獸之文，與地之宜，近取諸身，遠取諸物。于是始作八卦，以通神明之德，以類萬物之情。"[19]這説明在上古時代，先民對天文、地理和蟲、魚、鳥、獸的關注，其實都是他們認識自然、感知社會和探尋人事的慣常方式。以飛鳥爲例，《逸周書·時訓解》描述的七十二物候中，就有"鴻雁來""倉庚鳴""鷹化爲鳩""玄鳥至""鳴鳩拂其羽""鷹乃祭鳥""鵲始巢""雉始雊""雞始乳""鷙鳥厲"等景象[20]，反映出先民通過觀察飛鳥的生活習性來瞭解氣候及時節變化，進而來指導、安排農事活動的情況。相比之下，《詩經》對飛鳥的描述更爲精細，此經通過雎鳩、黄鳥、喜鵲、鳲鳩、鴟鴞、鴻雁等飛鳥神態（鳴叫、飛行、集止、築巢）的描寫，來比興貴族統治的社會現實，傳達對男女戀情的讚美和民衆困苦生活的同情。比如，《詩經·曹風》中的"鳲鳩"就是後世俗稱的布穀鳥，此鳥每于農耕播種時鳴叫，其聲似"播厥百穀"或"脱却布褲"，似在呼喚農人勿違時令，儘快播種[21]。李白《贈從弟冽》詩云："日出布穀鳥，田家擁鋤犁。"杜甫《洗兵馬》稱："田家望望惜雨乾，布穀處處催春種。"描述的正是春日布穀鳴叫，呼喚田家耕種的詩句。

基于對鳥類生活習性瞭解的漸趨深入，人們有意無意間常將飛鳥的出現與人事活動聯繫起來。如《詩經·豳風》中，周公將裹挾管蔡之亂的武庚比作"鴟鴞"（貓頭鷹）[22]。班固《漢書》則將執法嚴酷，不避貴戚，列侯宗室側目而視的郅都稱爲"蒼鷹"，言其行法威猛，猶如鳶鷹搏擊之狀[23]。北魏建國後，爲適應游牧和畋獵的需要，設有"鷹師曹"，蓄養鷹鶻，直接爲狩獵服務。北齊幼主高恒時，"犬馬雞鷹，多食縣幹"，"馬及鷹犬，乃有儀同、郡君之號，故有赤彪儀同、逍遥郡君、陵霄郡君"，甚至"鬥雞亦號開府"[24]。事實上，對于"放鷹走狗"活動的追逐，并不限于北齊幼主，即使唐朝的兩位英明皇帝——唐太宗和唐玄宗，也是"醉心于放鷹走狗的典範"。比如，唐太宗非常珍視一隻白色的"格陵蘭"鶻，他還爲它起了叫"將軍"的名字[25]。

漢唐時期，根據飛鳥形象而設官命職者雖不常見，但在史籍中還是隱約能夠看到類似的記載。比如漢代的執金吾，"掌徼循京師"，肩負京師的治安、巡察、禁暴、緝捕等諸多事務。《漢書·百官公卿表》顏師古注曰："金吾，鳥名也，主辟不祥。天子出行，職主先尋，以禦非常，故執此鳥之像，因以名官。"[26]既然"金吾"是一種能辟除不祥的鳥名，那麼不難推知，"金吾"一詞正是"金烏"（三足烏）這種神鳥的借用。又據《漢書·朱博傳》記載，御史府中柏樹上"常有野烏數千栖宿其上"，晨去暮來，號曰"朝夕烏"[27]，御史臺因而有"烏府""烏臺"之稱。杜甫《夏日楊長寧宅送崔侍御常正字入京》詩云："烏臺俯麟閣，長夏白頭吟。"詩中"烏臺""麟閣"，分別是侍御史和秘書正字官屬機構——烏臺和秘書省之代稱[28]。北魏職官中置有鷹曹，專門爲狩獵服務。隋大業中，府兵制中軍府名稱爲鷹揚府，每府置有鷹揚郎將和鷹擊郎將。降至李唐，内廷閑厩使設有五坊，即鵰坊、鶻坊、鷂坊、鷹坊、狗坊，"以供時狩"。唐懿德太子墓第2洞東壁《架鷹馴鷂圖》和西壁《架鷂犬圖》應是唐代訓鷹和狩獵用鷹情況的描繪，客觀反映出鷹坊内豢養着雕、鶻、蒼鷹、鷂子等四種獵鷹的史實[29]。根據唐代墓志的記載，五坊内設有鷂坊使、鷹鶻使等職，均由宦官擔任。比如宦官劉漢洴，元和十二年（817）拜爲"鷂坊使"，寶曆三年（827）遷爲五坊副使[30]。又如宦官李敬實，大中四年（850）被任命爲宣徽鷹鶻使，加供奉官，"出入時腋，日侍天顔，言無不從，事無不可，偏承渥澤，顧遇日深"[31]，深得宣宗皇帝的信任。至于鷹坊使，因材料所限，目前僅見于沙州歸義軍政權中。S.6981v《壬戌年十月十七日兄弟社轉帖》云："社官闍梨、小闍梨、大押衙、鷹坊、流信、富德。"此處"鷹坊"與押衙、富德等相提并稱，推測當爲鷹坊使的省稱。P.3556《張氏墓志銘并序》"次亡内親從都頭知都鷹坊使富通"，説明索富通以内親從都頭的身份兼任都鷹坊使。若將視野向後延伸，不難看到遼、金王朝也置有鷹坊使、飛鷹使等職，這是鷹隼政治文化在職官設置上的反映。

相較而言，唐代"以鳥名官"最爲典型者爲鳳閣鸞臺。光宅元年（684）九月，武后改尚書省爲文昌臺，六部爲天地四時六官，門下省爲鸞臺，中書省爲鳳閣㉜。與此相應，原中書省、門下省的官員中書侍郎、中書舍人和門下侍郎也相應改爲鳳閣侍郎、鳳閣舍人和鸞臺侍郎。作爲事實上的宰相，官員職銜中帶有“同中書門下三品”“同中書門下平章事”者，也統一改稱“同鳳閣鸞臺三品”“同鳳閣鸞臺平章事”。延載元年（694），武后“内出繡袍，以賜文武三品以上官”。官員袍服各有標識：宰相飾以鳳池，尚書飾以對雁，左右鷹揚衛飾以對鷹，左右玉鈐衛飾以對鶻等㉝。鳳池由于是宰相朝服上的一種標志性圖案，因而也成爲中書省（宰相）的一種代稱。《通典·職官三》載：“魏晉以來，中書監、令掌贊詔命，記會時事，典作文書，以其地在樞近，多承寵任，是以人固其位，謂之鳳凰池焉。”㉞高承《事物紀原》云：“世謂中書曰鳳池者。按晉荀勖爲中書監，遷尚書令，勖久在中書，失之甚患，有賀之者，怒曰：‘奪我鳳皇池，何賀？’故今以爲鳳池。”㉟荀勖的事迹表明，最遲在西晉時，鳳池已成爲中書的代稱了。張鷟《朝野僉載》稱：“唐王及善才行庸猥，風神鈍濁，爲内史時，人號爲‘鳩集鳳池’。”㊱正是時人以鳳池代稱中書（内史）的典型事例。

武周時期還有控鶴府的設置㊲。“控鶴”，原指修道成仙。孫綽《游天台山賦》云：“王喬控鶴以衝天，應真飛錫以躡虚。”㊳相傳周靈王太子王子喬在嵩山修道數年，最終飛升成仙，駕乘白鶴，衝天而去。《百鳥名》中，“白鶴身爲宰相”，是僅次于鳳凰的靈禽。相傳肅宗皇帝降誕之辰，有慶雲屬天，“白鶴飛舞于上所居殿宇，翱翔二十餘匝而去”㊴。代宗皇帝即位前，又有紫雲出現，“雲中有三白鶴徊翔，又有喜鵲鳴”㊵，可見白鶴常與慶雲相伴而見，其祥瑞意義自然非同尋常。

聖曆元年（698），武后置控鶴監“以處近侍”，當是對于白鶴獻瑞和道家乘鶴升仙寓意的借用，意指出入内廷、供奉天子的皇帝近侍。二年增設控鶴監丞、主簿等官，任用者大率皆嬖寵之人，同時雜有才能文學之士。以司衛卿張易之爲控鶴監，銀青光禄大夫張昌宗、左臺中丞吉頊、殿中監田歸道、夏官侍郎李迥秀、鳳閣舍人薛稷、正諫大夫臨汾員半千等，“皆爲控鶴監内供奉”㊶。控鶴府的建制，杜佑《通典》載：“監一員，從三品；丞一員，從六品；主簿一員，從七品；控鶴左右各二十員，從五品下。以張易之爲控鶴監，統左控鶴，出入供奉。以麟臺監張昌宗統右控鶴，内供奉。……凡二十四員，以應二十四氣。”㊷這些在控鶴監内供奉的官員，不乏有文學之士，但大抵是通過非常途徑上升的輕薄之徒，并非“朝廷進德之選”，因而隨着武周王朝的覆滅，控鶴府及其屬官也一并罷黜。

《新唐書·李巨川傳》載，“（昭宗）又廢殿後軍，且言‘無示天下不廣’。詔留三十人爲控鶴排馬官，隸飛龍坊，自是天子爪牙盡矣”㊸。此事發生于乾寧四年（897），隸屬飛龍坊的“控鶴排馬官”雖爲權臣韓建所掌控，但至少在名義上仍是拱衛昭宗安危的御前禁兵。正因爲如此，晚唐五代，“控鶴”一詞實已成爲天子侍衛親軍的代稱㊹。以五代爲例，見于史籍的就有控鶴都指揮使㊺、控鶴軍㊻、控鶴都虞侯㊼、控鶴弓箭直指揮使㊽等名目。

值得注意的是，傳世史籍中還有“花鳥使”“飛鳥使”的記載。元稹《上陽白髮人》詩云：“天寶年中花鳥使，撩花狎鳥含春思。”注曰：“天寶中，密號采取艷异者爲花鳥使。"⑭又《新唐書·吕向傳》稱："時帝（玄宗）歲遣使采擇天下姝好，内之後宫，號'花鳥使'，向因奏《美人賦》以諷。"⑮不難看出，天寶年間設置的"花鳥使"，負責爲皇帝挑選天下美色，納入後宫，以此作爲嬪妃宫女的補充。宋人王讜《唐語林》載："天寶中，天下無事。選六宫風流艷態者，名'花鳥使'，主飲宴。"⑯由此看來，時人又將宫中日常陪侍皇帝宴飲的妃嬪也稱爲"花鳥使"。

飛鳥使爲吐蕃設立的傳達軍情政令的專職官員。貞元十七年（801），吐蕃攻陷麟州，殺刺史郭鋒，吐蕃大將徐舍人爲唐英國公李勣後裔，不忍殘殺城中居民，猶豫不決之際，"會飛鳥使至，召其軍還，遂引去。飛鳥，猶傳騎也"⑫。白居易《城鹽州》詩云："金烏飛傳贊普聞，建牙傳箭集群臣。"即言吐蕃贊普收到飛鳥使傳遞的緊急軍情後，即刻召集群臣商討對策。宋人錢易説："蕃中飛鳥使，中國之驛騎也。"負責緊急公文和軍政輿情的傳遞。《新唐書·吐蕃傳上》載："其舉兵，以七寸金箭爲契。百里一驛，有急兵，驛人臆前加銀鶻，甚急，鶻益多。"⑬可見，吐蕃驛使傳遞軍情時還要携帶數量不等的銀鶻，且隨着軍情或公文的緊急程度進行相應的增減。趙璘《因話録》載："蕃法刻木爲印，每有急事，則使人馳馬赴贊府牙帳，日行數百里，使者上馬如飛，號爲馬使。"⑭此處"馬使"，陳寅恪比定爲"鳥使"⑮，即馳驛奏報軍政信息的使者，其"上馬如飛"的特徵，實際上與飛鳥使的性質相同。飛鳥使即指專門發送吐蕃宫廷王府蓋有展翅飛鳥狀印璽文書的使臣⑯，很大程度上與吐蕃對飛鳥的崇拜及鳥占卜的流行有關。

二

從内容上説，《百鳥名》的第二部分是普通鳥類生活方式、習性及象徵意義的説明。比如印尾鳥没有特别才技，專心在鄉村遏舞；白練帶在山間成群活動，聽説鳳凰在林裏開會，于是携男帶女一起來觀看；熏胡鳥、鶻鶄師、鴻娘子、鮑鶄兒、赤觜鴨、碧玉鷄、鴛鴦等，"奉符追唤"，它們接到官方傳達命令的公文——"符"帖後，不敢延遲，準時到達林中；淘河鳥光着脚在河裏覓魚，野鴨爲躲避角鷗潛入水中；白鸚鵡和赤漉鶒身披五彩的羽毛衣服，迎着陽光欣賞它們多彩的羽翼；巧女子任勞任怨，整日在樹梢頭編織巢穴，喂養幼鳥；隴右地區的鸚鵡，因有非凡的語言能力而被圈養在鳥籠裏失去自由；形如老鼠的蝙蝠，每至黄昏夜晚時出來活動；念佛鳥經常吟誦佛經，提胡盧喜好飲酒，隨身携帶着葫蘆；澤雉的身上有百餘種華麗的羽毛，而鵪鶉身材短小，尾巴光秃，没有一點兒羽毛；獨春鳥生性在高高的樹枝上栖息，雀公的身形儘管如同種籽一般大小，但它十分討厭老鷗搶奪自己的羽毛；吉祥鳥富有靈性，給人帶來喜氣，它出現在五臺山的岩崖裏，常常伴有彩雲掩映，因而受到人們的頂禮膜拜；花没鴿的羽毛顏色是如此美麗，但它情願在寺院中度過一生；野鵲也很有靈性，它往往提前給主人家報喜，送來吉慶團圓的消息；黑鸜鴿和黄花樓，繞着山頭飛來飛去；赤觜的山鵲惹人喜愛，群神鳥則孑然一身，獨自飛翔；寒號鳥夜夜哀嚎，青雀兒的羽毛五顏六色，甚爲分明。總體來説，這些鳥類没有官銜，數量較多，在飛鳥王國中地位較低，類似于人間社會中的普通民衆。它們聽說鳳凰大王駕幸林中，于是急忙趕來歌舞跪拜，藉此一睹鳳凰大王的風采。

以上鳥類中，鸚鵡作爲"能言鳥"深受人們重視[57]。《南方异物志》云："鸚鵡有三種，一種青大如烏臼。一種大如鴟鴞。一種五色。大如青而小于白者，交州以南盡有之，白及五色出杜薄州。"[58]從體形外貌來説，鸚鵡有白、青（一曰赤）和五色之分，大致在交州以南諸國皆有鸚鵡分布。六朝隋唐之際，見于史籍的南海諸國如婆皇國、婆利國、陁洹國、林邑、呵陵國、南天竺和拘蔞蜜國等，都有遣使通好，并向中原王朝貢獻白鸚鵡和五色鸚鵡的記載[59]。8 世紀初，唐嶺南地區已開始向朝廷進獻白鸚鵡，尤其是嶺南道的羅州招義郡，其土貢物品中就有孔雀和鸚鵡[60]。據《明皇雜録》記載，開元中嶺南進獻一隻白鸚鵡，聰慧非常，"洞曉言詞"，深得玄宗和貴妃喜歡，故賜名爲"雪衣娘"。然好景不長，這隻鸚鵡被老鷹"搏之而斃"，玄宗嘆息良久，命瘞埋于苑中，爲立冢，呼爲鸚鵡冢[61]。又《太平御覽》轉引《唐書》曰："玄宗有五色鸚鵡，能言，育于宫中，上命左右試牽御衣，鳥輒瞋目叱咤。"這隻鸚鵡的身形爲丹首、紅臆、朱冠、綠翼，"心聰性辯，護主報恩"，宰相張説援引《南海异物志》，認爲此鸚鵡當爲"時樂鳥"，倡言"時樂鳥鳴皆太平，天下有道則見"[62]，因而上表稱賀，望編入國史，"以彰聖瑞"，此時的鸚鵡實已成爲彰顯玄宗太平盛世的飛鳥祥瑞。

嶺南之外，唐代鸚鵡的另一分布地域是隴右道。根據白居易《鸚鵡》和皮日休《哀隴民》的描述，隴西和隴山都有相當數量的鸚鵡在此構巢居住。正如皮日休詩中所寫："隴山千萬仞，鸚鵡巢其巔。窮危又極嶮，其山猶不全。蚩蚩隴之民，懸度如登天。空中覘其巢，墮者爭紛然。百禽不得一，十人九死焉。"[63]此詩生動描述了隴右百姓冒着生命危險爬上隴山之巔捕捉鸚鵡的艱難場景，反映出隴右鸚鵡作爲"土貢"進獻朝廷的史實[64]。隴山高危之險峻，空谷山崖之幽深，隴民攀爬之艱辛，以及失足墜崖之粉身碎骨，可謂歷歷在目，躍然紙上。

鸚鵡與唐代政治的關聯，最顯著者見于武周政權中。張鷟《朝野僉載》記載，武后嘗夢一鸚鵡，"羽毛甚偉，兩翅俱折"，遂詢問宰臣有何寓意。内史狄仁傑解夢説："鵡者，陛下姓也；兩翅折，陛下二子廬陵、相王也。陛下起此二子，兩翅全也。"[65]由于"鵡"是武后姓氏"武"之諧音，故而鸚鵡成爲武周政權的象徵[66]。然而鸚鵡之"兩翅折"，意指武后二子廬陵王和相王先後被廢，唯有重新起用這兩位皇子，鸚鵡的兩翼纔能恢復完整。表面看來，狄仁傑旨在強調李唐皇子在武周政權中的重要地位，實則藉解夢之際向武后表達了還政李唐的政治訴求。敦煌所出《大雲經疏》（S. 2658、S. 6502）是宣傳"神皇"（武則天）代替李唐而爲天下主的典型材料，其中收録了"魚鳥相依同一家"和"隴頭一蓂李"的兩則讖謡，都與鸚鵡的政治文化意涵密切相關：

> 又讖曰：東海躍六傳書魚，西山飛一能言鳥。魚鳥相依同一家，鼓鱗奮翼膺天號。"東海躍六傳書魚"者，鯉魚也，鯉屬皇家姓也。"西山飛一能言鳥"者，鸚鵡也，鸚鵡應聖氏也。"魚鳥相依同一家"者，即明大帝神皇同理天下也。"鼓鱗奮翼膺天號"者，即上元年中改爲天皇天后是也。又讖云：戴冠鸚鵡子，真成

不得欺。"鸚鵡"者，屬神皇之姓也。"不得欺"者，言天下之人皆須竭誠不得欺負之義也。……又讖云：隴頭一蓁李，枝葉欲雕踈，風吹幾欲倒，賴逢鸚鵡扶。"隴頭李"者，此言皇家李氏本出隴西李氏也。……"鸚鵡"者，應聖氏也，言諸虺作逆，幾傾宗社，神皇重安三聖基業，故言"賴逢鸚鵡扶"也。[67]

讖言中"鯉魚"之"鯉"與"李"諧音，屬李唐皇家姓，故與"隴頭一蓁李"即隴西李氏寓意相同；"能言鳥"即鸚鵡，"應聖氏也"，代指武后及其家族；"魚鳥相依同一家"，是説"大帝神皇同理天下也"，意指唐高宗與武后協同處理政事，治理天下，或爲"二聖"格局的委婉表達；"風吹幾欲倒，賴逢鸚鵡扶"，是説李唐大廈將傾之際，幸賴鸚鵡（武氏家族）襄助扶持，力挽狂瀾，李唐基業纔没有失墜傾覆。因此，普天之下官民百姓都要善待鸚鵡，不能欺負這種神鳥。這看似是李、武家族和諧共處、相互扶持的描述，實則乃是武周取代李唐的天命宣傳[68]。

應當指出，史籍中所見"能言鳥"并非僅限于鸚鵡，中古嶺南地區廣泛分布的一種名叫"秦吉了"的鳥類，同樣能説人言，"無不通南人"。據《舊唐書·音樂志》記載，唐代坐部伎六樂中，《鳥歌萬歲樂》由武則天親自創作而成。史載，"武太后時，宮中養鳥，能人言，又常稱萬歲，爲樂以象之。舞三人，緋大袖，并畫鸚鵡，冠作鳥像"[69]。這種外貌類似鸚鵡而又"能人言"的鳥類，時人或比定爲鸚鵡，或以爲即嶺南地區養在籠中的秦吉了。劉恂《嶺表異録》云："容、管、廉、白州産此鳥（秦吉了），大約似鸚鵡，觜脚皆紅，兩眼後夾腦，有黃肉冠，善效人言，語音雄大，分明于鸚鵡。"[70]可知秦吉了的身形外貌及其模仿人言的能力，都與鸚鵡頗爲相像。不過，相較鸚鵡而言，秦吉了"語音雄大"，聲音更爲淳厚一些。白居易《新樂府·秦吉了》寫道：

> 秦吉了，出南中，彩毛青黑花頸紅。耳聰心慧舌端巧，鳥語人言無不通。昨日長爪鳶，今朝大嘴烏。鳶捎乳燕一窠覆，烏琢母鷄雙眼枯。鷄號墮地燕驚去，然後拾卵攫其雛。豈無雕與鶚？嗉中肉飽不肯搏。亦有鸞鶴群，閑立揚高如不聞。秦吉了，人云爾是能言鳥，豈不見鷄燕之冤苦？吾聞鳳凰百鳥主，爾竟不爲鳳凰之前致一言，安用噪噪閑言語。[71]

此詩小序"哀冤民也"，意在申訴百姓的冤屈和苦楚。陳寅恪先生指出，詩中之雕鶚"指憲臺京尹搏擊肅理之官"，鸞鶴"指省閣翰苑清要禁臺之臣"，"秦吉了"則指各種大小諫官[72]。此詩描寫的長爪鳶傾覆燕巢、大嘴烏攫掠鷄雛的場景，應是權勢豪强侵淩弱小、欺壓百姓的反映。對于這些豪右橫暴的不法行爲，雕鶚等京尹憲官不予制止，鸞鶴等臺省近侍也是置若罔聞。"秦吉了"縱然善説人言，巧舌如簧，但作爲諫官，在鳥中之王的鳳凰面前竟然不爲"鷄燕之冤苦"申訴一言。由此，民情之苦難以上達，上下溝通不暢，信息壅塞，詩人頗感失望。豪强之粗暴，憲官之縱容，臺省之失職，以及諫官的粉飾太平，在詩中表現得可謂淋漓盡致。正如陳寅恪所言，"是此篇所譏刺者甚廣，而樂天尤憤慨于冤民之無告，言官之不言也"[73]。對于"秦吉了"暗指的各種大小諫官，詩人尤其表達了深深的不滿。

再看《百鳥名》提到的"吉祥鳥"，此鳥見于五臺山中，因有祥雲紫氣相伴，"最靈喜"，故而深受民衆的尊崇與膜拜。敦煌寫本《五臺山贊》云："南臺窟裏甚可憎，裏許多饒羅漢僧。吉祥聖鳥時時現，夜夜飛來點聖燈。聖燈焰焰向前行，照耀靈山遍地明。此山多繞靈異鳥，五臺十寺樂轟轟。"[74]贊文中每夜定時點亮聖燈、照耀靈山遍地的"吉祥聖鳥""靈異鳥"，即《百鳥名》描述的"吉祥鳥"。顧名思義，此鳥的出現就是給人們指明方向，帶來吉祥。據《宋高僧傳》記載，百濟人真表逃入深山，"志求戒法"，潛心向佛，夜倍日功，至第三七日質明，有吉祥鳥鳴曰"菩薩來也"。乃見彌勒菩薩（慈氏）徐步而行，至于壇所，"躬授三法衣、瓦鉢"，并賜法名真表[75]。在此過程中，吉祥鳥無疑扮演了彌勒菩薩信使的角色，也堅定了真表求法受戒的信心。不過，佛教史籍表明，吉祥鳥在文殊菩薩的道場——五臺山（一名清凉山）多次出現，這或許與中古時代五臺山佛教聖地的地位以及在整個東亞佛教文化區內的強大生命力密切相關[76]。大曆二年（767）永嘉人無著來到五臺山，"挂錫華嚴寺"，在般若經樓遇見吉祥鳥，羽毛蒨絢，雙飛于頂上，"望東北鼓翼而去"[77]。此次無著見到的吉祥鳥，宋代高僧延一撰寫的《廣清凉傳》也有記載：

> 翌日中戊，坐般若院經藏樓前，有二吉祥鳥，當無著頂上，徘徊飛翔數匝，東北而去。越三日，景正東時，坐房中，見白光二道，至無著頂上而滅。同房僧法賢等具見。無著大駭曰："是何祥瑞，乞再現之，决弟子疑網。"言訖再現，久而方滅。[78]

可以肯定，出現在無著和尚頭頂上方的"二吉祥鳥"和"白光二道"均爲祥瑞，如果聯繫下文文殊菩薩化身老人與無著交談問答的情形，可知吉祥鳥和白光實爲引導文殊菩薩駕臨顯聖的靈異聖物。敦煌本《五臺山曲子》云："吉祥鳴，師子吼。聞者狐疑，怕往羅筵走，纔念文殊三兩口。大聖慈悲，方便潛身救。"[79]我們知道，獅子是百獸之王，威武雄壯，其張牙舞爪的神態、咆哮吼叫的氣勢往往能鎮懾百獸，威震八方。作爲文殊師利的坐騎，獅子的吼聲既有震懾邪魔外道的威力，同時也有呼喚文殊智者前來平息神龍爭鬥的訴求。吉祥鳥的鳴叫既然與獅子的吼聲相提并稱，似表明吉祥鳥與獅子一樣成爲侍從文殊菩薩左右的靈禽瑞獸，這或許可以解釋五臺山何以頻繁出現吉祥鳥的原因。

吉祥鳥一名聖鳥、靈異鳥，在佛教聖地五臺山具有非同尋常的特殊地位。大中祥符六年（1013）十月，代州五臺山"有吉祥鳥見"，體形和雙翅甚大。此鳥飛翔時，前有四隻黃鳥引導，後有四隻青鵲跟隨[80]，頗有飛鳥王國中鳳凰的威儀。莫高窟第61窟《五臺山圖》保存了大量的佛教歷史資料及衆多的化現景象，如靈鳥現、聖燈化現、白鶴現等。"靈鳥現"繪有數隻飛鳥在南臺上空徘徊飛翔；"聖燈化現"是説五臺山一到夜間便有"聖燈"出現，而《五臺山圖》的各臺中即畫有星星點點的"聖燈"。按照《五臺山贊》的説法，"吉祥聖鳥時時現，夜夜飛來點聖燈"，這些照耀五臺山的衆多"聖燈"就是由吉祥鳥點亮的；"白鶴現"繪于東臺左邊，畫面是烟霞纏繞于山谷中，山腰間有一對白鶴飛翔。唐慧祥《古清凉傳》載，調露元年（679）四月洛陽白馬寺沙門惠藏與道俗五十餘人，相次登臨五臺山，將至中臺，"同見白鶴一群，隨行數里，適至臺首，奄忽而滅"[81]。又據《廣清涼傳》記載，開元十八年（730）代州都督薛徽以歲屬亢陽，久旱無雨，聽聞五臺山文殊菩薩"極多靈異"，遂登臺頂，竭誠祈雨。忽然看到華嚴寺上，有二十二隻群飛白鶴，"徘徊翱翔，集于臺上，須臾即散"。俄頃，黑雲壓境，雨露普降，"五縣沾足"[82]。從這兩則故事來看，五臺山上成群結隊的白鶴似乎也傳遞出給人指路和賜福降吉祥的信息，自然也贏得了"靈鶴"的美譽。敦煌本《五臺山聖境贊·中臺》云："真容每現靈臺上，無染親經化寺中。高步幾回游絕頂，似乘靈鶴在虛空。"[83]恰到好處地呼應了《五臺山圖》"白鶴現"的靈異景觀。

五臺山在宗教地理上以其功效和聖潔程度而名列前茅，因而成爲衆多詩歌和其他著作歌頌佛教美德的焦點[84]。尤其在高僧和文人的筆下，五臺山作爲佛教聖地呈現出一幅人杰地靈，鳥語花香的天然勝境。P. 2483《五臺山贊文·南臺》寫道："臨池百鳥皆稱佛，虎狼師子念彌陀。"[85]説明在佛教文化的浸潤和渲染下，五臺山上的衆多飛禽走獸似乎也頗具佛性，在導引高僧信衆瞻仰巡禮、講經説法以及營造寧静祥和的聖迹方面可謂不遺餘力。以飛鳥爲例，上元二年（675）七月，慈恩寺僧靈察巡禮五臺山，至北臺時"夜聞青雀數百，飛鳴左右，不見其形"。又經中臺去往西臺，"有百鳥飛引其前"，相伴左右，直至返回中臺後，衆鳥"方乃遠去"[86]。又《廣清涼傳》記載，華嚴寺東有一樅藥，枝葉四垂，合圍成蔭。嘗有僧在藥宣講四諦法，"時群鳥來止其處，飛翔上下，久而不去"。僧曰："此鳥如佛在藥，有鸚鵡于佛前聆四諦法，而得生天，此亦應爾。"[87]無論是導引靈察和尚瞻仰聖迹的青雀，還是在藥下聆聽佛法的群鳥，它們在高僧的筆下都被賦予了靈異鳥的鮮明特徵，某種程度上正是佛教文化視域下五臺山吉祥鳥的生動寫照。

《百鳥名》提到的"野鵲"，對普通人家來説也是靈性之鳥，通常它的叫聲給人們傳遞出吉慶喜樂的消息，故而又稱喜鵲[88]。《開元天寶遺事》載："時人之家聞鵲聲，皆爲喜兆，故謂靈鵲報喜。"[89]敦煌曲子詞《踏鵲枝·征夫早歸》云："叵奈靈鵲多瞞語，送喜何曾有憑據。幾度飛來活捉取，鎖上金籠休共語。比擬好心來送喜，誰知鎖我在金籠裏。欲他征夫早歸來，騰身却放我向青雲裏。"[90]此曲是閨中婦女和靈鵲的對話。這位思念丈夫的婦女雖然看到靈鵲前來送喜，但他的丈夫却没有歸來，便索性把這隻靈鵲關在金籠裏。于是靈鵲抱怨説，原本我是好心來給你送喜，没承想却被你囚禁在鳥籠裏。你如果要征夫儘早歸來，還是釋放我飛到青雲裏去吧！

無疑，閨中婦女對于靈鵲"鎖上金籠"的做法略顯粗暴，不近情理。王建《祝鵲》詩云："神鵲神鵲好言語，行人早回多利賂。我今庭中栽好樹，與汝作巢當報汝。"[91]這是詩人對于喜鵲的祝辭，從中看出人們對于前來報喜的喜鵲，大多將其奉爲"神鵲"，厚加禮遇，施以利賂。主人家甚至在庭院中栽種好樹，招引神鵲在樹上築巢安家，常年留居，以此作爲對神鵲"送喜"的酬報和答謝。從這個意義來説，"喜鵲是一個給受難者帶來好消息的使者，是一個宣布從不幸中解脱出來的天使"[92]，這在普通家庭的生活軌迹中能夠得到至爲明確的印證。

有關喜鵲報喜的原委，唐人多有解讀。張鷟《朝野僉載》收錄了一則"鵲噪獄樓"的故事頗爲典型：

贞观末，南康黎景逸居于空青山，常有鹊巢其侧，每饭食喂之。後鄰近失布者誣景逸盗之，系南康獄，月餘劾不承。欲訊之，其鹊止于獄樓，向景逸歡喜，似傳語之狀。其日傳有赦，官司詰其來，雲路逢玄衣素衿人所説。三日而赦果至，景逸還山。乃知玄衣素衿者，鹊之所傳也。[93]

故事中，黎景逸因被誣陷偷盗而蒙冤入獄，一隻在他家附近築巢定居的喜鹊，爲感念景逸平日對它的飯食喂養，不僅親自飛抵獄樓，向恩人傳遞"歡喜"消息，還化身"玄衣素衿人"陳述案情緣由。三日後赦免恩人的喜訊傳來，隨即景逸無罪釋放。仔細對照，"鹊噪獄樓"的故事與六朝隋唐時期流行的琴曲和教坊曲——《烏夜啼》的本事原委甚爲相似，頗多契合。李勉《琴説》曰："《烏夜啼》者，何晏之女所造也。初，晏繫獄，有二烏止于舍上。女曰'烏有喜聲，父必免。'遂撰此操。"[94]張籍《烏夜啼引》詩："秦烏啼啞啞，夜啼長安吏人家。吏人得罪囚在獄，傾家賣産將自贖。少婦起聽夜啼烏，知是官家有赦書。下床心喜不重寐，未明上堂拜舅姑。少婦語啼烏，汝啼慎勿虛。借汝庭樹作高窠，年年不令傷爾雛。"[95]顯而易見，不論何晏獲免出獄，還是吏人遇赦歸來，似乎都與夜半烏鴉鳴啼有關，預示着遠行親人的歸來及家人的團圓。故任半塘説："唐詩《烏夜啼引》辭内，每見當時奉烏之迷信"，"此種迷信風俗，與唐時之流行此曲顯然有關"[96]。反過來説，此曲在唐代社會廣爲流行，正是唐人敬烏祈福風氣的反映。不過，李渤《喜弟淑再至爲長歌》"昨日亭前烏鹊喜，果得今朝爾來此"兩句[97]，説明烏鹊也是帶來吉慶喜訊的祥瑞之鳥，不能排除烏鹊的吉祥意涵，或許正是烏鴉和喜鹊報喜角色的直接借用與有效綜合。宋人彭乘在《墨客揮犀》中説："北人喜鴉聲而惡鹊聲，南人喜鹊聲而惡鴉聲。鴉聲吉凶不常，鹊聲吉多而凶少，故俗呼喜鹊，古所謂乾鵲是也。"[98]由此看來，烏鴉和喜鹊的叫聲都有吉有凶，但相較而言喜鹊的鳴叫更多預示吉祥。儘管烏鴉和喜鹊的地位在南北兩方形成了極大的反差，但喜鹊報喜的意涵，還是被人們不斷地豐富和强化，而烏鴉的叫聲則被賦予了較多的不吉意義。因此可以説，自宋以後，喜鹊主吉而烏鴉主凶的寓意在民俗文化觀念中已經根深蒂固了。

三

英國學者胡思德説：戰國兩漢時期的文獻設想人類世界與動物王國相互依賴，渾然一體。"動物王國既是人類社會樹立權力時取法的模式，又是人類道德觀念的催化媒介"。人們相信，動物不祇是生物學意義上的物種，而是些意味深長的標本，足以透露宏大的宇宙模式[99]。與此相應，人們對于動物的關注，絶不限于生物學意義上地理分布和生活習性的慣性瞭解，還有來自文化觀念層面社會意義的特別表達。比如以飛鳥中的鳳凰、鸞鳥、赤烏、朱雀爲例，它們的出現往往被賦予了吉慶祥和、天下太平的涵義，因而作爲祥瑞的一種表徵在傳世典籍中保存了大量的記載。

中國古代的帝王政治中，經常可以看到因爲靈禽瑞獸的出現而更換年號的現象，尤其是飛鳥祥瑞的出現似乎是"有德之君"的頌揚，因而往往成爲帝王改易年號的依據。同樣以鳳、烏、雀爲例，見于史籍的年號有元鳳、五鳳、神雀、天鳳、赤烏、神鳳、鳳凰、永鳳、白雀、鳳翔、白烏、鳳鳴、儀鳳、朱雀、鳳曆、龍鳳等，其中以"鳳"字年號居多，反映出人們對于鳥中之王——鳳凰的期盼與尊崇（詳下表）。比如三國吳主孫皓的年號爲鳳凰，其行用緣由據《吳曆》所記，乃是由于太元元年有鳥集苑中，似雁，高足長尾，毛羽五色，"咸以爲鳳皇"，故改元爲鳳凰[100]。又如隋末唐初自稱梁王的蕭銑，"以有異鳥之瑞，建元爲鳳鳴"[101]，實際上仍是鳳凰的崇拜。其他如永鳳、天鳳、儀鳳等"鳳"字年號的推行與使用，無一不是鳳凰政治文化意義的宣示與表達。

赤烏、白烏的符瑞意義，是本于"烏爲孝鳥"的内在觀念而不斷豐富起來的。《史記·周本紀》記有"火流爲烏"的傳説，《春秋繁露》所引《尚書傳》又有"赤烏銜穀"的故事，它們都被後人附會爲天命降周和武王興起的預兆。晋成公《綏烏賦》序曰："若乃三足德靈，國有道則見，國無道則隱，斯乃鳳鳥之德，何以加焉？"[102]其意是説，三足烏（一名陽烏，或曰赤烏）天賦稟異，頗有靈性，經常出現于有道之君的國内，若國家無道則隱没不見，這種警示國家治亂興衰的特性其實與鳳鳥呈現的仁德品質并無二致。至于白烏，按照《魏書·靈徵志》的記載，"王者宗廟肅敬則至"。白烏作爲年號來使用，僅見于大業九年（613）扶風人向海明的舉兵作亂和稱帝建元[103]。聯繫此次作亂中彌勒信仰的宗教文化背景，那麼白烏的使用并非單純是神鳥反哺孝親品質的借用和推崇，其中可能還摻雜了中古時代頗爲流行的白色符瑞元素。

神雀、白雀、朱雀是"雀"類飛鳥祥瑞的代表。王充《論衡·講瑞篇》云："神雀、鸞鳥，皆眾鳥之長也，其仁聖雖不及鳳皇，然其從群鳥亦宜數十。"[104]又《指瑞篇》稱："孝宣皇帝之時，鳳皇五至，騏驎一至，神雀、黃龍、甘露、醴泉，莫不畢見，故有五鳳、神雀、甘露、黃龍之紀。"[105]《白氏六帖》也説："漢宣帝屢有神雀之瑞，乃改年號爲神雀元年。"[106]東漢明帝永平十七年（74），"神雀五色翔集京師"，博士賈逵援引宣帝故事，以爲是"降胡之徵"。明帝大悦，"敕蘭臺給筆札"，令賈逵作《神雀頌》宣示朝廷，以表慶賀[107]。漢代對于神雀的推崇與重視，由此可見一斑。

白雀者，"王者爵禄均則白雀至"，其意或是對于王者賞罰公允、仁德普惠的贊頌。但從隋末唐初李淵起兵時"白雀呈祥"的輿論宣傳來看，白雀的出現有時還被賦予聖人受命于天的意義。敦煌寫本 P. 2594v + P. 2864v《白雀歌》是 10 世紀時"三楚漁人"張永爲張承奉建立金山國而創作的文學作品。其中四句寫道："自從湯帝升遐後，白雀無因宿帝廷。近來降瑞報成康，果見河西再册王。"白雀因而成爲張承奉統治敦煌及金山國立國的祥瑞之鳥[108]。與白雀稍有區別的是，史籍中還有赤雀、朱雀的記載。比如"赤雀銜丹書"被視爲周文王受命、西周取代殷商的預兆，自然也成爲帝王順天受命的重要祥瑞。相比之下，朱雀作爲四靈之一，廣泛出現于墓葬圖像和傳世典籍中，且往往與古代的天文曆法、陰陽術數、四方觀念、五行學説和道教神仙思想等諸多文化元素相糾合，在知識譜系上與南方七宿、四時屬夏、五行尚火、仙界使者等話題相聯繫，因而成爲中古時代南方意象的一種表徵[109]。

史籍所見取用鳳、雀、烏字年號表

皇帝	年號	行用時間	備注
漢昭帝劉弗陵	元鳳	前80—前75	
漢宣帝劉詢	神爵/神雀	前61—前58	《漢書》作"神爵"，《宋書》作"神雀"。
漢宣帝劉詢	五鳳	前57—前54	應劭曰："先者鳳皇五至，因以改元云。"《論衡》云："宣帝時鳳皇五至。"
王莽	天鳳	14—19	或作始建國天鳳，或作始建國天鳳上戊。
吳王孫權	赤烏	238—251	
吳王孫權	神鳳	252年二月至三月	僅行用一月。
會稽王孫亮	五鳳	254—256	《晉書》卷二十八載：孫亮建興二年十一月有大鳥五見于春申，吳人以爲鳳凰，明年改元爲五鳳。
吳末帝（烏程侯）孫皓	鳳凰	272—274	以西苑言鳳凰集改元。
劉尼（丘沉）、張昌	神鳳	303年五月至八月	張昌爲山都（今湖北襄陽）農民起義首領，立劉尼（丘沉）爲天子。
前趙劉淵	永鳳	308—309	
李弘、李金銀	鳳凰	370年八月至九月	李弘、李金銀爲益州（今四川廣漢）農民起義首領。
張大豫	鳳凰	386	張大豫自號撫軍將軍，涼州牧，改元鳳凰。
後秦姚萇	白雀[10]	384—386	
夏赫連勃勃	鳳翔	413—418	
向海明	白烏	613	扶風人向海明舉兵作亂，稱皇帝，建元白烏。
長樂王竇建德	五鳳	618—621	竇建德爲河北農民起義首領。
梁王蕭銑	鳳鳴	617—621	《資治通鑒》作"鳴鳳"。
唐高宗李治	儀鳳	676—679	
渤海僖王大言義	朱雀	813—817	
後梁郢王朱友珪	鳳曆	913年正月至二月	
吳越錢鏐	鳳曆	913	行用後梁郢王年號。
後理段智廉	鳳曆	1201	
韓林兒	龍鳳	1355—1366	韓林兒爲元末紅巾軍首領。
田九成、王金剛奴	龍鳳	1397	田九成、王金剛奴爲陝西沔縣農民起義首領，自號漢明皇帝。

除了年號之外，中國古代的宮殿、樓閣、亭臺命名亦有以飛鳥的出現爲依據者，這在漢唐時期的宮城建築名稱中都有些許反映。據《類編長安志》記載，漢未央宮中有飛羽殿和朱鳥殿，建章宮北太液池有望鵠臺。宋人程大昌《雍録》引《長安志》稱，漢長安未央宮有飛羽殿、鳳凰殿、鴛鴦殿、朱雀殿和朱鳥堂[11]。又《漢書·郊祀志》記載，西漢宣帝神爵二年（前60），鳳皇集祋祤，于所集處得玉寶，起步壽宮，大赦天下。四年，"鳳皇神爵甘露降集京師"，大赦天下。其年冬，鳳皇集上林，"乃作鳳皇殿，以答嘉瑞"。翌年正月，宣帝幸甘泉郊泰時，改元五鳳[12]。不難看出，鳳凰殿的興建和五鳳年號的頒行，都與神爵年間鳳凰的頻繁出現有關。

唐長安城中，西内太極宮有翔鳳殿、鶴翔殿，亦有翔鳳閣。東宮有鷹鶻院。東内大明宮丹鳳門内正殿爲含元殿，"夾殿兩閣，左曰翔鸞閣，右曰栖鳳閣"[13]。這些宮城殿閣的命名，依然是以鸞、鳳、鶴等飛鳥形象爲依據。其中翔鸞閣、栖鳳閣分別位于含元殿東南、西南兩側，兩兩相對，距含元殿的兩端均30餘米[14]。上元元年，"高宗御含元殿東翔鸞閣觀大酺"。至德三載（758），"大閱諸軍于含元殿庭，上御栖鳳閣觀之"[15]。考慮到翔鸞、栖鳳二閣依附含元殿的性質，可以認爲，高宗和肅宗的這兩次觀禮活動仍是大明宮含元殿政治功能的體現。

張鷟《朝野僉載》云："太宗養一白鶻，號曰將軍。取鳥常驅至于殿前，然後擊殺，故名落雁殿。"[16]此殿緣于白鶻將軍捕殺鳥雀而得名，具體位于何處，尚難判斷。王應麟《玉海》引《實録》曰："太宗貞觀十一年三月三日戊子，引五品已上大射于儀鳳殿。十八年十一月壬午，宴父老儀鸞殿。"[17]這裏"儀鳳殿"，或作"儀鸞殿"，係東都洛陽宮内殿名。劉軻《陳玄奘塔銘》曰："法師謁文武聖皇帝于洛陽宮，二月己亥，對于儀鸞殿，殿有射垛，殿東即雒城西門，門外有給使坊及内教坊、御馬坊。"[18]可知貞觀中，太宗曾在儀鸞殿接見了西行取經歸來的玄奘法師。據《資治通鑑》記載，儀鸞殿建于隋大業十一年。起因是"有二孔雀自西苑飛集寶城朝堂前"，親衛校尉高德儒等十餘人"奏以爲鸞"，當時孔雀已經飛走，無法驗證真僞，文武百官上表稱賀，隋煬帝降詔，令于其地造儀鸞殿[19]。

《山海經·大荒西經》載："有五采鳥三名：一曰皇鳥，一曰鸞鳥，一曰鳳鳥。"[20]可知鸞鳥、鳳鳥、皇鳥并無本質上的差异，它們實際上都是"五采鳥"的不同稱呼。稍有區別者，"鸞鳥自歌，鳳鳥自舞"，前者善于歌唱，後者以舞蹈見長，它們的出現其實都是神鳥鳳凰祥瑞意義的贊頌。因此可以說，貞觀年中太宗舉行"大射"之禮和"宴父老"活動的儀鳳殿（儀鸞殿），其命名正是"簫韶九成，鳳皇來儀"的借用，體現出對于政治清明和天下安寧的期盼。鳳凰的性格及文化象徵意義，《宋書·符瑞志》載：

> 鳳凰者，仁鳥也。不剖胎剖卵則至。或翔或集。雄曰鳳，雌曰凰。蛇頭燕頷，龜背鱉腹，鶴頸鷄喙，鴻前魚尾，青首駢翼，鷺立而鴛鴦思。首戴德而背負仁，項荷義而膺抱信，足履正而尾繫武。小音中鐘，大音中鼓。延頸奮翼，五光備舉。興八風，降時雨，食有節，飲有儀，往有文，來有嘉，游必擇地，飲不妄下。其鳴，雄曰"節節"，雌曰"足足"。晨鳴曰"發明"，晝鳴曰"上朔"，夕鳴曰"歸

111

昌"，昏鳴曰"固常"，夜鳴曰"保長"。其樂也，徘徊徊徊，雍雍喈喈。唯鳳皇爲能究萬物，通天祉，象百狀，達王道，率五音，成九德，備文武，正下國。故得鳳之象，一則過之，二則翔之，三則集之，四則春秋居之，五則終身居之。[120]

沈約《符瑞志》對鳳凰的描述，完全是按照儒家仁、德的標準來審視的，很大程度上反映了時人的普遍共識：鳳凰作爲一種仁鳥，"首戴德而背負仁，項荷義而膺抱信"，兼具儒家仁、義、禮、信的特質。它能"興八風，降時雨""究萬物，通天祉""達王道""成九德"，飲食有節，威儀有度，頗有神異色彩。甚至它的鳴叫，或曰"歸昌"，或曰"保長"，傳遞出國運永昌的吉祥意義。事實上，早在東漢，王充就對"鳳皇騏驎爲聖王來"的説法予以批判：

> 儒者説鳳皇騏驎爲聖王來，以爲鳳皇騏驎，仁聖禽也，思慮深，避害遠，中國有道則來，無道則隱。稱鳳皇騏驎之仁知者，欲以褒聖人也，非聖人之德，不能致鳳皇騏驎。此言妄也。[122]

然而，儒者所言"鳳皇鳥之聖者""鳳皇靈鳥仁瑞""鳳皇騏驎，太平之瑞"的説法已有深厚的文化積澱，可謂由來已久，根深蒂固，自然王充的批判不可能對"儒者説"產生實質性影響。因而在沈約的筆下，鳳凰的外貌、品性、鳴叫、舉止及其傳遞的上天福祉，完全符合儒家對于"聖王"道德規範的塑造。借用胡思德的説法，"靈禽瑞獸的靈性正如人間聖賢化洽天地的品格"，甚至可以説"靈禽瑞獸就是動物王國裏斯文的聖賢"[122]。鳳凰既然能"達王道""備文武""正下國"，無疑是飛鳥世界中的聖賢或王者。正因爲如此，漢唐時代，人們對鳳凰的出現甚爲關注。由于它被視爲飛鳥類祥瑞的典型代表，因而得到了史家的高度重視，史籍中也保存了大量有關"鳳凰集"的記載。同樣以沈約《符瑞志》爲例：

> 漢昭帝始元三年十月，鳳皇集東海，遣使祠其處。漢宣帝本始元年五月，鳳皇集膠東。本始四年五月，鳳皇集北海。漢宣帝地節二年四月，鳳皇集魯，群鳥從之。漢宣帝元康元年三月，鳳皇集泰山、陳留。元康四年，南郡獲威鳳。漢宣帝神雀二年二月，鳳皇集京師，群鳥從之以萬數。神雀四年春，鳳皇集京師。神雀四年十月，鳳皇十一集杜陵。神雀四年十二月，鳳皇集上林。[124]

清代學者趙翼在《廿二史札記》中説，"兩漢多鳳凰，而最多者西漢則宣帝之世，東漢則章帝之世"[125]。上舉有關西漢昭帝、宣帝時期"鳳凰集"的 10 條記錄，反映出漢代祥瑞、符讖之學興盛的政治文化背景以及人們對于鳳凰的禮敬與尊崇。其中宣帝地節二年（前 68）"鳳皇集魯"和神雀二年（前 60）"鳳皇集京師"的兩次祥瑞，還出現了"群鳥從之"的景象，透露出鳳凰在飛鳥世界中居于核心的重要地位。漢代的儒生通常認爲，鳳凰爲眾鳥之長，"聖神有異，故群鳥附從。如見大鳥來集，群鳥附之，則是鳳皇[126]。翻檢漢唐典籍，此類"群鳥從之"（眾鳥跟隨鳳凰身後而飛翔）的書寫在中古時代并不少見，這看似是鳥兒栖息或展翅飛翔的自然描述，實則表達了特定的政治文化意義。比如武德元年（618）冬至，剛剛自稱長樂王、建立大夏政權的竇建德在金城宮設會，"有五大鳥降于樂壽，群鳥數萬從之，經日而去，因改年爲五鳳"⑫。從竇建德的改易年號來看，此次降臨樂壽的"五大鳥"應爲五隻鳳凰，因有數萬群鳥簇擁，場面極爲壯觀，如此罕見的景象自然被大夏政權賦予特別的政治意涵。畢竟"五大鳥"作爲一種十分難得的祥瑞⑲，它們的出現很大程度上與竇建德長樂王的身份聯繫起來，故而纔有"五鳳"年號的頒行與使用。

王充《論衡》云："黄帝、堯、舜、周之盛時，皆致鳳皇。"⑫鳳凰作爲王者至尊的象徵，在載初元年（690）武則天改唐爲周的事件中得到了絕好的證明。這年九月戊寅，以侍御史傅游藝爲代表的百官群臣先後數次上疏，"請改國號曰周，賜皇帝姓武氏"，武后始終猶豫不决。當此之際，群臣上言："有鳳皇自明堂飛入上陽宫，還集左臺梧桐之上，久之，飛東南去；及赤雀數萬集朝堂。"⑬經過好事者的解釋，這隻從明堂飛出而落在左肅政臺梧桐樹上的鳳凰就與武則天的"王者"形象聯繫起來，而鳳凰身後雲集朝堂的數萬朱雀，則相應地成爲百官群臣的象徵性比擬。如此説來，武后登基稱帝和改唐爲周自然也是順應天意、祇承天命的合理舉措。于是數日後，武則天便接受了群臣的奏請，"御則天樓，赦天下，以唐爲周"⑬，改元天授，武周王朝正式建立。

此外，文獻中所見部分府縣、城池、關隘、樓臺的名稱，如鳳翔府、神烏縣、鸞鳥城、鳳凰城、鳳林關、鳳現關、百雁關、鸚鵡洲、黄鶴樓、鸛雀樓、銅雀臺等，同樣與飛鳥元素密切關聯。比如鳳現關，"俗傳有鳳凰現于關下"⑫，因而得名。百雁關，"按《圖經》云：昔有雁息其上，故以爲名"。又如鸞鳥城，前涼張軌時"有五色鳥集于此，遂築城以美之"，曹魏時改爲神烏城。與此相關的神烏縣，本漢鸞鳥縣地，屬威武郡。武周證聖元年（695）改爲武威縣，唐神龍元年（705）復爲神烏縣，"仍于漢鸞鳥古城置"⑬。顯然，從地理沿革來看，"神烏"的名稱同樣表達了人們對于五色鳥的贊美和期盼。

漢唐時期，五色鳥作爲吉祥之鳥而受到人們的崇重，很大程度上與五色鳥被視爲鳳凰有很大關係。東漢靈帝光和四年（181），有五色大鳥見于新城，群鳥隨之，"民皆謂之鳳皇"。王充《論衡》云："如有大鳥，文章五色；獸狀如獐，首戴一角，考以圖像，驗之古今，則鳳麟可得審也。"⑬即將外貌呈現"文章五色"特徵的大鳥比定爲鳳凰。由此，儒家對于鳳凰仁德品質的贊美自然也延伸到五色鳥的身上。又《晋書·慕容儁載記》云：

> 是時鷰巢于儁正陽殿之西椒，生三雛，項上有竪毛，凡城獻异鳥，五色成章。儁謂群僚曰："是何祥也？"咸稱："鷰者，燕鳥也。首有毛冠者，言大燕龍興，冠通天章甫之象也。巢正陽西椒者，言至尊臨軒朝萬國之徵也。三子者，數應三統之驗也。神鳥五色，言聖朝將繼五行之籙以御四海者也。"儁覽之大悦。⑬

衆所周知，五胡十六國時期，鮮卑慕容部先後建立了前燕、後燕、西燕、南燕政權，且曾使用燕元、燕興、燕平等年號。由于慕容部以"燕"爲國號，故而對"燕鳥"甚爲關注。作爲前燕第二位帝王，慕容儁將"五色成章"、巢于正陽殿的"鷰"鳥與前燕的國運聯繫起來，因而"神鳥五色"經過與傳統五行學説的嫁接和勾連，最終成爲護佑"大燕龍興"和國運昌盛、萬國來朝的祥瑞神鳥。

五色鳥由于與"文章五色"相聯繫，因而又被人們賦予了文采出衆、文章燦然的涵義。史載，東晉文人羅含，"少時夢五色鳥入懷，遂取吞之"，叔母朱氏曰："此鳥有文章，汝當善文章矣。"[⑬]從此文思泉涌，妙筆生花，終成一代文章大家。無獨有偶，唐代文人張文成也有"夢五色鳥成文"的軼事，《朝野僉載》卷三云：

> 張鷟曾夢一大鳥紫色，五彩成文，飛下至庭前不去。以告祖父，云："此吉祥也。昔蔡衡云，鳳之類有五：其色赤者，文章鳳也；青者，鸞也；黃者，鵷鶵也；白者，鴻鵠也；紫者，鷟鷟也。此鳥爲鳳凰之佐，汝當爲帝輔也。"遂以爲名字焉。[⑬]

這裏"五彩成文"，《太平御覽》引《唐書》作"五色成文"，因而可以說，張鷟夢見的紫色大鳥就是五色鳥。這隻紫色鳥名爲"鷟鷟"，雖與鳳凰同類，但因顏色之故，實爲鳳凰之佐使，張文成因此取"鷟"字爲名。張鷟"聰警絶倫，書無不覽"，才思敏捷，善作文章，撰有《朝野僉載》《龍筋鳳髓判》《游仙窟》等著作，"以文章瑞于明廷"[⑬]，可謂"五色成文"的典型事例。

四

儘管《百鳥名》是曹氏歸義軍時期頗爲流行的通俗文學作品，但其文本內容并未呈現出明顯的敦煌地域文化特徵。相反，《百鳥名》描述的衆多鳥類形象，如鳳凰、白鶴、蒼鷹、鴻雁、突厥鳥、鸚鵡、吉祥鳥、野鵲等，大多具有深厚的歷史文化傳統。從《詩經》到《樂府詩集》再到唐人詩賦，文學作品中飛鳥比興的主題層出不窮，蔚爲大觀。在詩以咏志、賦以抒懷、文以載道的背後，文學作品中不可避免地傳輸出一些飛鳥形象的圖景，諸如鳳凰來儀、鶴鳴九皋、鷹擊長空、鴻雁傳書、鸚鵡能言、烏鵲報喜等，成爲文人作品中慣常描繪的主題。因而可以說，《百鳥名》對於飛鳥王國的描繪，絶不是向壁虛構和憑空想象，而是結合鳥類的生活方式與習性，融入了中古時代人們對於飛鳥的普遍認知與些許期望。比如，"鷂子爲游奕將軍，蒼鷹作六軍神策"兩句，即結合了鷹鷂類猛禽在狩獵和軍事中的重要作用。《酉陽雜俎續集·支動》曰："鷂子兩翅各有複翎，左名撩風，右名掠草，帶兩翎出獵，必多獲。"[⑬]鷂子的複翎平時潛藏于兩翅之下，一旦獵物出現隨即啓用，飛速捕捉獵物。這種生活習性，看似與隱藏在山川要塞刺探敵情、游擊巡邏的游奕使確有幾分相似。與鷂子相比，蒼鷹是一種更爲凶猛、迅疾、善于搏擊的飛禽。除了被廣泛用于狩獵、軍事之外，還往往是王權統馭的象徵，進而成爲權力符號的一種形象標志[⑭]。因此，用蒼鷹來類比神策軍（六軍神策），不僅有凸顯皇權威儀的考慮，還有寄望"天子禁軍"勇猛善戰的意味。又如"鴻雁專知禮部"，借用鴻雁南飛時的有序隊列以及婚禮中的"納吉用雁"來類比主管禮儀、祭祀等事務的禮部。班固《白虎通·嫁娶篇》云："贄用雁者，取其隨時而南北，不失其節，明不奪女子之時也。又是隨陽之鳥，妻從夫之義也。又取飛成行，止成列也。明嫁娶之禮，長幼有序，不相踰越也。又婚禮贄不用死雉，故用雁也。"[⑭]無論北雁南飛還是婚禮用雁，都可以看出鴻雁信時守候，知禮守節，長幼有序，這與禮部規範的禮儀秩序亦相契合。由此來看，用鴻雁來類比尚書禮部還是十分貼切的。"突厥

114

鳥權知蕃館"，是説由突厥鳥來代爲管理接待少數民族使者的館舍。突厥鳥，一曰鳴鷄、鷄雀，或曰突厥雀。張鷟《朝野僉載》曰："調露之後，有鳥大如鳩，色如烏鵲，千萬爲對，時人謂之鷄雀，亦名突厥雀，若來突厥必至，後至無差。"[142]《舊唐書·五行志》載："調露元年，突厥溫傅等未叛時，有鳴鷄群飛入塞，相繼蔽野，邊人相驚曰：突厥雀南飛，突厥犯塞之兆也。"[143] 唐人普遍認爲，突厥雀的出現是漠北突厥侵犯邊塞重鎮的警示，預示了唐代北部邊疆的危機。基于這種來自蕃族層面的軍事預警，突厥鳥在《百鳥名》中被賦予了處理蕃館事務的權力，藉此寄望蕃漢之間能够化干戈爲玉帛，共同維護邊境的安全穩定。

《百鳥名》的標題是"君臣儀仗"，正文也提到："是時諸鳥即至，雨集雲奔，排備儀仗，一仿人君。"大致按照帝王政治中群臣參拜天子的威儀來描述飛鳥王國中衆鳥朝見鳳凰的場景。然而"鳥獸之祥，乃應人事"，其中的邏輯在于人之"秉性含氣，同于萬類，故吉凶兆于彼，而禍福應于此。聖王受命，龍鳳爲嘉瑞者，和氣同也"[144]。故而飛鳥活動的正常與否，自然也成爲窺測人事吉凶的依據。《新唐書·五行志》"羽蟲之孽"收錄了鵲、雉、烏、鳴鷄、雀、燕、鷟等禽鳥的異常活動，某種程度上反映了當時的政治與社會問題[145]。以下試舉幾例。

貞觀十七年（643）四月丙戌，晉王李治被立爲太子，時有"雌雉集太極殿前，雄雉集東宮顯德殿前"[146]。考慮到太極殿爲"三朝所會"的場所，以及圍繞儲君廢立而引起的政治風波，乃至褚遂良"得雄者王，得雌者霸"的解釋[147]，這兩隻雌雄雉的出現恰好成爲晉王晉升太子之位的預兆。這與同年涼州瑞石"太平天子李世民千年太子李治"等文字有異曲同工之妙，不失時機地鞏固了李治的儲君之位[148]。

睿宗文明（684）後，"天下頻奏雌雉化爲雄，或半化未化"，時人解釋爲"則天臨朝之兆"[149]。

天寶十三載（754），葉縣有鵲巢于車轍中。時人解釋説："不巢木而巢地，失其所也。"[150] 薛愛華分析説，這年安禄山被傳喚到朝廷以驗證他的忠誠。唐廷以"目不知書"爲由拒絶任命他爲宰相後，安禄山隨即返回范陽，加快了叛亂的各項準備[151]。如果將此條記録與安史叛亂的背景相聯繫，那麼所謂"失其所也"，大概是兩年後安史叛亂時皇帝倉皇出逃、百姓流離失所情况的警示。

咸通中，吳越有異鳥極大，四目三足，鳴山林，其聲曰羅平。占曰："國有兵，人相食。"[152] 翻檢《新唐書·董昌傳》，可知此異鳥名爲"羅平鳥"，能主宰吉凶禍福，在吳越之地被奉爲神鳥。乾寧二年（895），割據越州的董昌自立爲帝，國號羅平，充分利用了這隻異鳥的祥瑞意義[153]。

中和元年（881）三月，陳留有烏變爲鵲。二年有鵲變爲烏。時人解釋説："古者以烏卜軍之勝負，烏變爲鵲，民從賊之象。鵲復變爲烏，賊復爲民之象。"[154] 僖宗中和年間，正是黃巢義軍進入長安，旋即遭遇唐廷各鎮聯合圍剿的關鍵時期。當初義軍蓬勃發展時，許多州縣百姓紛紛加入黃巢隊伍；後來義軍敗退長安時，大齊軍分崩離析，四處逃散，不少隱匿于民間。因此可以説，"鵲復變爲烏"正是黃巢義軍潰敗後，大齊兵士分化瓦解，化整爲零，流散民間的委婉隱喻[155]，一定程度上也是黃巢起義失敗的曲筆書寫。

昭宗時有禿鶖鳥巢寢殿隅，帝親射殺之[34]。澳大利亞學者梅奧解釋説："一隻在皇宮築巢的鶖被唐代倒數第二的皇帝殺死。在這裏，鳥的死亡是王朝衰弱和恐懼的直接結果"[35]。

天復二年（902），帝在鳳翔。十一月丁巳，日南至，夜驟風，有烏數千，迄明飛噪，數日不止。自車駕在岐，常有烏數萬栖殿前諸樹，岐人謂之神鴉[36]。聯繫當時昭宗受制于李茂貞，以及此後又被朱全忠挾持遷都洛陽、乃至謀害的背景，這些在殿前諸樹"飛噪不止"的神鴉似乎預示了昭宗皇帝的悲劇命運，這給未來唐朝政府的走向也帶來了諸多不確定的因素。

總之，以上諸條中烏、鵲、雉等飛鳥的反常行爲，從另一側面暴露了當時的政治和社會危機，可謂是對"鳥獸之祥，乃應人事"的最好詮釋。相比于《五行志》"羽蟲之孽"的警示，人們更爲關注飛鳥宣示的祥瑞意義。《唐六典·尚書禮部》規範的四等祥瑞中均有飛鳥的名録。比如鳳、鸞、比翼鳥、同心鳥、永樂鳥，皆爲大瑞；玄鶴、赤烏、青烏、三足烏、赤燕、赤雀，均屬上瑞；中瑞的禽鳥較多，計有白鳩、白烏、蒼烏、白雉、雉白首、翠鳥、黃鵠、小鳥生大鳥、朱雁、五色雁、白雀、青燕等 12 種；而神雀、冠雀、黑雉，則爲下瑞[37]。這些飛鳥祥瑞的出現由于被賦予了天下太平、萬物安寧的寓意，正所謂"國有道則見，國無道則隱"，因而受到帝王大臣的特別關注。由此，對于飛鳥祥瑞的奏報也成爲唐代政治生活中的重要現象，這在《册府元龜·符瑞》《文苑英華》《全唐文》收録的唐代飛鳥祥瑞奏報以及有關的《賀表》中都有生動反映。不論祥瑞的奏報來自中書門下抑或地方長官，也不論臣僚進獻的是哪種飛鳥，對于政治清明、"天下安寧"[38]的謳歌以及帝王仁孝、德行品質的頌揚，無疑成爲《賀表》的共同主題。相比之下，《百鳥名》以形象逼真、生動活潑的語言描繪了鳥類王國中百鳥會聚的場景，它們在鳳凰的領導下各司其職，各安其居，和諧共處，井然有序，呈現出一幅百鳥朝鳳的吉慶祥和圖景。英國學者胡思德指出：戰國兩漢的許多著述認爲，"人類世界和動物世界是個道德上同條共貫的整體"，"人類社會修德行善，動物界纔能自發而有序地運行"[39]。反過來説，動物的行爲活動也能透視人類的德行教化程度。飛鳥王國的秩序井然，各盡其責和相安無事同樣折射出人類社會的和諧秩序和至善至美。因此，表面看來，《百鳥名》固然是一篇頌揚飛鳥吉祥意義的通俗文學作品，但在它的背後實則表達了撰者及傳抄者（如押牙索不子等）對太平盛世下國家政治清明、百姓安居樂業、官盡其職、民盡其力的美好期盼，事實上也寄托着曹氏歸義軍經營沙州和交通中原的政治理想。

注釋：

① 王重民等編：《敦煌變文集》，人民文學出版社，1957 年，851—854 頁。

② 陳祚龍：《關于敦煌古抄〈百鳥名〉》，《敦煌學圃零拾》，臺北商務印書館，1986 年，642—660 頁。

③ 劉瑞明：《敦煌抄卷〈百鳥名〉研究》，《敦煌學輯刊》1989 年第 2 期，37—48 頁。

④ 項楚：《敦煌變文選注》，巴蜀書社，1990 年，776—787 頁；中華書局，2006 年，1017—1032 頁。

⑤ 潘重規：《敦煌變文集新書》，文津出版社，1994 年，1207—1211 頁。

⑥ 黄徵、張涌泉：《敦煌變文校注》，中華書局，1997 年，1207—1212 頁。

⑦ 張鴻勛：《敦煌唱本〈百鳥名〉的文化意藴及其流變影響》，《敦煌研究》1992 年第 1 期，70—80 頁；郭淑雲：《敦煌〈百鳥名〉〈全相鶯哥行孝義傳〉與〈鸚哥寶卷〉的互文本性初探》，《敦煌研究》2002 年第 5 期，73—80 頁。

⑧ Lewis Mayo, "The Order of Birds in Guiyi Jun Dunhuang", *East Asian History*, Number 20, December 2000, pp. 1 - 60; "Birds and the Hand of Power: A Political Geography of Avian Life in the Gansu Corridor, Ninth to Tenth Centuries", *East Asian History*, Number 24, December 2002, pp. 1 - 66.

⑨ 周晟：《敦煌俗賦〈燕子賦〉〈百鳥名〉鳥名釋義商補》，《敦煌研究》2019 年第 4 期。

⑩ 宋佳霖：《飛鳥的話語權：唐代政治社會秩序下的鳥類形象書寫》，北京師範大學碩士學位論文，2020 年。

⑪ Edward H. Schafer, "The Auspices of Tang", *Journal of the American Oriental Society*, Vol. 83, No. 2, 1963, pp. 197 – 225.

⑫ 中國社會科學院歷史研究所等編：《英藏敦煌文獻（漢文非佛教部分）》第 5 卷，四川人民出版社，1992 年，164—168 頁。

⑬ 中國社會科學院歷史研究所等編：《英藏敦煌文獻（漢文非佛教部分）》第 9 卷，四川人民出版社，1994 年，118 頁。

⑭ 上海古籍出版社、法國國家圖書館編：《法藏敦煌西域文獻》第 27 冊，上海古籍出版社，2002 年，75—80 頁。

⑮ 項楚：《敦煌變文選注》，776—778 頁；黄徵、張涌泉：《敦煌變文校注》，1207—1208 頁。

⑯ 徐元誥撰，王樹民、沈長雲點校：《國語集解》，中華書局，2002 年，29 頁。

⑰ 《春秋左傳正義》卷四十八，《十三經注疏》，中華書局，1980 年，2083 頁。

⑱ 張鴻勛：《敦煌唱本〈百鳥名〉的文化意藴及其流變影響》，72—73 頁。英國學者胡思德説，五帝的統治分別有雲、火、水、龍、鳳等祥瑞昭告于世，因此用這些祥瑞來制定官名。鳥名作爲標志，是因爲少皞即位時有鳳鳥出現。郯子列出了少皞治下以鳥爲名的官職：掌管曆法的稱爲鳳鳥氏；掌管春分和秋分的稱爲玄鳥氏；掌管夏至和冬至的稱爲伯趙氏；掌管立春和立夏的稱爲青鳥氏；掌管立秋和立冬的稱爲丹鳥氏；司徒是祝鳩氏；司馬是睢鳩氏；司空是鳲鳩氏；司寇是爽鳩氏；司事是鶻鳩氏。（［英］胡思德著，藍旭譯：《古代中國的動物與靈異》，江蘇人民出版社，2016 年，64—65 頁）

⑲ 《周易正義》卷八《繫辭下》，《十三經注疏》，中華書局，1980 年，86 頁。

⑳ 黄懷信等撰：《逸周書彙校集注》卷六《時訓解第五十二》，上海古籍出版社，1995 年，622—656 頁。

㉑ 晁福林：《孔子與〈鳲鳩〉》，晁福林《上博簡〈詩論〉研究》，商務印書館，2013 年，886 頁。

㉒ 《豳風·鴟鴞》云："鴟鴞鴟鴞，既取我子，無毁我室。"此詩爲周公所作，他以"鴟鴞"比殷武庚，"我子"比管叔蔡叔，"我室"比周國，意在諷喻武庚糾集下的管蔡之亂。（高亨注：《詩經今注》，上海古籍出版社，1980 年，206 頁）

㉓ （漢）班固：《漢書》，中華書局，1962 年，3648 頁。

㉔ （唐）李延壽：《北史》，中華書局，1974 年，301 頁；（唐）李百藥：《北齊書》，中華書局，1972 年，113 頁。

㉕ ［美］謝弗著，吳玉貴譯：《唐代的外來文明》，中國社會科學出版社，1995 年，214—215 頁。

㉖ 同注㉓，733 頁。

㉗ 同注㉓，3405 頁。

㉘（唐）杜甫著，（清）仇兆鰲注：《杜詩詳注》卷二十一，中華書局，1979 年，1892 頁。

㉙ 周天游主編：《懿德太子墓壁畫》，文物出版社，2002 年，35—36、62—63 頁。

㉚《唐内侍省内常侍上柱國彭城縣開國公劉君墓志銘》，周紹良、趙超主編《唐代墓志彙編續集》，
上海古籍出版社，2001 年，948 頁。

㉛《唐故軍器使贈内侍李公墓志》，《唐代墓志彙編續集》，1028 頁。

㉜（宋）司馬光編著：《資治通鑑》，中華書局，1956 年，6421 頁。

㉝（唐）杜佑：《通典》，中華書局，1988 年，1725 頁。

㉞ 同注㉝，561 頁。

㉟（宋）高承：《事物紀原》，中華書局，1989 年，337 頁。

㊱（唐）張鷟撰，趙守儼點校：《朝野僉載》，中華書局，1979 年，92 頁。

㊲ 宋佳霖"控鶴府"的討論與筆者略有不同。參見《飛鳥的話語權：唐代政治社會秩序下的鳥類形
象書寫》，第 30 頁。

㊳（唐）李善等注：《六臣注文選》，中華書局，1987 年，212 頁

㊴（宋）王欽若等編：《册府元龜》，中華書局，1960 年，265 頁。

㊵ 同注㊴，266 頁。

㊶ 同注㉜，6538 頁。

㊷ 同注㉝，708 頁。

㊸（宋）歐陽修等撰：《新唐書》，中華書局，1975 年，6410、1336 頁。

㊹ 唐末昭宗時置有"控鶴排馬官"，負責拱衛皇帝安危，由此"控鶴"又具有天子侍衛親軍的涵義。

㊺ 同注㉜，8758 頁。

㊻ 同注㉜，8897 頁。

㊼ 同注㉜，9044 頁。

㊽ 同注㉜，9508 頁。

㊾（唐）元稹撰，冀勤點校：《元稹集》，中華書局，1982 年，278 頁。

㊿《新唐書》卷二百零二《文藝中·吕向傳》，5758 頁。

51（宋）王讜撰，周勛初校證：《唐語林校證》卷五《補遺》，中華書局，1987 年，487 頁。

52 同注㊸，6099 頁。

53 同注㊸，6072 頁。

54（唐）趙璘：《因話録》卷四，上海古籍出版社，1979 年，96 頁。

55 陳寅恪：《元白詩箋證稿》，三聯書店，2001 年，197 頁。

56 張廣達：《吐蕃飛鳥使與吐蕃驛傳制度》，張廣達《西域史地叢稿初編》，上海古籍出版社，1995
年，179 頁。

57 同注㉕，第 226 頁。

58（宋）李昉等撰：《太平御覽》，中華書局，1966 年，4102 頁。

59 同注58，4103 頁；（宋）王溥：《唐會要》，中華書局，1955 年，1751、1787、1794 頁。

60 同注㊸，第 1099 頁。

61（唐）鄭處誨撰，田廷柱點校：《明皇雜録》，中華書局，1994 年，58 頁。

62 同注58，4103 頁。

63（唐）皮日休著，蕭滌非、鄭慶篤整理：《皮子文藪》，上海古籍出版社，1981 年，111 頁。

64 同注㉕，223 頁。

㊺ 同注㊱，60 頁。

⑥ 有關鸚鵡與武周政治的關聯，學界討論較多，最新的研究有：李永：《猫與鸚鵡：武則天時期的動物、宗教與政治》，《宗教學研究》2019 年第 2 期；陳懷宇：《鸚鵡與聖人的身體和德行：解讀韋皋〈西川鸚鵡舍利塔記〉》，《唐宋歷史評論》第七輯，社會科學文獻出版社，2020 年，1—28 頁。

⑥ 黃永武主編：《敦煌寶藏》第 47 册，新文豐出版公司，1982 年，503—504 頁；林世田：《敦煌遺書研究論集》，中國藏學出版社，2010 年，28 頁。

⑥ 趙貞：《李淵建唐中的“天命”塑造》，《唐研究》第 25 卷，北京大學出版社，2020 年，505—529 頁。

⑥ （後晋）劉昫：《舊唐書》，中華書局，1975 年，1061—1062 頁。

⑦ （宋）李昉等編：《太平廣記》，中華書局，1961 年，3809 頁。

⑦ 謝思煒：《白居易詩集校注》，中華書局，2006 年，438 頁。

⑦ 同注㊲，302 頁。

⑦ 同上。

⑦ 任中敏編著，何劍平、張長彬校理：《敦煌歌辭總編》，鳳凰出版社，2014 年，536—537 頁。

⑦ （宋）贊寧撰，范祥雍點校：《宋高僧傳》，中華書局，1987 年，338—339 頁。

⑦ 杜斗城先生指出，五臺山成爲佛教聖地以後，在整個佛教文化區的影響不斷擴大，遠遠超出其他名山之上。當時社會上不僅盛傳《五臺山圖》，甚至在遼、新羅和日本等地還出現了“五臺山”。可以説，對五臺山的“崇拜”，是當時整個東亞佛教文化區内的一個共同現象（杜斗城：《敦煌五臺山文獻校録研究》，山西人民出版社，1991 年，108—132 頁）。

⑦ 同注㊵，508 頁。

⑦ 《廣清涼傳》卷中，《大正新修大藏經》第 51 册，東京：大正一切經刊行會，1924—1934 年，1112 頁。

⑦ 同注㊴，1091 頁。

⑧ （元）馬端臨：《文獻通考》，中華書局，1986 年，2449 頁。

⑧ 《古清涼傳》卷下，《大正新修大藏經》第 51 册，1100 頁；陳揚炯、馮巧英校注：《古清涼傳·廣清涼傳·續清涼傳》，山西人民出版社，2013 年，29 頁。

⑧ 《廣清涼傳》卷中，《大正新修大藏經》第 51 册，1117 頁；陳揚炯、馮巧英校注：《古清涼傳·廣清涼傳·續清涼傳》，102 頁。

⑧ 杜斗城：《敦煌五臺山文獻校録研究》，56—57 頁。

⑧ Lewis Mayo, "The Order of Birds in Guiyi Jun Dunhuang", *East Asian History*, Number 20, December 2000, pp. 56.

⑧ 同注㊸，78 頁。

⑧ 《古清涼傳》卷下，《大正新修大藏經》第 51 册，1099 頁；陳揚炯、馮巧英校注：《古清涼傳·廣清涼傳·續清涼傳》，29 頁。

⑧ 《廣清涼傳》卷下，《大正新修大藏經》第 51 册，1124 頁；陳揚炯、馮巧英校注：《古清涼傳·廣清涼傳·續清涼傳》，128 頁。

⑧ 周晟指出，漢語中“鵲”與“雀”上古音有别，中古音趨同，然字義差异明顯。“雀”泛指雀科小型鳴禽，而“鵲”指鴉科的喜鵲，體型較大。古人常將“野鵲”稱爲喜鵲。俗賦中“野鵲”當指喜鵲、灰喜鵲之類。（周晟：《敦煌俗賦〈燕子賦〉〈百鳥名〉鳥名釋義商補》）

⑧ （五代）王仁裕撰，曾貽芬點校：《開元天寶遺事》，中華書局，2006 年，56 頁。

⑨ 同注㊼，196 頁。

(91)（唐）王建著，尹占華校注：《王建詩集校注》，上海古籍出版社，2020 年，60 頁。
(92) 同注(84)，56 頁。
(93) 同注㊱，98—99 頁。
(94)（宋）郭茂倩編：《樂府詩集》，中華書局，1979 年，872 頁。
(95)（唐）張籍撰，徐禮節、余恕誠校注：《張籍集繫年校注》，中華書局，2011 年，116—117 頁。
(96)（唐）崔令欽撰，任半塘箋訂：《教坊記箋訂》，中華書局，1962 年，180 頁。
(97)（清）彭定求等編：《全唐詩》，中華書局，1960 年，5368 頁。
(98)（宋）彭乘撰，孔凡禮點校：《墨客揮犀》，中華書局，2002 年，295 頁。
(99)［英］胡思德著，藍旭譯：《古代中國的動物與靈异》，305—307 頁。
(100) 同注(58)，4055—4056 頁。
(101) 同注(69)，2264 頁。
(102)（唐）歐陽詢撰，汪紹楹校：《藝文類聚》，上海古籍出版社，1965 年，1593 頁。
(103)（唐）魏徵等：《隋書》，中華書局，1973 年，86 頁。
(104) 黄暉：《論衡校釋》，中華書局，1990 年，728 頁。
(105) 同注(104)，743 頁。
(106)（唐）白居易原本，（宋）孔傳續撰：《白孔六帖》，《景印文淵閣四庫全書》第 892 册，臺北商務印書館，1986 年，540 頁。
(107)（東漢）劉珍等撰，吴樹平校注：《東觀漢記校注》，中華書局，2008 年，628 頁。
(108) 趙貞：《歸義軍曹氏時期的鳥形押研究》，《敦煌學輯刊》2008 年第 2 期；後收入趙貞《歸義軍史事考論》，北京師範大學出版社，2010 年，69 頁。
(109) 薛愛華在《朱雀：唐代的南方意象》中寫道："朱雀是來自遠古的意象，唐朝人用它命名神聖的長安城門。無論對個人還是國家而言，它的出現都是一種上天賜福的吉兆。在中國歷代正史中，隨處可見有關朱雀、赤燕、赤烏等神鳥的嚴肅記載。通常，這些徵兆的出現，都伴隨着官方對其祥瑞的解釋。無論以何種外形出現，朱雀都是上天的信使，將朱墨書寫的信息傳遞給人類的精英，即有着非凡功業與力量的聖人和統治者。它的出現本身就是一種信息的傳達方式。它是真正的火鳥，體内蘊藏着太陽神聖的能量。有一部古代道教經典寫道：'朱雀爲火精。' 在人們心目中，它是太陽鳥，通常化身爲'赤烏'。"（［美］薛愛華著，程章燦、葉蕾蕾譯：《朱雀：唐代的南方意象》，三聯書店，2014 年，526 頁）
(110) 吐魯番哈拉和卓曾出土一件《白雀元年衣物疏》，黄文弼、吴震先生認爲"白雀"是姚萇年號，馬雍先生推斷"最可能是屬闞氏至馬氏高昌國時（461—498）"年號。（馬雍：《吐魯番的"白雀元年衣物券"》，《文物》1973 年第 10 期；吴震：《吐魯番文書中的若干年號及相關問題》，《文物》1983 年第 1 期）
(111)（宋）程大昌撰，黄永年點校：《雍録》，中華書局，2002 年，25—26 頁。
(112) 同注㉓，1252 頁。
(113)（唐）李林甫撰，陳仲夫點校：《唐六典》，中華書局，1992 年，218 頁。
(114)（清）徐松撰，李健超增訂：《增訂唐兩京城坊考》，三秦出版社，2019 年，25 頁。
(115)（清）徐松輯：《唐兩京城坊考》，中華書局，1985 年，19 頁。
(116) 同注㊱，123 頁。
(117)（宋）王應麟：《玉海》，江蘇古籍出版社、上海書店，1987 年，2922 頁。
(118) 同注(115)，136 頁。
(119) 同注㉜，5696 頁。

⑳ 袁珂校注：《山海經校注》，上海古籍出版社，1980 年，396 頁。

㉑（南朝梁）沈約：《宋書》，中華書局，1974 年，792—793 頁。

㉒ 同注⑭，743 頁。

㉓ 同注⑨，203 頁。

㉔ 同注㉑，793—794 頁。

㉕（清）趙翼著，王樹民校證：《廿二史札記校證》，中華書局，1984 年，63 頁。

㉖ 同注⑭，726 頁。

㉗ 同注㉘，2237 頁。

㉘ 有關"五大鳥""五色大鳥"的政治文化內涵，孫英剛有全面深入的研究（孫英剛：《祥瑞抑或羽
    孽：五色大鳥與中古時代的政治宣傳》，孫英剛《神文時代：讖緯、術數與中古政治研究》，上海
    古籍出版社，2014 年，217—241 頁）。

㉙ 同注⑭，721 頁。

㉚ 同注㉜，6467 頁。

㉛ 同注㉜，6467 頁。

㉜（宋）王象之：《輿地紀勝》，中華書局，1992 年，2709 頁。

㉝（宋）樂史撰，王文楚等點校：《太平寰宇記》，中華書局，2007 年，2938—2939 頁。

㉞ 同注⑭，721 頁。

㉟（唐）房玄齡等：《晉書》，中華書局，1974 年，2833 頁。

㊱ 同注㊳，1838 頁。

㊲ 同注㊳，61 頁。

㊳ 同注㊳，4058 頁。

㊴（唐）段成式撰，方南生點校：《西陽雜俎續集》，中華書局，1981 年，279 頁。

㊵ 尚永琪：《歐亞文明中的鷹隼文化與古代王權象徵》，《歷史研究》2017 年第 2 期。

㊶（清）陳立撰，吳則虞點校：《白虎通疏證》，中華書局，1994 年，457 頁。

㊷ 同注㊱，19 頁。

㊸ 同注㉘，1368 頁。

㊹ 同上。

㊺《新唐書·五行志》收錄了 57 條飛鳥异常記載，美國學者薛愛華對每條記載都有注解或分析。參
    見 Edward H. Schafer, "The Auspices of Tang", *Journal of the American Oriental Society*, Vol. 83,
    No. 2, 1963, pp. 197 – 225.

㊻ 同注㊸，889 頁。

㊼ 同注㊴，256 頁。同類的材料又見于開元十三年十一月戊子。當時有雄野鷄飛入齋宮，馴而不去，
    久之飛入仗衛，忽不見。邠王守禮等賀曰："臣謹按《舊典》'雌來者霸，雄來者王'。又聖誕酉
    年，鷄主于酉，斯蓋王道遐祚，天命休禎。請宣付史官，以彰靈貺。"從之。(259 頁)

㊽ 孫英剛：《"太平天子"：中古時代的救世主主義與政治宣傳》，孫英剛《神文時代：讖緯、術數與
    中古政治研究》，101—133 頁；趙貞：《李淵建唐中的"天命"塑造》，516 頁。

㊾ 同注㉘，1368 頁；同注㊸，889 頁。

㊿ 同注㊸，890 頁。

151 Edward H. Schafer, "The Auspices of Tang", *Journal of the American Oriental Society*, Vol. 83, No. 2,
    1963, pp. 211.

152 同注㊸，891 頁。

㊙ 趙貞：《敦煌文獻與唐代社會文化研究》，北京師範大學出版社，2017 年，285 頁。

㊙ 同注㊽，891 頁。

㊙ 薛愛華推測，"賊復爲民"中的"賊"可能指沙陀將領李克用及其率領的 17000 名部卒。他的軍隊身着黑衣，故稱"鴉軍"。參見 Edward H. Schafer, "The Auspices of Tang", pp. 221.

㊙ 同注㊽，892 頁。

㊙ 同注㊹，53 頁。

㊙ 同注㊽，892 頁。

㊙ 同注⑬，114—115 頁。

㊙ 權德輿《中書門下賀邢州獲白雀白山鵲表》："謹按《孫氏瑞應圖》曰：王者奉己儉約，尊事耆老，則白雀見。又《晋中興書》曰：天下安寧則見。"［（清）董誥等編：《全唐文》，中華書局，1983 年，4948 頁］

㊙ 同注⑨，208—209 頁。

（作者單位：北京師範大學歷史學院）

敦煌本《故圓鑒大師二十四孝押座文》及相關文書再探

聶志軍　　謝名彬

内容提要：通過在英國國家圖書館核查刻本 S. P. 1 和寫本 S. 3728《故圓鑒大師二十四孝押座文》原件，以 S. P. 1 爲底本，用 P. 3361、S. 3728、Дх. 1703 參校，酌情參考《敦煌變文集》《敦煌變文選注》《敦煌變文集新書》《敦煌變文校注》等録文，重新釋録及校注，指出《敦煌變文集》卷七中的 S. 7 號文書應爲 S. P. 1 之誤，糾正了一個誤導學界相當長時間的常識性錯誤。此外，指出 S. 3728 題記與押座文的關係，二者不宜割裂爲兩件不同文書，應該合并爲 1 件，并對 S. 3728、P. 3361 的定名提出了新的意見。

關鍵詞：敦煌遺書　押座文　敦煌變文

一、引言

目前所知敦煌遺書中共保存了四件與《故圓鑒大師二十四孝押座文》相關的文書，包括一件刻本，三件寫本。那波利貞披露過法藏寫本 P. 3361 的相關信息[①]。翟林奈對英藏寫本 S. 3728、刻本 P. 1 的情況進行了簡單描述[②]。張涌泉披露了俄藏寫本 Дх. 1703 的相關情況，指出所抄僅見尾部三聯，似本未抄全，并且與其他版本比較，所抄第二聯後還缺兩聯，不確定是所據底本無還是抄手漏抄[③]。《敦煌變文集》卷七對前三件文書進行了録文和校注，但是刻本的編號爲 S. 7，與翟林奈刻本的編號 P. 1 不同[④]。其後，《敦煌變文選注》對相關字詞進行了選注，但是明確説明"本篇原文録自《變文集》卷七"[⑤]。《敦煌變文選注》（增訂本）在前者基礎上進行了相關修訂，但是仍然沿用"本篇原文録自《變文集》卷七"[⑥]。潘重規《敦煌變文集新書》進行了詳細録文和校注，從校記來看，也是引用了《敦煌變文集》[⑦]。《敦煌變文校注》對以上諸家校注進行了彙釋[⑧]。總的來説，各家雖然在具體的文字釋録與校注上有些出入，但是底本標注都沿襲《敦煌變文集》，將刻本的編號記録爲 S. 7。翟林奈目録的刻本編號爲 P. 1，《敦煌變文集》爲代表的一系列校注均認爲刻本的編號爲 S. 7，這就出現了一個問題，P. 1 與 S. 7 是否是同一件文書？如果不是，那就意味着多出了一件新的校本，自然需要重新考察。

2015 年 12 月筆者接受國家留學基金委地方合作項目資助，赴英國國家圖書館開始爲期一年的訪問學者工作。順着前人提供的這些綫索，我們終于查詢到刻本原件 Or. 8210/P. 1《故圓鑒大師二十四孝押座文》。我們在對這件文書進行研讀的時候發現，《敦煌變文集》等論著的録文存在一些問題。有鑒于此，爲便于學界利用敦煌本《故圓鑒大師二十四孝押座文》，現重新整理該卷釋文，并略作説明和校理。

二、敦煌本《故圓鑒大師二十四孝押座文》釋録及校注

這件刻本編號爲 Or. 8210/P. 1，現藏英國國家圖書館，首尾完整，首題"故圓鑒大師二十四孝押座文"，起"世間福惠"，訖"不過孝順也唱將來"。敦煌文獻中保存的相關文書尚有：P. 3361，首尾完整，首題"押座文"，訖"不過孝順唱將來"；S. 3728，首尾完整，首題"押座文"，訖"不過孝順也唱將來"，後有題記；Дх. 1703，首缺尾全，起"佛道孝爲成佛本"，訖"不過孝順也唱將來"。以下釋文以 S. P. 1 爲底本，用 P. 3361（甲本）、S. 3728（乙本）、Дх. 1703（丙本）參校，酌情參考《敦煌變文集》《敦煌變文選注》《敦煌變文集新書》《敦煌變文校注》等録文釋録⑨。

1. 故圓鑒大師二十四孝押座文[1]
2. 世間福惠[2]，莫越如來。相好端嚴，神通自在。
3. 佛身尊貴因何得？根本曾行孝順來。
4. 須知孝道善無壇，三教之中廣讚揚。
5. 若向二親能孝順[3]，便招千佛護行藏。
6. 目連已救青提母[4]，我佛肩舁净梵（飯）王[5]。
7. 萬代史書歌舜主，千年人口讚王祥。
8. 慈烏返哺猶懷感，鴻雁纔飛便著行。
9. 郭巨願埋親子息，老來（萊）歡著彩衣裳[6]。
10. 最難誆惑謾衷懇，不易欺（輕）輕（欺）對上蒼[7]。
11. 泣竹筍生名最重，卧冰魚躍義難量。
12. 若能自己除譏謗，免被他人却毀傷。
13. 犬解報恩能驟草[8]，馬能知主解垂韁。
14. 休貪賄貨躭婬欲[9]，莫惱慈親縱酒狂。
15. 男女病來聲喘喘，父孃啼得淚汪汪。
16. 兩肩荷負非爲重，千遶須彌未可嘗（償）[10]。
17. 勤奉晝昏知動静，專看顔色問安康。
18. 吐甘嗛苦三年内[11]，在腹懷躭十月强[12]。
19. 試出路（去）遥和夢逐[13]，稍歸來晚立門傍。
20. 孝慈必感天宫福，五逆能招地獄殃[14]。
21. 勤苦却須知（歸）己分[15]，資財深忌入私房。

124

22. 須憂陰騭相摩折，莫信妻兒説短長。

23. 自是意情無至孝[16]，却怨庚甲有相妨。

24. 四鄰忿怒傳揚出，五逆名聲遠近彰。

25. 若是弟兄争在户[17]，必招鄰里鬩遷墻[18]。

26. 至親骨肉須同食，深分交朋尚併糧。

27. 祇對語言宜款曲[19]，領承教示要參詳[20]。

28. 試乖斟酌虧恩義[21]，稍錯停騰失紀綱。

29. 切要撫憐于所使，倍須安恤向孤孀[22]。

30. 姑姨舅氏孤孀子，收向家中賜寵光，

31. 貧闕親知垂濟惠，崎嶇道路置橋樑。

32. 佛道若能依此教，號曰慈悲大道場

33. 晨昏早遣妻兒起[23]，酒食先教父母嘗。

34. 共住不遥還有別，相看非久即無常[24]。

35. 生前直懶供茶水，没後虚勞酹酒漿[25]。

36. 志意順從同信佛，美言參問勝燒香。

37. 柔和諫要慈親會[26]，醜漏（陋）名須自己當[27]。

38. 正酷熱天須扇枕，遇嚴凝月要温床。

39. 殘年改易如流速，甘旨供承似火忙。

40. 若解在生和水乳，却勝亡後祭豬羊[28]。

41. 争無里巷明宣説，自有神祇闇記將。

42. 共樹共枝争判割[29]，同胞同乳忍分張。

43. 如來演説五千卷，孔氏譚論十八章[30]。

44. 莫越言言宣孝順，無非句句述温良。

45. 孝心號曰真菩薩，孝行名爲大道場。

46. 孝行昏衢爲日月，孝心苦海作梯航。

47. 孝心永在清凉國[31]，孝行常居悦樂鄉。

48. 孝行不殊三月雨，孝心何異百花芳。

49. 孝心廣大如雲布，孝行分明似日光。

50. 孝行萬灾咸可度，孝心千禍總能禳（攘）[32]。

51. 孝爲一切財中寶，孝是千般善内王。

52. 佛道孝爲成佛本[33]，事須行孝向耶孃[34]。

53. 見生稱意免輪迴[35]，孝養能消一切灾。

54. 能向老親行孝足[36]，便同終日把經開。

55. 善言要使慈親喜[37]，甘旨何須父母催。

56. 要似世尊端正相，不過孝順也唱將來[38]。

校記：

[1]"故圓鑒大師二十四孝"，甲、乙本無。"文"後甲本有"左街僧録圓鑒大師賜紫雲辯述"，乙本有"右街僧録圓鑒大師賜紫雲辯述"。《敦煌變文集》據甲、乙本補"左街僧録圓鑒大師賜紫雲辯述"，周紹良認爲原題既已于《二十四孝押座文》之前冠以"故圓鑒大師"字樣，則無必要再于次行另列題款，使形成重疊。《敦煌變文校注》認爲甲、乙卷祇題"押座文"三字，下有撰者題款正屬必需。但由于原録用原卷的標題，又據甲、乙卷補列題款，便有蛇足之嫌了。

[2]"間"，據殘筆劃及甲、乙本補，《敦煌變文集》作"門"，誤；"惠"，乙本同，甲本作"慧"，均可通。

[3]"若"，據殘筆劃及甲、乙本補，《敦煌變文集》《敦煌變文選注》《敦煌變文集新書》逕釋作"若"。

[4]"連"，據殘筆劃及甲、乙本補，《敦煌變文集》《敦煌變文選注》《敦煌變文集新書》逕釋作"連"。

[5]"梵"，當作"飯"，據甲、乙本改，"梵"爲"飯"之借字。

[6]"來"，當作"萊"，據甲、乙本改，《敦煌變文集》《敦煌變文選注》《敦煌變文集新書》《敦煌變文校注》逕釋作"萊"，"來"爲"萊"之借字。

[7]"欺輕"，乙本同，當作"輕欺"，據甲本改，《敦煌變文集》《敦煌變文選注》《敦煌變文集新書》逕釋作"輕欺"。

[8]"犬"，據殘筆劃及甲、乙本補，《敦煌變文集》《敦煌變文選注》《敦煌變文集新書》《敦煌變文校注》逕釋作"犬"。

[9]"貪"，甲、乙本作"消"，《敦煌變文集》《敦煌變文選注》《敦煌變文集新書》逕釋作"消"；"賄貨"，甲本同，乙本作"財賄"；"欲"，乙本同，甲本作"洗"。

[10]"嘗"，當作"償"，據甲、乙本改，《敦煌變文集》《敦煌變文選注》《敦煌變文集新書》逕釋作"償"，"嘗"爲"償"之借字。

[11]"吐"，據殘筆劃及甲、乙本補，《敦煌變文集》《敦煌變文選注》《敦煌變文集新書》逕釋作"吐"。

[12]"㞵"，甲、乙本作"娠"，《敦煌變文集》《敦煌變文選注》逕釋作"娠"。

[13]"路"，當作"去"，據甲、乙本改，《敦煌變文集》《敦煌變文選注》《敦煌變文集新書》逕釋作"去"。

[14]"五"，甲、乙本作"背"，均可通。

[15]"知"，當作"歸"，據甲、乙本改，《敦煌變文集》《敦煌變文選注》《敦煌變文集新書》逕釋作"歸"，《敦煌變文校注》認爲"知"字不誤，不應改。

[16]"自"，據殘筆劃及甲、乙本補，《敦煌變文集》《敦煌變文選注》《敦煌變文集新書》逕釋作"自"；"至"，甲本同，乙本作"志"，"志"爲"至"之借字。

[17]"户"，乙本同，甲本作"内"。

[18]"闍遷"，甲本作"闍於"，乙本作"闍千"。

126

［19］"衹"，據甲、乙本補，《敦煌變文集》《敦煌變文選注》《敦煌變文集新書》徑釋作"祗"。

［20］"詳"，乙本同，甲本作"祥"，"祥"爲"詳"之借字。

［21］"試"，乙本同，甲本作"誠"，《敦煌變文集》釋作"誠"，《敦煌變文選注》釋作"誠"，校作"試"，不必。

［22］"孀"，甲本同，乙本作"霜"，"霜"爲"孀"之借字。以下八句，甲、乙本無。

［23］"妻兒"，甲、乙本同，《敦煌變文集》《敦煌變文選注》《敦煌變文集新書》釋作"兒妻"。

［24］"常"，甲本同，乙本作"裳"，"裳"爲"常"之借字。

［25］"没"，甲、乙本作"殁"，均可通；"虚勞"，甲本作"靈前"，均可通，乙本作"靈勞"，當作"虚勞"，"虚"與"靈"易混；"漿"，乙本同，甲本作"將"，"將"爲"漿"之借字。

［26］"柔和"，據甲、乙本補，《敦煌變文集》《敦煌變文選注》《敦煌變文集新書》徑釋作"柔和"。

［27］"漏"，甲、乙本作"惡"，《敦煌變文集》《敦煌變文選注》《敦煌變文集新書》釋作"漏"，當作"陋"，據文義改，"漏"爲"陋"之借字。

［28］"後"，甲、乙本作"殁"，均可通。

［29］"判"，甲、乙本作"斷"，《敦煌變文校注》認爲"判割""斷割"義同，皆指分割家産而言。伯三八三三《王梵志詩》："一旦罷姻緣，千金須判割"。"判割"指分割。

［30］"譚"，乙本同，甲本作"談"，均可通。

［31］"在"，乙本同，甲本作"有"，《敦煌變文集》《敦煌變文集新書》釋作"有"，《敦煌變文校注》認爲各卷皆作"在"，誤。

［32］"穰"，乙本同，當作"襄"，據甲本改，《敦煌變文集新書》徑釋作"襄"，"穰"爲"襄"之借字。

［33］丙本始于此句。

［34］"耶"，甲本同，乙、丙本作"爺"，均可通。

［35］"見"，據甲、乙、丙本補，《敦煌變文集》徑釋作"見"。

［36］"向"，據殘筆劃及甲、乙本補；"足"，甲本同，乙本作"順"。此聯及下一聯，丙本無。

［37］"善"，據殘筆劃及甲、乙本補；"慈親"，甲、乙本作"親情"，《敦煌變文集》《敦煌變文集新書》釋作"親情"。

［38］"也"，乙、丙本同，甲本無。乙本此句倒書于正面"柴場司"空隙之間。另有題款："宣賜 雲辯崇夏寺尼三月講。爲修本寺佛殿，請一人爲首，轉化多人。每人化錢二十五文足陌，充修上件功德。偈詞十首，便是教化疏頭。"

127

三、敦煌本《故圓鑒大師二十四孝押座文》及相關文書説明

Or. 8210/P. 1 號敦煌刻本國内披露的信息最早均來源于《敦煌變文集》，該書介紹了《故圓鑒大師二十四孝押座文》的版本情況："凡存三卷，原編號及校次如下：原卷斯七，刻本；甲卷伯三三六一；乙卷三七二八，祇缺末一句。"[⑩]《敦煌遺書總目索引》索引部分"支部·故"有《故圓鑒大師二十四孝押座文》條目，羅列了 S. 7、S. 3728、P. 3361 三個編號，顯然還是沿襲了《敦煌變文集》[⑪]。商務印書館 1983 年重印時對初步發現的原書部分錯漏進行了修改，但是對《故圓鑒大師二十四孝押座文》條目的説明沒有變化[⑫]。周紹良在進行釋録的時候，首次對刻本斯七進行了質疑："此據《敦煌變文集》卷七迻録，據注稱依 S. 7 刻本録，但遍尋此號未得。"[⑬]可見，周紹良沒有寓目刻本斯七。《敦煌變文選注》《敦煌變文集新書》《敦煌變文校注》從文字叙述來看，沿襲《敦煌變文集》的痕迹很明顯，應該也沒有見過刻本斯七。《敦煌遺書總目索引新編》中沒有《故圓鑒大師二十四孝押座文》條目，可能就是因爲編者沒有見到《故圓鑒大師二十四孝押座文》原件，出于謹慎的考慮刪掉了此條目[⑭]。其實，翟林奈以及《敦煌變文集》提到的這件刻本原卷，《敦煌寶藏》早在 1983 年就已經刊布了圖版，祇是編號不是斯七，而是木刻〇〇一號[⑮]。《英藏敦煌文獻》也刊布了此件木刻文書圖版，編號爲 S. P1[⑯]。《王重民向達所攝敦煌西域文獻照片合集》（第二九册）又一次刊布了此件照片，編號爲 S. P. 1[⑰]。因此，《敦煌變文集》提到的斯七編號誤導了後來的研究者，否則周紹良也不會在圖版公布 6 年之後還撰文稱"遍尋此號未得"，更不用説《敦煌變文選注》《敦煌變文校注》等直接沿襲其結論，未曾核對原件或提出質疑。

從研究内容來看，對刻本 Or. 8210/P. 1 的研究是比較薄弱的。除了《敦煌變文集》將其作爲底本之外，目前幾乎沒有專門針對此件文書的相關研究。《英藏法藏敦煌遺書研究按號索引》沒有任何關于 Or. 8210/P. 1 的研究信息[⑱]。劉元堂有相關介紹："敦煌出土《故圓鑒大師二十四孝押座文》。該經文卷軸裝，通高 20. 1 厘米，全長 150 厘米。有字共 55 行。每行分上下句，中間空兩字。上下無邊欄。每句 7—8 字不等。全篇作韵文，文義淺顯，通俗易懂。現藏英國大英博物館。"[⑲]這段文字涉及各種資料，理應有所依據，但是劉文沒有提供刻本編號，也沒有提供其他文獻出處。劉文同時指出此件文書收藏于英國大英博物館，這種説法明顯與實際情況不符。從 1973 年開始，大英博物館圖書館就分離出來，與全國中央圖書館、全國科學發明參考圖書館、全國科學技術外借圖書館、英國全國書目公司等其他單位組成新的英國國家圖書館。幾乎所有的圖書、縮微膠捲、科技報告、手稿、期刊都收藏在英國國家圖書館。有了這個瑕疵，對于其所列此件刻本的相關信息的真實性自然就産生了懷疑。其實，該刻本原件現收藏在英國國家圖書館，編號爲 Or. 8210/P. 1。我們利用此次在英國國家圖書館訪學的機會，核查了原件信息：此件麻紙，未染黄，三紙粘接而成，後來又重新裝裱修復，卷軸裝，高 27 厘米，全長約 95 厘米。第一紙寬 25. 8—32. 3 厘米，左右欄存 18 行，右邊殘缺程度不一。第二紙寬 32. 1 厘米，左右欄存 20 行。第三紙寬 30. 1 厘米，左右欄存

18 行。首題 1 行，正文 55 行。每行分上下句，中間空 2 字，上下無邊欄，每句 7—8 字不等，部分文字殘缺。國際敦煌項目（IDP, The International Dunhuang Project）網站目前已經可以提供高清照片下載[20]。對照劉文的描述，除了文字、行數的描述大致不差之外，高度和長度的差距比較大，應該沒有核查過原件。此件刻本 Or. 8210/P. 1 信息的完全披露，糾正了《敦煌變文集》以來系列校注的編號錯誤，突顯了《敦煌寶藏》《英藏敦煌文獻》曾經披露該件刻本黑白圖版的價值，間接回應了周紹良"遍尋此號未得"的遺憾，對于進一步的研究打下了良好基礎。

S. 3728 號首尾均全，五紙粘接而成，麻紙，未染黃，各紙質地與高度不盡一致。正面所存內容是柴場司所請柴帳判憑，共六通。背面所存內容分爲三部分，第一部分爲《大唐玄宗皇帝問勝光法師而造開元寺文》，第二部分爲《大藏經集神州三寶感通錄上卷》，第三部分爲《押座文》兩種。《敦煌寶藏》定名爲《押座文二件》[21]。《英藏敦煌文獻（漢文佛經以外部分）》第五卷也收錄了該殘卷，但是與前人的定名不同的是，該書把這部分內容單獨定名爲《故圓鑒大師二十四孝押座文》[22]。需要指出的是，除了 Or. 8210/P. 1 有完整的首題"故圓鑒大師二十四孝押座文"之外，S. 3728 首題"押座文"，題款"右街僧錄圓鑒大師賜紫雲辯述"。P. 3361 首題"押座文"，題款"左街僧錄圓鑒大師賜紫雲辯述"。對比這三個版本的首題與書寫格式，暫時撇開"左街""右街"的不同以及"圓鑒大師"與"雲辯"的關係，我們認爲應該尊重《敦煌寶藏》的意見，S. 3728、P. 3361 還是以寫本原來的"押座文"來定名爲好，《英藏敦煌文獻（漢文佛經以外部分）》第五卷利用 Or. 8210/P. 1 的首題《故圓鑒大師二十四孝押座文》來給 S. 3728 定名的做法并不合適。

此外，《敦煌變文集》介紹《故圓鑒大師二十四孝押座文》乙卷版本情況時指出："斯三七二八，祇缺末一句。"[23] "末一句"即"不過孝順也唱將來"。《敦煌變文選注》[24]、《敦煌變文選注》（增訂本）[25]沿襲《敦煌變文集》的校注。《敦煌變文校注》仍然沿襲，對此并沒有新的校注[26]。《敦煌變文集新書》增加了新的按語："規案：抄在柴場司公文背。"[27]從按語來看，潘重規發現了末一句"不過孝順也唱將來"，不過沒有提及題記內容與《押座文》的關係。我們按照《敦煌變文集新書》按語的提示，核查原件，S. 3728 正面柴場司公文確實倒書有"不過孝順也唱將來"一句，并且還有相關題記："宣賜　雲辯崇夏寺尼三月講。爲修本寺佛殿，請一人爲首，轉化多人。每人化錢二十五文足陌，充修上件功德。偈詞十首，便是教化疏頭。"這部分題記，書寫筆迹、順序與"不過孝順也唱將來"一致，與柴場司公文不同。《英藏敦煌文獻（漢文佛經以外部分）》列出了題記的內容，但是編撰者顯然沒有發現這三行文字雖然是倒書在柴場司公文間隙之中，但是文字其實是從右往左連續書寫，從而沒有意識到與背面《押座文》之間的聯繫，而是將其單獨列爲兩件，一件定名爲《崇夏寺尼化錢充修佛殿功德抄》，一件定名爲《雜寫（不過孝順也唱將來、宣賜雲辯）》[28]。這樣定名，完全割裂了這三行文字之間以及與背面《押座文》的聯繫，不能不說是一個遺憾。

從題記的內容來看，皇帝宣賜雲辯到尼寺崇夏寺舉行"三月講"，符合雲辯俗講僧的身份。爲了修建佛殿，向聽衆收取二十五文足陌錢，以充功德。另外還有偈詞十首，作爲教化疏頭。疏頭，《漢語大詞典》有兩個義項，一是指舊時向鬼神祈福的祝文。《水滸傳》第四五回：“通罷疏頭，便化了紙，請衆僧自去吃齋，著徒弟陪侍。”《醒世恒言·賣油郎獨佔花魁》：“次日，取出中天竺、下天竺兩個疏頭換過。”《醒世姻緣傳》第十一回：“我适纔到了城隍廟叫崔道官寫了疏頭，送到衙内看過，要打七晝夜‘保安祈命醮’哩。”二是指爲敬神佛而向人募捐的册子，亦指説明募捐原由的短文。明高明《琵琶記·寺中遺像》：“今日寺中建設大會，怕有官員貴客來此游玩，不免將著疏頭就抄化幾文香錢，添助支費。”《初刻拍案驚奇》卷二十四：“故此一來走謝，二來就要商量斂資造廟，難得秀才官人在此，也是一會之人，替我們起個疏頭，説個緣起，明日大家稟了縣裏，一同起事。”《紅樓夢》第三十九回：“我明日做一個疏頭，替你化些布施。”這十首偈詞并沒有在此件文書出現，但是恰好可以與雲辯所作 S.4472《十慈悲偈》互相印證。從《十慈悲偈》内容來看，是依次向君王、爲官、公案、師僧、道流、山人、豪家、當官、軍件、關令等進行募捐，此處應該屬于第二個義項，把“疏頭”的使用時代提前到了唐五代。因此，從《英藏敦煌文獻（漢文佛經以外部分）》對于 S.3728 正面的定名來看，該書發現正面的“雲辯”與背面《押座文》題款中的“雲辯”的關聯，不但沒有意識到此段題記文字與背面《押座文》的關係，也沒有發現這三行文字是連續倒書且内容連貫。明瞭這一點，我們解讀 S.4472 也有着重要意義（由于篇幅限制，本人擬另文討論《十慈悲偈》與此條題記的關係）。

【本文係湖南省高校創新平臺開放基金項目“特殊英藏敦煌社會歷史文獻核查與整理研究”（19K034）、國家社科基金重大招標項目“英藏敦煌社會歷史文獻整理與研究”（10&ZD080）成果，并得到湖南省普通高等學校哲學社會科學重點研究基地“中國古代文學與社會文化研究基地”資助】

（本文寫作過程中承蒙郝春文教授、董大學博士、杜美樂小姐（Mélodie Doumy）審閲及幫助，謹致謝忱！）

注釋：

① ［日］那波利貞：《俗講と變文》（下），《佛教史學》1 卷 4 號，平樂寺書店，1950 年，48 頁。

② Lionel Giles, *Descriptive Catalogue of the Chinese Manuscripts from Tunhuang in the British Museum*, The Trustees of the British Museum, London：1957, pp. 254—255, 280.

③ 張涌泉：《新見敦煌變文寫本叙録》，《文學遺産》2015 年第 5 期，144 頁。

④ 王重民等編：《敦煌變文集》，人民文學出版社，1957 年，835—839 頁。

⑤ 項楚：《敦煌變文選注》，巴蜀書社，1990 年，758—769 頁。

⑥ 項楚：《敦煌變文選注》（增訂本），中華書局，2006 年，993—1008 頁。

⑦ 潘重規：《敦煌變文集新書》，文津出版社，1994 年，21—26 頁。

⑧ 黄徵、張涌泉：《敦煌變文校注》，中華書局，1997 年，1154—1157 頁。

⑨ 釋文原卷中的簡體字、俗字改爲相應的繁體字。釋文參考了《敦煌變文集》《敦煌變文選注》《敦煌變文集新書》《敦煌變文校注》相關録文和校注。文中所引敦煌寫卷，如未注明出處，皆與國際敦煌項目（IDP）網站所提供的高清原卷照片核對，下同。

⑩ 同注④，838—839 頁。

⑪ 商務印書館編：《敦煌遺書總目索引》，商務印書館，1962 年，442 頁。

⑫ 商務印書館編：《敦煌遺書總目索引》，中華書局，1983 年，442 頁。

⑬ 周紹良：《五代俗講僧圓鑒大師》，《佛教文化》1989 年創刊號，3 頁。

⑭ 敦煌研究院編，施萍婷主撰稿：《敦煌遺書總目索引新編》，中華書局，2000 年，103 頁。

⑮ 黃永武主編：《敦煌寶藏》第 55 册，新文豐出版公司，1983 年，459—460 頁。

⑯ 中國社會科學院歷史研究所等編：《英藏敦煌文獻（漢文佛經以外部分）》第 14 卷，四川人民出版社，1995 年，234 頁。

⑰ 李德範主編：《王重民向達所攝敦煌西域文獻照片合集》第 29 册，北京圖書館出版社，2007 年，10923—10924 頁。

⑱ 申國美、李德範：《英藏法藏敦煌遺書研究按號索引》，國家圖書館出版社，2009 年，1472—1474 頁。

⑲ 劉元堂：《唐代版刻書法概述》，《書畫世界》2016 年第 2 期，24 頁。

⑳ 這件寫卷的長和寬，IDP 公布的資料是高 26、寬 91 厘米，與我們實際測量的數字大致接近。數字之所以出現誤差，可能與後期修復有關。

㉑ 黃永武主編：《敦煌寶藏》第 31 册，新文豐出版公司，1982 年，66 頁。

㉒ 中國社會科學院歷史研究所等編：《英藏敦煌文獻（漢文佛經以外部分）》第 3 卷，四川人民出版社，1990 年，154 頁。

㉓ 同注④，839 頁。

㉔ 同注⑤，761 頁。

㉕ 同注⑥，997 頁。

㉖ 同注⑧，1155 頁。

㉗ 同注⑦，25 頁。

㉘ 中國社會科學院歷史研究所等編：《英藏敦煌文獻（漢文佛經以外部分）》第 5 卷，四川人民出版社，1992 年，153 頁。

（作者單位：湖南科技大學湖南省漢語方言與文化科技融合研究基地）

S.212《信行口集真如實觀》的佛陀生滅年代問題

劉　屹　劉菊林

　　内容提要：S.212 前一部分抄寫禪籍，後一部分抄寫三階教内容。三階教的内容因自署"信行口集真如實觀"，并且有佛陀生滅年代的干支紀年，以及自佛滅之年起，"至今庚寅年，以（已）經二百七十三年"的説法，因而很早就受到關注。以往學者對這裏的積年和干支不能匹配的情況，没能給出合理的解釋；至于《信行口集真如實觀》是否应該視作信行早年的作品，則有不同意見。結合南北朝後期關于佛陀生滅年代的各種議論，以及三階教的教義，這 273 年應該是在佛滅之年以外的另一個計數起點到"至今庚寅年"的年數。三階教的"三階"并不能與"正像末"的"三時"相對應，三階教其實并不是一個認可"正像末三時"的"末法思想"的教派。

　　關鍵詞：信行　三階教　佛滅年代　三階　三時

一、引言

　　英藏敦煌寫本 S.212，首尾俱殘，長 315 厘米，寬 28.5 厘米，現存八紙，162 行。一般認爲前後抄寫兩部分，前一部分是首殘的《惟心觀》，在寫本中央存"惟心觀一卷"的尾題。後一部分是尾殘的《信行口集真如實觀》（以下簡稱"《真如實觀》"），存"信行口集真如實觀起序卷第一"的首題。《惟心觀》之後，《真如實觀》之前，有一段文字（括號中原爲雙行小注）：

　　　　貌門佛性觀（兼破心觀，兼三重體相行）、盲觀、法身觀、菩薩觀、四憶（境？）觀、三佛觀、極果觀、心王觀、空無相觀（以上九重觀，合爲一卷）。

這段文字與前後兩部分内容的關係，成爲理解原卷内容的重要切入點之一。也有人將這段話與前後兩部分内容并列，認爲寫卷包含了三部分内容。

　　1927 年，矢吹慶輝氏率先刊布此寫卷的釋文，認爲全卷分爲《九重觀》和《真如實觀》兩部分。他或許是將《惟心觀》視作上引文中出現的"九重觀"的一部分，并將《惟心觀》和《真如實觀》兩部分，都認作是三階教的經典。兩部分中，他重點討論了《真如實觀》出現的佛陀生滅年代内容，是最早對本文所討論主題做出學術判斷的學者[①]。

　　S.212 這兩部分内容一直都被當作三階教的經典看待。直到 2011 年，方廣錩先生指出：

> 本遺書前後字體一致，乃一人所書。現存第一個文獻《惟心觀》，前此被認爲是三階教典籍，但經此次審定，應爲早期禪宗典籍，與三階教無關。第二個文獻《九重觀合卷經目》（擬），實際乃第一個文獻的附錄，説明當時還流行哪些禪宗著作。爲便于研究，故分別著録。第三個文獻《信行口集真如實觀　起序卷一》確爲三階教典籍。三階教典籍何以與禪宗典籍同抄一卷，尚需研究。或與時人將信行視作禪師有關，待考②。

這可説是對 S.212 原卷認識最清晰的一個新看法。循此提示，程正先生最近專門對《惟心觀》做了系統研究，證實其爲禪宗典籍，而非三階教典籍③。因此，《惟心觀》和《九重觀合卷經目》（擬）這兩部分，暫不在本文討論之列④。

本文關注的是所謂《信行口集真如實觀起序卷一》開篇一段對佛陀生滅年代的記述：

> 釋迦如來癸未年七月七日夜，托蔭摩耶；以甲申年四月八日夜，現生左〔右〕脇；壬寅年二月八日夜，踰城出家；癸丑年正月八日，除无明睡（惱），朗然大悟，故號爲佛力世雄，三明獨決。至辛丑年二月十五日夜，現滅拘尸。依中國法、迦唯羅國記，通代相承，書堂户側，作如是。自釋迦滅度已來，至今庚寅年，以經二百七十三年。

1994 年，楊曾文先生認爲：信行據《中國法迦唯羅國記》斷定釋迦牟尼生于甲寅年，滅于辛丑年，釋迦滅度以來至今庚寅年，已經 273 年。庚寅年爲北齊武平元年（570），上推 273 年爲西晉元康八年（298），干支爲戊午，無法匹對。楊先生遂推論此殘卷在"二百七十三年"前脱"一千"兩字。但也承認即便從公元 570 年上推 1273 年，也不是辛丑年。祇能認爲古今人推算方法不同而已⑤。

2013 年，張總先生在介紹楊先生對此卷看法後，認爲由于"今庚寅年"究竟是哪一年還不能確定，或許有其他的理解途徑，但他沒有做進一步的解説。他將《真如實觀》作爲信行在相州創教時期的作品⑥。

可見，S.212 中出現的這段帶有明確干支紀年的佛誕和佛滅年代，曾引起三階教研究前輩學者的高度關注，但他們都沒能對原卷存在的明顯矛盾之處，提出合理的解釋。我們也沒有十足把握能徹底疏通此卷的疑問，祇希望爲今後的研究提供一點或許有益的思考。

二、"至今庚寅年"

依 S.212 所記釋迦牟尼一生主要事迹所對應的干支與年歲，列表如下：

佛陀事迹	干支	年數
入胎	癸未	0
降誕	甲申	1

續表

佛陀事迹	干支	年數
出家	壬寅	19
成道	癸丑	30
滅度	辛丑	79
至今（1）	庚寅	X + 49
至今（2）	甲戌	X + 33

以往學者都是按照原卷字面上"自釋迦滅度已來，至今庚寅年"來理解，認爲從佛滅的辛丑年到"至今庚寅年"，應該共有 273 年。矢吹氏當年就注意到：若釋迦滅度在辛丑年，則至庚寅年，并非 273 年，而應是 289 年[⑦]。在上表中，"X + 49"的意思是説：在干支表中，從辛丑年到庚寅年，共 49 年，"X"表示未知次數的 60 年循環。同理，"X + 33"的意思是未知次數的 60 年循環之後，再加上 33 年。如果認爲"庚寅年"不誤，則從辛丑年滅度，到"至今庚寅年"，應是 4 × 60 + 49 = 289 年纔對。原卷寫作"二百七十三年"顯然是有問題的。如果認爲從辛丑年開始的 273 年之數正確，則對應的干支應爲"甲戌"。即 4 × 60 + 33 = 273 年。即便由 273 年變成 1273 年，干支也不能匹配，原因就在于這 273 年對應的干支，從根本上就是錯位的。這樣，不僅是"庚寅年"具體指哪一年的問題，還有另一種可能性，即要考慮"甲戌"年是哪一年。

信行的生卒年是 540（庚申）—594（甲寅）年。其間，甲戌年是 554 年，庚寅年是 570 年。信行在這兩年分別祇有 14 歲和 30 歲，還遠遠達不到創教立説的地步。因此，"至今"無論是"庚寅"還是"甲戌"，從信行的經歷來看，都是不可取的。信行雖然從 17 歲開始求善知識，但其相州創教時期，應在開皇初年，直到開皇九年（589）信行入京爲止，大體應在 6 世紀 80 年代中前期。而 6 世紀 80 年代所對應的干支，既無庚寅，也無甲戌。故"至今庚寅年"應該并非出自信行之口，也非指信行在世時的那個庚寅年（570）。這應是所謂《信行口集真如實觀》成書時的一個年份。《真如實觀》目前祇有 S. 212 這一個孤本，又與禪宗典籍抄寫在一起。是否信行本人的作品，現在看來并非没有疑點。

既然從佛滅的辛丑年到庚寅年，無論如何不可能有 X + 33 年，一種可能性就是"至今庚寅年"應爲"至今甲戌年"之誤。但如果之前一系列的干支没有出現明顯錯誤，爲何到這裏就單單把"甲戌"誤爲"庚寅"？没有任何證據支持我們直接把原卷的"庚寅"改作"甲戌"，或認定"庚寅"的干支必然是錯誤的。我們研究敦煌寫卷時，首先應儘可能地按照原卷給出的信息去理解。

另一種可能性即，"庚寅年"不誤，祇是 273 年計算的起點，并不是從辛丑年開始的。從佛滅之年算起，如果"至今庚寅年"真地祇有 273 年，則"至今"的時間點肯定會落在公元前的時段，無論如何也不可能與信行或《真如實觀》成書的時代相吻合。實際上，除了那些專門討論佛陀生滅年代的場合，如費長房在《歷代三寶記》中羅列佛陀生滅年代的六種不同説法外，如果祇説從佛滅之年開始"至今"有多少年，對佛教來説意義不大。佛滅之後已有多少年，對應于佛教發展的哪個歷史階段，纔是有意義的話題。通常看到的佛教議論，都是以佛滅之年爲起點，算出佛滅"至今"有多少年，然後再衡量當下所處的是"正法""像法"，還是"末法"階段。

結合南北朝後期關于佛陀生滅年代的各種議論，以及三階教的教義，我們認爲這273年，應該是在佛滅之年以外的另一個計數起點，到"至今庚寅年"的年數。佛滅之後，先經歷"正像二時"，通常也可認爲與三階教的"第一階"和"第二階"相匹配。當"第二階"結束後，就進入三階教所謂的"第三階"，祇能施行普法的階段。S.212寫本末尾殘存的內容有"第一階人"云云，應該就是要依次解説"三階"的由來和特點。因此，"至今庚寅年二百七十三年"，或許應是從"第二階"結束、開始進入"第三階"，已有273年之意。無論從辛丑年與庚寅年之間不可能出現 X+33 年，還是從佛滅之年到信行的時代或《真如實觀》的成書，都不可能僅有273年的事實來看，"自釋迦滅度已來"與"至今庚寅年"之間，的確應脱漏了某些內容。

S.212 如此詳細地排列出佛陀從入胎到涅槃的關鍵年份干支，其可能的依據何在？結合近年來多位學者圍繞南北朝時期佛陀生滅年代的研究可知，在3世紀初一直到6世紀中期，中國佛教所認可的佛陀生滅年代，主流的看法是東周莊王十年甲午（前687）佛誕，匡王六年甲寅（前607）佛滅。到569年，北周釋道安著《二教論》，將佛誕之年提早了29年，變成周桓王五年丙寅（前715）。在這所謂"春秋系佛誕説"的系統中，原本不具備列出入胎、降誕、出家、成道、涅槃等一連串事件具體年月日的條件。最早在558年，北齊的釋慧思《立誓願文》出現了與 S.212 比較相似的、由干支紀年、佛陀年歲、具體月日構成的佛陀入胎、降誕、出家、成道、涅槃等五個重要時間點。567年，北齊的釋法上給出的佛陀一生事迹，干支與慧思相同，祇是匹配了中國的王統紀年[⑧]。慧思和法上的説法如下表.

佛陀事迹	慧思説	法上説	年數
入胎	癸丑	一	0
降誕	甲寅	甲寅	1
出家	壬申	壬申	19
成道	癸未	癸未	30
滅度	癸酉	壬申	80 或 79

慧思認爲佛陀80歲時涅槃，法上認爲是79歲時涅槃。故兩者關于佛陀涅槃之年的干支相差一年，其他都是一致的。S.212 中的佛陀生滅年代，與慧思、法上等6世紀中期所持的佛陀生滅年代相比，有兩點值得注意。第一，入胎、降誕、出家、成道、涅槃的具體月和日，都是相同的，差別祇在年份所對應的干支。第二，S.212 這五個關鍵時間點看似與慧思、法上之説完全不同，其實每個時間點上年的干支，與慧思、法上之説相比，基本上都正好相差30年，即半個甲子。這樣看來，S.212 的佛陀生滅年代，看似無憑無據，實則也屬于6世紀中期逐漸開始形成的中國佛教所認可的佛陀生滅年代

説之一。祗是我們現在還不知道是什麼原因導致這兩套干支紀年系統中，恰恰出現半個甲子的差別，以及爲何從唐初開始基本確立下"昭王二十四年甲寅佛誕，穆王五十二年壬申佛滅"後，S. 212 的佛陀生滅年代還要堅持與通行的佛陀生滅年代相差半個甲子。

在佛陀生滅年代的問題上，慧思先給出了佛陀生滅年代的干支，并未給出對應的中國王統紀年。法上則在慧思基礎上給出了佛陀生滅年代的王統紀年。按照慧思自己的推算，佛誕相當于公元前 1147 年，佛滅相當于公元前 1067 年。按法上的推算，佛誕在公元前 967 年，即西周昭王二十四年甲寅；佛滅在公元前 889 年。這也就印證了前面所説，若直接從佛滅之年起計 273 年，祗能到公元前 8 或 7 世紀，實在不是一個有意義的紀年。慧思與法上同爲 6 世紀中期北齊的僧人，使用基本相同的佛陀生滅年代干支，推算出的結果却相差極大。古人由于各自所依據的曆表不同，特別是佛陀生滅年代牽扯到西周共和元年之前的曆表，故各種推算結果迥异，毫不奇怪。不必非以今天的眼光來定出孰是孰非。

若"至今庚寅年，以經二百七十三年"不誤，此"庚寅年"又必非信行在世的公元 570 年，則理論上還會有 630、690、750、810、870、930、990 年等七種可能性。S. 212 寫卷中出現了 690 年代以後纔有的武周新字"正"字的特殊寫法，翟林奈（Lionel Giles）判斷此寫卷抄寫于 7 世紀[⑨]，方廣錩先生判斷爲 8 世紀[⑩]。考慮到"二百七十三年"之數，則 9、10 世紀又嫌太遲。故最值得注意的就是 750 年這個庚寅年。若以公元 750 年庚寅年上推 273 年，是公元 477 年。這一年本來没什麼特別，若按照前述慧思首次提出的佛滅之後，"正法"500 年，"像法"1000 年，然後進入"末法"萬年時期；由 477 年上推 1500 年到佛滅之年，是公元前 1023 年。S. 212 的意思應該是説：自辛丑年佛滅之後，經歷 1500 年，所謂的"第一階"和"第二階"也都結束，開始進入"第三階"。"至今庚寅年"，意即進入"第三階"後到庚寅年，已有 273 年。公元前 1023 年會是佛滅的辛丑年嗎？目前没有直接的證據來印證，但如果依據慧思計算的癸未年是公元前 1067 年，則《真如實觀》作者所依據的與慧思未必相同的曆表，又與慧思和法上所列的干支相差 30 年，不能排除計算出辛丑年是公元前 1023 年的可能性。

看來，S. 212 原卷的"至今庚寅年，以經二百七十三年"或許是可以解得通的。當然，這是在相信原卷應該脱落了部分内容，并確信原卷没有抄錯這一關鍵性干支的前提下所做的推論。如果能證明"庚寅"的干支是誤抄，以上的解釋就無從落實了。

三、"三時"與"三階"

S. 212 寫卷隨後云：

> 千年已前，净土生好時、好世界。釋迦如來，四十九年説法教化，度衆生正見，成就衆生，如十方大地土；邪見顛倒衆生，如指甲上土，别佛、别法度。何故得名别佛、别佛〔法〕度？當爲真身近滅，正法由（猶）存，過後五百年餘，像法初起，正像同持千載。……千年已後，五濁惡世界，衆生是正見，成就衆生，

如指甲上土，邪見顛倒衆生，如十方大地土，普法度。

這裏的"千年"即指佛滅之後千年。依此，佛陀在世時自不用説，即便在佛陀滅度後的前 500 年，也仍屬于"正法"時期。"正法"500 年結束，開始進入"像法"階段。"正像二時"總計 1000 年，即"像法"也有 500 年。在佛滅後的 1000 年内，亦即"正像二時"期間，是净土好時、好世界。佛滅後 1000 年結束，開始進入"千年已（以）後"，就進入三階教所説的"第三階"，是五濁惡世，祇能以"普法"度人。

既然 S. 212 明確説到佛滅後 1000 年是一個重要的分界點，爲何以上對"庚寅年"的討論，不按 1000 年去反推佛滅之年？這不僅是因爲如果按 1000 年去反推，祇能得到公元前 523 年這樣一個毫無依據的年代，而且還牽涉到一個重要問題：三階教是如何界定"正像末三時"的年限與其立教之本"三階"教義的？以往人們認爲"正像末三時"應該正好與"三階"相匹配，"第三階"就相當于"末法"。時至今日，仍有學者認爲"末法思想"是三階教立教的一個基礎教義。這個判斷固然不能説錯，但要先界定清楚"末法思想"究竟何指。如果認爲在佛滅後若干年，世間已進入到"五濁惡世"，再加上北朝的兩次滅佛運動打擊，信行認定三階教面臨的是一個佛法衰頹的世代。這或許可以算作一種廣義的"末法思想"。相應地，狹義的"末法思想"就應指"正像末三時"俱全、把"末法"作爲釋迦佛法在人間傳布最後一個階段的一種佛教歷史觀。其代表性的表述，即慧思《立誓願文》中的説法。因佛滅年代被提前，而佛滅後若干年分別進入不同的歷史階段之説又長期流行，導致在南北朝末期，中國佛教比較普遍地認爲：經歷了"正像二時"之後，世間將進入"末法"階段[⑪]。

我們認爲廣義的"末法思想"對于本文討論的具體年數問題，沒有多大的意義，應從狹義角度去理解"末法思想"。這就首先要搞清三階教認爲佛滅多少年，可作爲一個佛教歷史發展階段的衡量標尺？從矢吹慶輝到西本照真都已指出[⑫]：信行和三階教對這一問題似乎缺乏統一的標準答案。因爲信行的理論主要是從幾部他特別偏愛的佛經中摘抄出來的，這些佛經之間關于佛滅後多少年世間將進入五濁亂世就説法不一，有的説 500 年，有的説 1000 年，有的説 1500 年。這使得信行及其弟子們，對此問題也看法不一，而且沒有試圖統一諸家彼此相異説法。

例如，信行作《三階佛法》卷一云：

> 佛滅度一千年已後，有八部經，文當、義當。一種相似，皆悉普道。佛滅度一千年已後，一切聖人，一切利根真善正見成就凡夫，皆悉普滅盡。唯有一切利根空見有見衆生在。……一種相似，如《摩訶〔摩〕耶》《最妙勝定經》，與多部經義同。《像法決疑經》，與多部經義同。《雜阿含經》明難當卷内説。《大集月藏分經》與《雜阿含經》同。已上五部經，文當。佛滅度一千年已後。《佛藏經》《薩遮尼乾子經》《大方廣十輪經》，已上三部經，文當。佛滅度後，義當。佛滅度或一千年已後，或一千五百年已後，如下第二大段内説。又文當、義當。佛滅度一千年已後、一千五百年已前，一切利根戒見，俱不破正見成就衆生，唯有兩人在[⑬]。

這裏提及的八部經中，以佛滅後 1000 年爲分界點的，有《雜阿含經》《摩訶摩耶經》《像法決疑經》《最妙勝定經》，明確以佛滅後 1500 年爲分界點的，似乎祗有《大集經月藏分》。沒有明確提及佛滅後具體年數的，有《佛藏經》《薩遮尼乾子經》《大方廣十輪經》。可見，信行所依據的佛經中，比較多的以佛滅後 1000 年爲分界點。但信行顯然是將佛滅後 1000 年和 1500 年兩說并舉，沒有非此即彼的選擇。《開元釋教錄》所載三階教經典中，《對根器所行法》下注云："明佛滅度第二五百年以後一切最大顛倒最大邪見最大惡衆生當根器所行法。"《明善人惡人多少法》下注云："明佛滅度後一千五百年以後善人惡人多少法。"⑭依然可認爲是佛滅後 1000 年和 1500 年兩個特殊的時間點并存。

同爲信行所作的《對根起行法》中説：

> 明能行人見所行法及時節分齊義者，于内有七種。一者于十二部經内，驗取上下兩人出世時，時有二。一者佛在世及佛滅度後千五百年已前，是正見人出世時。二者千六百年後，是邪見人出世時⑮。

這是以佛在世直到佛滅度 1500 年爲一個階段，是正見人出世時。從佛滅後 1600 年開始，則是第二個階段。前一個階段相當于"正像二時"的 1500 年，後一階段則是三階教特別看重的"第三階"。

或爲晚至入唐以後的三階教徒對《三階佛法》進行注解而作《三階佛法密記》卷上云：

> 時別有三：佛在世，佛自住持佛法，位判是第一階時。佛滅度後一千五百年已前，由有聖人，及利根正見成就凡夫住持佛法，位判當第二階時。從佛滅度一千五百年已後，利根凡夫，戒定慧別解、別行，皆悉邪盡，當第三階時。于第二階時，三義不定。一，就行明時，即如前説。二，就病明時，即第二五百年後第三階，惡賊狗菩薩病起，屬第三階時。三，就法明時，即千年已後，四聖諦法滅，袈裟變白，不受染色，屬第三階時⑯。

這裏試圖對"三階"給出明確的界定，認爲佛陀在世的 80 年是"第一階"。佛滅之後 1500 年以內，都屬"第二階"，即相當于"正像二時"的 1500 年。對"第二階時"與"第三階時"起于何時，表示出猶像不決、异説并存的態度。"第二階時"本該是從佛滅度開始到佛滅後 1500 年，但也有説"第二五百年"即佛滅 1000 年後，就將進入"第三階"。因此，三階教一直對于到底是佛滅後 1000 年還是 1500 年進入"第三階"，并無統一的説法。不過，隨着南北朝後期至唐初，佛滅年代的逐漸固定化，如果繼續秉持佛滅後 1000 年就進入"第三階時"，就意味着早在信行出世之前四、五百年，世間就已進入"第三階時"，那樣對于信行出世創立三階教的意義，就不如剛好在佛滅 1500 年後、或剛進入"第三階時"不久信行創教來救度五濁惡世的善人來得恰到好處。因此，信行從經典上能找到的支持，可能傾向于佛滅 1000 年，而現實的需要却越來越使三階教選擇采用佛滅後 1500 年開始"第三階時"。總體而言，三階教在初起時，是佛滅後 1000 年説和 1500 年説并存，越到後來，越需要按照 1500 年説來立論。這也是本文在考察 S. 212 "至今庚寅年" 要反推佛滅之年時，需要上推 1500 年而非 1000 年的原因。

值得注意的是 Jamie Hubbard 的觀察，他認爲信行和三階教很可能并不承認 "正像末三時" 的 "末法思想"，甚至連 "末法" 一詞都很難在信行及其弟子關于三階教的教義解説中找到[17]。從這個角度來説，信行和三階教或許未曾正式接受 "正像末三時説" 的 "末法思想"。至少他們并沒有將 "末法" 一詞時常掛在嘴邊，也不認爲進入 "第三階" 以後，佛教的未來走向是期待未來佛彌勒的降世。果真如此，三階教是否以 "正像末三時" 的 "末法思想" 爲立教之根本，就非常值得重新考慮了。

應該説，佛滅之後千年或千五百年，世間人心墮落，佛法面臨衰頽，這是佛教各宗派大都認可的佛教歷史宿命。"正像末三時" 的 "末法思想"，與三階教的 "三階" 思想，同是中國佛教應對這一歷史宿命的不同解決方案。相對而言，批評三階教最厲害的净土宗，顯然是接受 "末法思想" 的。以往認爲三階教與净土宗是在共同承認 "末法思想" 的前提下産生的思想和理論上的衝突，現在如果明確了三階教其實并不承認 "末法思想"，是否可以對這兩派之間的隔閡多一個觀察的視角？

四、結語

S. 212《真如實觀》果真是信行早年創教時期的説教，由三階教弟子 "口集" 而成的嗎？我們對此越來越表示懷疑。原因如下：

第一，此文不見于任何一種傳世的三階教著作目録，僅見于這一件敦煌寫本，實屬孤證。

第二，如果前文關于 "至今庚寅年" 的推論不誤，則此 "庚寅年" 顯然不在信行創立三階教的行歷之中。亦即此文最終形成的時間，可能與信行沒有直接關係。況且，佛陀生滅年代的問題，在三階教初期階段，應該并不是一個重點關心的問題。信行當年如果真想明確得知佛陀生滅年代，以利于他推算 "第二階" 和 "第三階" 的交替時間，就無需對佛滅後 1000 年還是 1500 年采取模糊、兩可的態度。像 S. 212 這樣試圖明確佛陀生滅的年代，并計算 "至今" 多少年，與三階教文獻中普遍的議題設置不符。

第三，所謂 "真如實觀"，很可能并不是專屬于三階教的觀法[18]。

第四，方廣錩先生推測因信行被稱爲 "禪師" 而在禪籍之後抄寫信行禪師的作品。S. 212 前面的《惟心觀》雖屬禪籍，但也不能説與《真如實觀》一點關係都沒有。例如《惟心觀》中也先後兩次提到 "真如（實）" 的概念。這兩部分内容或許是從 "觀" 的角度，纔被抄寫在一起。當然，《真如實觀》部分的確具有三階教色彩。由此或可引發出關于唐代三階教與禪宗在民間的互動關係等問題。

總之，不排除所謂 "信行口集真如實觀" 其實是公元 750 年時某位三階教徒打着信行名號的假托之作。S. 212 同時抄寫禪籍和三階教文獻，究竟是《真如實觀》的作者本意，還是抄手有意爲之？目前也不得而知。即便在 S. 212 中，也祇能看到 "正法" 和 "像法" 的概念，卻見不到 "末法" 這個詞。至于在 "自釋迦滅度以來" 和 "至今

庚寅年"之間，如果有缺文的話，原文會是"入末法"還是"入第三階"？我們相信
真正的三階教徒，即便接受了"正像二時"的説法，也還是不會輕易使用"末法"的
概念。無論如何，S.212 留給我們的疑問還有很多，值得後續深入探討。

【本文係國家社科基金重點項目"中國佛教'末法思想'的歷史學研究"
（19AZS015）階段性成果】

注釋：

① ［日］矢吹慶輝：《三階教之研究》，岩波書店，1927 年，《第二部·教義及び實修》，222—225
頁；《別篇·三階教殘卷》，189—199 頁。

② 方廣錩、［英］吳芳思主編：《英國國家圖書館藏敦煌遺書》3《條記目録》，廣西師範大學出版
社，2011 年，17 頁。

③ 程正：《"惟心觀一卷"（S212）の基礎的研究（1）》，《駒澤大學佛教學部論集》第 50 號，2019
年，286—271 頁；程正：《"惟心觀一卷"（S212）の基礎的研究（2）》，《駒澤大學禪研究所年
報》第 41 號，2019 年，212—195 頁；程正：《"惟心觀一卷"（S212）の基礎的研究（3）》，《駒
澤大學佛教學部研究紀要》第 78 號，2020 年，186—174 頁。

④ 值得一提的是，《惟心觀》中提及了"真如門"和"真如實相"。"真如"是佛教中常見的概念，
《惟心觀》與《真如實觀》同抄一卷，在"真如"的概念上是否有相通之處，有待進一步研究。

⑤ 楊曾文：《三階教教義研究》，《佛學研究》第 3 期，中國佛教文化研究所，1994 年，70—84 頁。

⑥ 張總：《中國三階教史——一個佛教史上湮滅的教派》，社會科學文獻出版社，2013 年，36—37、
567—568 頁。張總還對《真如實觀》反映的信行末法時序觀進行過更深入討論，此據其未刊稿
《末法思想源流》。感謝張總先生惠賜未刊稿給我們學習！不過，楊學勇似乎并不認可此《真如實
觀》是信行的作品，他在《三階教史研究》（甘肅文化出版社，2017 年，73—122 頁）列舉 12 種
信行的作品，不包含此《真如實觀》；在介紹矢吹氏對此殘卷的研究後（226—227 頁），也未對此
卷究竟是否信行作品做出判斷。

⑦ 同注①，223 頁。

⑧ 相關研究見劉林魁：《〈春秋〉紀事與中古佛誕諸説》，《世界宗教研究》2017 年第 2 期，64—75
頁；劉屹：《穆王五十二年佛滅説的形成》，《敦煌學輯刊》2018 年第 2 期，166—177 頁；陳志遠：
《辨常星之夜落：中古佛曆推算的學説及解釋技藝》，《文史》2018 年第 4 期，117—138 頁。

⑨ Lionel Giles, *Descriptive Catalogue of the Chinese Manuscripts from Tunhuang in the British Library*, Lon-
don, The Trustees of the British Museum, 1957, p. 182.

⑩ 同注②，19 頁。

⑪ 劉屹：《佛滅之後：中國佛教末法思想的興起》，《唐研究》第 23 卷，北京大學出版社，2017 年，
493—515 頁。

⑫ ［日］矢吹慶輝：《三階教之研究》，193—199 頁；［日］西本照真：《三階教の研究》，春秋社，
1998 年，295—299 頁；并參［日］木村清孝：《信行の時機観とその意義》，《東アジア仏教思想
の基礎構造》，春秋社，2001 年，442—457 頁。

⑬ 這是日本所傳《三階佛法》卷一，此據［日］矢吹慶輝《三階教之研究·別篇》，262—263 頁。
本文在此列舉的幾種信行和三階教徒的作品，學者們對其成書先後關係的看法意見不一，在此不
擬詳論，僅做舉證。

⑭《大正藏》，第 55 册，678 頁中欄。

⑮［日］西本照真：《三階教の研究》，492 頁。

⑯［日］矢吹慶輝：《三階教之研究・別篇》，75—76 頁。

⑰ Jamie Hubbard, *Absolute Delusion*, *Perfect Buddhahood*：*The Rise and Fall of a Chinese Heresy*, Honolulu, University of Hawaiʻi Press, 2001, pp. 76—89. 他在現存三階教文獻中，檢索出 9 個 "末法" 用例，居然無一具有 "正像末三時" 中 "末法" 的意涵。還有 34 個 "像法" 用例，祇有 2 例是 "正像二時" 中的 "像法" 意涵。相較于 2017 年拙文對 "末法思想" 的界定，我們現在對 "末法" 與 "末法思想" 的理解也有所變化，已撰專文《何謂 "末法"?》，待刊。

⑱ "真如實觀" 不見于已知的三階教禪觀思想和禪法，見［日］西本照真：《三階教の観法について》，《大倉山論集》第 44 號，1999 年，85—122 頁。該篇原文我們尚未得見，參考［日］西本照真：《敦煌抄本中的三階教文獻》，《戒幢佛學》第二卷，岳麓書社，2002 年，204—205 頁。

（作者單位：劉屹，首都師範大學歷史學院；劉菊林，石家莊市井陘縣微水鎮長崗學校）

《中論》敦煌本與《金藏》本的比較研究

楊學勇

內容提要： 現有敦煌本《中論》可以綴合成敦研 124 + 014 + 013 + 015、S. 3286 + BD10498 + BD10265 背、S. 5607 + P. 3917A + P. 3917B + S. 5663、BD03622 四組經卷。《中論》有四卷本、五卷本、八卷本系統。敦煌本及《金藏》廣勝寺本《中論》的差異主要表現在五個方面：一、分卷、分品不同；二、品名有所不同；三、偈數有所不同；四、對造譯者的論述有差異；五、版本形態不同。通過對敦煌本與《金藏》廣勝寺本《中論》的比較研究，可以得出五方面的認識。

關鍵詞： 敦煌文獻　趙城金藏　中論

《中華大藏經》在校勘《中論》時以《金藏》廣勝寺本爲底本，而參以《房山石經》《資福藏》《影宋磧砂藏》《普寧藏》《永樂南藏》《徑山藏》《清藏》《高麗藏》九種藏經[①]，但却沒有參照《中論》敦煌本。敦煌文獻中保存下來的《中論》寫卷是目前已知最早的《中論》抄本。《開寶藏》中的《中論》是其已知最早的刻本。《趙城金藏》是《開寶藏》的覆刻[②]，可以説幾乎原樣再現了《開寶藏》的原貌。比較《開寶藏》本《中論》第二卷卷尾殘存的最後五句[③]與《金藏》廣勝寺本《中論》第二卷卷尾最後五句，兩者完全一致，可見《金藏》廣勝寺本《中論》是《開寶藏》本《中論》的原樣再現。因而，一定程度上講，可以把《金藏》廣勝寺本《中論》視作《中論》最早的刻本。將《中論》最早的抄本與最早的刻本進行對比研究，不僅能完善《中華大藏經》的校勘，更能反映《中論》諸版本的演變歷程、各自具有的某些特色，乃至相互之間的异同。

一、《中論》敦煌本與《金藏》廣勝寺本概貌

現存敦煌文獻中發現并已定名的《中論》主要有敦研 013、敦研 014、敦研 015、敦研 124、BD10265 背、BD10498、BD03622（爲 022）、S. 3286、S. 5607、S. 5663、P. 3917A、P. 3917B 等[④]。此外，還有 P. 2768[⑤]、BD10242[⑥]、BD10670[⑦]、上圖 066[⑧]等與《中論》內容有關的經卷，亦可供參考。

敦研 013《中論》現存《觀佛合品》及《觀有無品》部分內容，卷軸裝，有烏絲欄，每行 26 字左右，正書，尚帶有隸書意味，內有品題"觀佛合品第十四""觀有無品第十五"，現存正文內容自"說曰上破根品中說見所見見者皆不成此五事"至"如

瓶體是自性依物是他性。問曰若以自性"，但《觀佛合品》内中有幾句話重複。敦研014《中論》現存《觀行品》大部分内容，卷軸裝，有烏絲欄，每行25字左右，正書，尚帶有隸書意味，現存正文内容自"二難可分別，如眼識耳識亦難分別"至"如經説離空無相無作門得解脱者但有言説"，但内中缺少部分語句，而卷末却多出了部分原應位于卷中的内容。敦研015《中論》現存《觀有無品》部分内容，卷軸裝，有烏絲欄，每行26字左右，正書，尚帶有隸書意味，現存正文内容自"他性破有者，今應有無。答曰"至"若有斷常見者則無罪福等破世間事，是故應舍"，有尾題"中論經第二"及"保宗所供養經。一校竟"。敦研124《中論》現存《觀行品》少部分内容，卷軸裝，有烏絲欄，每行25字左右，正書，尚帶有隸書意味，現存正文内容自"年不應有分是故二俱有過"至"是但因外名"。敦研013、敦研014、敦研015、敦研124字體相似，滿行字數相近，都是卷軸裝，都有烏絲欄，且内容上敦研014與敦研124屬于《觀行品》，敦研013與敦研015可直接相續，而敦研014若除去卷尾多抄的内容，則與敦研013可連在一起，所以推測敦研013、敦研014、敦研015、敦研124可能是同一個寫卷，但被分成了三部分，且正確的次序應是敦研124＋014＋013＋015⑨。

BD03622《中論》首殘尾全，現存《觀涅槃品》大部分内容及《觀十二因緣品》《觀邪見品》，卷軸裝，有烏絲欄，每行17字，楷書，現存内容自"則名爲常涅槃"至"不可思議智慧者是故我稽首禮"，有尾題"中論經卷第八"。BD10265背《中論卷一》内有"觀□□品第五"字樣，殘存《觀六種品》十幾個字，尚帶有隸書意味，有烏絲欄，正面是BD10265《龍樹菩薩傳》殘卷。BD10498《中論卷一》殘存《觀五陰品》約10行，尚帶有隸書意味，有烏絲欄，背面是BD10498背《龍樹菩薩傳》殘卷。BD10498與BD10265背可直接拼合，拼合次序爲BD10498＋BD10265背。

S.3286《中論》垷存卷一《觀去來品》少部分内容及《觀六情品》大部分内容，卷軸裝，每行19字左右，有烏絲欄，橫筆起筆處較尖、收筆處較重，尚帶有隸書意味，現存内容自"去法未有去時無有去者，亦無去時"至"故四取等十二因緣分別亦無。復次"，内有品題"觀六情品第三"。S.3286背面是《提婆菩薩傳》，龍樹與提婆是大乘中觀派的始祖，他們的傳記連抄在一起的可能性很大。從字體、背面内容乃至卷子形態推測，S.3286與BD10498＋BD10265背可能是同一個寫卷，正確的組合順序應S.3286＋BD10498＋BD10265背。此外，S.3286與敦研124＋014＋013＋015在字體、抄寫年代等方面存在相似性，若它們本屬于同一個寫卷，而且是經過校勘的供養經，則兩者在每行字數等方面應幾乎相同，但實際上差別却很大，所以S.3286與敦研124＋014＋013＋015應不屬于同一個寫卷。S.5663《中論》現存卷二《觀有無品》少部分内容、卷三及卷四，梵夾裝，正反面連續抄寫。卷二、卷三每葉6行，偶有7行者，卷四每葉7行，整個S.5663號每行30字左右，書寫較工整，楷書，筆迹不一。每張紙都留有一小孔，偶有兩孔者，用于貫穿所有紙張，從孔洞位置看卷二、卷三似乎是先寫字後打孔，卷四應是先打孔後寫字，現存正文内容自"汝應舍有無見。復次"至"復次，如四百觀中説"。S.5663《中論》卷二存尾題"中論卷第二"及題記：

己亥年七月十五日寫畢，三界寺律大德沙門惠海誦集。乙未年正月十五日三界寺大般若經兼内道場課念沙門道真，兼條修諸經十一部，兼寫報恩經一部，兼寫大佛名經一部。道真發心造大般若帙六十個，并是錦緋綿綾具全，造銀番伍拾口，并是施入三界寺。銅令（鈴）香盧（爐）壹，香㡓壹，施入三界寺。道真造劉薩訶和尚，施入番二七口，銅令香盧壹，香㡓、花氈壹，以上施入，和尚永爲供養。道真修大般若壹部，修諸經十三部，番二七口，銅令香盧壹，香㡓壹，經案壹，經藏壹口，經布壹條，花氈壹，已上施入經藏供養。⑩

可知該卷是道真補經的一部分。卷三首葉寫有"卷第三"及尾題"中論卷第三"；卷四首葉寫有"卷第四"及尾題"中論卷第四"。S. 5607《中論》現存序及卷一少部分内容，梵夾裝，正反面連續抄寫，每葉 5 行，每行 30 字左右，現存内容自"中論序，釋僧叡作。中論有五百偈，龍樹菩薩之所造也"至"去者以無去法故不能用三"，内中寫有"龍樹菩薩造。卷第一"，書寫流暢、漂亮，頗具行書意味，每張紙都留有一小孔，從孔洞位置看應是先打孔後寫字。

P. 3917A《中論》現存卷一大部分内容，梵夾裝，正反面連續抄寫，每葉 5 行，每行 30 字左右，現存正文内容自"照他眼。若是見相亦應自見，亦應見他，而實不爾"至"凡夫分別爲有，智者推求則不可得，中論卷第一"，書寫流暢、漂亮，頗具行書意味，每張紙都留有一小孔，從孔洞位置看應是先打孔後寫字，卷末有尾題"三界寺律大德沙門道真念已"及"中論第卷下尾，廣明、道真施入目錄"。P. 3917A《中論》與 S. 5607《中論》字體相似、滿行字數相近，在一些細節上也比較相似，推測應是同一寫卷被分成了兩部分，但兩卷不能直接相連，中間尚缺失部分内容。P. 3917B《中論》現存卷二部分内容，梵夾裝，正反面連續抄寫，每葉 6 行，偶有 5 行者，每行 27 字左右，現存正文内容自"中論觀作作者品第八十二偈。卷第二。問曰現有作有作者有所用作法，三事和合故有果報"至"問曰我不説滅不滅故相續生，但説不住相似生"，楷書，書寫工整，略顯稚拙，每張紙都留有一小孔，從孔洞位置看應是先打孔後寫字。從字體、每葉行數乃至每行字數看，P. 3917A 與 P. 3917B 不是同一人所寫且在一些細節上差別比較明顯，可能不屬于同一寫卷，但兩者在内容上却是連續的，可能是道真補經的産品，故而可視爲一個寫卷，但後來被分成了兩部分并分別編號。S. 5607、P. 3917A、P. 3917B 很有可能本是道真補經後形成的一個寫卷，同時 S. 5663 也是道真補經的一部分，在裝幀形態等細節上與 S. 5607、P. 3917A、P. 3917B 存在一致之處，補足部分内容後就可與 P. 3917B 相接，它們可能都是道真補經後形成的《中論》寫卷的一部分，次序應爲 S. 5607 + P. 3917A + P. 3917B + S. 5663，如此就能組合成一個完整的《中論》寫卷，衹不過後來又分散了，被不同的機構收藏。

綜上可見，現有《中論》敦煌本可以綴合成敦研 124 + 014 + 013 + 015、S. 3286 + BD10498 + BD10265 背、S. 5607 + P. 3917A + P. 3917B + S. 5663、BD03622 四個經卷。這四個經卷分屬于四卷本、八卷本系統。另外，P. 2768 内有"中論五卷，龍樹菩薩造"及《中論》有關偈頌的内容，説明《中論》還出現過五卷本系統，但其具體分卷情況不明。

《金藏》廣勝寺本《中論》⑪爲卷軸裝，共四卷，千字文"寶"字號，每卷前都有一幅佛説法圖扉頁，扉頁右上角寫有"趙城廣勝寺"字樣，每紙23行，偶有22行或24行者，行14字。第一卷有首題和尾題"中論卷第一"，共30張紙，第一張共22行，最右邊1行爲"中論卷第一，釋僧叡序，寶"，從第2張至第23張最右邊有小字"中論第一卷，第×張，寶字號"，第24張有小字"中論第一，第×張，寶字號"，第25張至第30張有小字"中論第一卷，第×張，寶"，其中上述所有"寶"字多數爲繁體字，極少數爲簡體字。第二卷有首題和尾題"中論卷第二"，共44張紙，第一張最右邊1行爲"中論卷第二，寶"，另起1行有小字"龍樹菩薩造"，再起1行有小字"姚秦三藏鳩摩羅什譯"，從第2張至第44張有小字"中論第二卷，第×張，寶字號"，其中第3、4張在"中論第二卷，第×張，寶字號"後明顯刻有一"吕"字，可能是刻工的姓。第三卷有首題和尾題"中論卷第三"，共39張紙，第一張最右邊1行爲"中論卷第三，寶"，另起1行有小字"龍樹菩薩造"，再起1行有小字"姚秦三藏鳩摩羅什譯"，從第2張至第39張有小字"中論第三卷，第×張，寶字號"，其中第26張有小字"中論第三卷，第×張，寶字"，第27張有小字"中論第三卷，第×張，寶"。第四卷有首題和尾題"中論卷第四"，且卷尾有"趙圓榮"三字，可能是刻工的名字，共40張紙，第一張最右邊1行爲"中論卷第四，寶"，另起1行有小字"龍樹菩薩造"，再起1行有小字"姚秦三藏鳩摩羅什譯"，從第2張至第40張有小字"中論第四卷，第×張，寶字號"，其中第30張有小字"中論第四卷，第×張，寶"，第31張有小字"中論第四卷，第×張，寶，號"，第36及37張有小字"中論第四卷，第×張，寶"。之所以有上述不一致、不完美之處，應與《趙城金藏》不是官方主持雕刻而是私人募資的私刻性質有關⑫。

二、《中論》敦煌本與《金藏》本的差异

公元409年，鳩摩羅什在長安大寺譯《中論》，僧叡爲之作序，所以409年是《中論》寫本的時代上限。池田温推測敦研015"年次未詳、大約五世紀"⑬，那麽敦研124＋014＋013＋015也當如此。《國家圖書館藏敦煌遺書·條記目録》認爲BD10498與BD10265背是"5世紀。南北朝寫本"⑭，那麽S.3286＋BD10498＋BD10265背也應是5世紀寫本，但與敦研124＋014＋013＋015孰早孰晚難以斷定。BD03622據推測是5至6世紀的南北朝寫本⑮，但字體已是楷體，時代應比敦研124＋014＋013＋015、S.3286＋BD10498＋BD10265背稍晚。S.5607＋P.3917A＋P.3917B＋S.5663所載題記多處提到三界寺僧人道真，據此可判斷抄于道真補經時期。道真補經具體時間範圍不明，據與道真有關的寫本分析，道真活躍于934—987年⑯，其中S.5663在第二卷卷尾明確提到"己亥年七月十五日""乙未年正月十五日"，"乙未年"可能是935年，"己亥年"可能是939年⑰，如此則S.5607＋P.3917A＋P.3917B＋S.5663有可能完成于939年7月或此前不久。《開寶藏》本《中論》第二卷尾題載："大宋開寶七年甲戌歲奉敕雕造。陳宣印""蓋聞施經妙善，獲三乘之惠因，贊誦真詮，超五趣之業果。然願普窮法界，廣及無邊，水陸群生，同登覺岸。時皇宋大觀二年歲次戊子十月日畢。莊主僧福滋，

管居養院僧福海，庫頭僧福深，供養主僧福住，都化緣報願住持沙門鑒巒"[18]，可見此卷《中論》刊雕于開寶七年（974）、印刷于大觀二年（1108），是現存最早的雕印本。覆刻《開寶藏》的《趙城金藏》，據研究鎸刻于金熙宗皇統九年至世宗大定十八年（1149—1178）[19]，而廣勝寺本《趙城金藏》則印刷于元世祖中統初年[20]，甚至可明確爲中統三年（1262）[21]。

時間間隔八個世紀之久，《中論》各版本之間必然會出現或多或少的差異。敦煌本及《金藏》廣勝寺本《中論》的异同主要體現在品名及分卷上，玆列表如下：

《中論》各版本品名及分卷對照表

敦研124＋014＋013＋015	S. 3286＋BD10498＋BD10265 背	BD03622	S. 5607＋P. 3917A＋P. 3917B＋S. 5663	《金藏》廣勝寺本
			釋僧叡作	
			龍樹菩薩造	龍樹菩薩造 姚秦三藏鳩摩羅什譯
	觀去來品第二 觀六情品第三 觀五陰品第四 觀六種品第五		首題：卷第一 觀因緣品第一　18偈 觀去來品第二　25偈 觀六情品第三 觀五陰品第四　9偈 觀六種品第五　8偈 觀染者品第六　10偈 觀三相品第七　35偈 尾題：中論卷第一	首題：中論卷第一 釋僧叡序 觀破因緣品第一　18偈 觀去來品第二　25偈 觀六情品第三　8偈 觀五陰品第四　9偈 觀六種品第五　8偈 觀染者品第六　10偈 尾題：中論卷第一
觀行品第十三 觀佛合品第十四 觀有無品第十五 尾題：中論經第二			首題：卷第二 觀作作者品第八　12偈 觀本住品第九　12偈 觀然可然品第十　16偈 觀本際品第十一　8偈 觀苦品第十二　10偈 觀行品第十三　9偈 觀有無品第十五 尾題：中論卷第二	首題：中論卷第二 觀三相品第七　35偈 觀作作者品第八　12偈 破本住品第九　12偈 破燃可燃品第十　16偈 破本際品第十一　8偈 破苦品第十二　10偈 破行品第十三　9偈 破合品第十四　8偈 尾題：中論卷第二

敦研 124 + 014 + 013 + 015	S. 3286 + BD10498 + BD10265 背	BD03622	S. 5607 + P. 3917A + P. 3917B + S. 5663	《金藏》廣勝寺本
			首題：卷第三 觀縛解品第十六　10 偈 觀業品第十七　33 偈 觀法品第十八　12 偈 觀時品第十九　8 偈 觀因果品第廿　24 偈 觀成壞品第廿一　20 偈 尾題：中論卷第三	首題：中論卷第三 觀有無品第十五　11 偈 觀縛解品第十六　10 偈 觀業品第十七　33 偈 觀法品第十八　12 偈 觀時品第十九　6 偈 觀因果品第二十　24 偈 觀成壞品第二十一　20 偈 尾題：中論卷第三
觀涅槃品第廿五 觀十二因緣品第廿六 觀邪見品第廿七 尾題：中論經卷第八			首題：卷第四 觀如來品第廿二　16 偈 觀顛倒品第廿三　24 偈 觀四諦品第廿四　40 偈 觀涅槃品第廿五　24 偈 觀十二因緣品第廿六　9 偈 觀邪見品第廿七 尾題：中論卷第四	首題：中論卷第四 觀如來品第二十二　16 偈 觀顛倒品第二十三　24 偈 觀四諦品第二十四　40 偈 觀涅槃品第二十五　24 偈 觀十二因緣品第二十六　9 偈 觀邪見品第二十七　31 偈 尾題：中論卷第四

從上表可見敦煌本與《金藏》廣勝寺本《中論》的主要不同之處：

其一，分卷、分品不同。敦研 124 + 014 + 013 + 015 及 S. 3286 + BD10498 + BD10265 背反映不出《中論》分了多少卷，BD03622 則分爲八卷，而 S. 5607 + P. 3917A + P. 3917B + S. 5663 及《金藏》廣勝寺本則分爲四卷，再結合 BD14676、P. 3739、P. 3807 + S. 2079[22]以及《衆經目録》《大唐内典録》等目録書可確定《中論》存在四卷本與八卷本的區别。此外，前文根據 P. 2768 所載内容已指出《中論》還存在五卷本系統，但其具體分卷情況不明。由于 BD03622 殘缺，僅能知道《觀涅槃品》《觀十二因緣品》及《觀邪見品》屬于卷八，而不清楚其他品是如何分卷的。敦研 124 + 014 + 013 + 015 與 S. 5607 + P. 3917A + P. 3917B + S. 5663 都以《觀有無品》作爲卷二的末品，但《金藏》廣勝寺本却把《觀有無品》作爲第三卷的首品。"僧叡序"在 S. 5607 + P. 3917A + P. 3917B + S. 5663 中列在第一卷之前，單獨作爲一部分論述，而《金藏》廣勝寺本則把"僧叡序"歸入第一卷。按理鳩摩羅什在譯完《中論》後，僧叡才爲之作序，所以嚴格説來"僧叡序"并不屬于鳩摩羅什所譯《中論》，而應放在譯文前面，所以把"僧叡序"歸入第一卷應不是《中論》最初的形態。S. 5607 + P. 3917A + P. 3917B + S. 5663 卷一包括《觀因緣品第一》至《觀三相品第七》共 7 品，而《金藏》廣勝寺本卷一則從《釋僧叡序》至《觀染者品第六》，也是 7 品。S. 5607＋P. 3917A＋P. 3917B＋S. 5663 卷二自《觀作作者品第八》至《觀有無品第十五》共 8 品，而《金藏》廣勝寺本則從《觀三相品第七》至《破合品第十四》也是 8 品。S. 5607＋P. 3917A＋P. 3917B＋S. 5663 卷三自《觀縛解品第十六》至《觀成壞品第廿一》共 6 品，而《金藏》廣勝寺本則從《觀有無品第十五》至《觀成壞品第二十一》共 7 品。但 S. 5607＋P. 3917A＋P. 3917B＋S. 5663 卷四與《金藏》廣勝寺本卷四則都是 6 品。可見，S. 5607＋P. 3917A＋P. 3917B＋S. 5663 與《金藏》廣勝寺本《中論》雖然都是四卷本，但品的劃分却不同，不同的關鍵取决于"僧叡序"是放在卷一之中還是之前。

其二，品名有所不同。敦煌本記載爲《觀因緣品》《觀本住品》《觀然可然品》《觀本際品》《觀苦品》《觀佛合品》《觀行品》，而《金藏》廣勝寺本則爲《觀破因緣品》《破本住品》《破燃可燃品》《破本際品》《破苦品》《破行品》《破合品》，明顯可見在這些品名上存在"觀""破"的區别，但從敦煌本看最初應是"觀"而不是"破"。雖然如此，這些品所論述的内容主旨一致，敦煌本、《金藏》廣勝寺本在品題上明確説是《觀因緣品》《觀作作者品》，但在正文中却都説"如破因緣品中説"[23]"如破作作者品中説"[24]，説明"觀某某品"與"破某某品"没有區别。從正文中多處提到"上去來品中破一切法皆無有，餘如破三相，三相無，故無有有爲。有爲無，故無無爲。有爲無爲無，故一切法盡無作作者"[25]"及一切諸法，亦應如是破"[26]等内容看，《中論》的重要功能之一就是"破斥"。同時也可看出，品題中"觀""破"不連用，《金藏》廣勝寺本《觀破因緣品》應爲《觀因緣品》或《破因緣品》纔合適。S. 5607＋P. 3917A＋P. 3917B＋S. 5663 爲《觀染染者品》，而《金藏》廣勝寺本則爲《觀染者品》。敦研 124＋014＋013＋015 作《觀佛合品》，上圖 066 則爲《觀合品》[27]，《金藏》廣勝寺本爲《破合品》，不知敦研 124＋014＋013＋015 的"佛"字是否是衍字。敦煌本與《金藏》廣勝寺本所列各品的次序一樣，説明自南北朝至元《中論》文本没有發生什麽根本性變化。

其三，偈數有所不同。按時間順序看，敦研 124＋014＋013＋015、S. 3286＋BD10498＋BD10265 背、BD03622 都没有具體列出《中論》每品有多少偈，但到了 10 世紀道真補經時 S. 5607＋P. 3917A＋P. 3917B＋S. 5663 及元朝《金藏》廣勝寺本都已明確提到各品有多少偈，其中 S. 5607＋P. 3917A＋P. 3917B＋S. 5663 載《觀時品》有"八偈"，而《金藏》廣勝寺本則説有"六偈"，經内容對照可發現兩者内容幾乎完全相同，故而按四句一偈算則應有"六偈"，所以應以《金藏》廣勝寺本爲準。除此之外，S. 5607＋P. 3917A＋P. 3917B＋S. 5663 與《金藏》廣勝寺本所列每品的偈數都相同。

其四，對造譯者的論述有差異。敦研 124＋014＋013＋015、S. 3286＋BD10498＋BD10265 背、BD03622 在現存内容中都没有涉及造譯者的信息。S. 5607＋P. 3917A＋P. 3917B＋S. 5663 記載"中論序，釋僧叡作"，《金藏》廣勝寺本則直接説"釋僧叡序"。S. 5607＋P. 3917A＋P. 3917B＋S. 5663 僅僅提到"龍樹菩薩造"，而《金藏》廣勝寺本則記載“龍樹菩薩造，姚秦三藏鳩摩羅什譯”，表達出了更豐富的信息，更重要的是明確了鳩摩羅什的貢獻。

其五，版本形態不同。敦煌本是抄本，而《金藏》廣勝寺本則是刻本。S. 5607 + P. 3917A + P. 3917B + S. 5663 是梵夾裝，但敦研 124 + 014 + 013 + 015、S. 3286 + BD10498 + BD10265 背、BD03622 及《金藏》廣勝寺本都是卷軸裝，但在卷子形態上它們之間卻存在很多細節上的差別，《金藏》廣勝寺本的顯著特點是標明了紙張數，并刻有千字文編號“寶”。

三、小结

通過對敦煌本與《金藏》廣勝寺本《中論》的比較研究，可以得出如下認識：第一，5 世紀南北朝寫本對于了解《中論》的早期形態具有重要價值，可用以分析《中論》在發展歷程中是否出現過變化。第二，若 BD03622 是 5 至 6 世紀南北朝寫本的判斷無誤，則八卷本《中論》的出現時間較最早記載《中論》有八卷本的《大唐内典錄》早，且以實物形式證明確實存在八卷本系統。第三，五卷本《中論》僅見敦煌文獻提及，但因缺乏文獻支持，其是否真實存在過以及如何分卷等情況皆不明。不過，既然有此記載，亦當予以重視。第四，從敦煌本到《金藏》廣勝寺本（亦即到《開寶藏》本），《中論》四卷本系統在結構上發生過變化，變化的關鍵在于“僧叡序”的位置，進而可推知開雕于四川地區的《開寶藏》所依據的底本與敦煌地區流行的《中論》不同。第五，通過校勘發現敦煌本與《金藏》廣勝寺本《中論》在文字上稍有不同，但誠如任繼愈先生所言：“我們校勘的目的，不在于勘誤訂正，而在于會同比較。因爲我們長期整理中國古籍的經驗表明，不同版本出現的文句異同，多半不涉及義理，古籍版本出現文字異同各有道理（當然也有明顯錯誤的），如果一定要由編者決定取捨，難免失之武斷，徒耗人力，并不科學。還應指出，每一種善本的特殊價值并不真正由于它的至美至善，而在于它體現了各自時代的某些特徵。這些特徵是別的版本不能代替的。”[23]《中論》亦是如此，幾乎沒有出現因某些字詞的改變而導致思想主旨發生變化的現象，由此可見長久以來鳩摩羅什所譯《中論》一直被作爲定本采用。

【本文係國家社科基金一般項目“《趙城金藏》檔案及補抄本整理與研究”（18BZJ011）及山西省哲學社會科學規劃課題“山西省博物館撥贈北京圖書館《趙城金藏》檔案整理與研究”（2018B062）階段性成果】

注釋：
① 任繼愈：《序》，《中華大藏經》編輯局編《中華大藏經總目》，中華書局，2004 年，12 頁。
② 李富華：《〈趙城金藏〉研究》，《世界宗教研究》1991 年第 4 期，12—13 頁。收入李富華、何梅《漢文佛教大藏經研究》（宗教文化出版社，2003 年）及李富華主編《金藏目錄還原及研究》（中西書局，2012 年），并增補了國家圖書館收藏的《磧砂藏》印本“火”帙《大寶積經》卷二十九卷末所載明永樂九年（1411）釋善恢撰寫的《最初敕賜弘教大師雕藏經板院記》等相關内容。

③ 葉恭綽：《歷代藏經考略》，胡適等編《張菊生先生七十生日紀念論文集》，商務印書館，1937年，25頁圖一。《2018西冷春拍：名輩翕集 良晤在懷——古籍善本專場綜述》，https：//www. sohu. com/a/238617118_ 687180（2020.7.30檢索）。

④ 段文杰主編：《甘肅藏敦煌文獻》第一卷，甘肅人民出版社，1999年，12—14、160頁；中國國家圖書館編，任繼愈主編：《國家圖書館藏敦煌遺書》第107冊，北京圖書館出版社，2009年，213、336頁；中國國家圖書館編，任繼愈主編：《國家圖書館藏敦煌遺書》第50冊，北京圖書館出版社，2007年，122—130頁；黃永武主編：《敦煌寶藏》第27冊，新文豐出版公司，1982年，337—338頁；國際敦煌項目（IDP）網站：http：//idp. nlc. cn/。現存敦煌本《中論》，本文據《北京大學藏敦煌文獻》《大谷文書集成》《俄羅斯科學院東方研究所聖彼得堡分所藏敦煌文獻》《法藏敦煌吐魯番文獻》《傅斯年圖書館藏敦煌文獻》《甘肅藏敦煌文獻》《國家圖書館藏敦煌遺書》《敦煌秘笈》《上海博物館藏敦煌吐魯番文獻》《上海圖書館藏敦煌吐魯番文獻》《天津市藝術博物館藏敦煌文獻》《英國國家圖書館藏敦煌遺書》《中國散藏敦煌文獻分類目錄》《敦煌遺書總目索引新編》《敦煌寶藏遺書索引》統計所得。

⑤ 國際敦煌項目（IDP）網站：http：//idp. nlc. cn/。

⑥ 中國國家圖書館編，任繼愈主編：《國家圖書館藏敦煌遺書》第107冊，北京圖書館出版社，2009年，200頁。

⑦ 中國國家圖書館編，任繼愈主編：《國家圖書館藏敦煌遺書》第108冊，北京圖書館出版社，2009年，84頁。

⑧ 上海圖書館、上海古籍出版社編：《上海圖書館藏敦煌吐魯番文獻》第2冊，上海古籍出版社，1999年，164—172頁。

⑨ 邰惠莉等：《敦煌研究院藏敦煌文獻（上）》，段文杰主編《甘肅藏敦煌文獻》第一卷，270頁。

⑩ 錄文參敦煌研究院編：《敦煌遺書總目索引新編》，中華書局，2002年，176—177頁。

⑪ 圖版見中國國家圖書館網站：http：//read. nlc. cn/allSearch/searchList？searchType＝10021&showType＝1&pageNo＝1&searchWord＝中論（2020.7.30檢索）。此外亦可參考《中華大藏經（漢文部分）》第28冊，中華書局，1987年。

⑫ 蔣唯心：《金藏雕印始末考》，《國風（南京）》1934年第5卷第12期。

⑬ ［日］池田溫編：《中國古代寫本識語集錄》，東京大學東洋文化研究所，1990年，98頁。

⑭ 同注⑥，55、85頁。

⑮ 中國國家圖書館編，任繼愈主編：《國家圖書館藏敦煌遺書》第50冊，北京圖書館出版社，2007年，7頁。

⑯ ［美］太史文著，張煜譯：《〈十王經〉與中國中世紀佛教冥界的形成》，上海古籍出版社，2016年，134、222—226頁。

⑰ 同注⑬，479頁。

⑱ 葉恭綽：《歷代藏經考略》，胡適等編《張菊生先生七十生日紀念論文集》，25頁圖一。

⑲ 何梅：《歷代漢文大藏經目錄新考》，社會科學文獻出版社，2014年，43頁。

⑳ 同注⑫，236頁。

㉑ 何梅：《北京智化寺元〈延祐藏〉本考》，《世界宗教研究》2005年第4期，30頁。

㉒ 方廣錩：《敦煌佛教經錄輯校》，江蘇古籍出版社，1997年，99、466、506、718頁。

㉓《中華大藏經（漢文部分）》第28冊，842頁上。

㉔ 同注㉓，861頁中。

㉕ 同注㉓，854頁下。

㉖ 同注㉓，856 頁上。
㉗ 同注⑧，168 頁。
㉘ 同注①，12—13 頁。

（作者單位：山西師範大學歷史與旅遊文化學院）

敦煌古藏文文獻 **P. T. 248**《如來藥師琉璃光王供養法》研究

——中唐敦煌密教文獻研究之五

趙曉星　江白西繞　萬瑪項杰

內容提要：敦煌古藏文文獻 P. T. 248《如來藥師琉璃光王供養法》是藏譯本《藥師經》的供養法部分，而非獨立的儀軌經典。將此文獻與漢譯本《藥師經》進行比較後發現，它與隋代達磨笈多漢譯本最爲接近。這件文獻的發現，佐證了吐蕃統治時期《藥師經》漢譯本和藏譯本同時在敦煌流行的事實。聯繫同時期營建的莫高窟第 365 窟七佛藥師之堂，可見以七佛爲主尊的特殊做法與供養藥師的實踐有關。

關鍵詞：敦煌文獻　如來藥師琉璃光王供養法　藥師經　莫高窟第 365 窟

一、敦煌文獻 P. T. 248 釋讀

法藏敦煌文獻 P. T. 248 爲《如來藥師琉璃光王供養法》，時代爲吐蕃統治敦煌時期（781—848）。此文獻爲一片貝葉經，正反面各存 6 行藏文，頁面有 "纖細的玫瑰色橫綫格和頁邊，左邊有鑽得不好的一個洞。沒有圓圈"[①]。本件文獻是藏經洞出土的一件以古藏文書寫的與藥師信仰有關的經典，一直以來被認爲是供養藥師佛的儀軌書。現將此文獻全文轉錄并譯成漢文如下。

敦煌文獻 P. T. 248 正面：

1. 原文：༄༅དགེ་འདུན་ལ་ཟས་དང་སྐོམ་དང་ཡོ་བྱད་ཐམས་ཅད་ཅི་ནུས་སུ་མཆོད་ཅིང་གཡོག་བྱོས་ཤིག

轉寫：Dge vdun la zas dang skom dang / yo bjad thams cad cI nus su mchod cIng gyog bjos shig /

漢譯：當以飲食及諸器物，隨力所辦，供養比丘僧。

2. 原文：ཉིན་གཅིག་ལ་ལན་གསུམ་བཅོམ་ལྡན་འདས་སྨན་གྱི་བླ་བཻ་ཌུ་རྱའི་འོད་གྱི་རྒྱལ་པོ་དེ་བཞིན་གཤེགས་པའི་མཚན་

轉寫：nyin gcig la lan gsum bcom ldan vdas smand gyi bla bii du rjavI vod gyi rgyl po de bzhIn gshigs pI mtshan

漢譯：一晝三次，禮拜供養世尊琉璃光藥師如來佛。

3. 原文：ཡིད་ལ་དྲན་པར་བྱོས་ཤིག་མྱེ་མར་བཞིབཅུརྩདགུ་བུས་ལ་གཟུགས་རེ་རེ་ལ་ཡང་མྱེ་མར་བདུན་

轉寫：yid la dran bar byosshigmye mar bzhibcurcadgu bus la gzugs re re la yang mye mar bdun

漢譯：燃四十九盞油燈，每像前各置七盞。

4. 原文：བདུན་ཞོག་སྙི་མར་གཅིག་གྱང་ཤིང་རྟའི་འཁོར་ལོ་ཆམ་དུ་བྱོས་ལ་ཞག་བཞི་བཅུ་རྩ་དགུའི

轉寫：bdun zhog snyi / mye mar gcig gyang shing rtavI vkhor lo cham du byos la/ zhag bzhi bcu rtsa dguvi

漢譯：每盞燈量大如馬車輪，乃至四十九日，

5. 原文：བར་དུ་འོད་མ་ཞི་བར་བྱ་ཚོན་སྣ་ལྔ་ལ་ལྷའི་བ་དན་མཐོ་བཞི་བཅུ་རྩ་དགུ་པ་བྱོས་ཤིག འདི་ལྟར་ཡང་

轉寫：bar du vod ma（zhi）? bar bya / tshon sna lnga la lhvI ba dan mtho bzhi bcu rtsa dgu pa byos shig // vdI ltar yang

漢譯：光明不絕，五色神幡造四十九長。復次，

6. 原文：བཙུན་བ་དགའ་བོ་རྒྱལ་པོ་རྒྱལ་རིགས་རྒྱལ་ཐབས་སྤྱི་བོ་ནས་དབང་སྐྱར་བའི་རྣམས་ལ་གནེད་པ་དང་མྱི་བདེ་

轉寫：btsun ba dagv bo/ rgyal po rgyal rigs rgyal tabs spyi bo nas dbang skyar bavI rnams la gned pa dang / myi bdev

漢譯：歡喜尊者！灌頂國王、刹帝利及諸臣民等，若遇灾害、不安

敦煌文獻 P. T. 248 背面（接正面）：

7. 原文：བ་དང་འཁུག་པ་མངོན་བར་བྱུང་བར་གྱུརད་པ་དང་ནད་གྱིས་སྙོན་སྨོངས་པར་གྱུརད་པ་དང་བདགད་གི་འཁོརད་

轉寫：ba dang / vkhug pa mngon bar byung bar gyurd pa dang / nad gyis snyon smongs par gyurd pa dang / badg gI vkhord

漢譯：及争亂起時，即使被疾疫難、自界

8. 原文：ལ་ཕ་རོལད་པོའི་འཁོརད་གྱིས་གནོད་པར་གྱུརད་གྱང་རུང་སྐར་མ་དང་ཟལ་བ་དང་ཉི་མའི་གཟས་གནོད་གྱང་

轉寫：la pha rold bovi vkhord gyis gnod par gyurd gyang rung/ skar ma dang zal ba dang nyi mavI gzas gnod gyang

漢譯：他方侵逼難、日月星宿變怪難、

9. 原文：རུང་རླུང་དང་ཆར་གྱིས་གནོད་གྱང་རུང་དུས་སུ་རླུང་དང་ཆར་མྱིད་པས་གནོད་གྱང་རུང་རྒྱལ་

轉寫：rung / rlung dang char gyis gnod gyang rung // dus su rlung dang char myid pas gnod gyang rung / rgyal

漢譯：非時風雨難、過時無風雨難，

10. 原文：པོ་རྒྱལ་རིགས་རྒྱལ་ཐབས་སྤྱི་བོ་ནས་དབང་བསྐུར་བ་དེས་སེམས་ཅན་ཐམས་ཅད་ལ་བྱམས་པའི

轉寫：po rgyal rigs rgyal thabs spyi bo nas dbang bskur ba des / sems can tams cad la byams pavi

漢譯：此灌頂國王、刹帝利及諸臣等，爾時當于一切衆生起慈悲心，

11. 原文：སེམས་སུ་གིས་ཏེ་བཙོན་རྣམས་ཕྱེ་ལ་བཅོམ་ལྡན་འདས་སྨནད་གྱི་བླ་བི་དུ་རྱའི་འོད་གྱི་རྒྱལ་པོ་དེ་བཞིན་

轉寫：sems su gIs te / / btson rnaius phyc la / bcom ldan vdas smand gyi bla bii du rya-vI vod gyi rgyl po de bzhin

漢譯：赦諸系閉，依所説供養世尊藥師琉璃光佛如來之法而供養，

12. 原文：གཤེགས་པ་ལ་ལྨུས་པ་བཞིན་དུ་མཆོད་པ་གྱི་ཤིག་དང་རྒྱལ་པོ་རྒྱལ་རིགས་རྒྱལ་ཐབས

轉寫：gshegs pa la lmus pa / bzhin du mchod pa gyI shig dang / rgyal po rgyal rIgs rgyal tabs

漢譯：國王、刹帝利及諸臣民……

經釋讀，敦煌文獻 P. T. 248 譯成漢文如下：

　　當以飲食及諸器物，隨力所辦，供養比丘僧。一晝三次，禮拜供養世尊琉璃光藥師如來佛。燃四十九盞油燈，每像前各置七盞。每盞燈量大如馬車輪，乃至四十九日，光明不絕。五色神幡，造四十九長。復次，歡喜尊者！灌頂國王、刹帝利及諸臣民等，若遇災害、不安及爭亂起時，即使被疾疫難、自界他方侵逼難、日月星宿變怪難、非時風雨難、過時無風雨難，此灌頂國王、刹帝利及諸臣民等，爾時當于一切衆生起慈悲心，赦諸系閉，依所説供養世尊藥師琉璃光佛如來之法而供養，國王、刹帝利及諸臣民……

二、敦煌文獻 P. T. 248 定名

　　我們在各種關于藥師的純粹的儀軌文獻中找不到與敦煌文獻 P. T. 248 同樣的內容，實際上它是《藥師經》後部講述供養藥師如來方法部分的抄録。《藥師經》，又稱《藥師如來本願功德經》《藥師如來本願經》《藥師琉璃光七佛本願功德經》《藥師如來本願功德經》《新翻藥師經》等。今存五種漢譯本：（1）東晉帛尸梨蜜多羅譯《大灌頂經》之卷十二，即《佛説灌頂拔除過罪生死得度經》；（2）隋達磨笈多譯本；（3）唐玄奘譯本；（4）義净譯本；（5）敦煌文獻 S. 2512《藥師經疏》所引失譯人名之《藥師經》。通常認爲，前四種漢譯本均與藏譯本内容相同。我們在前四種漢譯本中均發現可與敦煌文獻 P. T. 248 對應的内容，具體如下：

1. 東晉帛尸梨蜜多羅譯《佛説灌頂拔除過罪生死得度經》：

　　爾時衆中有一菩薩名曰救脱，從座而起整衣服，又手合掌而白佛言：我等今日聞佛世尊演説過東方十恒河沙世界，有佛號瑠璃光，一切衆會靡不歡喜。救脱菩薩又白佛言：若族姓男女其有厄羸，著床痛惱無救護者。我今當勸請衆僧，七日七夜齋戒一心。受持八禁六時行道，四十九遍讀是經典。勸然七層之燈，亦勸懸五色續命神幡。阿難問救脱菩薩言：續命幡燈法則云何？救脱菩薩語阿難言：神幡五色四十九尺。燈亦復爾，七層之燈一層七燈，燈如車輪。若遭厄難閉在牢獄枷鎖著身，亦應造立五色神幡然四十九燈，應放雜類衆生至四十九，可得過度危厄之難，不爲諸横惡鬼所持。

　　救脱菩薩語阿難言：若國王大臣及諸輔相王子妃主中宫婇女，若爲病苦所惱，亦應造立五色繒幡。然燈續明救諸生命，散雜色華燒衆名香。王當放赦屈厄之人，徒鎖解脱，王得其福。天下太平，雨澤以時，人民歡樂。惡龍攝毒，無病苦者。四方夷狄，不生逆害，國土通洞。慈心相向，無諸怨害。四海歌詠，稱王之德。乘此福禄，在意所生。見佛聞法，信受教誨。從是福報，至無上道。②

2. 隋達磨笈多譯《佛説藥師如來本願經》：

　　救脱菩薩言：大德阿難！若有患人欲脱重病，當爲此人七日七夜受八分齋，

當以飲食，及種種衆具，隨力所辦，供養比丘僧。晝夜六時，禮拜供養彼世尊藥師琉璃光如來，四十九遍讀誦此經。然四十九燈，應造七軀彼如來像，一一像前各置七燈，一一燈量大如車輪，或復乃至四十九日光明不絕。當造五色彩幡長四十九尺。

復次，大德阿難！灌頂刹利王等，若灾難起時——所謂人民疾疫難、他方侵逼難、自界反逆難、星宿變怪難、日月薄蝕難、非時風雨難、過時不雨難——爾時，此灌頂刹利王，當于一切衆生，起慈愍心，赦諸系閉，依前所説供養法式，供養彼世尊藥師琉璃光如來。時灌頂刹利王用此善根，由彼世尊藥師琉璃光如來本昔勝願故，其王境界即得安隱。風雨以時、禾稼成就、國土豐熟；一切國界所有衆生，無病安樂，多生歡喜；于其國界亦無夜叉、羅刹、毘舍闍等諸惡鬼神擾亂衆生；所有惡相皆即不現。彼灌頂刹利王，壽命色力無病自在并得增益。[3]

3. 唐玄奘譯《藥師琉璃光如來本願功德經》：

爾時，阿難問救脱菩薩曰：善男子！應云何恭敬供養彼世尊藥師琉璃光如來續命幡燈，復云何造？救脱菩薩言：大德！若有病人，欲脱病苦，當爲其人，七日七夜，受持八分齋戒，應以飲食及餘資具，隨力所辦，供養苾芻僧；晝夜六時，禮拜供養彼世尊藥師琉璃光如來；讀誦此經四十九遍，然四十九燈；造彼如來形像七軀，一一像前各置七燈，一一燈量大如車輪，乃至四十九日光明不絕；造五色彩幡，長四十九搩手，應放雜類衆生至四十九；可得過度危厄之難，不爲諸橫惡鬼所持。

復次，阿難！若刹帝利灌頂王等，灾難起時，所謂人衆疾疫難，他國侵逼難，自界叛逆難，星宿變怪難，日月薄蝕難，非時風雨難，過時不雨難。彼刹帝利灌頂王等，爾時應于一切有情起慈悲心，赦諸系閉；依前所説供養之法，供養彼世尊藥師琉璃光如來。由此善根，及彼如來本願力故，令其國界即得安隱：風雨順時，穀稼成熟；一切有情無病歡樂；于其國中，無有暴虐藥叉等神惱有情者；一切惡相，皆即隱没；而刹帝利灌頂王等，壽命色力，無病自在，皆得增益。阿難！若帝后、妃主、儲君、王子、大臣、輔相、中宫婇女、百官、黎庶，爲病所苦，及餘厄難；亦應造立五色神幡，然燈續明，放諸生命，散雜色華，燒衆名香，病得除愈，衆難解脱。[4]

4. 唐義净譯《藥師琉璃光七佛本願功德經》：

爾時具壽阿難，問救脱菩薩曰：善男子！恭敬供養彼七如來，其法云何？救脱菩薩言：大德！若有病人及餘灾厄欲令脱者，當爲其人七日七夜持八戒齋。應以飲食及餘資具隨其所有供佛及僧，晝夜六時恭敬禮拜七佛如來，讀誦此經四十九遍。然四十九燈，造彼如來形像七軀，一一像前各置七燈，其七燈狀圓若車輪，乃至四十九夜光明不絕。造雜彩幡四十九首，并一長幡四十九尺，放四十九生。如是即能離灾厄難，不爲諸橫惡鬼所持。大德阿難，是爲供養如來法式。若有于此七佛之中，隨其一佛稱名供養者，皆得如是無量功德所求願滿，何況盡能具足供養。

復次，大德阿難！若剎帝利灌頂王等灾難起時，所謂人衆疾疫難、他國侵逼難、自界叛逆難、星宿變怪難、日月薄蝕難、非時風雨難、過時不雨難。彼剎帝利灌頂王等，爾時當于一切有情起慈悲心，放大恩赦脫諸幽厄苦惱衆生，如前法式供養諸佛。由此善根及彼如來本願力故，令其國界即得安隱，風雨順時穀稼成熟，國內衆生無病安樂，又無暴惡藥叉等神共相惱亂，一切惡相悉皆隱没。而剎帝利灌頂王等，皆得增益壽命色力無病自在。大德阿難！若帝后妃主儲君王子大臣輔相宫中婇女百官黎庶爲病所苦及餘厄難，亦應敬造七佛形像、讀誦此經、然燈造幡、放諸生命，至誠供養燒香散花，即得病苦銷除解脫衆難。⑤

經過以上的對比，可以看出敦煌文獻 P. T. 248 與隋達磨笈多譯《佛説藥師如來本願經》最爲接近，除了在晝夜供養藥師佛次數上存在不同外，前者比後者少了"四十九遍讀誦此經""應造七軀彼如來像"二句。同樣，將敦煌文獻 P. T. 248 與藏文納塘版《藥師如來本願經》⑥（耶喜德譯本）的内容比較後，發現全文内容大體一致，唯有幾處在供養細節上有出入，即：

1. 敦煌文獻 P. T. 248 中寫道："一晝三次禮拜供養藥師琉璃光如來佛"（ཉིན་གཅིག་ལ་ལན་གསུམ་བཙུན་པ་འདས་སྨན་གྱི་བླ་བཻ་ཌུར྄ྱ་འོད་ཀྱི་རྒྱལ་པོ་དེ་བཞིན་གཤེགས་པ་ལ་མཆོད），納塘版寫道："晝三次夜三次禮拜供養藥師琉璃光如來佛"（ཉིན་ལན་གསུམ་མཚན་ལན་གསུམ་བཙུན་པ་འདས་དེ་བཞིན་གཤེགས་པ་ལ་སྨན་གྱི་བྱེའུའི་འོད་དེའི་མཆོད་ཡིད་བྱ）；

2. 敦煌文獻 P. T. 248 中寫道："日月星宿變怪難"（སྐར་མ་དང་ཟླ་བ་དང་ཉི་མའི་གནས་གནོད་ཡང），納塘版寫道："星宿變怪難、月亮薄蝕難、太陽薄蝕難"（རྣམ་ཀྱི་གནོད་པ་དང་ཟླ་བའི་གནོད་པ་དང་གནས་ཉི་མའི་གནོད་པ）；

3. 敦煌文獻 P. T. 248 中無"四十九遍讀誦此經"（མདོ་འདི་ལན་བཞི་བཅུ་རྩ་དགུ་གཏོན་པར་བྱ）、"應造七軀彼如來像"（སྐུ་གཟུགས་བདུན་བྱ）二句，納塘版均有；

4. 敦煌文獻 P. T. 248 中寫道："國王、剎帝利及臣民等"（རྒྱལ་པོ་རྒྱལ་རིགས་དང་ཐབས），納塘版寫道："國王、剎帝利等"（རྒྱལ་པོ་རྒྱལ་རིགས）；

5. 敦煌文獻 P. T. 248 中寫道："依所説供養世尊藥師琉璃光佛如來之法而供養！"（བཙུན་པ་འདས་སྨན་གྱི་བླ་བཻ་ཌུར྄ྱ་འོད་ཀྱི་རྒྱལ་པོ་དེ་བཞིན་གཤེགས་པ་ལ་མཆོད་པ་གཞིན་དུ་མཆོད་པ་ཡི་ཆོས་དང），納塘版寫道："依前所説供養法式，供養彼世尊藥師琉璃光如來"（གོང་དུ་སྨོས་པ་བཞིན་དུ་བཙུན་པ་འདས་དེ་བཞིན་གཤེགས་པ་ལ་སྨན་གྱི་བླ་བཻ་ཌུར྄ྱ་འོད་དེ་ལ་མཆོད་པར་མཆོད་པ་བྱ）；

6. 敦煌文獻 P. T. 248 中寫道："若遇灾害、不安及争亂起時，即使被疾疫難、自界他方侵逼難、日月星宿變怪難、非時風雨難、過時無風雨難"（གནོད་པ་དང་ཆུད་འདི་དག་ལ་འབྱུང་ཞིང་ནད་ཡམས་ཀྱི་གནོད་པ་དང་ཕྱི་རོལ་གྱི་འཁྲུག་པ་ལ་སོགས་པའི་འཁྲུག་ཀྱི་གནོད་པ་དང་ཅུང་ཟད་ཀྱི་ཟླ་བ་དང་ཉི་མའི་གནས་གནོད་ཀྱང་ཆུ་ཡི་གནོད་པ་དང་ཚེ་ཆུད་ཀྱི་གནོད་པ་གནོད་ཀྱང་དེ་དང་ཆུ་འབྱོ་ལ་གནོད་ཡང་ཆུད），納塘版寫道："即使被疾疫難、自界他方侵逼難、星宿變怪難、月亮薄蝕難、太陽薄蝕難、非時風雨難、過時無風雨難，若遇這些灾害、不安及争亂起時"（ནད་ཀྱི་གནོད་པ་དང་རང་གི་ལུགས་ཆོས་ལས་ཕ་རོལ་གྱི་ལུགས་ཆོས་ཀྱི་གནོད་པ་དང་རྣམ་ཀྱི་གནོད་པ་དང་གནས་པའི་གནོད་པ་གནས་ཅི་མའི་གནོད་པ་གནས་ལ་ཡིན་པའི་རྣམ་དང་ཆུ་ཀྱི་གནོད་པ་དང་ཟན་པའི་གནོད་པ་ལ་ཡང་ཅུང་ཟ་གནོད་པ་དང་ནད་འགོ་བ་དང་འཁྲུག་པ་ཞིག་ནི་བར་གནས་པར་གྱུར་ན）。

可以看到，在每天供養的次數上，漢文本和傳世的藏文本都是"晝夜六時"而不是"一晝三次"，還有"四十九遍讀誦此經""應造七軀彼如來像""一夜三次"三句，在敦煌文獻 P. T. 248 均無内容。另外，敦煌文獻 P. T. 248 中的"臣民"（རྒྱལ་ཐབས）一詞，

156

漢、藏傳世本均没有出現。敦煌文獻 P. T. 248 和納塘版（包括其他藏文傳世本）在語句順序上也有出入。從文獻現存狀況來看，P. T. 248 有明顯的寫錯和添加痕迹，應是報廢經頁，因此 P. T. 248 中缺失的内容，很可能是抄寫疏漏。P. T. 248 的文字内容與達磨笈多漢譯本最爲接近。這樣一來，敦煌文獻 P. T. 248 實際上并不是專門的供養法儀軌書，不應定名爲《如來藥師琉璃光王供養法》，而是古藏文《藥師如來本願經》中的供養法部分，所以將其定名爲“《藥師如來本願經》殘頁”更爲合適。

三、吐蕃統治時期的敦煌《藥師經》

在敦煌文獻中，共保存了五種漢譯本《藥師經》，除了 S. 2512《藥師經疏》所引失譯人名之《藥師經》外，傳世的四種經典包括東晋帛尸梨蜜多羅譯本 95 件、隋達磨笈多譯本 10 件、唐玄奘譯本 171 件、唐義净譯本 1 件[⑦]。其中玄奘譯本最多、帛尸梨蜜多羅譯本次之，達磨笈多譯本較少，義净譯本僅 1 件。從敦煌文獻保存的 270 多件《藥師經》來看，這一經典在敦煌曾經非常流行。

根據吐蕃統治時期敦煌文獻 P. 3807 + S. 2079《龍興寺藏經目録》和敦煌文獻 P. 3010、P. 3010V《龍興寺歷年分配補藏經録》，中唐龍興寺的藏經中存有《藥師經》，敦煌文獻 P. 3432《龍興寺供養佛經目録》説明《藥師經》在此時還作爲供養經使用，敦煌文獻 S. 5676《巳年七月十四日點付曆》則説明此經也在實際流通中使用。敦煌文獻 P. 2046（P. T. 1257）漢藏對譯佛學字書中記載的佛經名中，也有《藥師琉璃光如來本願經》之名，説明該經在當時應是比較常用和普遍流行的佛教經典。從吐蕃統治敦煌時期留下的佛教經録和佛學字書來看，《藥師經》在當時可能是最爲流行的密教經典之一，而且很可能是漢譯本和藏譯本同時流行。根據《佛教史大寶藏論》記載，《藥師經》藏譯名爲《藥師琉璃光昔願功德經》（ དེ་བཞིན་གཤེགས་པ་སྨན་གྱི་བླ་བཻ་ཌུརྱ་འོད་ཀྱི་སྔོན་གྱི་སྨོན་ལམ་གྱི་ཁྱད་པར་རྒྱས་པ།），由吐蕃譯帥邸喜德（ཡེ་ཤེས་སྡེ།）譯成藏文[⑧]。敦煌文獻 P. T. 248《藥師經》，證實了敦煌的確流行過《藥師經》的藏譯本。

四、吐蕃統治時期敦煌的藥師供養實踐

《藥師經》最早作爲《大灌頂經》第十二卷，屬于陀羅尼密典之類，本身就脱胎于密教經典，後來作爲單行本獨立流通，又屬于帶有濃厚密教思想的大乘經典。《藥師經》消灾袪病延命的功能，歷來被信衆所重視。被判定爲寫于 9 世紀前期的僅有一件玄奘譯本 S. 0053，其上題記書“□壽妻，爲身染患敬寫此經”。這條信息表明《藥師經》在吐蕃時期的敦煌，除了作爲收藏、供養和實際流通的佛教經典外，經典的袪病消灾功能也特別受到重視。而敦煌壁畫中保存的 25 鋪《藥師經變》，也能反映中唐時期藥師信仰在敦煌盛行的情况[⑨]。

中唐晚期，“七佛藥師之堂”的營建與《藥師經》供養法部分關係最爲密切。吐蕃統治敦煌晚期，敦煌營建了莫高窟第 365 窟，古稱七佛堂。據主室佛床床沿吐蕃文

題記及洪辯和尚漢文發願文，此窟建于吐蕃統治敦煌時期藏曆水鼠年（832）至木虎年（834）。窟主洪辯，爲吐蕃時期沙門釋門教授，歸義軍初期受唐敕封爲河西都僧統。主室西壁有橫貫全窟的長方形佛壇，壇上并列結跏趺坐的"七佛"彩塑像。壁畫有重層，表層爲北宋初期重繪的説法圖、簡單的净土變及供養菩薩，色調單一，多爲石緑。底層爲吐蕃時期壁畫。

據敦煌文獻 P. 4640《大蕃沙州釋門教授和尚洪辯修功德碑》（亦稱《吳僧統碑》）記載，此窟初建，四壁畫有華嚴經變、藥師净土變、法華經變、報恩經變、文殊變、普賢變及賢劫千佛。在莫高窟，以七佛坐像爲主尊的洞窟僅此窟与第 327 窟。而《沙州文録·吳僧統碑》中明確説洪辯"開七佛藥師之堂"[⑩]，也就是説佛壇上所塑七佛爲"藥師七佛"。

無論是敦煌文獻 P. T. 248《藥師經》中記述的"燃四十九盞油燈，每佛七盞，放置于七佛像前，所有燈都如車輪并讓它們一直放光，從此至四十九日光明不滅"，還是達磨笈多、玄奘和義净三種漢譯本中的相應部分，都明確表示要供養藥師實際上需供養"七佛"而非僅僅是藥師琉璃光如來一佛。但是，同時代的敦煌《藥師經變》中均是以藥師佛一佛爲主尊，而對七佛没有表現。那麽莫高窟第 365 窟藥師七佛像的塑造很可能與供養實踐相聯繫，而不是單純爲了禮拜。但是，現存七佛塑像旁的榜題書寫的不是藥師七佛之名，而是過去七佛之名。因爲此窟在北宋曹氏歸義軍末期經過全面重修，可能重新書寫了榜題。另外，藥師信仰發源于克什米爾和中亞地區，在印度至今没有發現藥師像。本窟的藥師七佛塑像的造型排列都與印度過去七佛石雕一致，很可能受到了印度過去七佛造像的影響，有待以後進一步討論。

五、小結

綜上所述，敦煌古藏文文獻 P. T. 248《如來藥師琉璃光王供養法》并不是專門講藥師供養法的儀軌書，而是《藥師經》的供養法内容，所以定名爲"《藥師如來本願經》殘頁"更爲合適。從其中現存的内容來看，與隋代達磨笈多的漢譯本最爲接近。此件文獻佐證了吐蕃統治時期《藥師經》漢譯本和藏譯本同時在敦煌流行的事實。《藥師經》作爲帶有濃厚密教思想的大乘經典，以其消灾、袪病、續命的一系列現實功能受到當時信衆的信仰。莫高窟第 365 窟七佛藥師堂的建立，很可能與《藥師經》中所述供養法有關。

注釋：

① 王堯主編：《法藏敦煌藏文文獻解題目録》，民族出版社，1999 年，40 頁。

②（東晉）帛尸梨蜜多羅譯：《大灌頂經》卷十二，《大正新修大藏經》第 21 册，大正一切經刊行會，1928 年，535 頁。

③（隋）達磨笈多譯：《佛説藥師如來本願經》，《大正新修大藏經》第 14 册，大正新修大藏經刊行會，1926 年，404 頁。

④（唐）玄奘譯：《藥師琉璃光如來本願功德經》，《大正新修大藏經》第 14 册，407 頁。

⑤（唐）義淨譯：《藥師琉璃光七佛本願功德經》卷下，《大正新修大藏經》第 14 冊，415—416 頁。

⑥《甘珠爾》（多普手寫版）བཀའ་འགྱུར་སྟོག་ཕུ་ཐེག་མ།：http：//www.tbrc.org/eBooks/W1PD127393 – I1PD127556 – 536 – 564 – abs.（2020.9.10 檢索）

《甘珠爾》（納唐印刷版）བཀའ་འགྱུར་སྣར་ཐང་པར་མ།：http：//www.tbrc.org/eBooks/W22703 – 5492 – 945 – 973 – abs.（2020.9.10 檢索）

《甘珠爾》（卓尼印刷版）བཀའ་འགྱུར་ཅོ་ནེ་པར་མ།：http：//www.tbrc.org/eBooks/W1PD96685 – I1PD105074 – 610 – 634 – abs.（2020.9.10 檢索）

《甘珠爾》（德格印刷版）བཀའ་འགྱུར་སྡེ་དགེ་པར་མ།：http：//www.tbrc.org/eBooks/W22084 – 0972 – 549 – 568 – abs.（2020.9.10 檢索）

《甘珠爾》（阿嘎爾印刷版）བཀའ་འགྱུར་ཨ་ཁུར་པར་མ།：http：//www.tbrc.org/eBooks/W29468 – 5382 – 549 – 568 – abs.（2020.9.10 檢索）

《甘珠爾》（對校版）བཀའ་འགྱུར་དཔེ་བསྡུར་མ།：http：//www.tbrc.org/eBooks/W1PD96682 – I1PD96870 – 821 – 841 – abs.（2020.9.10 檢索）

⑦ 趙曉星：《吐蕃統治時期敦煌密教研究》，甘肅教育出版社，2017 年，102、152—153 頁。

⑧（元）布頓·仁欽珠：《佛教史大寶藏論》，中國藏學出版社，1988 年，225 頁。

⑨ 同注⑦，223—231 頁。

⑩ 蔣斧：《沙州文録》，1924 年上虞羅氏印本。

（作者單位：趙曉星，敦煌研究院敦煌文獻研究所；江白西繞，中央民族大學藏學研究所；萬瑪項杰，西北民族大學中國語言文學部）

啓功珍藏敦煌寫經殘片叙録

劉毅超

內容提要：啓功先生藏有164件敦煌寫經殘片，粘貼爲兩個殘片册。對此加以定名、叙録，有助于加深對這批藏品的認識。

關鍵詞：啓功　敦煌遺書　佛教文獻

啓功先生藏有兩件敦煌寫經殘片册，由164件寫經殘片彙貼而成，在書法上頗具價值，已于2006年影印出版①，其概況可參閱柴劍虹先生《啓功先生的"隨身寶"——寫在〈敦煌寫經殘片彙貼〉出版之際》②。惜影印出版時未經定名，筆者不揣譾陋，嘗試進行編目工作。首先對各殘片定名，揭示其內容，文獻名無法考出者酌爲擬名；爲使用便利起見，重新編號，編爲啓敦001號至啓敦164號；每則叙録著録行數字數、文字起訖、著譯者、經文在《大正藏》中相應位置、題跋等內容，最後以"《殘片》第某頁"標記圖版出處。

一、"敦皇石室寫經殘字"册

此册先後爲許承堯（1874—1946）、張廣建（1864—1938）收藏，啓功先生于廠肆中購得。封面題"敦皇石室寫經殘字"，下接小字"己未春得于蘭州"，己未當爲1919年。尾有鈐印，漫漶不清。全册26頁，共36件殘片，編爲啓敦001號至啓敦036號。

啓敦001　佛説十一面觀世音神咒經

存11行，行6至17字。起"一切振動"，訖"在觀世"。北周耶舍崛多譯。經文見《大正藏》第20册，第151頁B欄第11行至第21行。旁注"隋書"。（《殘片》第5頁）

啓敦002　大方廣佛華嚴經卷第二十金剛幢菩薩十迴向品第二十一之七

存10行，行4至17字。起"智復次"，訖"平等善根"。東晋佛馱跋陀羅譯。經文見《大正藏》第9册，第525頁A欄第16行至第27行。

左右兩側各有跋文一道。右側跋曰："友人從敦皇來，得此于古三界寺燬字鑪旁。吉光片羽，零星掇拾，皆中郎爨下琴也。惟北周書十四行云別從殘卷割取，余擇其可證定爲何代物者分識之。疑闕。苊。"尾鈐"許苊"朱文方印。另鈐朱文橢圓印一枚，

160

此册封面背有啓功先生釋文"合肥磨鍊僧張氏伯子勛帛父收藏歷代金石古書字畫碑帖經卷之印","此張廣建收藏印文"。左側跋曰:"周齊書已整飭,此當是魏書也。隋以前書。"尾鈐朱文方印"際唐"。(《殘片》第6頁)

啓敦003　大方廣佛華嚴經卷第二十金剛幢菩薩十迴向品第二十一之七

存10行,行17字。起"菩薩摩訶",訖"菩薩可樂"。東晉佛馱跋陀羅譯。經文見《大正藏》第9册,第525頁A欄第27行至B欄第8行。旁注"橫斜奇致,足移我情"。(《殘片》第7頁)

啓敦004　大方廣佛華嚴經卷第二十金剛幢菩薩十迴向品第二十一之七

存5行,行17字。起"三昧諸陁羅尼",訖"法藏于無"。東晉佛馱跋陀羅譯。經文見《大正藏》第9册,第525頁B欄第8行至第14行。(《殘片》第8頁)

啓敦005　佛經論釋

存5行,行27至30字。起"羅密菩薩",訖"又大品言"。待考。(《殘片》第8頁)

啓敦006　佛經論釋

存9行,行23至30字。起"欲得聲",訖"如是本分如黄"。待考。旁注"此殘昏迺從全卷割下,云尾有北周天和某年題識"。尾鈐朱文長方印"疑盦"。(《殘片》第9頁)

啓敦007　妙法蓮華經卷第二譬喻品第三

存13行,行10至17字。起"其心安如海",訖"滅度我今"。後秦鳩摩羅什譯。經文見《大正藏》第9册,第11頁A欄第23行至B欄第14行。旁注"唐精書"。(《殘片》第10頁)

啓敦008　佛説觀彌勒菩薩上生兜率天經

存11行,行17字。起"第三大神名曰",訖"菩薩報應及"。南朝宋沮渠京聲譯。經文見《大正藏》第14册,第419頁B欄第21行至C欄第3行。旁注"唐書"。(《殘片》第11頁)

啓敦009　妙法蓮華經卷第二譬喻品第三

存13行,行17字。起"還欲令汝",訖"無量無邊不"。後秦鳩摩羅什譯。經文見《大正藏》第9册,第11頁B欄第14行至C欄第27行。(《殘片》第12頁)

啓敦010　妙法蓮華經卷第七陀羅尼品第二十六

存11行,行3至17字。起"伊提履",訖"説偈言"。後秦鳩摩羅什譯。經文見

《大正藏》第9冊，第59頁B欄第1行至第11行。旁注"唐精書"。(《殘片》第13頁)

啓敦 011　妙法蓮華經卷第七陀羅尼品第二十六

存13行，行8至17字。起"若不順我咒"，訖"無生法忍"。後秦鳩摩羅什譯。經文見《大正藏》第9冊，第59頁B欄第12行至第27行。旁注"袁文叟以二百金得唐人一精卷，視此伯仲耳"。啓功先生附注"袁毓麐，字文藪，亦作文叟，杭州人"。(《殘片》第14頁)

啓敦 012　七佛八菩薩所説大陀羅尼神咒經卷第四

存10行，行3至20字。起"胡樓兜寧"，訖"大如掌用"。失譯。經文見《大正藏》第21冊，第560頁A欄第26行至B欄第8行。旁注"似唐書"。(《殘片》第15頁)

啓敦 013　大方廣佛華嚴經卷第六十九入法界品第三十九之十

存7行，行17字。起"普能覩見"，訖"親近善"。唐實叉難陀譯。經文見《大正藏》第10冊，第373頁A欄第27行至B欄第4行。旁注"唐書"。(《殘片》第16頁)

啓敦 014　經律异相卷第四應始終佛部第一現生王宮二

草書。存10行，行28字。起"宿願果報經"，訖"自墮人奪"。南朝梁寶唱等集。經文見《大正藏》第53冊，第16頁A欄第27行至B欄第14行。(《殘片》第17頁)

啓敦 015　佛經論釋

存9行，行6至22字。注釋爲雙行小字。起"第六總作法界圖"，訖"上有金粟深也"。待考。(《殘片》第18頁)

啓敦 016　佛經論釋

存14行，行28字。起"無有麁香"，訖"兩義初總"。待考。有朱筆校改。(《殘片》第19頁)

啓敦 017　佛經論釋

存12行，行14至28字。起"心無所畏"，訖"令人歡喜"。待考。有朱筆校改。旁注"唐書"。(《殘片》第20頁)

啓敦 018　佛説救疾經

存6行，行5至10字。起"有人闇取"，訖"經像牛驢"。偽經。經文見《大正藏》第85冊，第1362頁A欄第27行至B欄第2行。(《殘片》第21頁)

啓敦 019　法句經卷上多聞品第三

存 7 行，行 5 至 10 字。起"事父用恩故"，訖"闇者從得燭"。法救撰，吳維祇難等譯。經文見《大正藏》第 4 冊，第 560 頁 B 欄第 3 行至第 15 行。(《殘片》第 21 頁)

啓敦 020　維摩詰所説經卷上佛國品第一

存 6 行，行 7 字。起"王善療衆病"，訖"菩薩光"。後秦鳩摩羅什譯。經文見《大正藏》第 14 冊，第 537 頁 A 欄第 24 行至 B 欄第 4 行。(《殘片》第 21 頁)

啓敦 021　維摩詰所説經卷上佛國品第一

存 3 行，行 8 字。起"深妙之義"，訖"惡趣門而生"。後秦鳩摩羅什譯。經文見《大正藏》第 14 冊，第 537 頁 A 欄第 21 行至第 24 行。(《殘片》第 21 頁)

啓敦 022　正法華經卷第九妙吼菩薩品第二十二

存 3 行，行 9 至 10 字。起"欲往詣"，訖"菩薩尊意"。西晋竺法護譯。經文見《大正藏》第 9 冊，第 127 頁 B 欄第 5 行至第 7 行。旁注"右三隋以前書。左二唐書"。(《殘片》第 21 頁)

啓敦 023　諸經要集卷第二敬法篇第二求法緣第五

草書。存 6 行，行 16 至 27 字。起"丘論道"，訖"至心思惟有"。唐道世集。經文見《大正藏》第 54 冊，第 12 頁 B 欄第 20 行至 C 欄第 1 行。(《殘片》第 22 頁)

啓敦 024　諸經要集卷第二敬法篇第二求法緣第五

草書。存 7 行，行 25 至 28 字。起"我今當"，訖"無垢國由敬"。唐道世集。經文見《大正藏》第 54 冊，第 12 頁 C 欄第 18 行至第 13 頁 A 欄第 2 行。(《殘片》第 22 頁)

啓敦 025　大智度論卷六十三釋信謗品第四十一之餘

存 9 行，行 7 至 17 字。起"假名衆生"，訖"是故色"。後秦鳩摩羅什譯。經文見《大正藏》第 25 冊，第 505 頁 B 欄第 4 行至 C 欄第 11 行。旁注"隋書"。(《殘片》第 23 頁)

啓敦 026　佛經論釋

存 4 行，行 14 至 28 字。起"空知所除"，訖"法即是"。待考。有朱筆校改。旁注"唐書"。(《殘片》第 24 頁)

啓敦 027　佛教咒語

存 18 行，行 11 至 36 字。起"提（五）唅唅（六）"，訖"費羅"。待考。內有

"隨求別行結界咒"，當爲咒語一類文獻。旁注"精警若此。如獲全璧，豈非奇寶"，"唐精書"。（《殘片》第24頁）

啓敦 028　大乘起信論

存10行，行9至25字。起"足無量性"，訖"唯是一心故名"。南朝梁真諦譯。經文見《大正藏》第32冊，第575頁C欄第27行至第576頁A欄第13行。旁注"晚唐書"。（《殘片》第25頁）

啓敦 029　大智度論卷第七大智度初品中佛土願釋論第十三

存3行，行1至10字。起"有"，訖"復如是如"。後秦鳩摩羅什譯。經文見《大正藏》第25冊，第108頁B欄第10行至第12行。（《殘片》第25頁）

啓敦 030　殘佛經

存3行，行10至11字。起"種嚴净"，訖"争報如人"。首行"種嚴净願皆得之以是故"，出自《大智度論》卷第七《大智度初品中佛土願釋論第十三》，後秦鳩摩羅什譯，見《大正藏》第25冊，第108頁B欄第13行至第14行。第二行第三行待考。旁注"隋書"。（《殘片》第25頁）

啓敦 031　正法華經卷第九妙吼菩薩品第二十二

存2行，行11字。起"王菩薩"，訖"其佛告"。西晋竺法護譯。經文見《大正藏》第9冊，第127頁B欄第8行至第9行。旁注"北朝書"。（《殘片》第26頁）

啓敦 032　四分比丘尼羯磨法

存9行，行1至10字。起"住處"，訖"沙尼文"。内容爲《解小界羯磨文》與《大比丘尼度沙尼文》。南朝宋求那跋摩譯。見《大正藏》第22冊，第1071頁C欄第15行至第20行。《大比丘尼度沙尼文》不見于原經。旁注"隋前書"。（《殘片》第26頁）

啓敦 033　佛説灌頂經卷第一

存5行，行1至10字。起"官盗"，訖"慢多羅"。東晋帛尸梨蜜多羅譯。經文見《大正藏》第21冊，第495頁B欄第21行至第26行。旁注"疑隋書"。（《殘片》第26頁）

啓敦 034　佛説灌頂經卷第一

存2行，行7至8字。起"神名"，訖"波提梨"。東晋帛尸梨蜜多羅譯。經文見《大正藏》第21冊，第495頁B欄第25行至第27行。（《殘片》第26頁）

啓敦 035　大般若波羅蜜多經卷第二百六十三初分難信解品第三十四之八十二

存 12 行，行 17 字。起"六神通清净"，訖"智智清净"。唐玄奘譯。經文見《大正藏》第 6 册，第 330 頁 A 欄第 28 行至 B 欄第 11 行。旁注"晚唐經生劣書"。（《殘片》第 27 頁）

啓敦 036　洞淵神咒經卷三縛鬼品

存 10 行，行 16 至 18 字。起"道言中國"，訖"無有死時矣"。經文見《中華道藏》第 30 册第 11 頁上欄。左側鈐朱文橢圓印"合肥磨錬僧張氏伯子勛帛父收藏歷代金石古書字畫碑帖經卷之印"。旁注"唐精書"。左下角鈐"黃海春父"朱印，啓功先生附注"黃海春父，此許際唐印"。王卡先生定名爲《洞淵神咒經》卷三《縛鬼品》，并判斷此殘片與法藏 P. 4676 爲同一抄本③。（《殘片》第 28 頁）

二、"碎寫經"册

此册爲啓功先生自粘之敦煌寫經殘片。有啓功先生題"碎寫經"三字。原書編者注："'碎寫經'三個字，寫在先生親手製作的牛皮紙袋上，袋內裝有他陸續尋獲并親自粘貼的二十五面敦煌寫經殘片。"封面題"唐人楷書殘紙"，小字注云："存完字三十四、半字三，乙未五月粘存，七年前得自方氏。啓功記。"乙未當爲 1955 年。全册共 25 頁，粘裱殘片 128 件，編爲啓敦 037 號至啓敦 164 號。

啓敦 037　殘佛經

存 6 行，行 5 至 7 字。起"教之中"，訖"第三性種"。待考。（《殘片》第 34 頁）

啓敦 038　勝鬘師子吼一乘大方便方廣經一乘章第五

存 5 行，行 1 至 5 字。起"來菩提"，訖"尊若復"。南朝宋求那跋陀羅譯。經文見《大正藏》第 12 册，第 220 頁 B 欄第 20 行至第 24 行。（《殘片》第 35 頁）

啓敦 039　大通方廣懺悔滅罪莊嚴成佛經卷上

存 7 行，行 1 至 5 字。起"無"，訖"一闡"。失譯。經文見《大正藏》第 85 册，第 1341 頁 B 欄第 24 行至 C 欄第 3 行。（《殘片》第 35 頁）

啓敦 040　妙法蓮華經卷第五分別功德品第十七

存 6 行，行 2 至 8 字。起"諸菩薩"，訖"清净而質直"。後秦鳩摩羅什譯。經文見《大正藏》第 9 册，第 45 頁 A 欄第 29 行至 B 欄第 8 行。（《殘片》第 35 頁）

啓敦 041　净度三昧經卷第二

存 4 行，行 3 至 6 字。起"具八王"，訖"上有左"。疑偽經。經文見《藏外佛教

文獻》第 7 輯，第 267 頁第 2 行至第 5 行。(《殘片》第 35 頁)

啓敦 042　大方等大集經卷第四陀羅尼自在王菩薩品第二之四

存 3 行，行 3 至 5 字。起“時光頂菩”，訖“第一爾”。北凉曇無讖譯。經文見《大正藏》第 13 冊，第 26 頁 B 欄第 15 行至第 17 行。(《殘片》第 35 頁)

啓敦 043　大般涅槃經卷第三十一師子吼菩薩品第十一之五

存 3 行，行 7 字。起“生身相”，訖“受持邊戒”。北凉曇無讖譯。經文見《大正藏》第 12 冊，第 552 頁 B 欄第 5 行至第 7 行。又見南朝宋慧嚴譯《大般涅槃經》卷二十九《師子吼菩薩品之五》，《大正藏》第 12 冊，第 798 頁 A 欄第 19 行至第 21 行。(《殘片》第 36 頁)

啓敦 044　殘佛經

存 7 行，行 5 至 7 字。起“故諸比丘尼”，訖“若不捨乃至三”。待考。(《殘片》第 36 頁)

啓敦 045　法句經卷上無常品第一

存 6 行，行 1 至 4 字。起“方”，訖“以不净”。法救撰，吳維祇難等譯。經文見《大正藏》第 4 冊，第 559 頁 B 欄第 7 行至第 18 行。(《殘片》第 36 頁)

啓敦 046　大方廣佛華嚴經卷第十五金剛幢菩薩十迴向品第二十一之二

存 3 行，行 3 至 4 字。起“諸佛刹”，訖“如大海”。東晉佛馱跋陀羅譯。經文見《大正藏》第 9 冊，第 499 頁 A 欄第 20 行至第 22 行。(《殘片》第 36 頁)

啓敦 047　大般涅槃經卷第七如來性品第四之四

存 2 行，行 2 至 6 字。起“畜生”，訖“天人”。北凉曇無讖譯。經文見《大正藏》第 12 冊，第 408 頁 B 欄第 25 行。又見南朝宋慧嚴譯《大般涅槃經》卷八《如來性品第十二》，《大正藏》第 12 冊，第 649 頁 B 欄第 27 行。(《殘片》第 36 頁)

啓敦 048　大智度論卷五十一釋勝出品第二十二

存 4 行，行 2 至 3 字。起“虛妄不”，訖“有一”。後秦鳩摩羅什譯。經文見《大正藏》第 25 冊，第 422 頁 B 欄第 14 行至第 17 行。(《殘片》第 37 頁)

啓敦 049　金剛般若波羅蜜經

存 3 行，行 5 字。起“相即”，訖“以是”。後秦鳩摩羅什譯。經文見《大正藏》第 8 冊，第 749 頁 B 欄第 8 行至第 11 行。(《殘片》第 37 頁)

啓敦 050　金剛般若波羅蜜經

存 6 行，行 2 至 3 字。起"我今得"，訖"人相"。後秦鳩摩羅什譯。經文見《大正藏》第 8 册，第 750 頁 B 欄第 4 行至第 7 行。（《殘片》第 37 頁）

啓敦 051　大般涅槃經卷第二十一光明遍照高貴德王菩薩品第十之一

存 3 行，行 2 至 3 字。起"德"，訖"修羅乾"。北涼曇無讖譯。經文見《大正藏》第 12 册，第 491 頁 B 欄第 14 行至第 16 行。又見南朝宋慧嚴譯《大般涅槃經》卷十九《光明遍照高貴德王菩薩品第二十二之一》，見《大正藏》第 12 册，第 734 頁 C 欄第 3 行至第 6 行。（《殘片》第 37 頁）

啓敦 052　金剛般若波羅蜜經

存 3 行，行 2 至 4 字。起"是"，訖"施若人"。後秦鳩摩羅什譯。經文見《大正藏》第 8 册，第 751 頁 C 欄第 29 行至第 752 頁 A 欄第 1 行。（《殘片》第 37 頁）

啓敦 053　殘佛經

存 2 行，共 5 字。起"火"，訖"生"。（《殘片》第 37 頁）

啓敦 054　殘佛經

存 3 行，行 2 字。起"第六"，訖"時佛"。（《殘片》第 38 頁）

啓敦 055　維摩詰所説經卷下香積佛品第十

存 7 行，行 2 至 6 字。起"光明"，訖"弘"。後秦鳩摩羅什譯。經文見《大正藏》第 14 册，第 552 頁 A 欄第 22 行至 B 欄第 2 行。（《殘片》第 38 頁）

啓敦 056　殘佛經

存 2 行，共 5 字。起"界"，訖"進"。（《殘片》第 38 頁）

啓敦 057　維摩詰所説經卷下香積佛品第十

存 2 行，行 2 至 3 字。起"詰不起"，訖"德殊"。後秦鳩摩羅什譯。經文見《大正藏》第 14 册，第 552 頁 A 欄第 21 行至第 22 行。（《殘片》第 38 頁）

啓敦 058　妙法蓮華經卷第六隨喜功德品第十八

存 3 行，行 3 字。起"長亦不"，訖"廣平正"。後秦鳩摩羅什譯。經文見《大正藏》第 9 册，第 47 頁 A 欄第 17 行至第 19 行。（《殘片》第 38 頁）

啓敦 059　大般若波羅蜜多經卷第三百四十五初分堅等贊品第五十七之四

存 6 行，行 3 至 5 字。起"垢地"，訖"離故苦"。唐玄奘譯。經文見《大正藏》

第 6 册，第 770 頁 C 欄第 2 行至第 7 行。（《殘片》第 39 頁）

啓敦 060　維摩詰所説經卷下香積佛品第十

存 3 行，行 2 至 4 字。起 "致敬"，訖 "世尊"。後秦鳩摩羅什譯。經文見《大正藏》第 14 册，第 552 頁 B 欄第 4 行至第 6 行。（《殘片》第 39 頁）

啓敦 061　金光明最勝王經卷第一如來壽量品第二

存 4 行，行 1 至 3 字。起 "見一分"，訖 "不起憂"。唐義净譯。經文見《大正藏》第 16 册，第 408 頁 A 欄第 8 行至第 10 行。（《殘片》第 39 頁）

啓敦 062　大般若波羅蜜多經卷第一百四十六初分校量功德品第三十之四十四

存 6 行，行 1 至 6 字。起 "波羅"，訖 "是爲宣"。唐玄奘譯。經文見《大正藏》第 5 册，第 789 頁 C 欄第 19 行至第 24 行。（《殘片》第 39 頁）

啓敦 063　殘佛經

存 2 行，共 6 字。起 "依"，訖 "現"。（《殘片》第 39 頁）

啓敦 064　殘佛經

存 3 行，共 5 字。起 "輕"，訖 "何"。（《殘片》第 39 頁）

啓敦 065　殘佛經

存 1 行，共 3 字。起 "常"，訖 "離"。（《殘片》第 39 頁）

啓敦 066　殘佛經

存 1 行，共 2 字。起 "以"，訖 "故"。（《殘片》第 39 頁）

啓敦 067　佛説佛名經卷第七

存 2 行，行 4 至 5 字。起 "著十方世界"，訖 "及不著者"。北魏菩提流支譯。經文見《大正藏》第 14 册，第 152 頁 C 欄第 10 行至第 11 行。（《殘片》第 40 頁）

啓敦 068　殘佛經

存 3 行，行 4 至 5 字。起 "覺"，訖 "正定"，待考。（《殘片》第 40 頁）

啓敦 069　殘佛經

存 1 行，共 3 字。起 "戒"，訖 "身"。（《殘片》第 40 頁）

啓敦 070　佛説阿彌陀經

存 2 行，行 4 至 5 字。起 "樂國土"，訖 "周匝"。後秦鳩摩羅什譯。經文見《大

正藏》第 12 冊，第 346 頁 C 欄第 14 行至第 15 行。（《殘片》第 40 頁）

啓敦 071　大乘稻芉經隨聽疏

存 3 行，行 3 至 6 字。起"死具"，訖"障得有"。唐法成譯。經文見《大正藏》第 85 冊，第 546 頁 B 欄第 17 行至第 21 行。（《殘片》第 40 頁）

啓敦 072　殘佛經

存 1 行，共 4 字。起"劫"，訖"以"。（《殘片》第 40 頁）

啓敦 073　妙法蓮華經卷第四五百弟子受記品第八

存 2 行，行 3 至 4 字。起"説法人"，訖"佛説法人"。後秦鳩摩羅什譯。經文見《大正藏》第 9 冊，第 27 頁 C 欄第 13 行至第 14 行。（《殘片》第 41 頁）

啓敦 074　妙法蓮華經卷第五安樂行品第十四

存 3 行，行 5 至 6 字。起"令聽者皆得"，訖"法華經于無"。後秦鳩摩羅什譯。經文見《大正藏》第 9 冊，第 38 頁 C 欄第 18 行至第 20 行。（《殘片》第 41 頁）

啓敦 075　妙法蓮華經卷第五安樂行品第十四

存 3 行，行 2 至 5 字。起"琉璃"，訖"民唯"。後秦鳩摩羅什譯。經文見《大正藏》第 9 冊，第 38 頁 C 欄第 26 行至第 28 行。（《殘片》第 41 頁）

啓敦 076　殘佛經

存 2 行，共 3 字。起"法"，訖"出"。（《殘片》第 41 頁）

啓敦 077　大般若波羅蜜多經卷第一百四十九初分校量功德品第三十之四十七

存 5 行，行 5 字。起"等爲發無上"，訖"空是一"。唐玄奘譯。經文見《大正藏》第 5 冊，第 804 頁 B 欄第 14 行至第 18 行。（《殘片》第 41 頁）

啓敦 078　梵網經盧舍那佛説菩薩心地戒品第十卷下

存 4 行，行 2 至 6 字。起"不得食"，訖"一切菩薩"。後秦鳩摩羅什譯。經文見《大正藏》第 24 冊，第 1005 頁 B 欄第 10 行至第 12 行。（《殘片》第 41 頁）

啓敦 079　大般若波羅蜜多經卷第六十六初分無所得品第十八之六

存 6 行，行 1 至 3 字。起"無"，訖"第"。唐玄奘譯。經文見《大正藏》第 5 冊，第 371 頁 A 欄第 12 行至第 18 行。（《殘片》第 42 頁）

啓敦 080　維摩詰所説經卷下囑累品第十四

存 5 行，行 2 至 3 字。起"持如"，訖"爲他説"。後秦鳩摩羅什譯。經文見《大

正藏》第 14 册，第 557 頁第 5 行至第 10 行。（《殘片》第 42 頁）

啓敦 081　大般若波羅蜜多經卷第一百七十六初分贊般若品第三十二之五

存 5 行，行 6 字。起"相智"，訖"有力"。唐玄奘譯。經文見《大正藏》第 5 册，第 945 頁 A 欄第 10 行至第 15 行。（《殘片》第 42 頁）

啓敦 082　大般涅槃經卷第二十七師子吼菩薩品第十一之一

存 2 行，行 7 字。起"之從"，訖"五通"。北涼曇無讖譯。經文見《大正藏》第 12 册第 528 頁 B 欄第 18 行至第 19 行。又見南朝宋慧嚴等譯《大般涅槃經》卷第二十六《師子吼菩薩品之二》，經文見《大正藏》第 12 册，第 773 頁 A 欄第 22 行至第 23 行。（《殘片》第 42 頁）

啓敦 083　佛説甚深大迴向經

存 3 行，行 3 至 5 字。起"等念"，訖"天菩"。失譯。經文見《大正藏》第 17 册，第 867 頁 C 欄第 1 行至第 3 行。（《殘片》第 42 頁）

啓敦 084　大般若波羅蜜多經卷第一百七十六初分贊般若品第三十二之五

存 4 行，行 4 字。起"蜜多起"，訖"亦作集"。唐玄奘譯。經文見《大正藏》第 5 册，第 945 頁 A 欄第 6 行至第 9 行。（《殘片》第 42 頁）

啓敦 085　殘佛經

存 7 行，存 8 字。起"香?"，訖"佛説"。（《殘片》第 43 頁）

啓敦 086　妙法蓮華經卷第六法師功德品第十九

存 8 行，行 2 至 13 字。起"生生"，訖"甚清净如"。後秦鳩摩羅什譯。經文見《大正藏》第 9 册，第 49 頁 C 欄第 25 行至第 50 頁 A 欄第 4 行。（《殘片》第 43 頁）

啓敦 087　妙法蓮華經卷第二譬喻品第三

存 6 行，行 2 至 8 字。起"汝亦"，訖"未來"。後秦鳩摩羅什譯。經文見《大正藏》第 9 册，第 11 頁 B 欄第 11 行至第 16 行。（《殘片》第 44 頁）

啓敦 088　勝天王般若波羅蜜經卷第四平等品第六

存 5 行，行 1 至 3 字。起"住"，訖"生"。南朝陳月婆首那譯。經文見《大正藏》第 8 册，第 707 頁 A 欄第 14 行至第 18 行。（《殘片》第 44 頁）

啓敦 089　殘佛經

存 4 行，行 1 至 3 字。起"文"，訖"種種"。（《殘片》第 44 頁）

啓敦 090　殘佛經

存 2 行，共 7 字。起"山"，訖"最"。(《殘片》第 44 頁)

啓敦 091　妙法蓮華經卷第二譬喻品第三

存 4 行，行 3 至 5 字。起"佛所爲"，訖"教汝志"。後秦鳩摩羅什譯。經文見《大正藏》第 9 册，第 11 頁 B 欄第 10 行至第 13 行。(《殘片》第 44 頁)

啓敦 092　金剛般若波羅蜜經

存 6 行，行 2 至 3 字。起"如是沙"，訖"言甚"。後秦鳩摩羅什譯。經文見《大正藏》第 8 册，第 749 頁 C 欄第 26 行至第 750 頁 A 欄第 2 行。(《殘片》第 44 頁)

啓敦 093　妙法蓮華經卷第一序品第一

存 3 行，行 1 至 6 字。起"復如是"，訖"無"。後秦鳩摩羅什譯。經文見《大正藏》第 9 册，第 3 頁 C 欄第 15 行至第 18 行。(《殘片》第 45 頁)

啓敦 094　殘佛經

存 2 行，行 3 至 4 字。起"住"，訖"住"。(《殘片》第 45 頁)

啓敦 095　金剛般若波羅蜜經

存 3 行，行 3 至 4 字。起"生心"，訖"于意云何"。後秦鳩摩羅什譯。經文見《大正藏》第 8 册，第 749 頁 C 欄第 22 行至第 24 行。(《殘片》第 45 頁)

啓敦 096　妙法蓮華經卷第一序品第一

存 1 行，録文："養于諸佛隨"。後秦鳩摩羅什譯。經文見《大正藏》第 9 册，第 5 頁 B 欄第 10 行。(《殘片》第 45 頁)

啓敦 097　殘佛經

存 3 行，行 2 至 3 字。起"兒"，訖"衆生"。(《殘片》第 45 頁)

啓敦 098　妙法蓮華經卷第一序品第一

存 2 行，行 6 字。起"佛"，訖"諸菩薩"。後秦鳩摩羅什譯。經文見《大正藏》第 9 册，第 4 頁 A 欄第 19 行至第 21 行。(《殘片》第 45 頁)

啓敦 099　妙法蓮華經卷第一方便品第二

存 3 行，行 1 至 3 字。起"心比丘"，訖"法"。後秦鳩摩羅什譯。經文見《大正藏》第 9 册，第 6 頁 A 欄第 29 行至 B 欄第 3 行。(《殘片》第 46 頁)

啓敦100　妙法蓮華經卷第一序品第一

存3行，行2至5字。起"益"，訖"授記"。後秦鳩摩羅什譯。經文見《大正藏》第9册，第3頁C欄第5行至第7行。（《殘片》第46頁）

啓敦101　妙法蓮華經卷第一序品第一

存3行，行2至3字。起"便捨"，訖"又見"。後秦鳩摩羅什譯。經文見《大正藏》第9册，第3頁A欄第17行至第20行。（《殘片》第46頁）

啓敦102　妙法蓮華經卷第一序品第一

存3行，行2至3字。起"彼土"，訖"琛奴"。後秦鳩摩羅什譯。經文見《大正藏》第9册，第3頁A欄第6行至第9行。（《殘片》第46頁）

啓敦103　妙法蓮華經卷第一序品第一

存3行，行5至6字。起"菩薩"，訖"儀"。後秦鳩摩羅什譯。經文見《大正藏》第9册，第3頁A欄第29行至B欄第3行。（《殘片》第46頁）

啓敦104　妙法蓮華經卷第一方便品第二

存2行，行1至4字。起"之"，訖"須復"。後秦鳩摩羅什譯。經文見《大正藏》第9册，第5頁C欄第8行至第9行。（《殘片》第46頁）

啓敦105　放光般若經卷第十七無倚相品第七十六

存2行，行5字。起"續布施"，訖"三耶"。西晋無羅叉譯。經文見《大正藏》第8册，第122頁B欄第3行至第4行。（《殘片》第47頁）

啓敦106　大般涅槃經卷第十七梵行品第八之三

存4行，行4至8字。起"大般涅槃"，訖"人如母"。北凉曇無讖譯。經文見《大正藏》第12册，第463頁B欄第10行至第12行。（《殘片》第47頁）

啓敦107　妙法蓮華經卷第四五百弟子受記品第八

存3行，行3至7字。起"在者"，訖"念告"。後秦鳩摩羅什譯。經文見《大正藏》第9册，第28頁B欄第23行至第26行。（《殘片》第47頁）

啓敦108　金剛般若波羅蜜經

存6行，行1至8字。起"提言"，訖"法"。後秦鳩摩羅什譯。經文見《大正藏》第8册，第749頁B欄第20行至第25行。（《殘片》第47頁）

啓敦 109　殘佛經

存 1 行，共 4 字。起"師"，訖"坐"。（《殘片》第 47 頁）

啓敦 110　大般涅槃經卷第一壽命品第一

存 1 行，行 4 字。起"音聲"，訖"中復"。北凉曇無讖譯。經文見《大正藏》第 12 冊，第 366 頁 C 欄第 17 行至第 18 行。（《殘片》第 47 頁）

啓敦 111　妙法蓮華經卷第二譬喻品第三

存 3 行，行 5 字。起"以是于日夜"，訖"世尊知我心"。後秦鳩摩羅什譯。經文見《大正藏》第 9 冊，第 11 頁 A 欄第 7 行至第 11 行。（《殘片》第 48 頁）

啓敦 112　佛説觀無量壽佛經

存 2 行，行 5 至 6 字。起"觀諸佛"，訖"佛力故"。南朝宋畺良耶舍譯。經文見《大正藏》第 12 冊，第 341 頁 C 欄第 24 行至第 25 行。（《殘片》第 48 頁）

啓敦 113　金剛般若波羅蜜經

存 6 行，行 1 至 4 字。起"提"，訖"思"。後秦鳩摩羅什譯。經文見《大正藏》第 8 冊，第 749 頁 A 欄第 10 行至第 15 行。（《殘片》第 48 頁）

啓敦 114　妙法蓮華經卷第二譬喻品第三

存 3 行，行 7 至 9 字。起"舍利弗"，訖"今世"。後秦鳩摩羅什譯。經文見《大正藏》第 9 冊，第 12 頁 A 欄第 25 行至第 29 行。（《殘片》第 48 頁）

啓敦 115　摩訶般若波羅蜜經

存 1 行，行 9 字。録文："摩訶般若波羅蜜經卷"。（《殘片》第 48 頁）

啓敦 116　金剛般若波羅蜜經

存 3 行，行 5 至 10 字。起"取非法以是"，訖"如來得"。後秦鳩摩羅什譯。經文見《大正藏》第 8 冊，第 749 頁 B 欄第 9 行至第 12 行。（《殘片》第 48 頁）

啓敦 117　殘佛經

存 4 行，行 1 至 3 字。起"修"，訖"彌"。待考。（《殘片》第 49 頁）

啓敦 118　十誦比丘波羅提木叉戒本

存 3 行，行 1 至 5 字。起"買如是如"，訖"少作因"。後秦鳩摩羅什譯。經文見《大正藏》第 23 冊，第 473 頁 A 欄第 3 行至第 5 行。（《殘片》第 49 頁）

啓敦 119　大般涅槃經卷第二十四光明遍照高貴德王菩薩品第十之四

存2行，行2至4字。起"界亦"，訖"于世爲化"。北涼曇無讖譯。經文見《大正藏》第12冊，第508頁C欄第29行至第509頁A欄第1行。（《殘片》第49頁）

啓敦 120　殘佛經

存2行，共3字。起"知"，訖"識"。（《殘片》第49頁）

啓敦 121　殘佛經

存4行，行1至3字。起"而"，訖"天"。（《殘片》第49頁）

啓敦 122　殘佛經

存2行，共7字。起"教化"，訖"形殘"。（《殘片》第49頁）

啓敦 123　大方廣佛華嚴經卷第四十七入法界品第三十四之四

存4行，行1至7字。起"切無盡"，訖"其境界説"。東晋佛馱跋陀羅譯。經文見《大正藏》第9冊，第697頁C欄第1行至第4行。（《殘片》第50頁）

啓敦 124　殘佛經

存4行，行1至3字。起"生"，訖"見"。（《殘片》第50頁）

啓敦 125　殘佛經

存1行，行3字。起"色"，訖"非"。（《殘片》第50頁）

啓敦 126　殘佛經

存1行，行3字。起"王"，訖"薩"。（《殘片》第50頁）

啓敦 127　十誦比丘波羅提木叉戒本

存7行，行3字。起"若比丘"，訖"緣便到"。後秦鳩摩羅什譯。經文見《大正藏》第23冊，第472頁C欄第19行至第473頁A欄第5行。（《殘片》第50頁）

啓敦 128　放光般若經卷第六歎品第三十一

存2行，行4至5字。起"未聞般若"，訖"子皆當"。西晋無羅叉譯。經文見《大正藏》第8冊，第43頁B欄第29行至C欄第1行。（《殘片》第50頁）

啓敦 129　放光般若經卷第六歎品第三十一

存4行，行3至7字。起"坐若在家"，訖"俱白"。西晋無羅叉譯。經文見《大

正藏》第8册，第43頁C欄第5行至第8行。（《殘片》第50頁）

啓敦130　放光般若經卷第六降衆生品第三十二

存3行，行1至4字。起"復次拘翼"，訖"諸所可得"。西晉無羅叉譯。經文見《大正藏》第8册，第44頁B欄第3行至第4行。（《殘片》第51頁）

啓敦131　摩訶般若波羅蜜經卷第二十四善達品第七十九

存3行，行3至6字。起"故于名字中"，訖"此事"。後秦鳩摩羅什譯。經文見《大正藏》第8册，第398頁B欄第24行至第27行。（《殘片》第51頁）

啓敦132　摩訶僧祇比丘尼戒本

存3行，行1至3字。起"一夜餘"，訖"佛一"。東晉法顯共覺賢譯。經文見《大正藏》第22册，第556頁A欄第23行至第25行。（《殘片》第51頁）

啓敦133　殘佛經

存3行，行1至2字。起"是菩"，訖"如"。（《殘片》第51頁）

啓敦134　殘佛經

存3行，行2至3字。起"牒僧"，訖"乞食"。（《殘片》第51頁）

啓敦135　殘佛經

存3行，行4至6字。起"臥如師"，訖"是念"。（《殘片》第51頁）

啓敦136　金剛般若波羅蜜經

存3行，行6至7字。起"須菩提"，訖"作是"。北魏菩提流支譯。經文見《大正藏》第8册，第753頁A欄第23行至第26行。（《殘片》第52頁）

啓敦137　優婆塞戒經卷第三受戒品第十四

存5行，行2至11字。起"親近"，訖"善男子受"。北涼曇無讖譯。經文見《大正藏》第24册，第1048頁C欄第13行至第15行。（《殘片》第52頁）

啓敦138　大方廣佛華嚴經卷第一世間净眼品第一之一

存4行，行2至7字。起"妙音"，訖"神不或轉"。東晉佛馱跋陀羅譯。經文見《大正藏》第9册，第396頁A欄第25行至第28行。（《殘片》第52頁）

啓敦139　殘佛經

存2行，行2字。起"我具"，訖"種力"。（《殘片》第52頁）

啓敦 140　殘佛經

存2行，行3字。起"毀"，訖"是"。(《殘片》第53頁)

啓敦 141　殘佛經

存2行，行1字。起"説"，訖"法"。(《殘片》第53頁)

啓敦 142　大般若波羅蜜多經卷第三百四十五初分堅等贊品第五十七之四

存3行，行2至5字。起"定法住"，訖"法雲地"。唐玄奘譯。經文見《大正藏》第6冊，第770頁C欄第4行至第6行。(《殘片》第53頁)

啓敦 143　妙法蓮華經卷第四法師品第十

存5行，行3至6字。起"所遣"，訖"出家讀"。後秦鳩摩羅什譯。經文見《大正藏》第9冊，第30頁C欄第28行至第31頁A欄第2行。(《殘片》第53頁)

啓敦 144　大智度論卷第七大智度初品中佛土願釋論第十三

存4行，行1至5字。起"是等無量"，訖"願受無量"。後秦鳩摩羅什譯。經文見《大正藏》第25冊，第108頁B欄第13行至第14行。(《殘片》第53頁)

啓敦 145　殘佛經

存3行，行2至3字。起"善法"，訖"菩"。(《殘片》第54頁)

啓敦 146　大般若波羅蜜多經卷第一百六十五初分校量功德品第三十之六十三

存5行，行4至5字。起"男子善"，訖"分別義趣"。唐玄奘譯。經文見《大正藏》第5冊，第888頁C欄第4行至第9行。(《殘片》第54頁)

啓敦 147　大般涅槃經卷第三壽命品第一之三

存5行，行2至6字。起"海中"，訖"究竟"。北涼曇無讖譯。經文見《大正藏》第12冊，第380頁A欄第6行至第15行。(《殘片》第54頁)

啓敦 148　金剛般若波羅蜜經

存3行，行3至4字。起"第一是"，訖"道世尊"。後秦鳩摩羅什譯。經文見《大正藏》第8冊，第749頁C欄第11行至第13行。(《殘片》第54頁)

啓敦 149　妙法蓮華經卷第七觀世音菩薩普門品第二十五

存1行，録文"復有人若有罪"。後秦鳩摩羅什譯。經文見《大正藏》第9冊，第56頁C欄第20行至第21行。(《殘片》第54頁)

啓敦 150　殘佛經

存1行，共4字。起"故"，訖"喜"。（《殘片》第54頁）

啓敦 151　殘佛經

存1行，共4字。起"多羅"，訖"三藐"。（《殘片》第54頁）

啓敦 152　殘佛經

存3行，共3字。起"佛"，訖"佛"。（《殘片》第54頁）

啓敦 153　佛説天地八陽神咒經

存3行，行5字。起"佛香天"，訖"盧捨"。唐義净譯。經文見《大正藏》第85冊，第1424頁B欄第29行至C欄第3行。（《殘片》第55頁）

啓敦 154　大方廣佛華嚴經卷第十三如來升兜率天宮一切寶殿品第十九

存2行，行2至6字。起"億"，訖"百萬"。東晉佛馱跋陀羅譯。經文見《大正藏》第9冊，第480頁B欄第18行至第19行。（《殘片》第55頁）

啓敦 155　殘佛經

存2行，行2至3字。起"説"，訖"依"。（《殘片》第55頁）

啓敦 156　大般涅槃經卷第二十七師子吼菩薩品第十一之一

存4行，行2至4字。起"是"，訖"衆生"。北涼曇無讖譯。經文見《大正藏》第12冊，第528頁A欄第19行至第22行。（《殘片》第55頁）

啓敦 157　四分比丘尼戒本

存5行，行3至10字。起"月若有"，訖"波逸提"。後秦佛陀耶舍譯。經文見《大正藏》第22冊，第1034頁B欄第9行至第14行。（《殘片》第55頁）

啓敦 158　殘佛經

存1行，共3字。起"情"，訖"解"。（《殘片》第55頁）

啓敦 159　殘佛經

存2行，行2至5字。起"去"，訖"住"。（《殘片》第55頁）

啓敦 160　大般若波羅蜜多經卷第二百九十初分著不著相品第三十六之四

存5行，行3至11字。起"羅蜜多"，訖"是"。唐玄奘譯。經文見《大正藏》第

6 册，第 473 頁 B 欄第 29 行至 C 欄第 4 行。(《殘片》第 56 頁)

啓敦 161　殘佛經

存 2 行，行 1 至 3 字。起"不"，訖"不"。(《殘片》第 56 頁)

啓敦 162　殘佛經

存 3 行，行 2 至 3 字。起"薩諸天"，訖"尊"。(《殘片》第 56 頁)

啓敦 163　殘佛經

存 4 行，行 1 至 2 字。起"爲妙"，訖"倍"。(《殘片》第 56 頁)

啓敦 164　殘佛經

草書。存 7 行，行 12 至 22 字。起"滅鄣顯真"，訖"休息隱没"。待考。(《殘片》第 57 頁)

注釋：

① 啓功珍藏：《敦煌寫經殘片》，啓功編著《堅净居叢帖·珍藏輯》，北京師範大學出版社，2006 年。
② 柴劍虹：《啓功先生的"隨身寶"——寫在〈敦煌寫經殘片彙貼〉出版之際》，啓功珍藏《敦煌寫經殘片》，61–65 頁。
③ 王卡：《兩件敦煌道經殘片的定名》，《文獻》2009 年第 3 期。

(作者單位：首都師範大學歷史學院、國家圖書館古籍館)

S. 4652、P. 4965 "金籙齋上香章表" 研究

郜同麟

内容提要：對于 S. 4652、P. 4965 兩件寫卷，前人曾有"靈寶金錄齋儀"等題名，但其中并無"儀"的内容，題名爲"金籙齋上香章表"可能更爲貼切。有些學者認爲 S. 10605 與這兩件同卷，其説當誤。S. 10605 應爲唐高宗後期的一件迴向發願文。S. 4652、P. 4965 應撰于唐高宗中後期，通過對它們的分析可以看出金錄齋上香章表這一文體的基本結構。

關鍵詞：敦煌遺書　道教齋醮儀式　文體結構

　　S. 4652、P. 4965 兩件寫卷各存一紙 28 行，背面均抄《大乘稻芊經疏》，正、背筆迹相同，原爲同一寫卷之裂。對于這兩件寫卷，大淵忍爾、汪泛舟、王卡、李小榮等均做了不少研究[①]，但不少問題尚未取得一致。

　　對于這兩件寫卷的題名，學界有不同意見，《敦煌遺書總目索引》爲 S. 4652 擬題"道家爲皇帝皇后祈福文"，爲 P. 4965 擬題"道家齋文"[②]。《敦煌願文集》收錄 S. 4652，題名同《總目索引》[③]。道教學者對這兩件寫卷有更深入的研究，大淵忍爾指出這兩件寫卷"屬于同一卷的兩截"，并擬題"靈寶金錄齋儀"[④]，石井昌子同其説[⑤]。王卡則擬題"靈寶金錄齋行道儀"[⑥]。

　　關于這兩件寫卷的性質，黃徵、吳偉、李小榮等均認爲是"願文"。汪泛舟認爲是"應用文範"，但又認爲："該文（引者按，指 S. 4652、P. 4965）抄自《靈寶金錄齋儀》（P. 2989）并略加删削而成。"[⑦]這顯然是錯誤的，P. 2989 是金錄齋懺方文範，與 S. 4652、P. 4965 并没有什麽關係。王卡認爲這兩件寫卷"是在連續數日的金錄齋法事中，早（寅時）、午（午時）、晚（亥時）三朝行道儀式中念誦的上香章表文詞"[⑧]，這是非常精當的。S. 4652 所載爲第二日亥時、第三日寅時的上香章表，P. 4965 所載爲第四日午時、亥時的上香章表，兩件寫卷中間蓋脱落三紙。值得注意的是，這兩件寫卷是依照時序抄錄的金錄齋上香章表，中間并無任何關于儀式的描述。與此可相對照的是，杜光庭《太上黄錄齋儀》每卷爲完整的一次行道過程，不僅包括具體章奏文詞，還有對儀式過程的描述。因此，S. 4652、P. 4965 不宜稱之爲"靈寶金錄齋儀"或"靈寶金錄齋行道儀"，而是金錄齋上香章表文範。

　　爲方便下文論述，先將兩件寫卷錄文于下[⑨]：

（前缺）

　　　　二念上香，云云。願以是功德，歸流皇帝、皇后，伏願金鏡與二耀俱明，寶

曆共兩儀同固。道階至聖，德偶大仙。澤洽三農，恩流四面。人知礼節，國致昇平。皇后識冠柔儀，名高內範。礼枝攢秀，敷令則于丹幃；行葉流芳，振休聲於彤管。

三念上香，云云。願以是功德，歸流皇太子、諸王、諸公主，伏願韞嘉瑞於雲丘，契祥期於風澤；至孝光於三善，明德茂於重離。諸王叶軒風而誕秀，應趙日以資靈；業濟屯雷，功宣作礪。諸公主性道希夷，言容婉秀。柔儀桂馥，懿範蘭熏。芳規超萬古之前，峻躅暎千齡之後。槐司罄其臣節，棘署盡其忠規。

臣等幸叨上善，隨報下生；忝藉良緣，預蒙提獎。遂得身參玉篆，躬佩金篇；宣詞於七寶之壇，奏簡於九仙之局。但以道尊德貴，識暗材踈；濫職當仁，喜懼交集。今謹有臣等，以今第三日寅時，爲國修齋，昇壇行道。伏奉帝旨，開（關）告天曹。遂得霞堂焕彩，參差吐其九光；雲宮寫照，掩暎含其五色。

謹以初念上香，云云。願以是功德，歸流皇家陵廟仙儀、宗祧神識，伏願蓬山煮（睹?）影，襄野游神；驂白鳳於崑丘，控青虬於姑射。

二念上香，云云。願以是功德，歸流皇帝、皇后，伏願應紫微而出震，御綠錯而登朝。德冠五龍，聲高九駿；八仙效職，四裔讋威。光景所臨，遠照爥龍之野；車書攸括，遥通火鼠之鄉。皇后毓質巽宮，資靈兌域，閑禖

（中間約缺八十四行）

天地不仁；荷明聖之恩，則帝王何力。遂得班名鵷鳳，偶迹驂鸞。承此至誠，用申虔謁。今謹有臣等，以今第四日午時，爲[國]修齋，昇壇行道。伏奉帝旨，關告天曹。遂得露液凝甘，近列上清之府；煙香汎色，遥浮太素之庭。

謹以初念上香，云云。願以是功德，歸流皇家陵廟仙儀、宗祧神識，伏願高步三清，遥辭五濁，坐琳房而納豫，蔭寨（騫）樹而延祥。

二念上香，云云。願以是功德，歸流皇帝、皇后，伏願壽契仙京，年逾至極。響明南面，超遠祚於青元；居正北辰，越修期於碧落。均兩儀而永泰，歷萬劫而常安。丹穀含芳，表千箱而入詠；白環摛耀，光萬宇而來王。皇后麗娥庭而著範，鏡姒幄以揚芬，令德時新，柔風日暢。

三念上香，云云。願以是功德，歸流皇太子、諸王、諸公主，伏願金昭表德，玉裕端華，睿識虛融，天姿迥秀，啓明兩之重曜，綜知十之宏才。諸王別派咸池，分柯若木，虔外闈而惕慮，問內豎而兢憂。諸公主降精員耀，彩絢靈娥之宮；瑩質方流，光藻宓妃之館。多士飛誠璿極，群公振彩璧門。

臣等帝王蒭狗，草澤昆蟲，志守莊筌，无嬰魏網；功慙暎雪，業謝握錐。濫荷驅馳，唯增飲愧。今謹有臣等，以今第四日亥時，爲國修齋，昇壇行道。伏奉帝旨，關告天曹。遂得霓裳摇裔，羽客來翔，雲旆逶迤，真童戾止。

謹以初念上香，云云。願以是功德，歸流

（下缺）

180

王卡在這兩件寫卷之外又找到一件碎片 S. 10605，認爲可以與前兩件寫卷綴合。但 S. 10605 筆迹與 S. 4652、P. 4965 有顯著不同，如 S. 10605 "后" 作 "后"，S. 4652 則作 "后"；如 S. 10605 "於" 作 "於"，S. 4652 則作 "於"。S. 10605 卷背無文字，與 S. 4652、P. 4965 卷背均抄《大乘稻芋經疏》不同。S. 10605 有朱筆句讀及修改，S. 4652、P. 4965 則無。此外，S. 10605 在内容、詞例等方面也與 S. 4652、P. 4965 有顯著不同。爲方便論述，將 S. 10605 錄文于下：

1. 皇帝陛下化▨（籠）▨（提?）▢
2. 通而廣大蓬丘協構齊▢
3. 於東戶　　皇后儀天▨（挺?）▨▢
4. 振柔風於姙（姒）幄鳴環珪（閨）閫式▨持内▨▢
5. 躬先之禮　　皇太子照含春▨▢
6. 載融渰雷之音自遠梧臺▨▢
7. 禎逾劭黃扉之寵崇旗建▢
8. ▢▢▢謠於錯節悠悠憬▨（俗）▢
9. ▢▢▨▨（淪?）幽滯溺遭迴冥漠▢
10. ▢▨（文）武聖皇▢

與 S. 4652、P. 4965 對比，該卷内容有以下明顯不同：一、該卷顯然没有 "初念上香" "二念上香" 等形式，也就是説，該卷可能根本不是上香章表。二、S. 4652、P. 4965 均皇帝與皇后并列、皇太子與諸王、諸公主并列，但該卷每人是分開的，并且不見諸王、諸公主。三、S. 4652、P. 4965 于皇室成員前均僅空一格，而該卷均空三格。

S. 10605 的内容也有值得分析之處。該卷前兩行贊頌皇帝，三、四兩行贊頌皇后。該卷第四行有 "姙幄" 一詞，當爲 "姒幄" 之誤⑩，P. 4965 亦用 "姒幄" 一詞。這種爲皇家所撰的文詞不太可能重複使用同一詞藻，亦可見 S. 10605 與 P. 4965 不應是同卷。第五行開始贊頌皇太子。第六行稱 "渰雷之音自遠"，這是用《周易》典故，仍是頌揚皇太子。《舊唐書》卷八十八《韋思謙附子承慶傳》載承慶上太子李賢書即云："臣聞太子者……百僚仰重曜之暉，萬姓聞渰雷之響。"⑪第七行稱 "逾劭黃扉之寵"，這已是在歌頌宰臣了，黃朝英《靖康緗素雜記》卷一云："天子曰黃闥，三公曰黃閣，給事舍人曰黃扉，太守曰黃堂。"⑫其實宰臣皆可稱 "黃扉"，如《默記》卷中載吕蒙正詩："昔作儒生謁貢闈，今爲丞相出黃扉。"⑬而第八行 "▢▢▢謠於錯節" 云云，又頗似在頌揚地方官。《後漢書》卷五十八《虞詡傳》："乃以詡爲朝歌長……詡笑曰：'志不求易，事不避難，臣之職也。不遇槃根錯節，何以別利器乎？'"⑭S. 10605 當即用此典。下句 "悠悠憬俗"，"憬俗" 指邊民，亦與地方官的身份對應。第九行稱 "淪幽滯溺溺，遭迴冥漠”，既稱“淪幽”“冥漠”，則當指死者的魂靈。因此，S. 10605 所爲祈福的對象不僅是皇室成員，還包括宰臣、地方官和亡靈。S. 4652、P. 4965 于三念上香末尾有“槐司罄其臣節，棘署盡其忠規”，“多士飛誠璿極，群公振彩璧門”，也提到了公卿，但兩處都僅有兩句。S. 10605 對宰臣、地方官的頌揚有兩三行，且爲亡靈祈福，這與 S. 4652、P. 4965 明顯不同。

其實，在 S. 10605 中完全看不出道教色彩，該卷是否爲道教文範還很成問題。從該卷連續爲皇室、宰臣等祈福來看，很可能是一件迴向發願的範本。S. 2832 號佛教齋文範本中，即有多處連續爲皇家、相公、大夫、長史、侍御、府縣僚等祈福的例子。P. 2855《迴向發願》依次爲皇帝、府主大王、夫人、太子諸王、郡縣官員及一切萬姓、亡魂、動植等祈福。P. 2733 也與之類似。此類例子很多，不煩一一列舉。

S. 10605 中還有一處值得注意的地方，即末行的“文武聖皇”，這是唐高宗咸亨五年（674）對唐太宗所上的尊號。《唐會要》卷一：“咸亨五年八月十五日追尊太宗文武聖皇帝，天寶八載（749）六月十五日加尊太宗文武大聖皇帝。”[15]因此，該卷應爲咸亨五年之後、天寶八載之前的作品。另外一處值得注意的地方是該卷第二行的“廣”字，原作“顯”，朱筆校作“廣”。結合前面的分析，此處應爲避唐中宗李顯之諱。《舊唐書》卷七《中宗紀》：“永隆元年（680），章懷太子廢，其年立爲皇太子。”[16]因此，S. 10605 應撰于永隆元年前後，蓋初撰時不知李顯立爲太子，用“顯”字，後避諱而改作“廣”。

通過以上的分析來看，S. 10605 應爲一件迴向發願文殘片，撰于永隆元年前後，與S. 4652、P. 4965 并非同一種文獻，不可綴合。

二

關于 S. 4652、P. 4965 的時代，學者也有不同意見。汪泛舟認爲：“它是由中原京都傳至邊陲敦煌的，傳入的時間當在敦煌道教鼎盛的唐代。但敦煌文書遺存的 S. 4652、P. 4965 寫卷的道家應用文範，顯然是宋時所改寫。因爲趙宋君（太宗）臣（趙普）皆奉道，而祈福文中的‘諸王叶軒風而誕秀，應趙日以資靈’等句實可證之。”[17]顏廷亮同其説[18]。王卡則認爲這兩件寫卷是唐代的抄本[19]。

汪泛舟的論斷是不可靠的。S. 4652 的“趙日”是用《左傳》之典，與趙宋毫無關係。《左傳·文公七年》：“酆舒問于賈季曰：‘趙衰、趙盾孰賢？’對曰：‘趙衰，冬日之日也；趙盾，夏日之日也。’”[20]“趙日”即指“趙衰冬日之日”，此處應是喻指皇帝。實際上，敦煌文獻蕃佔之後的抄本中已基本沒有正式的道教經典，祇有一些儀式或方術的抄本，且書法拙劣。這兩件寫卷書法嚴整、文詞清麗，體現出很高的道教修養，應是蕃佔之前的抄本。王卡唐代抄本的論斷應該是可靠的。

S. 4652 末行稱“皇后毓質巽宮，資靈兌域”。《周易》巽爲長女，此處用來形容皇后，雖不貼切，勉强可通。“兌域”則指西方。據《舊唐書·后妃傳》，太宗后長孫氏爲長安人，高宗廢后王氏爲并州人，武后亦爲并州人，中宗后趙氏爲長安人，玄宗廢后王氏爲同州人，無一爲長安以西之人，"兌域"一詞無所指。因此"兌域"一詞不能按籍貫理解。

唐代中前期諸后中，唯一可與西方相聯繫的便是武則天。武氏自認爲是西方彌勒佛化身，S. 2658《大雲經疏》："即以女身當王國土者，所謂聖母神皇是也。何以驗之？謹按《證明因緣經識》曰：尊者白彌勒，世尊出世時，療除諸穢惡……謹按，彌勒者，即神皇應也。"所謂"毓質巽宫，資靈兌域"，蓋指武則天"質"雖爲一般之女，而"靈"乃是來自西方彌勒。據此，則這兩件寫卷應作于高宗後期。

P. 4965 又有"白環摘耀，光萬宇而來王"一句，雖是比較常見的典故[21]，但于此可能確有實指。《新唐書》卷三十五《五行志》："上元二年，楚州獻寶玉十三……曰'西王母白環'二。"[22]所謂"白環摘耀"可能即指此事。武則天爲稱帝，製造了大量的祥瑞[23]，這兩件寫卷中如"丹穀含芳，表千箱而入詠"等語很可能均爲實指，但今已無法詳細考明所指何事。

另外一個值得注意的問題是，這兩件寫卷中不但皇帝、皇后并列，且多用"二""兩"等字眼，如 S. 4652 稱"金鏡與二耀俱明，寶曆共兩儀同固"，P. 4965 稱"均兩儀而永泰"，這很可能也與武則天有關。《舊唐書·高宗紀》："時帝風疹不能聽朝，政事皆決于天后。自誅上官儀後，上每視朝，天后垂簾于御座後，政事大小皆預聞之，內外稱爲'二聖'。"[24]S. 4652、P. 4965 中頻繁出現的"二耀""兩儀"可能即是此事的體現。

就筆者所見，敦煌文獻的齋文、寫經題記等，極少將皇后與皇帝并列，少數幾件如此排列的均爲高宗時期寫本。如前面提到的 S. 10605 依次爲皇帝、皇后、太子祈福，經考證爲永隆前後的寫本。又如 P. 2056、中村 69 號尉遲寶琳寫經題記均稱"上資皇帝皇后"，其時間爲龍朔二年（662）。從這一角度來看，S. 4652、P. 4965 也應是高宗時期的寫本。

三

道教上香祈福的傳統非常早，《老君音誦誡經》云："道官、錄生、男女民燒香求願法：入靖東向懇，三上香訖，八拜，便脱巾帽，九叩頭，三搏頰。滿三訖，啓言：男官甲乙，今日時燒香，願言上啓。便以手捻香著爐中，口并言：願甲乙以年七以來過罪得除，長生延年。復上香，願言……一願一上香。若爲他人願通，亦無苦十上、二十上、三十上，隨願。"[25]可見這大約是早期天師道就已存在的傳統。祇是彼時還没有完備的齋儀，也没有固定爲三次上香。

在東晉中後期逐漸造作的靈寶經系中有不少與齋儀有關的文獻，其中多有上香發願的內容。敦煌文獻中保存的《太上洞玄靈寶金録簡文三元威儀自然真經》（以下簡稱"金録簡文"）[26]和《太上洞玄靈寶黄録簡文三元威儀自然真經》[27]均殘泐嚴重，未能留存上香發願的內容。P. 3282 + S. 6841 + BD15636 + P. 2455《自然齋儀》中載"明旦行道齋法威儀次序"：

初入齋堂呪户，次礼師思神，次誦衛靈神呪，次呪香發爐，次出官啓事；次
三上願，次十方礼，次十方懺，次存思命魔，次步虛及礼經懺謝，次願念，平旦誦
十念，齋時誦五念，酉際誦十二願。次呪香復爐，次詠奉戒頌，次事畢出道户呪，次日
滿齋竟言功。

其中的"三上願"，即三次上香并發願。"十方懺"環節中則念誦 P. 2989
（P. T. 781）一類的懺方文。P. 2406《太上洞玄靈寶明真經科儀》（以下簡稱"明真
科"）實即《洞玄靈寶長夜之府九幽玉匱明真科》的略出本，該卷在出官啓事後即
三上香、三上願。Дx5628＋BD2983＋P. 3484 號《太上洞淵三昧神呪大齋儀》在禮
十方之前同樣有三段上香發願的章表。在傳世道經中，《太極真人敷靈寶齋戒威儀諸
經要訣》亦載"三燒香，三祝願"㉒。《無上秘要》卷五十至卷五十七載錄了各種道
教齋儀㉓，其中多有三次上香發願的内容，而卷五十三《金籙齋品》即抄錄前引
《明真科》的内容，僅文字小有異同。

S. 4652、P. 4965 所錄三次上香的章表的形式正是對這些早期道教儀式的繼承，但
其結構與《明真科》等齋儀所載也有一些不同。S. 4652、P. 4965 在前一時三念上香之
後、後一時初念上香之前均有一段文字。這段文字中究竟哪一部分爲前一時行道之文，
哪一部分是後一時之詞，學界似乎尚未弄清。黄徵、吳偉和李小榮的錄文未考慮
S. 4652 上香章表的性質，故未涉及這一問題。王卡爲這兩件寫卷錄文時，則以"今謹
有臣等"爲一時行道之首，以"臣等……"一段爲三念上香之後的内容，這可能有些
問題。

《正統道藏》洞玄部威儀類載有可能編于南宋時的《金籙齋早朝儀》㉚，該書正是
金籙齋的行道儀，與 S. 4652、P. 4965 恰可對照。該書于"以今清旦行道，請法眾等，
運茲初捻上香"一句之前有這樣一段話：

具位臣姓某與臨壇官眾等，謹同誠上啓虛無自然至真無極大道玉清聖境大羅
元始天尊……恭望洪慈，俯垂昭鑒。臣聞，九乾敷祐，昭不言善應之私；三景垂
慈，示有感必通之理。爰彰丕範，式著明科。臣等早以微塵，依棲真域；豈期庸
謬，遭遇皇恩。服羽簪星，屢受師壇之訓；飲丹分券，參傳洞室之經。誓當福國
立功，禦災捍患。深慮學疏道淺，奉教戒而或違；日照月臨，沐聖恩之隆重。未
效涓埃之報，以酬覆載之仁。伏積憂兢，敢忘寅奉。敬奉請祈之懇，必期通感之
功。齋意精純，已行宣告。冀誠通於萬聖，諒聲徹於十方。省覽所陳，允俞大願。
希夷之象，超三界以稱尊；杳冥之精，妙萬物而常寂。故能開闢高厚，生育陰陽。
自古以固存，後天而安鎮。齋心有感，真應無方。

在這段話中，"具位"至"俯垂昭鑒"是上啓諸仙，"臣聞"至"式著明科"一段頗似
道教齋文中的"嘆道"㉛，這是 P. 4965 所沒有的。但"臣等"以下與 P. 4965 非常相
似。"臣等"至"必期通感之功"一段與 P. 4965 "臣等"至"唯增飲愧"一段相近，
都是行齋道士的謙詞。"齋意精純，已行宣告"兩句大約相當于 P. 4965 "今謹有臣等，
以今第四日亥時，爲國修齋，昇壇行道。伏奉帝旨，關告天曹"一長句。"冀誠通於萬

聖"以下則相當于 P. 4965 "遂得霓裳搖裔"等語，是對行齋效果的期望。

根據上面的分析，再來看《明真科》。該卷于發爐後、三上香前有這樣一段話：

> 三洞大法師小兆真人臣王甲上啟虛无自然元始天尊……靈寶至真明皇道君：
> 臣宿命因緣，生落法門，玄真啟拔，得入信根，先師盟授三寶神經法，應度人九
> 万九千，位登上真。臣道德之胤祖世以來，逮及今身後學者但云，生值經教，常居福
> 中，功微德少，未能自仙，志竭軀命，佐國之功。今國土失和，兵病并興，陰陽
> 否激，星宿錯行，危灾重厄，其事云云，誠由帝主受天福祚，總監兆民，不能施
> 惠，廣潤十方，使天人豐沃，欣國太平，而恩无歌詠，路有怨聲，致三景昏錯，
> 大灾流行，帝王憂惕，兆民无寧。今謹依大法，披露真文，燒香燃燈，照曜諸天，
> 信誓自效，行道謝殃，願上請天仙兵馬九億万騎……一合來下，監臨齋堂，撲香
> 願念，應口上徹。須行道事竟，有勤謁功仙官。

這段話同樣是先稱位號上啟諸仙，然後"臣宿命因緣"至"兆民无寧"一段除了道士
的謙詞，還有懺悔的內容。"今謹依"至"行道謝殃"是對修齋的說明，以下則爲對
修齋效果的期望。循此文例，在諸齋儀中都可以找到類似的話，如《無上秘要》卷五
十《塗炭齋品》在"第一上香"後云："係天師某治祭酒……臣某等上啟……天師君：
臣等宿世緣會，生遭道教……謹有臣等謹相攜率，爲某承天師旨教，建議塗炭……爲
某首謝億曾萬祖……"㊿這與前面引文的結構也是一致的。此外，《無上秘要》卷五十
二《三元齋品》也有類似之文，杜光庭《太上黃籙齋儀》卷一于出官啟事後也有類似
之文，不過在中間加入了讀詞的環節。其實細體文意，這段話應該就是從前引《老君
音誦誡經》捻香上願前的"啟言：男官甲乙，今日時燒香，願言上啟"一段發展演變
過來。

因此，在 S. 4652、P. 4965 "金籙齋上香章表"中，每時行道的內容是以"臣等"
開始的，而非如王卡錄文以"今謹有"開始。這也可以解釋 S. 4652 于第二日亥時行道
"三念上香"的內容之後、"臣等"之前何以空兩格。這兩件寫卷其它地方均因尊敬皇
室成員而在前空一至兩格，此處"臣等"前的空格顯然不是尊敬之意，而是兩時行道
之間的分隔標志。"初念上香"之前的這一整段都是上香發願前的啟請。完整的啟請還
有具位號上啟諸仙的內容，因這一內容爲固定格式，故 S. 4652、P. 4965 做省略處理。
《金籙齋早朝儀》又有"嘆道"的內容，這在敦煌道教齋儀、早期道教齋儀和杜光庭
《太上黃籙齋儀》中均未見，應該是後世增加的結構。

四

解決了上香章奏的首段，我們再來看具體上香發願內容的結構。茲引《明真科》
首次上香發願如下：

> 東向三上香，呪曰：三洞大法師小兆真人臣王甲，今故立直燒香，願以是功
> 德，爲帝主國王、君臣吏民、普天七世父母，去離憂苦，上升天堂，今故燒香，
> 歸身、歸神、歸命大道。臣首體投地，歸命太上三尊，願以是功德歸流普天七世

父母，乞免離十苦八難，上升天堂，衣食自然，長居无爲。今故燒香，自歸師尊大聖至真之德，得道之後，升入无形，與道合真。

S.4652、P.4965 與之明顯的不同是"某念上香"後有"云云"二字，這省略的究竟是哪些内容也值得探討。李小榮將本文與《洪恩靈濟真君禮願文》對照，認爲"云云"二字省略的是"歎香"之文③。但《洪恩靈濟真君禮願文》遠遠晚于前引上香章表的時代，且兩文形式相差極大，幾乎没有可比性。

將 S.4652、P.4965 與前引《明真科》對比可知，《明真科》在"今故立直燒香"之後、祈請之前有"願以是功德，爲帝主國王、君臣吏民、普天七世父母，去離憂苦，上升天堂，今故燒香，歸身、歸神、歸命大道，臣首體投地，歸命太上三尊"一段話。《無上秘要》卷五十四《黄籙齋品》所記三上願文，"願以是功德歸流"一句前同樣有"爲同法某甲拔度九祖父母九幽玉匱長夜之府死魂惡對、宿身罪根，功德開度，建齋燒香，請謝十方，願爲九祖父母拔出幽苦，上升天堂，今故燒香，歸身歸神歸命大道，臣等首體投地，歸命太上三尊"一段㉞。前引《金籙齋早朝儀》則作"願此香煙騰空，徑上供養至真无上道寶大羅元始天尊、金闕至尊玉皇上帝、無上大羅至尊衆聖，臣等叛身叛神叛命，首體投地，仰依太上三尊、十方衆聖"，雖然形式有了改變，但仍有歸依大道的内容。S.4652、P.4965 的"云云"所省略的很可能正是歸依大道及前面的幾句套語。

但《明真科》所載是明真齋法；如前所述《無上秘要》卷五十三《金籙齋品》乃是引用《明真科》，而非《金籙簡文》；《金籙齋早朝儀》又時代稍晚：這都無法與 S.4652、P.4965 所載初唐金籙齋完全對應。P.3282＋S.6841＋BD15636＋P.2455《自然齋儀》在叙述宿啓儀時引用的《金録簡文》這樣一段話值得注意：

畢，齋官一時三揲香，各稱位号：

太上靈寶无上三洞第（弟）子厶岳先生臣厶甲等，今故燒香，願以是功德，爲七世父母、天子王侯、土地官長、經籍度師，及山林巖栖道士、同學義賓、九親門族、天下人民，蠕飛蠕動、岐行蜎息，一切衆生，今故揲香，歸身、歸神、歸命太上十方靈寶自然至真无上大道，乞原赦前世今世生死宿罪重過，得免離三惡之道、十苦八難、九厄之中。臣等身得道真，飛行虚空，白日昇天，侍衛道君，逍遥无上金闕七寶自然宫，永與道合。所啓玄感，上御至真无極道前。

畢，便北向十拜，迴心礼十方。

向達摹寫本《金録簡文》中的"朝礼衆聖威儀"與此也大致相近。杜光庭《金籙齋啓壇儀》中也有類似的記載，可相對照。另外，《太上黄籙齋儀》卷四十九《言功拜表》也有與此相近之文。周西波《杜光庭道教儀範之研究》將這類文字稱爲"啓"㉟。但各類齋儀中的此類文字均無"上啓"二字，亦無所關啓的神名，與啓文的固定格式完全不同，内容與啓文差異也很大。這里有"三揲香"的儀節，且在礼十方之前，與行道儀中三上願的形式非常接近，應該是宿啓儀的上香發願，但僅一次上願，且不爲皇家祈福，與行道儀稍有不同。從《太上黄籙齋儀》卷四十九來看，大概散壇儀的上香發願也與此類似。《無上黄籙大齋立成儀》卷三十二《齋法修用門》"釋稱法位關啓"條已將這段文字與行道儀的上香願念做了對比："右宿啓、散壇發爐畢，稱法位關啓之文，出《靈寶上元金籙簡文真仙品》，爲朝禮衆真威儀經科，所謂自然朝法是也。與正齋上啓三上香願念之法不同，不啓聖位……宿啓、散壇，乃行自然朝法。"㊱由此可見，這段"關啓"即是宿啓、散壇中所用的上香願念。

《金籙簡文》的這段上香發願在"今故燒香"之後、祈願之前有"願以是功德，爲七世父母……今故撰香，歸身、歸神、歸命太上十方靈寶自然至真无上大道"一段話，也是爲一切衆生歸依大道，與前引《明真科》上香章表的形式基本一致。因此，S. 4652、P. 4965"云云"省略的正是這樣幾句話。

將 S. 4652、P. 4965 與前引《明真科》上香章表對比，還有一處不同是《明真科》所載章表在祈願之後有"今故燒香，自歸師尊大聖至真之德，得道之後，升入无形，與道合真"一句，這是行齋道士自己提出的宗教要求。前引《自然齋儀》宿啓中同樣有"臣等身得道真，飛行虛空……"等語。《無上秘要》所載諸齋儀及杜光庭《太上黃籙齋儀》、《金籙齋早朝儀》等均有類似的話。這應該是 S. 4652、P. 4965 的省略。與此可相對照的是，P. 2989（P. T. 781）所載"金籙晨夜十方懺"的東方懺文末尾有"今故燒香，自歸君大聖至真之德，得道之後，與真合同"一句，而南方以下懺文則僅作"今故云云"的省略形式。

五、結論

以上對圍繞 S. 4652、P. 4965 兩件寫卷的諸問題做了討論，可知 S. 10605 應爲一件撰于永隆元年的迴向發願文殘片，與 S. 4652、P. 4965 無關；S. 4652、P. 4965 兩件寫卷應撰于唐高宗中後期。通過對這兩件寫卷的分析，也可以大致看出金籙齋上香章表的結構，即每一時可分四段，首段爲上香之前的啓請，後三段爲三次上香的發願，分別爲皇家陵廟、皇帝皇后、太子諸王公主祈福。上香前的啓請包括行齋道士具位號啓請諸仙、懺悔、第某日某時修齋的説明以及對修齋結果的祝願。上香發願部分則在"某念上香"後先有一段爲衆生歸依大道的套語，然後再爲皇家祈福，最後有類似"今故燒香……與道合真"的套語。

注釋：

① ［日］大淵忍爾：《敦煌道經目録編》，齊魯書社，2016 年，192—195 頁；汪泛舟：《敦煌道教與齋醮諸考》，《1994 年敦煌學國際研討會文集·宗教文史卷上》，甘肅民族出版社，2000 年，1—18 頁；王卡：《敦煌本〈靈寶金籙齋儀〉校讀記》，《道教經史論叢》，巴蜀書社，2007 年，340—365 頁；王卡：《敦煌道教文獻研究》，中國社會科學出版社，2004 年，108—109 頁；李小榮：《敦煌道教文學研究》，巴蜀書社，2009 年，第 202—204 頁。

② 商務印書館編：《敦煌遺書總目索引》，商務印書館，1962 年，206、310 頁。

③ 黃徵、吳偉：《敦煌願文集》，岳麓書社，1995 年，342 頁。

④ ［日］大淵忍爾：《敦煌道經目録編》，192—193 頁。

⑤〔日〕石井昌子：《敦煌と中國道教》，大東出版社，1983年，153頁。

⑥王卡：《敦煌本〈靈寶金録齋儀〉校讀記》，346頁。

⑦汪泛舟：《敦煌道教與齋醮諸考》，8頁。

⑧同注⑥，358頁。

⑨黄徵、吴偉、李小榮爲S.4652做了録文，王卡《敦煌本〈靈寶金録齋儀〉校讀記》一文爲兩件寫卷都做了録文，可參考。

⑩"姒嫄"爲常見形容皇后的典故，如《文選》卷五十七謝莊《宋孝武宣貴妃誄》："翼訓姒嫄，贊軌堯門。"作"妣嫄"則不通。

⑪（後晋）劉昫等：《舊唐書》，中華書局，1975年，2863頁。

⑫（宋）黄朝英：《靖康緗素雜記》，中華書局，2014年，1頁。

⑬（宋）王栐：《燕記》，中華書局，1981年，33頁。

⑭（宋）范曄：《後漢書》，中華書局，1965年，1867頁。

⑮（宋）王溥：《唐會要》，中華書局，1955年，2—3頁。

⑯同注⑪，135頁。

⑰同注⑦，8頁。

⑱顔廷亮：《敦煌文化中的道教及文化》，《敦煌研究》1999年第1期，139頁。

⑲王卡：《敦煌道教文獻研究》，39—40頁；王卡：《敦煌本〈靈寶金録齋儀〉校讀記》，345頁。

⑳《十三經注疏》，中華書局，2009年，4007頁。

㉑《文選》卷十一何晏《景福殿賦》"納虞氏之白環"，李善注引《世本》："舜時西王母獻白環及珮。"

㉒（宋）歐陽修、宋祁：《新唐書》，中華書局，1975年，第914頁。

㉓關於此問題，可參林世田：《武則天稱帝與圖讖祥瑞——以S.6502〈大雲經疏〉爲中心》，《敦煌學輯刊》2002年第2期；劉永海：《略論武則天稱帝與祥瑞》，首都師範大學2008年碩士論文；孟憲實：《武則天時期的"祥瑞"——以〈沙州圖經〉爲中心》，《敦煌吐魯番研究》第十四卷，上海古籍出版社，2014年。

㉔同注⑪，100頁。

㉕《道藏》，文物出版社、上海书店、天津古籍出版社，1988年，第18册，213頁。

㉖該件寫卷下落不明，《向達先生敦煌遺墨》（中華書局，2010年）一書中載録有該經的摹寫本。又可參劉屹：《向達先生摹抄本〈上元金録簡文〉殘卷重識》，《敦煌文獻·考古·藝術綜合研究——紀念向達先生誕辰110周年國際學術研討會論文集》，中華書局，2011年。

㉗該經共5件寫卷，爲同卷之裂，即P.3148、P.3663、Дх158、BD14841L、BD14841K。

㉘同注㉕，第9册，868頁。

㉙《無上秘要》卷四十九《三皇齋品》僅載三皇齋宿啓儀，儀式與行道儀有所不同，故今不論。

㉚同注㉕，第9册，77頁。關於此書時代的考證，參任繼愈主編：《道藏提要》，中國社會科學出版社，1991年，217頁。

㉛關於道教齋文的結構分析，詳參拙作《關於唐五代道教齋文的幾個問題》，《道教修煉與科儀的文學體驗》，鳳凰出版社，2018年。

㉜周作明點校：《無上秘要》，中華書局，2016年，807頁。

㉝李小榮：《敦煌道教文學研究》，巴蜀書社，2009年，204頁。

㉞同注㉜，851頁。

㉟周西波：《杜光庭道教儀範之研究》，新文豐出版社股份有限公司，2003年，416—418頁。該書將

前面分析的上香章奏首段亦稱之爲“啓”，同樣不太恰當。

㊱ 同注㉕，第 9 册，572 頁。

（作者單位：中國社會科學院文學研究所）

黄文弼所獲《唐神龍元年曆日序》研究

劉子凡

内容提要：黄文弼在《吐魯番考古記》中刊布的 H4va 文書，此前未見有明確定名。通過其中記載的年神方位等信息，可以將其定爲《唐神龍元年曆日序》。鑒于唐代前期曆日實物發現較少，這件文書對于復原唐前期曆日序文的面貌具有重要意義。尤其是通過比定可以進一步確認吐魯番出土的兩種唐代曆日與同是依據《麟德曆》編造的日本《天平勝寶八歲曆日》之間有着密切關係，這爲研究唐代曆日提供了重要的參考。

關鍵詞：吐魯番文書　黄文弼　曆日　麟德曆

黄文弼先生在《吐魯番考古記》中刊布了他在 20 世紀初于吐魯番獲得的出土文書，其中絕大部分都已爲學界熟知并得到充分研究。然而近來筆者在協助朱玉麒先生整理"黄文弼所獲西域文獻"時，發現一件文書背面雜抄有所謂"陰陽書"，或許是因爲圖版上的字迹難以辨認，此前并未引起學者的注意。我們對這件文書進行了録文，發現其爲唐神龍元年（705）曆日的序文部分。由于目前已知的唐前期曆日實物數量較少，序文部分更是稀見，這件《唐神龍元年曆日序》對于認識唐前期曆日的面貌具有重要的意義。本文即擬介紹此文書并略作考釋，以期爲唐代曆日研究提供新的資料。

一

根據黄文弼的記述，這件殘紙出土自哈拉和卓舊城（即今吐魯番高昌故城遺址），高 18.6 厘米，寬 20.4 厘米，兩面書寫[①]。該紙正面寫有《武周長安三年（703）狀上括浮逃使牒》（整理編號 H4ra）存 7 行，字迹工整，且有大字判文，應爲實際行用的官文書。此文書因出現"括浮逃使"而備受關注，相關研究很多[②]。在牒文的後半部分，倒書有《孝經·開宗明義章》《天子章》（整理編號 H4rb），存 3 行，字迹潦草，叠壓書寫在牒文的末尾幾行上。殘紙背面同樣互爲顛倒地書寫了兩種文獻。一種是《孝經·開宗明義章》（整理編號 H4vb）的開頭部分，存 2 行，筆迹及書寫方向都與正面的《孝經·開宗明義章》《天子章》相同。另一種黄文弼稱爲"陰陽書"（整理編號 H4va），存 5 行，行書書寫。整體來看，這件殘紙原爲官文書，廢弃之後背面用來抄寫所謂"陰陽書"。而正反面抄寫的《孝經》與前兩種文獻書寫方向相反，很可能是最後書寫的，或爲習作。

　　關于黃文弼 H4va 文書，即其所謂"陰陽書"，或許是因爲文字難以識別，黃文弼罕見地并未給出録文，衹是在《上括浮逃使牒》的解題中提了一句。通過掃描《吐魯番考古記》圖版并放大識讀，我們對這一文書進行了録文：

　　　（前缺）

1. 　　　　　]　在卯　歲□[
2. 　　　　]　幡在丑　豹尾[
3. 　　　]　□其坴不可穿鑿[
4. 　　　]　須 營者日与□[
5.]　□ 修 營 □ 妨 [

　　　（後缺）

其中"坴"即"地"，爲武周新字。而這裏出現的"歲□""幡""豹尾"，應當就是年神，亦即本年之神將。唐代文獻中所見之年神數量衆多，其中以"歲"字開頭的有歲德、歲破、歲煞、歲刑等。文書中第 1 行"歲"下之字僅殘存左上角一小橫，可能是歲破的"破"或歲刑的"刑"。而第 2 行的"幡"，則可以確定是年神中的黃幡。年神每年分別居于固定的方位，更有一套專門推算年神方位的方法，如 S. 2620 號文書即畫有年神方位圖[③]。其方位皆以地支表示，上述文書中的"在卯""在丑"即是如此。

左：《孝經·開宗明義章》　　右：《唐神龍元年曆日序》

（來源：《吐魯番考古記》圖版二圖 4）

據陰陽家、堪輿家之説，凡年神所在之地均應避忌。敦煌文書 P. 3403《宋雍熙三年（986）丙戌歲具注曆日》序即云：“凡人年內造作，舉動百事，先須看太歲及已下諸神將并魁、罡，犯之凶，避之吉。”④營造動土尤其需要避让太岁等年神的方位。敦煌所見《燕子賦》中便有：

> 仲春二月，雙燕翺翔。欲造宅舍，夫妻平章。東西步度，南北占詳。但避將軍、太歲，自然得福無殃……燕子被打，可笑屍骸：頭不能舉，眼不能開。夫妻相對，氣咽聲哀：“不曾觸犯豹尾，緣没橫羅（罹）鳥災！”⑤

在這一首擬人的賦文中，雙燕造宅之時就是要躲避將軍、太歲等年神。而遭殃之後，還要感歎造宅本來不曾觸犯年神豹尾，不應有此橫禍。可見造宅時躲避年神是當時社會的普遍認識。當然，在一些不得不動土的特殊情況下，也有不避年神的方法。例如，P. 3865《陰陽宅經》中就提到，符合天德、天道等時即可“不避將軍、太岁、豹尾、黃幡”⑥。即便如此，這些黃幡、豹尾等年神也是造宅需要考慮的關鍵因素。本文所論黃文弼 H4va 文書即是在叙述年神方位之後，提到了“地不可穿鑿”等修營之事，黃文弼可能也是因此將其定爲“陰陽書”。

然而此文書顯然并非概述年神與營造關係的宅經類文獻，其要旨是寫明當年的年神方位，這種情況更符合曆日。從目前已知的各種曆日來看，在排列日期的曆日正文之前通常都會有序文，雖然序文的内容因時代不同而有所差異，但一般都會記錄當年的年神方位。敦煌所出《北魏太平真君十一年（450）、十二年曆日》中，就已經在曆日開頭記載了太歲、太陰、大將軍三個年神的方位⑦。歸義軍時期的敦煌曆日的序文内容更加豐富，其中前引《宋雍熙三年丙戌歲具注曆日》序文中有：

> 今年太歲在丙戌，大將軍在午，太陰在申，歲刑在未，<u>黃幡在戌，豹尾在辰</u>，歲煞在丑，歲破在辰……右件，太歲已下，<u>其地不可穿鑿動土，因有破壞，事須修營，其日與歲德、月德。歲德合，月德合，天赦天恩母倉并者，修營無妨。</u>⑧

可以看到，引文中劃綫部分的文字與前述黃文弼 H4va 文書基本完全相符，都是在記錄太歲都諸神將方位之後，緊接着叙述這些方位“不可穿鑿動土”，在必須修營時應如何選擇云云。

此外，日本正倉院所藏《天平勝寶八歲（756）曆日》中，恰好有對應的内容。該曆日序文先述各月大小，之後寫有：

大將在丙申	大陰在午	大將軍在午	歲刑在寅
歲破在寅	歲殺在未	<u>黃幡在辰</u>	<u>豹尾在戌</u>

> 右太歲已下，<u>其地不可穿鑿動土</u>。因有崩壞，事須營者，日與上吉并者，<u>修營無妨</u>。⑨

這件曆日在文字上與黃文弼 H4va 文書也基本一致，而且在“黃幡”“豹尾”句的下一行緊接着就是“其地不可穿鑿”句，在格式上也十分接近。按日本持統天皇四年（690）始行《元嘉曆》與《儀鳳曆》，至文武天皇元年（697）單用《儀鳳曆》，及至天平寶字七年（763）又改行《大衍曆》。其中所謂《儀鳳曆》，即是唐朝李淳風主持編纂的《麟德曆》。故而此處所引日本《天平勝寶八歲曆日》是依據唐《麟德曆》制成，也可以作爲唐曆樣式的一種參考。

結合敦煌所出《宋雍熙三年丙戌歲具注曆日》與日本《天平勝寶八歲曆日》的對應部分來看，本文所述黃文弼 H4va 文書所載内容無疑是一種曆日的序文。按照正常的曆日書寫順序，在序言之後緊接着就是列舉日期的正文。但黃文弼 H4va 文書在抄寫完曆日序文後，有大約兩行的空白，被倒書抄寫了《孝經》，再後紙張便殘缺了。從字體上看，這份曆日序文的書寫也相對潦草，而非一般正規曆日文書那樣用清晰的楷書書寫。故而很可能書寫者出于專門記録年神方位或其他意圖，而祇是抄寫了序文部分。不過由于文書殘缺過甚，這裏祇能存疑。

<h2 style="text-align:center">二</h2>

關于這件曆日序文的年代，前文提到該殘紙正面書寫的是正式行用的官文書《武周長安三年狀上括浮逃使牒》，背面的曆日序文應是在官文書廢弃後抄寫的。正面官文書的紀年爲"三年壹月廿八日"，其中"年""月""日"皆爲武周新字，雖然年號部分殘缺，但陳國燦先生已經指出武周長安年間曾有一次全國性的檢括措施，大谷文書中也見有《武周長安三年敦煌縣上括逃使牒》，故此文書的紀年年號亦應爲"長安"[10]。則曆日序文的抄寫時間應是在長安三年一月之後。又，曆日序文中見有武周新字"坴"，可知其書寫的下限應在武周新字廢止的神龍元年二月。雖然在敦煌寫經中也偶有後代使用武周新字的情況，但官方編定的曆日大概不會出現這種情況。結合正面文書的年代，這件曆日序文抄寫于長安三年至神龍元年間大致是没有問題的。

藉助曆日中記載的年神方位，可以進一步明確該曆日的年份。按曆日序文中開列的年神，其方位都是與本年地支對應的，且固定不變。這樣就可以通過年神方位來推斷本年地支，這也是曆日斷代的一個重要方法。此曆日序文中殘存有黃幡"在丑"，根據鄧文寬先生總結的"年神方位表"[11]，黃幡位于丑位時，對應的年地支爲丑、巳、酉。在前述文書可能的書寫時間段内，長安三年干支爲癸卯，四年爲甲辰，神龍元年爲乙巳，祇有神龍元年符合。由此可知，黃文弼 H4va 文書抄寫的是神龍元年曆日的序文。

不過神龍元年畢竟有改元之事，這件文書的定名尚需斟酌。按照律令，唐代曆日要在行用之前預先編定并頒布，《唐六典》卷十"太史局"條即載："每年預造來年曆，頒于天下。"[12]黃正建先生根據寧波天一閣藏《天聖令·雜令》第 9 條復原出唐令："諸每年〔太史局〕預造來歲曆，各給一本，并令年前至所在。"[13]按照令文，神龍元年的曆日在前一年的長安四年應當就已經預先編造并頒發至各州。而改元是在神龍元年正月朔日，也就是編曆之時尚未改元，當時應是按長安年號繼續編寫長安五年曆日。前引《唐永淳三年曆日》即是如此，唐代實際上并不存在永淳三年，在永淳二年十二月即已改元爲弘道，但次年的曆日在改元之前即已編定并頒下諸州，在吐魯番出土的這件曆日即明確題寫"永淳三年曆日"。與此類似，黃文弼 H4va 文書抄寫的曆日，原題有可能是"長安五年曆日"。不過還要考慮在改元之後是否會有改寫曆日題名或重新頒曆的情況，雖然目前所見律令中沒有明確記載，但也不能完全排除這種可能性。畢竟武周新字至少沿用到神龍元年二月中宗下詔廢止時，黃文弼 H4va 文書中的曆日也有可能是在神龍元年初抄寫的。由于文書殘破不見首題，我們暫且還是按照內容年份將其定名爲《唐神龍元年曆日序》。

三

這件《唐神龍元年曆日序》作爲少見的唐前期曆日，對于復原古代曆日的面貌、理清其發展軌迹具有重要價值。此前僅見吐魯番出土有幾件唐代前期的曆日寫本實物，且大多殘損較甚，殘存有部分序文的更祇見有兩件。其中，《顯慶三年曆日》序文部分爲：

1.   ] 恩天赤母 [
2.   ]   四月小 [
3.   □月大　八月小　九月□　十月大　十一月□　[
4. □　月　大[14]

此爲序文末尾部分，其下便接續正文。吐魯番臺藏塔出土《永淳三年曆日》[15]序文殘存部分爲：

永淳三年	曆日	凡三百八十三日
太 歲在甲申	大將軍在午	太陰在午

（中缺）

往亡日	
	右其日不可遠行拜官移徙呼女娶婦歸家
	] □□上梁　并与修宅同

第一片爲序文開頭部分，第二片爲序文的中間部分。黃文弼 H4va 文書所寫剛好是年神方位的後半部分，與上述兩種曆日序文的殘存部分都不重複。

值得注意的是，吐魯番出土《唐神龍元年曆日》《唐永淳三年曆日》與日本《天平勝寶八歲曆日》有着密切的關係。按，唐初行用《戊寅曆》，至麟德二年（665）由李淳風編成《麟德曆》行用，至開元十七年（725）又頒行《大衍曆》。故而，上引幾種殘存有序文的吐魯番出土文書中，除了《顯慶三年曆日》依據《戊寅曆》編造外，《神龍元年曆日》與《永淳三年曆日》依據的都是《麟德曆》。如前文所述，日本《天平勝寶八歲曆日》實際上也是依《麟德曆》編造，其序文的相應部分恰好與《神龍元年曆日序》《永淳三年曆日序》幾乎完全一致。此處再引日本《天平勝寶八歲曆日》如下：

<u>天平勝寶八歲曆日</u>　　　<u>凡三百五十五日</u>
　　　　　正月大　二月小　三月大　四月大　　五月小　　六月大

194

　　　　　　七月小　八月小　九月小　十月大　十一月小　十二月大

大將在丙申　　大陰在午　大將軍在午　歲刑在寅

歲破在寅　　　歲殺在未　黃幡在辰　　豹尾在戌

　　　　　　右太歲已下，其地不可穿鑿動土。因有崩壞，事須營者，日与
　　　　　　上吉并者，修營無妨。

（中略）

往亡日　　　　其日不可遠行、拜官、移徙、呼女、娶婦、歸家。

修宅日　　　　其日蓋屋、修門户欄櫪、破屋壞垣、豎柱上梁，并与修宅同。
　　　　　　望前用小歲，望後用大歲。

其中雙下劃綫標示的部分爲與《永淳三年曆日序》對應之處，單下劃綫爲與《神龍元年曆日序》相似之處。可以看到，除了没有在開頭列出月大小以及年神順序有所差异外，《永淳三年曆日》序文的文字與日本《天平勝寶八歲曆日》基本相同。由此來看，日本《天平勝寶八歲曆日》很可能十分接近行用《麟德曆》時代的唐朝曆日的原貌。如果是這樣的話，唐前期曆日序文的内容可能比之前了解的更爲豐富，因爲除了吐魯番出土幾種唐前期曆日序文中殘存的月大小、年神、往亡日和幾種叢辰外，日本《天平勝寶八歲曆日》的序文中還叙述了歲德、天道、人道、歲位、歲前、歲對、歲後、滿平、定成、收開、廿四氣、朔望、建除、執破、危閉、血忌日、歸忌日、修宅日、葬日、斬草日、九坎日、厭及厭對、日游、人神等的宜忌。很可能唐前期的曆日序文中也已有類似的内容。

　　由此對比敦煌所出《北魏太平真君十一年、十二年曆日》以及數十件晚唐至宋初的曆日，也可以更好地勾勒出曆日序文發展的軌迹。如前文所述，《北魏太平真君十一年、十二年曆日》僅簡略地列出三個年神方位。鄧文寬先生指出，吐魯番出土唐前期曆日相比之下在序文中增加了各月大小[16]。而從《神龍元年曆日序》與《永淳三年曆日序》來看，唐前期行用《麟德曆》時期的曆日序文中，至少還包括更多的年神方位以及往亡日等宜忌。敦煌所出晚唐至宋初曆日序文中的很多内容，實際上都可以在日本《天平勝寶八歲曆日》中找到。或者可以説，唐前期的曆日序文已經發展到了相對比較豐富的形態。

　　總之，黃文弼H4va文書應爲《唐神龍元年曆日序》，雖然殘存文字不多，但鑒于唐代前期曆日實物發現較少，這件文書對于復原唐前期曆日序文的面貌具有重要意義。尤其是通過比定可以進一步確認吐魯番出土的兩種唐代曆日與同樣依據《麟德曆》編造的日本《天平勝寶八歲曆日》之間有着密切關係，這爲研究唐代曆日提供了重要的參考。

【本文係國家社會科學基金重大項目"中國西北科學考查團文獻史料整理與研究"（19ZDA215）階段性成果】

注釋：

① 黃文弼：《吐魯番考古記》，科學出版社，1954 年，21—22、44 頁，圖版二圖 4。

② 唐長孺：《關于武則天統治末年的浮逃戶》，《歷史研究》1961 年第 6 期，90—95 頁；孔祥星：《唐代里正——吐魯番、敦煌出土文書研究》，《中國歷史博物館館刊》1979 年第 1 期，50 頁；姜伯勤：《敦煌新疆文書所記的唐代"行客"》，國家文物局古文獻研究室《出土文獻研究續集》，文物出版社，1989 年，286 頁；劉進寶：《隋末唐初戶口銳減原因試探》，《中國經濟史研究》1989 年第 3 期，136 頁；陳國燦：《武周時期的勘田檢籍活動——對吐魯番所出兩組敦煌經濟文書的探討》，唐長孺主編《敦煌吐魯番文書初探二編》，武漢大學出版社，1990 年，409—410 頁。

③ 中國社會科學院歷史研究所等編：《英藏敦煌文獻（漢文佛經以外部分）》第 4 卷，四川人民出版社，1991 年，132 頁；鄧文寬：《敦煌文獻 S. 2620 號〈唐年神方位圖〉試釋》，《文物》1988 年第 2 期，63—68 頁。

④ 上海古籍出版社、法國國家圖書館編：《法國國家圖書館藏敦煌西域文獻》24，上海古籍出版社，2002 年，96 頁。

⑤ 黃徵、張涌泉：《敦煌變文校注》，中華書局，1997 年，376 頁。

⑥ 上海古籍出版社、法國國家圖書館編：《法國國家圖書館藏敦煌西域文獻》29，上海古籍出版社，2003 年，30 頁。

⑦ 鄧文寬：《敦煌天文曆法文書輯校》，江蘇古籍出版社，1996 年，101 頁。

⑧ 同注④，96 頁。

⑨ ［日］岡田芳朗：《日本の曆》，木耳社，1972 年，72—73 頁。

⑩ 陳國燦：《武周時期的勘田檢籍活動——對吐魯番所出兩組敦煌經濟文書的探討》，409—410 頁。

⑪ 鄧文寬：《敦煌古曆叢識》，《敦煌學輯刊》1989 年第 1 期，116 頁。

⑫ 《唐六典》卷十，中華書局，1992 年，303 頁。

⑬ 中國社會科學院歷史研究所天聖令整理課題組、天一閣博物館：《天一閣藏明鈔本天聖令校證（附唐令復原研究）》，中華書局，2006 年，734 頁。

⑭ 唐長孺主編：《吐魯番出土文書》叄，文物出版社，1996 年，40 頁。

⑮ 榮新江、李肖、孟憲實主編：《新獲吐魯番出土文獻》，中華書局，2008 年，259 頁。

⑯ 鄧文寬：《跋吐魯番文書中的兩件唐曆》，《文物》1986 年第 12 期，61 頁。

（作者單位：中國社會科學院古代史研究所、敦煌學研究中心）

吐魯番出土《佛遺教經》寫本與章草書法研究

曹　培　毛秋瑾

内容提要：《佛遺教經》爲十六國時期前秦鳩摩羅什翻譯的佛經，是佛陀釋迦牟尼涅槃前對衆弟子的教誨，也是佛一生弘法言教内容的概括總結。書法史上流傳有東晉王羲之、唐代孫過庭、南宋張即之書寫的《佛遺教經》，這三種法書作爲碑帖經典廣爲傳布。19 世紀末至 20 世紀初吐魯番出土的佛經殘片中有一件《佛遺教經》，收録在日本學者藤枝晃 1978 年出版的《高昌殘影》一書中。這件《佛遺教經》寫本的書法爲章草書，帶有程式化的波磔，與歷代刻帖所收録的皇象等魏晉時期書家的章草如出一轍。敦煌吐魯番文獻中另有《月儀帖》寫本及多件佛經論疏也以章草寫就，反映章草在唐代的發展與傳承，可補書法史研究之缺環。

關鍵詞：吐魯番文書　佛遺教經　章草　書法

《佛遺教經》，又名《遺教經》《佛垂般涅槃略説教誡經》，爲十六國時期鳩摩羅什（344—413）翻譯的佛經，是佛陀釋迦牟尼涅槃前對衆弟子的教誨，也是佛一生弘法言教内容的概括總結。書法史上流傳有東晉王羲之（303—361，一作 321—379）、唐代孫過庭（646—691）、南宋張即之（1186—1263）書寫的《佛遺教經》，被作爲碑帖經典廣爲傳布。其中，王羲之、張即之所書爲楷書作品，孫過庭以章草書寫，但僅有刻本傳世。目前可見的章草名作，皇象《急就章》、索靖《月儀帖》等等，皆是經歷代翻刻流傳至今，經過不斷地“複製”，真實性可慮。19 世紀末至 20 世紀初吐魯番出土的佛經殘片中，有一件章草《佛遺教經》寫本殘紙，所剩字數雖少，但爲瞭解章草書寫的發展狀況提供了較爲直觀可信的參考。

一、吐魯番出土《佛遺教經》寫本的年代及書體

日本大阪四天王寺的出口常順 1932 至 1933 年留學柏林，從事德國吐魯番收集品的研究。在此期間從土耳其學者拉赫買提手中，買到一批原德國吐魯番收集品中的佛典殘卷（約 130 件）。後于 1978 年由日本學者藤枝晃整理出版《高昌殘影——出口常順藏吐魯番出土佛典斷片圖録》，《佛遺教經》寫本便收録其中（圖 1）。此件殘紙現存 21 行，寫在唐宫廷麻紙上，上部完好，下部殘損，厚 0.11 毫米，寬 20.0 厘米，長 33.6 厘米，每欄界格寬 1.6 厘米[①]。釋文如下：

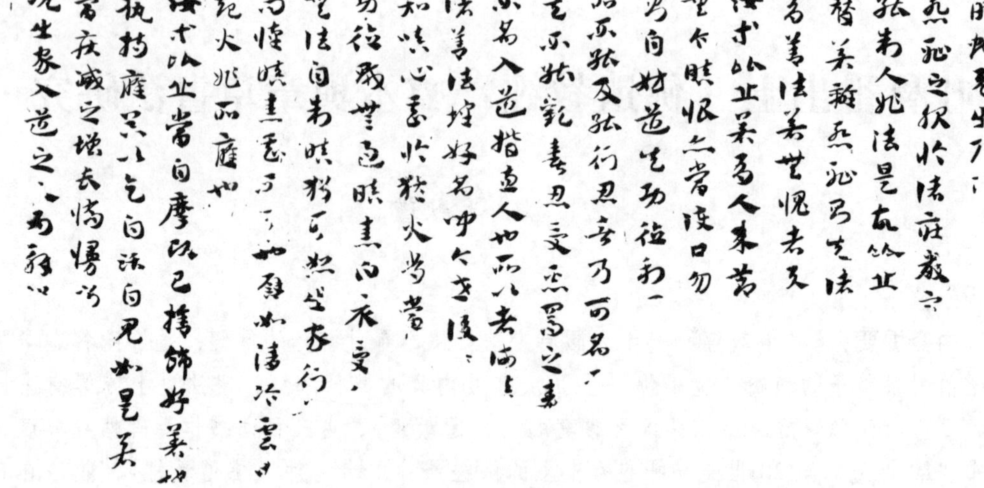

圖1 《佛遺教經》寫本殘紙

1. 睡蛇既出。乃（可安睡。不出而眠。是無慚人也。）

2. 慚恥之服。于諸莊嚴。最（爲第一。慚如鐵鉤。）

3. 能制人非法。是故比丘。（常當慚恥。無得暫）

4. 替。若離慚恥則失諸（功德。有愧之人。則）

5. 有善法。若無愧者。與（諸禽獸。無相异也。）

6. 汝等比丘。若有人來。節（節支解。當自攝心。）

7. 無令瞋恨。亦當護口。勿（出惡言。若縱恚心。）

8. 則自妨道。失功德利。（忍之爲德。持戒苦行。）

9. 所不能及。能行忍者。乃可名（爲。有力大人。若）

10. 其不能。歡喜忍受。惡罵之妻。（如飲甘露者。）

11. 不名入道知惠人也。所以者何。（瞋恚之害。能破）

12. 諸善法。壞好名聞。今世後（世。人不喜見。當）

13. 知瞋心。甚于猛火。常當（防護，無令得入。劫）

14. 功德賊。無過瞋恚。白衣受（欲。非行道人。）

15. 無法自製。瞋猶可恕。出家行（道。無欲之人。）

16. 而懷瞋恚。甚不（可）也。譬如清冷雲（中。霹靂）

17. 起火。非所應也。

18. 汝等比丘。當自摩頭。已舍飾好。著（壞色衣。）

19. 執持應器。以乞自活。自見如是。若（起憍慢。）

20. 當疾滅之。增長憍慢。（尚非世俗。白衣所宜。何）

21. 況出家。入道之人。爲解（脱故。自降其心。而行）

此件《佛遺教經》殘紙無紀年，全篇書寫錯落有致，點畫、結構已較爲規範，波磔方厚，書寫方式趨于程式化。點畫整體厚重飽滿，外邊緣光潔，有較強的書寫性與節奏感，雖以傳統的使轉用筆爲主，但已明顯受到提按用筆的影響，轉折處多方折。藤枝晃推斷書寫時間在"八世紀前半"（約700—750），但并未説明原因。相關描述爲：

> 這件寫本殘片和前面的《維摩經注》一樣，都是寫在品質極佳的唐麻紙上，
> 推測是官廷寫經。左端有接紙的痕迹，右邊和下部破損。復原以後，每行十七字，
> 屬于標準的寫經樣式，但是奇怪的是所用書體爲章草體。目前所能見的典籍寫本
> 往往使用端正的書體，像行書這種潦草字不被允許使用。祇有注釋有使用非常潦
> 草的草書體的情況，比如《金剛般若經宣演》《净名經關中疏》等寫本，都使用
> 草書書寫，這是爲了守護師徒之間相傳的秘密，外人得見也無法瞭解其意。這一
> 殘片，不僅是每行十七字的注釋書，而且可能是官廷寫經。到目前爲止，除此件
> 外，没有看到其他草書寫經，因爲没有其他例子，也没有推斷的手段，草書寫經
> 的書寫目的這一問題還得留待將來解決。②

藤枝晃推測，佛經注釋用草書書寫是爲了守護師徒之間相傳的秘密，但佛典經論的重
要作用是傳播佛教思想，没有必要秘密傳授。這一問題已有學者有更合理的解釋。這
些草書佛經疏論都屬于唯識宗章疏，多用章草書體（或是章草書體發展而來的速記字
體）抄寫。唯識宗的創始者爲玄奘（602—664），他曾在唐朝廷支持下于貞觀十九年
（645）設立譯經院，在佛經譯場中口授大小乘佛典經義，再由其弟子筆録爲經論注疏。
經過十餘年譯場的記録，唯識宗諸弟子及再傳弟子逐漸形成了利用章草書寫本宗經論
注疏的傳統③。用章草書寫，最主要的目的是爲了速記。

關于《佛遺教經》，《唐大詔令集補編》收有《佛遺教經施行敕》，記載如下："往
者如來滅後，以末代澆浮，付囑國王大臣，護持佛法。然僧尼出家，戒行須備。若縱
情淫佚，觸塗煩惱，關涉人間，動違經律，既失如來元妙之旨，又虧國王受付之義。
《遺教經》者，是佛臨涅槃所説，誠勸弟子，甚爲詳要。末俗緇素，并不崇奉，大道將
隱，微言且絶，永懷聖教，用思宏闡。宜令所司，差書手十人，多寫經本，務在施行。
所須紙筆墨等，有司準給。其官宦五品已上，及諸州刺史，各付一卷。若見僧尼行業，
與經文不同，宜公私勸勉，必使遵行。"④貞觀年間，唐太宗（598或599—649）敕令有
司差遣書手十人抄寫此經，并頒賜五品以上官員及各州刺史人手一卷，以規範僧紀。
從這條記載中，我們能知道《佛遺教經》曾在唐太宗時期廣爲流布，藤枝晃根據紙張
品質極佳推測爲官廷寫經，敕令中提到紙筆由官方供給，與吐魯番出土《佛遺教經》
情況極爲符合。因而此件書寫時間很有可能爲貞觀（627—649）年間，比藤枝晃推測
的時間早一百年左右。敕令中未説明用何種書體書寫，推測起來很有可能爲章草書，
一是因爲朝廷需要的量很大（少則數百卷，多則上千卷，每卷二千三百餘字），書寫要
有速度；二是佛經寫本不宜用過于潦草的書體，章草字字獨立，雖爲草體但有工整之
姿，適合佛經的抄寫。從唐太宗個人的喜好來看，他特别推崇王羲之的書法，曾大規
模收集王書，但在褚遂良（596—658或659）撰《晉右軍王羲之書目》中，并無《佛
遺教經》的記録，因而未必以王書爲範本。而時間稍晚的孫過庭却有《佛遺教經》章
草書法傳世，很有可能當時以章草書寫這部佛經是較爲流行的現象。

二、魏晋章草名家及《佛遺教經》寫本與刻本的比較

關于"章草"的緣起，唐代張懷瓘（生卒年不詳，活動于開元年間）《書斷》云："章草之書，字字區別，張芝變爲今草，如流水速，拔茅連茹，上下牽連，或借上字之下而爲下字之上，奇形離合，數意兼包，若懸猿飲澗之象，鈎鎖連環之狀，神化自若，變態不窮。呼史游草爲章，因張伯英草而謂也。亦猶篆，周宣王時作，及有秦篆，分別而有大小之名。魏晋之時，名流君子，一概呼爲草，惟知音者乃能辨焉。章草即隸書之捷，草亦章草之捷也。案杜度在史游後一百餘年，即解散隸體，明是史游創焉。史游即章草之祖也。"⑤其認爲史游爲章草之祖，并指出章草書寫時字字不相連屬，爲隸書的快寫，在魏晋之時仍以"草"稱之。魏晋時的章草名家，皇象和索靖最具代表性。

皇象，字休明，三國時期吳國廣陵江都（今江蘇揚州）人。善八分，小篆，尤善章草。宋時存有皇象《急就篇》唐摹本，米芾稱爲"奇絶""有隸法"，北宋宣和二年（1120），葉夢得知潁昌軍（今河南許昌），以皇象《急就篇》唐摹本勒石，明正統四年（1439）吉水楊政得葉刻拓本覆刻于松江⑥。楊政所刻即著名的"松江本"（圖2），原石現藏松江博物館。世人評皇象章草"沉著痛快"，"似龍蠖蟄啓，伸盤複行"，而對于如今拓本所呈現的書法風貌，沈曾植（1850—1922）《海日樓題跋》曾云："細玩此書，筆勢全注波發，而波發純是八分筆勢，但是唐人八分，非漢人八分耳。然據此可知必爲唐人所摹，非宋後所能仿佛也。"⑦認爲《急就篇》用筆多爲唐法。因此如今拓本所呈現的字字獨立、波磔分明、帶有隸法的書寫方式，展現的也多是唐人章草風格，且整體書寫結字端正，章法布白整齊一律，又經翻刻，在輾轉傳摹刊刻的過程中，必然會摻雜有後人的理解與加工，離皇象書風或許已相去甚遠。

西晋索靖（239—303），字幼安，敦煌郡龍勒縣（今甘肅敦煌）人，西晋將領、著名書法家，尤精章草。《月儀帖》傳爲索靖所書，是章草名帖，明萬曆年間王肯堂曾將此帖收錄于《鬱岡齋墨妙》（以下簡稱"鬱本"，圖3）。南朝宋虞和《論書表》載："索靖紙書五千七百五十五字。"⑧可見當時留存有較多索靖墨迹。唐李嗣真（？—696）《書品後》云："索有《月儀》三章，觀其趣況，大爲遒竦，無愧珪璋特達。"可知此時索靖書迹多不存，其中《月儀帖》祇存三章。至宋代刻入《淳化閣帖》時則出現十一章，董逌云："近世惟淳化官帖中有靖書，其後購書四方，得《月儀》十一章，議者謂靖所書特不必疑，衆亦自是信之，今入續帖中。其筆劃勁密，顧他人不能眥睨其間，然與前帖中書亦異，不知誰定之。李嗣真曰：靖有《月儀》三章，觀其趣尚，大爲遒竦，無愧珪璋特達，猶夫蟲政、相如，千載凜凜爲不亡。今《月儀》不止三章，或謂昔人離析，然書無斷裂固自完善，殆唐人效靖書臨寫近似。故其書剞劂逕出法度外，有可貴者。"⑨其認爲《月儀帖》由三章"增補"爲十一章，是唐人效仿索靖書迹臨寫而成。清代王澍（1668—1743）對《月儀帖》也有懷疑，其云："余竊以《月儀》爲

幼安真迹者固非，以爲唐人書者亦過。觀其文字卑糜，殆齊、梁間人所爲。即其書，雖乏晉人淡古風韵，亦無唐人方幅氣習，亦應出齊、梁間人手。"⑩認爲此帖應是南朝人的手筆。總之，無論此帖是南朝人筆迹還是唐人效仿臨書，刊刻底本都已不是索靖真迹。根據目前留存拓本情況來看，此帖瀟灑多姿，筆勢流暢，相較于松江本《急就篇》多了幾分古樸。

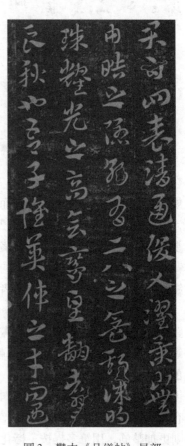

圖2　松江本《急就篇》局部　　　　　　圖3　鬱本《月儀帖》局部

　　索靖一生書迹繁多，根據莫高窟第156窟中題寫于唐咸通六年（865）的《莫高窟記》可知，索靖還曾在莫高窟留下題壁書法⑪，與此同時，其對敦煌地區的書法也影響深遠。《俄藏敦煌文獻》中收有五件章草殘紙，即Дx04760⑫，Дx05748、Дx06009、Дx06025、Дx06048⑬，所書内容爲索靖《月儀帖》。原卷臨摹細緻認真，非一般學郎習書。所存部分爲正月至三月，殘缺嚴重，多不能直接綴接。從目前殘損狀態雖不能判定是否爲同一書手所寫，但將此五件殘紙拼接（圖4）可以發現，整體用筆相對統一，以提按用筆爲主，且提按頓挫明顯，轉折處以方折爲主，點畫輕重對比强烈。其中"由""珠""光""秋"等字已基本與楷書、行書無异。

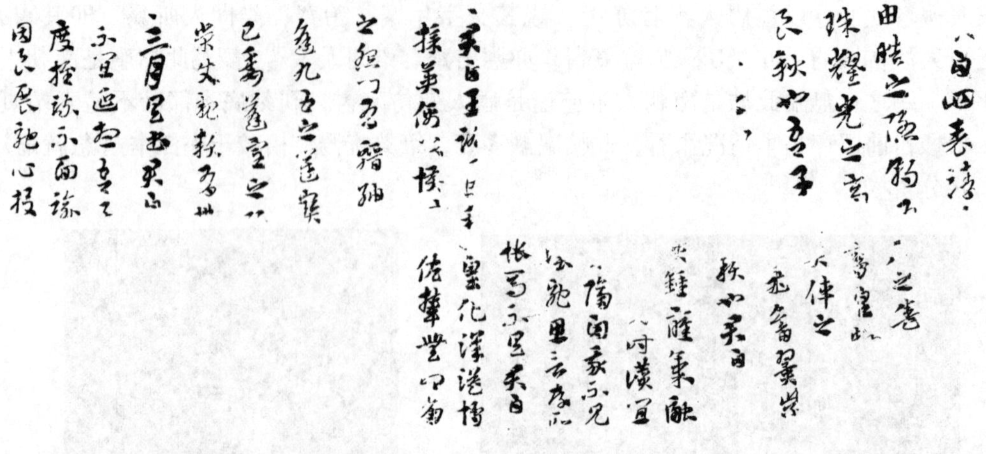

圖4 《月儀帖》臨本

　　《月儀帖》臨本殘紙信筆寫來，書寫隨意自然，而佛經的抄寫是較爲嚴謹的，書寫工整、規範、統一是基本的要求，從而表達一種虔誠的心態。將此五件殘紙與《佛遺教經》對比，雖然書手的書寫狀態以及學書宗法或存在差異，但從用筆的角度分析，《佛遺教經》要更加古樸淳厚，因此推斷兩者的書寫時間存在着一定的先後順序，根據《月儀帖》臨本背面的内容，可推斷此本書寫的下限在晚唐五代之前[14]。其次，《急就篇》《月儀帖》刻本經歷代摹刻，必然會受到勾摹者、刊刻者等多方面外界因素的影響，已不知下真跡幾等。將此兩種刻本與《佛遺教經》墨跡殘本相比較來看，鬱本《月儀帖》整體較爲古厚，雖受到歷代刊刻的影響，但點畫依然圓潤飽滿，使轉自如。作品全篇在用筆、結字、章法等方面與《佛遺教經》的風格較爲接近，不過鬱本《月儀帖》的程式化用筆已明顯增加，如《佛遺教經》中的"道"字末筆仍保留有隸書波磔筆意，而鬱本《月儀帖》中此類點畫已是帶有明顯上挑的程式化用筆。松江本《急就篇》作品的書寫風格則更加整飭，用筆多提按，楷化程度增加，對比鬱本《月儀帖》《佛遺教經》兩帖，略少簡古清奇的情調。通過《佛遺教經》與其他三件作品的比較可以發現，章草的書寫方式發展至唐代已趨于程式化，波磔明顯，有隸法，結字相對平正。雖然《佛遺教經》與《月儀帖》臨本是出土資料，具有一定的偶然性，但已基本可以呈現唐代程式化章草的面貌。

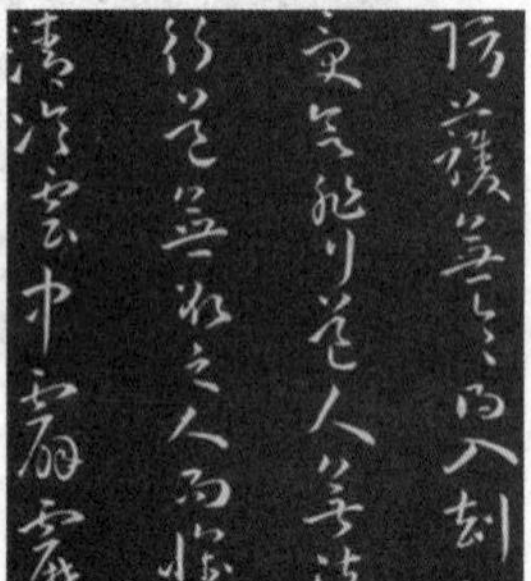

　　和《佛遺教經》有關的書法家中，唐代孫過庭是不可不提的一位，章草《佛遺教經》傳爲他所書。孫過庭，名虔禮，以字行。杭州富陽（今屬浙江）人，一作陳留（今河南開封）人。唐代書法家、書法理論家。其書法深得二王筆法真諦，現存《書譜》墨蹟，既是一篇重要的書法論著，也是後世學書範本，被奉爲圭臬。章草《佛遺教經》現僅存拓本（圖5），傳爲孫過庭所書，今人依據此帖點畫及風格疑爲僞作[15]。帖後存

圖5　孫過庭《佛遺教經》拓本局部

202

有清代華廷黻跋文，可知此帖爲其家藏，歷三世，于道光癸卯歲贈江陰陳以和，隨後陳以和請孔氏將此帖刊刻上石⑯。此帖多爲提按用筆，起收筆處以方爲主，如横畫，起筆露鋒頓筆，中段行筆輕提，收筆時頓筆駐鋒，用筆方式受到楷書影響。轉折之處方圓兼備，點畫細而勻稱，筆力稍弱。整體章法行距較大，字距相比《佛遺教經》寫本更加緊湊，縱勢增强，整體看來，雖字字獨立，但個別之處已出現上下連帶筆勢。字法上受到今草影響，間雜行書、楷書，章草中典型的波磔筆劃減少，如"過""道""譬""清"等字基本爲今草寫法，如"等""德"諸字則較爲接近唐懷仁《集王聖教序》的書法面貌（詳下表），整體書寫風格多了些二王書法的韵致。從以上幾方面來看，《佛遺教經》拓本的書法風貌與寫本相比，缺少了一種厚重古樸、率意自然的書寫意趣。《佛遺教經》刻本與《書譜》墨迹相比，點畫稍顯拘謹文弱，與孫過庭濃潤圓熟、儁拔剛斷的用筆特點不甚相符。從風格上判斷，《佛遺教經》刻本比出土寫本的書寫時間晚，有可能是後人臨摹或僞托之作。

字法對照表

	自	清	過	道	譬	能	等	德
寫本	自	清	圀	渞	臂	弘	术	㣲
刻本	勺	清	㔾	芢	譬	弘	萚	㣲
《書譜》	自	清	㔾	芢	譬	张		
《集王聖教序》							等	德

三、《佛遺教經》寫本和章草書法發展脈絡

每種書體的出現與發展都有其一定的規律，"漢代草書的濫觴，可上溯至戰國中後期解散篆書的草率寫法，狹義草書（比如漢代章草、早期今草）是從早期的草篆經由古隸草體的熔冶逐漸發展而來的，這個過程和隸書萌芽、形成相伴隨"⑰。陳振濂《章草起于"戰國古文"説——簡牘史研究中的一個重要命題》一文根據郭紹虞、蔣維崧兩位先生提出的觀點，結合近些年出土的簡牘資料，認爲章草起于六國古文，是戰國金文大篆（包括六國古文和秦籀文等）草寫演進的結果⑱。關於章草的名稱由來，主要有三種説法，一、因漢章帝好之，遂以得名。二、"章草"名稱由來于章奏。三、"章草"依托于《急就章》而得名。華人德《章草名稱辨》一節指出，"章草"名稱應是南朝初期纔出現，由于當時今草漸行，爲了加以區別，便將魏晉名家所書《急就章》的草書書體稱爲"章草"，即《急就章》草之略稱⑲。

蔡顯良《談尹灣漢墓簡牘中的章草書法》一文認爲，章草在西漢末已經趨于定型成熟，尹灣漢墓中的《神烏賦》與居延漢簡、武威漢簡中的章草已相對成熟，祇是書寫水準有高下之分而已[20]。《神烏賦》出土于尹灣6號漢墓，1993年發現于江蘇省連雲港市東海縣溫泉鎮尹灣村，根據墓中出土簡牘年號可知其爲西漢晚期成帝時物。《神烏賦》（圖6）簡長約22.5—23厘米，寬約0.8—1厘米，凡20枚。此簡用筆圓轉勻稱，使轉自如，點畫飛揚，情態生動。居延簡《誤死馬駒冊》（圖7）時間爲東漢建武三年（27），比《神烏賦》稍晚。此簡出土于居延肩水金關遺址，兩地相隔萬里，而風格却驚人相似，不同之處在于《誤死馬駒冊》草書形態更加純粹，點畫、筆法更爲統一。《神烏賦》爲傳閱或珍藏的名賦佳篇，《誤死馬駒冊》爲下級軍吏所書呈報上級的文書，表明章草在當時中下層日常書寫中廣爲應用[21]。《神烏賦》《誤死馬駒冊》這類帶有明顯波磔、字字独立、存有隷意的章草，在經過不斷規範、加強裝飾性之後，章草进一步程式化，逐漸形成如皇象《急就章》、索靖《月儀帖》等法度森嚴，波磔銳利的章草面貌。另一類章草少有波磔，字字独立，書寫率意，字勢取縱勢，用筆源自篆隷，整體渾樸爛漫，如《平復帖》《濟白帖》和簡牘中草書墨迹[22]。

圖6　《神烏賦》局部

章草的發展過程中，由于"二王"今草書風的影響而受到很大的衝擊。"歐陽詢與楊附馬書章草《千文》批後云：張芝草聖，皇象八絕，并是章草，西晋悉然。追乎東晋，王逸少與從弟洽，變章草爲今草，韵媚婉轉，大行于世，章草幾將絕矣"[23]。可見章草在魏晋之後不斷消沉，幾近斷絕。至唐代，已很少有善寫章草的書家，張懷瓘《書斷》載有陸柬之、歐陽詢、王承烈、王知敬、裴行儉[24]。唐玄宗李隆基，"臨軒之餘，留心翰墨，初見翰苑書體狃于世習，銳意作章草、八分，遂擺脫舊學"[25]。爲擺脫翰苑書風舊習，唐玄宗潛心章草，對章草一體在唐代的發展起到了推動作用，祇可惜當時著名書家的章草書迹未能傳世。然而，敦煌藏經洞的發現彌補了這一缺憾，爲我們瞭解唐代章草書體提供了珍貴資料。上文提到的《佛遺教經》《月儀帖》臨本墨迹是波磔明顯的程式化章草，另一類未程式化章草在敦煌藏經洞也有發現。唯識宗章疏多用章草抄寫[26]，如《因明入正理論後疏》（P.4052）、《恪法師第一抄》和《唯識宗疏釋》（BD16369）（圖8）等。出土的章草書體的唯識宗經論注疏大致分爲兩類，一類紙薄字佳，用筆純熟，多爲唐代早期寫本，另一種則紙厚字劣，書寫生澀，存法大略，甚至雜有楷書字形，多爲唐晚期乃至五代寫本[27]。通過兩件寫本的對比，可以發現，除了兩件寫本書寫水準的差异以外，更重要的是未出現程式化波磔等寫法的章草，其草法、用筆等方面與程式化章草都面臨相同的轉變方式，即更多地受到了行楷書以及提按用筆的影響。陳鈍之《唐代敦煌草書寫本書貌分類淺釋》指出，唐代敦煌地區的整體書風相較中原地區有一定的滯後性，不過因受到中原“新體”的影響，敦煌地區草書風貌已基本分爲三類，一類是傳承魏晉意蘊，點畫渾厚古樸的章草，一類是受到中原書風影響，呈現今草、章草融合的風格，還有一類是受到唐楷影響，楷、行、草三体兼杂，用筆多受楷书影响[28]。可見書風相對滯後的敦煌地區，章草已受到今草與楷書的影響，那麼在“二王”書風流行的中原地區，章草的發展應與敦煌地區無异或更爲超前。

圖7　《誤死馬駒册》局部　　　圖8　《唯識宗疏釋》（BD16369）

　　前朝名家章草書迹至宋代已鮮有存世，從上文對皇象《急就章》、索靖《月儀帖》的梳理可見一斑。宋人黃伯思（1079—1118）云：“章草惟漢魏西晋人最妙，至逸少變索靖法，稍以華勝。……蕭景喬《出師頌》，雖不迨魏晋人，然高古尚有遺風，自其書中觀之，過正隸遠矣。隋智永又變此法，至唐人絕罕爲之，近世遂窈然無聞，蓋去古既遠，妙指弗傳，幾至于泯絕邪。然世豈無茲人，顧俗未之識耳。”[29]對章草的發展與變化已做了相對全面的梳理，指出由于時間久遠，章草妙旨不傳，宋人對此書體已感到陌生。并且宋人對于章草認識也逐漸變得局限。明楊慎（1488—1559）《升庵集》云："宋太宗刻淳化帖，命侍書王著擇取，著于章草諸帖形近篆籀者皆去之，識者已笑其俗。"[30]可見王著（？—990）在選擇章草作品時，其必然是以帶有明顯波磔及隸意爲擇取標準，近篆籀無波磔的章草已舍去。不過根據《宋史》記載："書學生，習篆、隸、草三體，……草以章草、張芝九體爲法。"[31]可見當時書學生學習草書要以章草、張芝九體爲法，對章草的廣爲傳習起到了促進作用。宋四家蘇、黃、米、蔡對章草也有涉獵[32]，以及黃伯思、駙馬李瑋都兼習章草。值得一提的是，李瑋曾從侍中王貽永家購得《平復帖》，其去世後此帖入藏宋御府[33]，但如今未見其章草作品，不知其章草風格如何。目前可見蔡襄（1012—1067）以章草跋蕭子雲《出師頌》（圖9）書迹，存于宋代《蘭亭續帖》，云："章草法今世少傳，此書尤精勁而完篇，殊可愛。借臨一本，然眼力已昏，多亦失真，他日或移石本，可分遺也。治平二年（1065）六月十三日端明殿學士、知杭州軍州事蔡襄

圖9　《蔡襄題跋》

題。"[34]此段跋文爲其晚年所寫，用筆結字多參楷法。文中還提到他日將此帖摹刻上石，以拓本傳播，因此拓本也是當時人臨習章草的主要參考範本。不過由于拓本經過勾摹、刊刻等外界因素的影響，甚至勾摹者的主觀改動，已不能完整呈現墨迹書法原貌，對學書者的取法也產生影響。葉夢得（1077—1148）刊刻皇象《急就章》時跋："而章草自唐以來無能工者，其法蓋僅存。世傳獨吳越錢氏所藏蕭子雲《出師頌》最爲近古，他如索靖《月儀》等未必盡真。此書規模簡古，氣象沉遠，猶有蔡邕、鍾繇用筆意。雖不可定爲象書，絕非近世所能偽者。……獨此書有顏師古注本尚在，乃相與參校，以正書并列。中間臨揭轉寫多，不無失實。好事者能因其遺法，以意自求于刻畫之外，庶幾絕學可復續也。"[35]認爲此書氣象沉遠，非近世所能偽，而刊刻時原本已是唐人所摹，其又添正書并列，必然會對原迹章法進行改動，并且已然認識到傳摹的弊端，建議學書者可以"以意自求于刻畫之外"。除刊刻章草作品以外，北宋末年還曾有過三次章草漢簡出土，一次是崇寧（1102—1106）初于甘肅出土漢章帝時期木簡，一次是政和（1111—1118）年間關中出土東漢竹簡，還有一次是宣和（1119—1125）年間于陝西出土的東漢安帝時竹簡，并且此次出土的《永初二年討羌符》曾刊刻上石，祇是不久竹簡與帖石俱失[36]。由于簡牘的傳播與保存遠不及刻帖便利，所以出土的東漢簡牘的影響也不及刻帖深遠。目前雖未見有宋代以章草名世的書家，但漢代簡牘的出土以及宋人摹拓章草名作，宣導學習章草的行爲，爲章草的傳播以及元代章草的復興打下了基礎。

　　元代書家學習章草，主要依靠宋人刊刻的法帖，而法帖在流傳過程中殘損、缺失，

使得元人的師法範本也越來越單一。王國維（1877—1927）《校松江本急就篇序》云：
"古字書，自《史籀》《倉頡》《凡將》三書既佚，存者以《急就》爲最古。……然宋代存者僅鍾、皇、索靖三本。宋末王深寧所見，則惟皇象碑本而已。"[33]可知宋末時《急就篇》拓本已缺失嚴重，根據蔡夢霞考證，流傳至元的有《急就篇》刻本三種，墨迹本四種[38]，且元人更是少見漢魏晉人墨迹，所以取法對象較局限于宋人刊刻的章草拓本。根據目前留存元人書《急就篇》墨迹來看，趙孟頫、鄧文原、俞和、宋克都曾臨寫皇象《急就篇》，現存趙孟頫所臨三本已不是真迹[39]，不過故宫博物院藏鄧文原、宋克兩人所書《急就篇》墨迹已基本可以展現元代章草風貌。鄧文原（1258—1328）此件章草《急就篇》（圖10）書寫于元大德三年（1299），是其早年的精心之作。整篇用筆以楷法作章草，用筆精巧銳利，傾向于輕巧、妍美，有意識地加重了波磔。應是受到刻本的影響，字形大小較爲均勻，呈現出"相衆而形一，萬字皆同"的特點。到明初宋克（1327—1387）臨《急就篇》（圖11）相較鄧文原臨作，點畫圓潤平實，更爲穩健。此件現藏故宫博物院，後有周鼎（1401—1487）題跋："仲温《急就章》有臨與不臨之分。臨者全，不臨者或前後段各半而止，或起中段，隨意所至，多不全，若臨摹則不能不自書全。予所見蓋不可指計矣，獨此卷全好可愛。"可見宋克對章草頗爲用功，有臨與不臨之分，而其主要目的則是通過臨寫章草，將章草用筆與今草、行書，

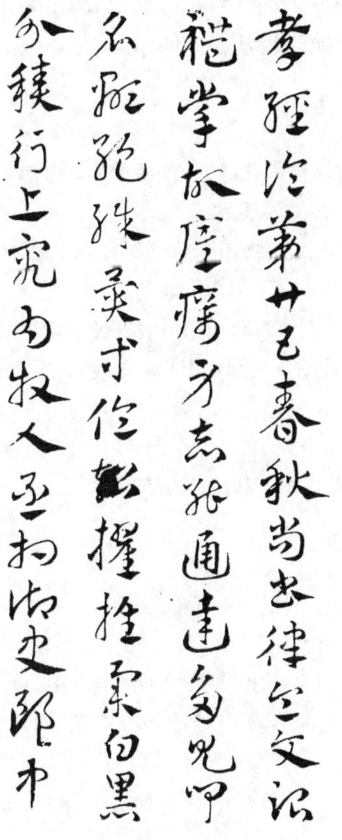

圖10 鄧文原《急就篇》局部 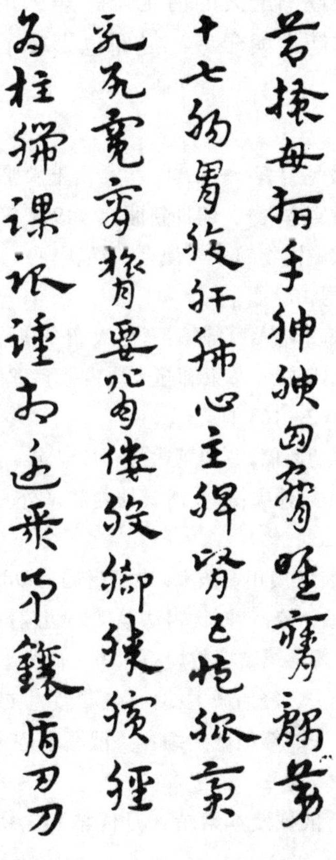　　　　　　圖11 宋克《急就篇》局部

以及楷書相融合，從而形成多體雜糅的書法風格。這種嘗試在趙孟頫的《與山巨源絕交書》作品中已出現，不過各體特徵清晰明辨，雜糅過渡不夠自然，而至宋克已將章草、今草用筆與結體完全融合。可見，章草在元代的復興基本是以兩條路徑向前發展，一是遵循"古法"，以刻本爲師法對象，用筆精巧流美，將程式化用筆發揮到極致；二是打破刻帖的局限，借古開今，將章草的意趣與其他書體融合，形成任情恣肆、隨意自然的草書風格。至此，章草已不再是單一書體的發展，而是通過書家有意識、有目的地將其與其他書體融合，形成一種帶有"古意"的新書體。

　　通過以上對《佛遺教經》的分析與章草發展的梳理可以發現，唐代是章草發展的重要轉捩點。章草在唐代書家手中經歷了技法的改變與理論的闡述，甚至引導了唐代之後章草的發展方向。首先，在技法方面，通過唐人《佛遺教經》寫本與《月儀帖》臨本的對比可以發現，《佛遺教經》雖受到提按用筆的影響，但整體依然是以使轉爲主，點畫圓勁豐潤，保留有隸書筆意，程式化波磔是其重要特徵。而《月儀帖》臨本則是以提按爲主，轉折處以方折爲主，且受到楷書影響，結字趨于平正。這種轉變在敦煌出土的唯識宗章疏抄本中也同樣得到體現。其次，張懷瓘《書斷》中"章草"一條的論述，首次從理論方面對章草的形神作出總結，從而更加凸顯了章草中"波磔"的存在，使得後世對延續篆隸筆法的另一類章草逐漸陌生。因此在唐代之後，漢魏晉人章草墨跡逐漸遺失的情況下，唐人的章草摹本、章草作品以及書法理論都成爲後世學習章草的範本與參考，從而也影響了唐之後的章草書法風貌。

注釋：

① ［日］藤枝晃編著：《トルファン出土佛典の研究：高昌殘影釋録》，法藏館，2005 年，91 頁。

②《吐魯番古寫本展》，朝日新聞社，1991 年。引用内容爲吳瑶瑶翻譯。

③ 史睿：《旅順博物館藏〈俱舍論頌釋序〉寫本考》，《旅順博物館學苑（2016）》，吉林出版集團股份有限公司，77 頁。

④ 李希泌主編，毛華軒等編：《唐大詔令集補編》（下），上海古籍出版社，2003 年，1392—1393 頁。

⑤ 上海書畫出版社、華東師範大學古籍整理研究室選編校點：《歷代書法論文選》，上海書畫出版社，2014 年，162—163 頁。

⑥ 啓功：《啓功叢稿》，中華書局，1981 年，8—11 頁。

⑦ 沈曾植撰，錢仲聯輯：《海日樓札叢（外一種）》，中華書局，1962 年，57 頁。

⑧ 同注⑤，51 頁。

⑨（宋）董逌：《廣川書跋》，中華書局，1985 年，68 頁。

⑩ 崔爾平選編點校：《歷代書法論文選續編》，上海書畫出版社，1993 年，610 頁。

⑪ 沙武田：《歸義軍時期敦煌石窟考古研究》，甘肅教育出版社，2017 年，50 頁。

⑫ ［俄］孟列夫、錢伯城主編：《俄藏敦煌文獻》11，上海古籍出版社，1999 年，314 頁。

⑬ ［俄］孟列夫、錢伯城主編：《俄藏敦煌文獻》12，上海古籍出版社，2000 年，235、316、321、331 頁。

⑭ 蔡淵迪：《俄藏殘本索靖〈月儀帖〉之綴合及研究》，《敦煌吐魯番研究》第 12 卷，2011 年，451—462 頁。

⑮ 許思豪：《章草概論》，上海古籍出版社，2014 年，57 頁。

⑯（唐）孫過庭書：《孫過庭書〈佛遺教經〉法帖》，遼寧古籍出版社，1995 年。

⑰ 王曉光：《新出漢晉簡牘及書刻研究》，榮寶齋出版社，2013 年，173 頁。

⑱ 陳振濂：《章草起于"戰國古文"説——簡牘史研究中的一個重要命題》，《書法研究》2019 年第 1 期，5—25 頁。

⑲ 華人德：《華人德書學文集》，榮寶齋出版社，2008 年，134—135 頁。

⑳ 連雲港市博物館、中國文物研究所編：《尹灣漢墓簡牘綜論》，科學出版社，1999 年。

㉑ 同注⑰。

㉒ 柳青凱：《章草藝術持續發展的時代機遇》，《書譜》2008 年第 3 期。

㉓ 同注⑤，166 頁。

㉔ 同注⑤，174 頁。

㉕ 顧逸點校：《宣和書譜》，上海書畫出版社，1984 年，3 頁。

㉖ 同注③，77 頁。

㉗ 同注③，78 頁。

㉘ 陳鈍之：《唐代敦煌草書寫本書貌分類淺釋》，譚振飛主編《顏真卿及唐代書風》，中信出版集團股份有限公司，2020 年，153—164 頁。

㉙（宋）黃伯思：《東觀餘論》，中華書局，1991 年，34—35 頁。

㉚（明）楊慎：《升庵集》，上海古籍出版社，1993 年，594 頁。

㉛（元）脱脱等撰：《宋史》，中華書局，1977 年，3688 頁。

㉜ 趙彥國：《章草書法歷史流變研究》，南京藝術學院碩士學位論文，2006 年，42—43 頁。

㉝ 王世襄：《西晉陸機〈平復帖〉考略》，《紫禁城》2005 年增刊，23 頁。

㉞（宋）蔡襄：《蔡襄集》，上海古籍出版社，1996 年，771 頁。

㉟ 曾棗莊：《宋代序跋全編》，齊魯書社，2015 年，3537 頁。

㊱ 漢簡的三次發現以下文獻有記載：崇寧年間的發現可參看宋邵博《邵氏聞見後録》，中華書局，1997 年，213 頁；政和年間的發現可參看宋陸游《跋蘭亭樂毅論并趙岐王帖》，見《陸游全集》，中國文史出版社，1999 年，1339 頁；宣和年間的發現可參看宋黃伯思《漢簡辨》，見《東觀餘論》，人民美術出版社，2010 年，46 頁。漢簡刊刻上石的記載可參看宋趙彥衞《雲麓漫鈔》，古典文學出版社，1957 年，105 頁。另可參看吕寧爾《元代章草的程式化現象研究》，浙江大學碩士學位論文，2015 年，7 頁。

㊲ 王國維：《觀堂集林》一，中華書局，1959 年，258—259 頁。

㊳ 蔡夢霞：《論元代章草的復興》，中央美術學院碩士學位論文，2005 年，10—12 頁。

㊴ 上海書畫出版社編：《趙孟頫研究論文集》，上海書畫出版社，1995 年，126—128 頁。

（作者單位：蘇州大學藝術學院）

于闐國王李聖天供養人像及其相關問題

陳菊霞　李珊娜

内容提要：敦煌石窟中有五幅于闐國王供養人畫像，我們現在能看到的有四幅，分別在莫高窟第4、98、454窟和榆林窟第31窟。而莫高窟第55窟的一幅則被晚期的赴會菩薩所覆蓋。在我們觀賞到的四幅畫像中，除第98窟因保存有部分題記，學界一致公認爲李聖天畫像外，其餘三幅則判定不一，分歧較大。通過梳理和考證，敦煌石窟中的這五幅于闐國王畫像都是李聖天。

關鍵詞：敦煌壁畫　供養人像　于闐國王　李聖天

敦煌石窟現能觀賞到四幅于闐國王的供養人畫像，其中莫高窟有三幅，分別在第4、98、454窟中；榆林窟有一幅，在第31窟中。關于這四幅于闐國王的供養人像，曾有許多學者做過不同程度的探討和研究[①]。總體來看，這些研究成果基本都是針對一窟或兩窟的于闐國王像進行討論，尤其對莫高窟第98窟的于闐國王像關注更多。近年來，沙武田在前賢的研究基礎上對這四幅畫像作了全面研究，他認爲莫高窟第4、98窟和榆林窟第31窟的于闐國王是李聖天，莫高窟第454窟的可能是尉遲輸羅（Viśa' Śūra）[②]。近來，郭俊葉和張小剛又提出了一些不同看法，如郭俊葉認爲第454窟的于闐國王畫像有可能是建窟之時在位的于闐國王尉遲輸羅，也有可能是重修、續修時在位的國王尉遲達磨[③]。張小剛認爲莫高窟第4窟和榆林窟第31窟的于闐國王不是李聖天，而是尉遲蘇羅（又譯作尉遲輸羅）[④]。鑒于上述不同觀點的提出，筆者就此問題談談自己的看法，希望促進對敦煌石窟中于闐國王畫像的統一認識。

一、莫高窟第98窟于闐國王像

當我們穿過狹長的甬道進入第98窟主室時，如果目視四壁下方的供養人，一定會被東壁門南列北向的第一身供養人所吸引。因爲這身供養人的形象異常高大，完全突破了該窟供養人形象分區遞減的規律[⑤]，其像高達2.92米，這不僅遠遠超出了真人高度，也超出了甬道南壁節度使曹議金的像高。值得慶幸的是，這身供養人還留存了部分題名，記曰："大朝大寶于闐國大聖大明天子……即是窟主"[⑥]。其身後緊跟一身女供養人，其榜書題曰："大朝大于闐國大政大明天册全封至孝皇帝天皇后曹氏一心供養"⑦。從他倆的題名不難看出，他們分別是于闐國王和皇后。蘇瑩輝和金維諾先生則指出，這位于闐皇后是節度使曹議金的女兒，于闐國王是曹議金的女婿⑧。而藤枝晃先生又進一步確認這位于闐國王是李聖天⑨。至此，這兩位供養人的身份得以明晰。

由于李聖天的題名中有"即是窟主"之語，所以一些學者由此認爲第98窟的功德主是于闐國王。如20世紀40年代，張大千和謝稚柳先生親赴敦煌考察，他們在記錄第98窟（張大千編第42號窟）的繪塑内容時就將該窟稱作于闐皇帝窟⑩。蘇瑩輝、金維諾、佐和隆研和藤枝晃等先生也持相同觀點⑪。但賀世哲先生通過細緻考察該窟供養人題名中的稱謂關係發現，這些曹氏家庭成員及其姻親基本都是以節度使曹議金的名義來稱呼的，并由此推定第98窟的窟主是曹議金⑫。這一睿智的判定隨後得到了學人的普遍認同。

既然第98窟的真正窟主是曹議金，那麼，李聖天爲何也稱作"窟主"呢？爲了解決這一困惑，敦煌文物研究所（敦煌研究院前身）的十幾位同志到第98窟現場，對供養人層位關係做了仔細觀察，他們發現第98窟主室東壁門南北兩側頭四身的供養人是重繪的。具體來説，東壁門南重繪的是于闐國王夫婦、四身侍從和一位女尼；東壁門北自南起依次重繪的是曹議金夫人回鶻天公主、曹議金女兒回鶻天公主、曹議金另二位夫人索氏和宋氏。而且，值得注意的是，重繪的這幾身供養人的題名稱謂都是以于闐國王夫婦爲中心稱呼的，如稱曹議金的夫人索氏和宋氏爲"郡君太夫人"⑬。同樣的稱呼又見於莫高窟第61窟。第61窟是曹元忠夫婦的功德窟，將曹議金夫人宋氏稱作"郡君太夫人"⑭。鑒於李聖天和曹元忠爲同輩關係，第98窟索氏和宋氏題名之"郡君太夫人"也應是以李聖天夫婦爲中心稱呼的。由此來看，李聖天之"窟主"指的應是重修之窟主⑮。

李聖天之所以重修第98窟，必有其歷史原因。因爲第98窟始建於貞明四年（918），至同光三年（925）前後建成⑯，此時，李聖天尚未與曹氏締結婚姻，所以，他的畫像未能出現在始建供養人行列中。李聖天是在第98窟建成之後十年，即934年，纔迎娶曹議金之女。天福五年（940），李聖天被中原王朝册封爲"大寶于闐國王"。爲了慶賀這一重大殊榮，曹氏家族以李聖天夫婦的名義又重修第98窟，并將夫婦二人的供養人像繪在了家窟。關於這次重修的時間，賀世哲先生推定在曹元深掌權時期（940—945年）⑰。從現場來看，這次重修的規模并不大，祇重修了前文所説的東壁門南北幾身供養人像，并未對其他壁面進行改動。

二、莫高窟第454窟于闐國王像

第454窟主室東壁門南列北向第一身是一位頭戴冕旒、身穿衮服的男供養人。因其題名漫漶，尚不能直接明確其身份。法國伯希和（P. Pelliot）在1908年調查莫高窟時，考慮這身供養人與第98窟的于闐國王有着相似的服飾形象，故將其也判定爲于闐國王⑱。張大千和謝稚柳先生持相同看法⑲。但霍熙亮先生却提出不同觀點，認爲是甘州回鶻天可汗⑳。當然，霍先生的這一觀點并没有得到學界的認同。如敦煌研究院編

《敦煌石窟内容總録》仍認爲是于闐國王[21]。沙武田也針對霍先生的看法進行了駁析[22]。

就目前的研究進展來説，學界已經達成共識，一致認爲第 454 窟東壁門南這身形象高大的供養人是于闐國王。但是，這個于闐國王究竟是誰？截止目前，意見不一。沙武田認爲有可能是 967 年繼位的尉遲輸羅（Viśa' Śūra）[23]。而張小剛、楊曉華、郭俊葉三位學者則説：

> 至于莫高窟第 454 窟的國王像，其面部與同窟内其他供養人像一樣，都經過了清代拙劣的改描，原貌較難分辨，但無疑是長有濃密髭鬚的中老年帝王形象，他的身份以存疑爲宜，可能是後輩爲追思李聖天所畫，也有可能繪製的是當政的于闐國王，或者很可能是曹延禄娶于闐公主後，補繪的其岳父的形象，目前而言，實難以確指。[24]

從這段話來看，這三位學者衹是做了推測，并没有給出明確答案。三位作者之一的郭俊葉在其博士論文《敦煌莫高窟第 454 窟研究》中又將推測範圍進一步縮小，認爲"繪于第 454 窟南壁的于闐國王很有可能是當時建窟之時在位的于闐國王尉遲輸羅，也有可能是重修、續修時在位的國王尉遲達磨"[25]。但張小剛在最近獨立發表的《再論敦煌石窟中的于闐國王與皇后及公主畫像——從莫高窟第 4 窟于闐供養人像談起》一文中仍堅持他們在《于闐曹皇后畫像及生平事迹考述》中的觀點。

這身于闐國王到底是誰？筆者以爲探究其繪製時間最爲關鍵。因爲他的臉部雖然在清代被重描過，但這身畫像整體并没有被重修或重繪，屬始建時的作品。如果我們知道了第 454 窟的始建年代，也就等于知道了這幅畫像的繪製年代，那麼，他的歸屬問題也就迎刃而解了。然而，關于第 454 窟的營建年代和始建窟主，學界歷經多年熱議，仍難達成一致看法。總體來看，先後有曹延恭夫婦功德窟[26]、曹元深功德窟[27]和曹元德功德窟[28]説，近些年來，似又回歸曹延恭夫婦功德窟説[29]。

鑒于存在以上看法分歧，新近，我們撰寫《莫高窟第 454 窟營建年代與窟主申論》一文，重點討論了第 454 窟主室東壁的三位回鶻公主的供養人畫像特徵，主室南壁東起前三身供養人的排序關係，以及甬道的重層供養人現象等，認爲霍熙亮和馬德兩位先生主張的第 454 窟爲曹元深功德窟的看法更接近實情[30]。第 454 窟當是曹元深爲慶賀他榮任節度使而興建，據 P. 3457《司空建大窟功德贊文》可知，大致建成于 940—942 年間[31]。時過 30 餘年，其子曹延恭又出任節度使，爲表慶賀，以曹延恭夫婦爲代表的曹氏家族和慕容氏家族又合力重修此窟，其營建事宜一直持續至太平興國五年（980）之後。

既然第 454 窟主室東部下方的供養人是在曹元深執政時期（939—944）繪製的，如果考慮這身于闐國王畫像未曾被整體重繪過，那麼，我們可以肯定地説，這身于闐國王像非李聖天莫屬。他是以節度使曹元深妹夫的名義列入曹氏家族供養人行列的。

三、莫高窟第 4 窟于闐國王像

莫高窟第 4 窟主室東壁門南列北向第一身供養人的形象與我們前述的莫高窟第 98

窟的于闐國王非常相似。由此，伯希和、張大千和謝稚柳都將其視作"于闐國王"③²。沙武田則依據畫像特徵將其判定爲李聖天③³。而梅林認爲這位于闐國王是"佛現皇帝"，即李聖天之弟，又是曹延禄的岳丈③⁴。近來，張小剛、郭俊葉等學者又提出是尉遲輸羅的新看法③⁵。

針對上述三種截然不同的觀點，我們新近撰寫《敦煌莫高窟第4窟于闐供養人像研究》³⁶一文，專門討論了這四身供養人的歸屬問題。我們通過駁析梅、張二氏的觀點，進一步補充證據，確認了沙武田的觀點，即第4窟東壁門南的第一身供養人是于闐國王李聖天，其身後的三身女供養人是其曹皇后和二位女兒。因篇幅所限，在此，不再展開詳細論述，祇將主要觀點陳述如下：

Дх. 6069（1）、Дх. 6069（2）、Дх. 2148、Дх. 1400 這四件文書是沙州寄往于闐的書信稿。其中 Дх. 6069（1）號文書有"緣宕泉造窟一所"³⁷的記載。梅林非常敏銳地將此事與莫高窟第4窟聯繫起來。爲了尋找這四件文書所提及的于闐皇室人物與第4窟于闐供養人之間的對應關係，梅林重點討論了文書中的"天壽"年號，認爲"天壽"年號應該置于尉遲輸羅和尉遲達摩之間的 975—977 年間，并由此將第4窟的于闐國王認定爲"佛現皇帝"，説他是李聖天之弟，又是曹延禄的岳丈³⁸。

然而，從目前關于"天壽"年號的最新研究動態來看，梅林的比定是不能成立的，而張廣達和榮新江、吉田豐、赤木崇敏四位先生將"天壽二年"比定在 964 年是可信的³⁹。雖然梅林關于"天壽"年號的推定不可取，但他認爲莫高窟第4窟的于闐國王是"佛現皇帝"的看法還是正確的。因爲 Дх. 2148 號文書曾二次提到皇帝。如云："自從佛現皇帝去後，且暮伏佐公主、太子，不曾抛離。切望公主等于皇帝面前申説，莫教弱婢員娘、佑定等身上捉其罪過"⁴⁰。從文意來看，文中的"皇帝"正是赤木崇敏所稱的"天壽王"，而"佛現皇帝"是"天壽王"的前一任國王，自然非李聖天莫屬，而非梅林所説的李聖天之弟，更不可能是曹延禄的岳丈。

張小剛將第4窟的于闐國王判定爲尉遲輸羅，主要是依據他的畫像表現出了"少年天子形象"。而且，他還認爲榆林窟第31窟的于闐國王與莫高窟第4窟的于闐國王是同一人⁴¹。我們先不管這兩窟中的國王是不是尉遲輸羅，但從供養人的布局和服飾來看，張小剛將兩窟中的國王判爲同一人是可信的。

榆林窟第31窟，沙武田已指出正是 P. 3713v《粟破曆》所記載的"天子窟"⁴²。而該文書恰好記載了該窟剛剛修建的信息。我們通過比較發現，S. 4116《庚子年十月報恩寺分付康富盈見行羊籍算會憑》與 P. 3713v《粟破曆》應爲同一人書寫，而 S. 4116 號文書寫于"庚子年"，即 940 年⁴³。由此推知，P. 3713v《粟破曆》也當寫爲 940 年前後。我們知道，這一時期的于闐國王正是李聖天。既然榆林窟第31窟的于闐國王是李聖天，那麼，第4窟的于闐國王也當是李聖天。

我們還注意到，第4窟東壁門南的五身供養人都面向甬道而立。按照莫高窟第98、454窟供養人的繪製規律，甬道當有節度使級別的人。又從于闐國王的身份考慮，甬道南壁的第一身節度使的輩份一定高于于闐國王。而符合這一特徵的于闐國王和節度使祇有李聖天和曹議金。

關于第 4 窟的始建年代，張大千和謝稚柳定爲五代、宋[44]；《敦煌石窟内容總録》定爲五代[45]。顯然，其始建年代也符合李聖天的在位時間。當然，我們不難發現，該窟的内容和繪畫風格與莫高窟第 61 窟非常相近，或許始建于 10 世紀中期，一直延續到60 年代。

通過以上分析，我們認爲第 4 窟東壁前四身供養人分别是李聖天與曹皇后及二位女兒。如果再從第 4 窟的供養人布局來看，該窟當由曹氏家族和于闐皇室合力營建完成。

四、榆林窟第 31 窟于闐國王像

榆林窟第 31 窟甬道北壁繪有二身供養人像和一身侍從像。最西端是一男像，閻文儒先生稱其 "冠王者冠，衣龍紋衣"[46]。羅寄梅先生説他著 "于闐國服飾"，而霍熙亮、謝稚柳和張伯元三位先生則直接將其定爲于闐國王。在這身男像的東側是一女像，霍熙亮、謝稚柳和張伯元先生稱其爲于闐皇后。李浴先生則推定其爲 "李聖天夫人"[47]。非常遺憾的是，李浴先生没有説明他將此身供養人推定爲 "李聖天夫人" 的理由。後來，沙武田又結合敦煌文獻將北壁的這兩身供養人進一步確定爲于闐國王李聖天和曹皇后[48]。但近來，張小剛又提出了新看法，認爲這兩身供養人是尉遲蘇羅（又譯作尉遲輸羅）與夫人陰氏[49]。

雖然沙武田和張小剛的結論大相徑庭，但他們都一致認爲 P. 3713v《粟破曆》文書提到的 "天子窟" 是指榆林窟第 31 窟。下面我們將此文書全文録下，并加以討論[50]：

1. 七月廿六日，粟一斗，東窟上迎大太子看天子
2. 窟地用。[廿] 七日，粟一斗，泥佛殿看博士用。
3. 八月五日，粟二斗，指揮就寺濤（淘）麥用。
4. 粟 一斗 ，八月六日，屈判官用。粟壹斗，業道場
5. 劉判官用。……八月廿九日，東窟
6. 迎太子用。粟三斗，九月五日付延晟。
7. 粟四斗，秋佛食屈判官用。七日，粟一斗，名
8. 富渠秋水看平水用。十四日，粟，看僧統
9. 用。十二日，粟一斗，迎馬法律、閻法律用。[51]

文中的 "東窟上迎大太子看天子窟地用" 一語説明，這座 "天子窟地" 的位置在 "東窟"。關于東窟，土肥義和先生認爲指莫高窟[52]，李正宇先生持相同看法[53]，但馬德先生認爲是指榆林窟[54]。他們做出這樣的判定主要是依據敦煌文獻中頻繁出現的關于 "三窟" 的記載。如有 "三窟教授" "三窟教主" "三窟院主" "勾當三窟" "檢校三窟" "住三窟禪師" 等。馬德先生説："歸義軍時期的 '三窟'，或曰 '三所禪窟'，就是我們今天看到的莫高窟、西千佛洞和榆林窟，是當年敦煌佛教教團的禪修基地。"[55]李正宇先生也有類似説法："三窟，又名三所禪窟。晚唐至北宋間河西釋門都僧統所管瓜沙二

214

州境内三處佛窟的統稱。"⑤可見，學界已達成共識，都認爲三窟是莫高窟、西千佛洞和榆林窟的統稱。但是，却出現東窟爲莫高窟或榆林窟二種説法。筆者經大量翻檢敦煌文獻發現，馬德先生的説法是準確的。在多數敦煌寺院經濟文獻中，都祇是記"窟上"和"西窟"，或"東窟"和"西窟"，這或許也是導致土肥義和與李正宇先生將莫高窟視爲東窟的原因吧。但我們來看兩件敦煌文書。

其一，P. 2049v《後唐同光三年正月沙州净土寺直歲保護手下諸色入破曆算會牒》⑤。

264—266 行：

麥兩碩五斗，臥酒，冬至歲僧門造設納官并冬坐局席兼西窟覆庫等用。

281—282 行：

粟貳斗，諸判官窟上看畫師日沽酒用。

304—305 行：

粟七斗，馬家付僧官東窟下彭用。

其二，S. 4642（1 - 8v）《某年（公元 10 世紀）某寺諸色斛斗入破曆算會牒》⑤。

32—33 行：

粟貳斗，沽酒正月十五日窟上用。

57 行：

粟三碩，沽酒東窟上衆吃用。

60 行：

粟三斗，沽酒西窟上衆僧吃用。

上列兩件文書中同時出現"東窟""窟上""西窟"，顯然，是指三所不同的石窟。參考榆林窟、莫高窟和西千佛洞的東西位置，可以肯定"東窟"是榆林窟，"窟上"是莫高窟，"西窟"指西千佛洞。

既然"東窟"是榆林窟，那麽，P. 3713v《粟破曆》所記載的"天子窟地"就在榆林窟了。而榆林窟第 31 窟又有于闐國王的供養人像，所以沙武田將其判定爲天子窟無疑是正確的。然而，這位于闐國王究竟是沙武田認爲的李聖天，還是張小剛認爲的尉遲蘇羅？

筆者以爲 P. 3713v《粟破曆》的撰寫年代是我們確認榆林窟第 31 窟于闐國王歸屬的關鍵。因爲該件文書記載，七月二十六日這天，大太子赴榆林窟親選"天子窟地"，而八月二十九日，太子又再次前往榆林窟。對此現象，沙武田説：

即在"東窟"上迎接"大太子"，并與大太子一起"看天子窟地"（選擇開鑿"天子窟"的具體場地）；一個月後再次發生"東窟迎太子"的事情，或許這次太子來東窟是經過上次選擇好了開窟的位置之後，在已經進行正式開鑿的情況下，作爲洞窟主持人的例行巡禮活動。⑤

可見，P. 3713v《粟破曆》反映出這座"天子窟"剛剛開始營建的信息。

然而，就這件文書的自身信息來説，目前還無法判斷出它的寫作年代。唐耕耦先生祇是大體定在 10 世紀[60]。但幸運的是，筆者在敦煌文獻中找到一件與 P. 3713v《粟破曆》字迹非常相似的一件文書，即 S. 4116《庚子年（940?）十月報恩寺分付康富盈見行羊籍算會憑》。

現將兩件文書中有特點且相同寫法的字列表如下：

相似字	P. 3713v 號文書[61]	S. 4116 號文書[62]
月	第一行第二字	第一行第五字
日	第一行第五字	第一行第八字
子	第一行第十七字	第四行第十五字

從這兩件文書的字形和筆鋒來看，應出自同一人之手。而 S. 4116《庚子年十月報恩寺分付康富盈見行羊籍算會憑》中明確寫明文書的記録時間，即"庚子年"。唐耕耦先生推測此"庚子年"爲 940 年，但在其後打了一個問號，似乎不是很確定[63]。而沙知先生則將這個"庚子年"直接定爲 940 年[64]。由此來看，P. 3713v《粟破曆》也當寫于 940 年前後。

如果從 P. 3713v《粟破曆》的寫作時間考慮，榆林窟第 31 窟中的于闐國王就應該是李聖天。當然，第 31 窟繪畫作品的時代也能幫助我們堅定這個推論。

關于第 31 窟的始建年代，李浴和霍熙亮先生都定在五代[65]，閻文儒和羅寄梅先生定爲五代或宋初[66]。張伯元先生在記録題記時斷爲五代，但在記録內容時定爲宋[67]。沙武田則認爲"榆林窟第 31 窟大概是在 966 年前某一時期所營建，也就是説榆林窟第 31 窟爲五代曹氏歸義軍中期洞窟"[68]。可見，學者們將第 31 窟的始建年代大體定在五代或宋初。筆者也將該窟壁畫與曹元忠時期的莫高窟第 61、55 窟進行比較，發現它們的繪製時代很接近，如果再考慮 P. 3713v《粟破曆》約寫于 940 年前後，那麼，第 31 窟的始建年代就大致在 10 世紀中期。此時的于闐國王正是李聖天。

由此可知，榆林窟第 31 窟甬道北壁的兩身供養人自西起分別是李聖天及其曹氏夫人。

甬道南壁存兩身男供養人，他們的形象極其模糊。羅寄梅和謝稚柳兩位先生在 20 世紀 40 年代考察榆林窟時還能辯認出他們頭戴烏帽，身穿朱衣[69]。沙武田認爲這兩身屬曹氏供養人畫像，并將西起第一身比定爲節度使曹元忠供養人像[70]。筆者以爲將這兩身視爲曹氏供養人畫像是合理的，但將西起第一身比定爲曹元忠或許欠妥。因爲按照敦煌石窟供養人的排列規律，南爲尊，但李聖天貴爲天子，又是曹元忠的姐夫[71]，從身份和長幼尊卑來説，曹元忠也不能尊于李聖天，那麼，祇有一種可能是合理的，就是西起第一身是曹議金的供養人畫像。作爲曹議金的女婿和女兒，李聖天夫婦在自己的功德窟中將慈父的畫像放在最尊的位置，纔算合理。以筆者之見，西起第二身供養人應該纔是曹元忠，因爲第 31 窟營建于曹元忠執政時期，他又是李聖天的姐夫，自然要繪人這個"天子窟"。更何況，于闐皇室遠在敦煌建"天子窟"，自然要得到以曹元忠爲代表的曹氏家族强有力的支持。

五、莫高窟第 55 窟于闐國王供養人像題名

莫高窟第 55 窟是歸義軍節度使曹元忠夫婦的功德窟[72]，建成于乾德二年（964）[73]。
該窟甬道兩壁和主室東壁門南北兩側下方原來繪製的是供養人畫像，但在西夏時期被
沫泥重繪爲赴會菩薩[74]。這一重修現象是法國人伯希和于 1908 年調查莫高窟時發現的，
他還從這些赴會菩薩壁畫下面剝出了一些供養人的題名[75]。其中，主室東壁門南底層列
北向第一身供養人題名僅殘存"大朝……"二字。伯希和認爲可能是于闐國王的題
名[76]。我們也注意到，第 55 窟甬道南壁底層供養人像列西向第一身爲曹議金[77]，如果結
合莫高窟第 4、98、454 窟的供養人布局來看，東壁門南的這位于闐國王一定是李聖
天。此外，第 55 窟的營建時間也能印證之。可見，李聖天是作爲曹元忠的姐夫繪入該
窟供養人行列的。當然，我們也期待，隨着科技的發展，這身于闐國王像能早日呈現
在世人面前。

【本文係國家社會科學基金項目"唐宋敦煌石窟圖像與洞窟宗教功能研究"
（19BZJ015）階段性成果】

注釋：

① 由于研究成果較爲豐碩，此處不一一注出，而在下文的討論中逐一引注。
② 沙武田、段小强：《莫高窟第 454 窟窟主的一點補充意見》，《敦煌研究》2003 年第 3 期，9 頁；沙
   武田：《敦煌石窟于闐國王畫像研究》，《新疆師範大學學報》（哲學社會科學版）2006 年第 4 期，
   23 頁。
③ 郭俊葉：《敦煌莫高窟第 454 窟研究》，廿肅教育出版社，2016 年，72 頁。
④ 張小剛、楊曉華、郭俊葉：《于闐曹皇后畫像及生平事迹考述》，《西域研究》2015 年第 1 期，
   61—62 頁；張小剛：《再論敦煌石窟中的于闐國王與皇后及公主畫像——從莫高窟第 4 窟于闐供
   養人像談起》，《敦煌研究》2018 年第 1 期，60—61 頁。
⑤ 莫高窟第 98 窟的供養人可依照身份和地位大致分爲三區。第一區是甬道南北壁，均繪製男供養
   人。從殘存的供養人題名來看，南壁應是節度使曹議金及其子侄的供養人像；北壁是與曹議金家
   族有姻親關係的歸義軍節度使張議潮和索勛等人的供養人像。第二區是主室東部下方，包括東壁
   門南下方和南壁東端下方，以及東壁門北下方和北壁東端下方。這一區域主要繪製曹氏家族的女
   性供養人。第三區是南壁西端下方、北壁西端下方、西壁下方和中心佛壇背屏後壁下方。這一區
   域主要繪製沙州僧官大德和文武官吏。如果我們稍加觀察，不難發現，第 98 窟中的供養人有一個
   明顯的特點，即他們的畫像高度有從第一區到第三區依次遞減的趨勢。如第一區的男供養人比正
   常人還要高大，都在 2 米以上。其次是第二區的女性供養人（除于闐國王外），她們最高者約爲
   1.73 米，依次有遞減的趨勢，至最低者，約爲 1.48 米。再次是第三區的僧官大德和文武官吏，他
   們的畫像高度驟降，僅有 0.7 米左右。這種變化彰顯了執政家族及姻親的崇高地位和顯赫權勢。
⑥ 敦煌研究院編：《敦煌莫高窟供養人題記》，文物出版社，1986 年，32 頁。
⑦ 同上。
⑧ 蘇瑩輝先生認爲第 98 窟是"曹議金爲其女婿開鑿之功德窟"（蘇瑩輝：《從莫高、榆林二窟供養

者像看瓜、沙曹氏的聯姻外族》，敦煌研究院編《榆林窟研究論文集》上冊，上海辭書出版社，2011年，236頁）；金維諾先生也認爲“于闐皇后即曹議金女”。（金維諾：《敦煌窟龕名數考》，《文物》1959年第5期，51頁）

⑨ ［日］藤枝晃：《敦煌緑洲與千佛洞》，《敦煌·絲綢之路》，每日新聞社，1977年，67頁。

⑩ 張大千認爲第98窟由“五代于闐國皇帝建”（張大千：《漠高窟記》，臺北故宮博物院，1985年，89頁）；謝稚柳先生將第98窟稱作“五代晋于闐國皇帝窟”。（謝稚柳：《敦煌藝術叙録》，上海古籍出版社，1996年，88頁）

⑪ 蘇瑩輝：《從莫高、榆林二窟供養者像看瓜、沙曹氏的聯姻外族》，第236頁；金維諾：《敦煌窟龕名數考》，51頁；［日］佐和隆研：《敦煌石窟の壁畫》，《西域文化研究》卷五《中央亞細亞佛教美術》，1962年，204頁；［日］藤枝晃：《敦煌緑洲與千佛洞》，67頁。

⑫ 賀世哲：《從供養人題記看莫高窟部分洞窟的營建年代》，敦煌研究院編《敦煌莫高窟供養人題記》，217—219頁。

⑬ 同注⑫，219頁。

⑭ 第61窟東壁門南列北向第四身供養人題名曰：“故慈母敕授廣平郡君太夫人宋氏一心供養”。參見敦煌研究院編《敦煌莫高窟供養人題記》，21頁。

⑮ 潘玉閃、馬世長：《莫高窟窟前殿堂遺址》，文物出版社，1985年，13頁；賀世哲、孫修身：《瓜沙曹氏與敦煌莫高窟》，敦煌文物研究所編《敦煌研究文集》，甘肅人民出版社，1982年，224—230頁；賀世哲：《從供養人題記看莫高窟部分洞窟的營建年代》，219頁。

⑯ 關于第98窟的營建時間，學界曾進行過熱烈討論，現大致認爲始建于貞明四年，至同光三年前後建成。參見賀世哲、孫修身：《瓜沙曹氏與敦煌莫高窟》，224—230頁；賀世哲：《從供養人題記看莫高窟部分洞窟的營建年代》，219頁；馬德：《十世紀中期的莫高窟崖面概觀——關于〈臘八燃燈分配窟龕名數〉的幾個問題》，《敦煌研究》1988年第2期；馬德：《曹氏三大窟營建的社會背景》，《敦煌研究》1991年第1期；鄭雨：《莫高窟第98窟的歷史背景與時代精神》，《九州學刊》4卷4期，1992年；榮新江：《關于曹氏歸義軍首任節度使的幾個問題》，《敦煌研究》1993年第2期；王惠民：《曹議金執政前期若干史事考辨》，《段文杰敦煌研究五十年紀念文集》，世界圖書出版公司，1996年；等等。

⑰ 同注⑫，219頁。

⑱ 伯希和記録云：“通過其位置和與第74（即第98窟）及第118f（即第55窟）號洞的類比便可以假設認爲他是于闐國王。”（［法］伯希和著，耿昇、唐健賓譯：《伯希和敦煌石窟筆記》，甘肅人民出版社，1993年，226頁）

⑲ 張大千：《漠高窟記》，470頁；謝稚柳：《敦煌藝術叙録》，304頁。

⑳ 霍熙亮：《敦煌石窟的〈梵網經變〉》，敦煌研究院編《1987年敦煌石窟研究國際討論會文集·石窟考古編》，遼寧美術出版社，1990年，473頁。

㉑ 敦煌研究院編《敦煌石窟内容總録》云：“東壁畫維摩詰經變：門上佛國品；門南文殊，下于闐國王等供養像六身。”（文物出版社，1996年，186頁）

㉒ 沙武田、段小强：《莫高窟第454窟窟主的一點補充意見》，8頁。

㉓ 同注㉒，9頁；沙武田：《敦煌石窟于闐國王畫像研究》，23頁。

㉔ 張小剛、楊曉華、郭俊葉：《于闐曹皇后畫像及生平事迹考述》，62頁。

㉕ 同注③，72頁。

㉖ 張大千：《漠高窟記》，467頁；謝稚柳：《敦煌藝術叙録》，303頁；賀世哲：《從供養人題記看莫高窟部分洞窟的營建年代》，229頁；榮新江：《歸義軍史研究——唐宋時代敦煌歷史考索》，上海

古籍出版社，1996 年，123 頁。

㉗ 同注⑳，472—473 頁。

㉘ 王惠民：《曹元德功德窟考》，《敦煌研究》1995 年第 4 期，163—168 頁。

㉙ 郭俊葉：《莫高窟第 454 窟窟主再議》，《敦煌研究》1999 年第 2 期，21—24 頁；沙武田、段小强：《莫高窟第 454 窟窟主的一點補充意見》，7—9 頁；郭俊葉：《莫高窟第 454 窟窟主及其甬道重修問題》，《敦煌研究》2014 年第 1 期，30—36 頁；郭俊葉：《敦煌莫高窟第 454 窟研究》，44—65 頁。

㉚ 陳菊霞、王平先：《莫高窟第 454 窟營建年代與窟主申論》，待刊。

㉛ 馬德：《曹氏三大窟營建的社會背景》，23 頁；馬德：《曹氏三大窟營建的社會背景》，22—24 頁；馬德：《敦煌莫高窟史研究》，甘肅教育出版社，1996 年，130—134、146 頁。

㉜ ［法］伯希和著，耿昇、唐健賓譯：《伯希和敦煌石窟筆記》，375 頁；張大千：《漠高窟記》，334 頁；謝稚柳：《敦煌藝術叙録》，206 頁。

㉝ 沙武田：《敦煌石窟于闐國王畫像研究》，22—27 頁。

㉞ 梅林：《天壽年號·佛現皇帝·宕泉造窟——俄藏敦煌文獻 DX. 6069 + DX. 1400 + DX. 2148 號文書再研究》，《美術學報》2010 年第 4 期，32—41 頁。

㉟ 張小剛、楊曉華、郭俊葉：《于闐曹皇后畫像及生平事迹考述》，61—62 頁；張小剛、郭俊葉：《敦煌所見于闐公主畫像及其相關問題》，《石河子大學學報》（哲學社會科學版）2016 年第 4 期，6—15 頁；張小剛：《再論敦煌石窟中的于闐國王與皇后及公主畫像——從莫高窟第 4 窟于闐供養人像談起》，48—61 頁。

㊱ 陳菊霞、李珊娜：《莫高窟第 4 窟于闐供養人研究》，待刊。

㊲ 《俄藏敦煌文獻》第 8 册，上海古籍出版社，1997 年，144 頁。

㊳ 同注㉞，35 頁。

㊴ 張廣達、榮新江：《關於唐末宋初于闐國的國號、年號及其王家世系問題》，《于闐史叢考》，上海書店，1993 年，43—50 頁；［日］吉田豐著，榮新江、［日］廣中智之譯：《有關和田出土 8—9 世紀于闐語世俗文書的札記（二）》，朱玉麒主編《西域文史》（第 3 輯），科學出版社，2008 年，97—98 頁；［日］赤木崇敏：《10 世紀アジアコータンの王統·年號問題の新史料—敦煌秘笈 羽 686 文書—》，《内陸言語の研究》XXVII，2013 年，115—121 頁。

㊵ 同注㉞，34 頁。

㊶ 張小剛：《再論敦煌石窟中的于闐國王與皇后及公主畫像——從莫高窟第 4 窟于闐供養人像談起》，56—58 頁。

㊷ 沙武田：《敦煌石窟于闐國王"天子窟"考》，《西域研究》2004 年第 2 期，61—63 頁。

㊸ 沙知輯校：《敦煌契約文書輯校》，江蘇古籍出版社，1998 年，375 頁。

㊹ 張大千：《漠高窟記》，337 頁；謝稚柳：《敦煌藝術叙録》，205 頁。

㊺ 敦煌研究院編：《敦煌石窟内容總録》，5 頁。

㊻ 閻文儒先生將該身供養人所繪製的方向記錯，誤爲甬道南壁（閻文儒：《安西榆林窟調查報告》，敦煌研究院編《榆林窟研究論文集》上册，34 頁）。

㊼ 李浴：《榆林窟佛教藝術内容調查》，敦煌研究院編《榆林窟研究論文集》上册，23 頁。

㊽ 同注㊷，60—68 頁。

㊾ 同注㊶，60—61 頁。

㊿ 圖見《法藏敦煌西域文獻》第 27 册，上海古籍出版社，2002 年，44 頁。

51 本録文是在唐耕耦先生的録文（唐耕耦、陸宏基編：《敦煌社會經濟文獻真迹釋録》第三輯，全國圖書館文獻縮微複製中心，1990 年，236 頁）基礎上，參考《法藏敦煌西域文獻》圖版重新録文。

(52) ［日］土肥義和：《敦煌佛教教團大寺の增建》，《講座敦煌》3《敦煌の社會》，大東出版社，1980 年，357 頁。

(53) 季羡林主編：《敦煌學大辭典》，上海辭書出版社，1998 年，627 頁。

(54) 馬德：《敦煌莫高窟史研究》，213 頁。

(55) 同注(54)，212 頁。

(56) 同注(53)。

(57) 唐耕耦、陸宏基編：《敦煌社會經濟文獻真迹釋録》第三輯，358—359 頁。

(58) 同注(57)，548—549 頁。

(59) 同注㊷，61 頁。

(60) 同注(57)，236 頁。

(61) 同上。

(62) 同注(57)，576 頁。

(63) 同上。

(64) 同注㊸。

(65) 同注㊼；霍熙亮：《榆林窟、西千佛洞内容總録》，敦煌研究院編《榆林窟研究論文集》上册，144 頁。

(66) 閻文儒：《安西榆林窟調查報告》，34 頁；羅寄梅：《安西榆林窟的壁畫》，敦煌研究院編《榆林窟研究論文集》上册，第 93 頁。

(67) 張伯元：《安西榆林窟》，四川教育出版社，1995 年，150、233 頁。

(68) 同注㊷，63 頁。

(69) 羅寄梅：《安西榆林窟的壁畫》，93 頁；謝稚柳：《敦煌藝術叙録》，474 頁。

(70) 同注㊷，64 頁。

(71) 莫高窟第 61 窟是節度使曹元忠夫婦的功德窟，其主室東壁門南列北向第三身供養人題曰："姊大朝大于闐國大政大明天册全封至孝皇帝天皇后一心供養。"（敦煌研究院編：《敦煌莫高窟供養人題記》，21 頁）

(72) 同注⑫，227 頁。

(73) 陳菊霞：《敦煌翟氏研究》，民族出版社，2012 年，207 頁。

(74) 關于這種赴會菩薩，敦煌研究院學者一般認爲繪製于西夏時期，但越來越多的證據表明，這些菩薩的繪製時間很可能在歸義軍晚期。

(75) 伯希和將第 55 窟編爲"第 118f 號洞"（［法］伯希和著，耿昇、唐健賓譯：《伯希和敦煌石窟筆記》，211—217 頁）。

(76) ［法］伯希和著，耿昇、唐健賓譯：《伯希和敦煌石窟筆記》，第 215 頁。

(77) 其供養人題曰："故敕河西隴右伊西庭樓蘭金滿等州節度使檢校太尉兼中書令托西大王諱議金供養。"（敦煌研究院編：《敦煌莫高窟供養人題記》，17 頁）

（作者單位：陳菊霞，上海大學文學院歷史系；李珊娜，敦煌研究院考古研究所）

解木人：敦煌文獻所見唐五代木工行業的分工

周尚兵

内容提要：唐初發明框鋸，武后時期已有執框鋸爲生業者，唐人稱其爲"鋸匠"，敦煌稱爲"拽鋸人"和"解木人"。鋸匠的主要生業有兩項：伐樹；替木匠、雕版等木作匠人預製各種規格的板材。鋸匠的從業形式有兩種：一是散工，敦煌文獻中稱爲"雇鋸"；二是"木行"的長期工，在木行都料的指揮下，爲木行鋸製各種規格的圓木、方木和板材。唐代木作領域的行業分工鮮明：鋸匠製材、木匠製器。"劁匠"這一工種揭示了唐代新出現的鋸匠在大木作業中的具體工序位置，其生產流程爲：都料（度材）→劁匠（下料）→鋸匠（製材）→木匠（製器）→都料（締構）。敦煌文獻中的"開鋸齒博士""團鋸博士""錯鋸博士"是鋸匠職業中析分出來的三個技術支持工種，分别爲鋸匠提供鋸齒開刃、框鋸裝配及鋸齒錯磨的技術服務。敦煌文獻中的"桶匠""旋匠""雕刻"匠人，説明後世大木、小木、圓作、旋作、雕花的五木匠分工自唐代以來就已經存在。

關鍵詞：敦煌文獻　框鋸　鋸匠

楊森考察敦煌壁畫中的家具圖像，認爲："宋代中原家具的製作之所以發生大的變化，要歸功於當時科技的蓬勃發展，因爲宋代已經發明了框架鋸和刨子等。敦煌五代宋籍賬文書記載有鋸子工具，如 P. 3875B《丙子年（976或916年）修造及諸處伐木油麵粟等破曆》記録有關鋸子的專業匠人名稱'錯鋸博士''團鋸博士''開鋸齒博士'。"[①]家具製造業在唐宋時期的確發生了很大的變化，衹是這個變化過程的起始點早在唐初。以框鋸的使用爲標志，至遲到武后時期，木工領域已細分出木匠、鋸匠兩種職業，木作生產領域呈現出製器、製材的行業分工。敦煌文獻記録了這些技術分工的諸多細節，尚未見有專文剖析，遂撰此小文，敬冀方家教正。

一、"鋸匠""解木人"背後的技術内涵

板，釋慧琳（733—817）《一切經音義》引高宗、武后時期張戬《集訓》云："以鋸析木爲板。"[②]用于析木製板的鋸，并非唐代以前的手鋸、弓鋸，而是唐初新產生的框鋸，"框鋸的發明及應用年代約在南北朝後期到隋末唐初"[③]。框鋸主要用于伐木和解木製材，"施板而鋸"[④]，到了武后時期，已有了使用框鋸伐木製材的職業工匠——"鋸匠"[⑤]。框鋸在木工生產領域的廣泛應用，也使唐代木工生產領域發生了解材技術的革

221

命性變化：由唐代以前的"裂解與砍斫"製材轉變爲唐代的"鋸解"製材[⑥]。

《一切經音義》"鋸截"條引《蒼頡篇》云："截物，鋸也。"[⑦]截物的鋸是指手鋸、刀鋸和弓鋸，其功用祇是"截""斷"，對于細小物體的處理有很好的工作效率。在框鋸出現後，它們并没有退出歷史舞臺，而是演變爲園藝類手工作業的必備工具，例如，"咸通初，有布衣曩，忘記其名。……以羊挺炭三十斤，自出小鋸并小刀斧剪截其炭"[⑧]；唐人園圃作業中的接樹，"須以細齒鋸截鋸，齒粗即損其砧皮"[⑨]。

在唐代，框鋸"使解木變得較爲簡單易行，製材效率顯著提高。原來可能要許多人共同進行的操作，現在祇要兩個人即可。在平木工具使用之前的粗加工，以前要用楔具、斧或斤，而現在祇要大框鋸即可"[⑩]；框鋸的另一項功能是伐樹，"唐以後，我國有了框鋸的使用，通過齒形變化，可以縱橫兩用，加工效率明顯提高。框鋸也漸漸代替斤（錛）成爲主要的伐木工具"[⑪]。框鋸是現代機械鋸出現之前最爲高效的伐木製材工具。

框鋸之所以稱爲框鋸，是因爲其形制結構中獨有的受力支撐點"鋸梁"。P. 3841V《唐開元廿三年（735）沙州會計曆》記載有"三具斧，壹梁鋸"，以"梁"作爲鋸的量詞，可見敦煌百姓對框鋸特點的把握已經相當準確。敦煌地區有各種規格的框鋸，S. 4215《庚子年某寺交割常住什物點檢曆》中有"五尺大鋸壹梁内有葉。又三尺鋸壹梁。又三尺五寸鋸壹梁在庫"。唐五尺，合今制爲1.5米，五尺大框鋸是古代鋸匠解大木的標準工具。破樹解木找鋸匠，從"狄仁杰命鋸匠破樹"[⑫]的情形來看，至遲到武后時期，用框鋸解木已經成爲唐人日常生活中的基本常識。

鋸匠使用框鋸"以鋸析木爲板"的生產過程，唐人稱之爲"解木"。S. 6829V《丙戌年（806）正月十一已後緣修造破用斛斗布等曆》記載有"解木"的工價，"三月十四日，出麥捌斗，雇索鸞子等解木手工，城西。四月二日，出麥柒斗，付曹曇恩解木七日價；同日，出麥貳斗，付索家兒充兩日解木價；又一日價，麥一斗。九日，出麥柒斗，付索鸞子充解木五日價"[⑬]。晚唐段成式記載"金監"買得京西持國寺槐樹一株，使工匠"別理解之，每片一天王塔戟成就焉"[⑭]。前引P. 3875B中記錄有"麵貳斗、粗麵五斗，第五日看博士及解木人用"。解木人是敦煌地區對"鋸匠"的又一種稱謂。

唐人用框鋸解木而成的板材已無前代楔解製材凸凹不平的缺陷，但是板面會留下大量細小鋸絨，斧斤等原有砍削平木器具顯然難以爲功，木工面臨着去絨的新技術問題，這直接推動了平推刨在唐代的發明，"隋唐時代的鉋還處在刀形的原始狀態，不過操作上可能已具備了兩處把柄，以利在操作時穩定和用力的平衡，同時可以將鉋刀按一定的切削角加工木料"[⑮]。到南宋時，平推刨的形制纔基本發展成熟，木工纔有了與框鋸相配套的最佳平木工具。儘管唐代的平推刨還很原始，却已表明唐代工匠們找到了去除鋸絨的有效途徑。唐代開創的鋸、刨工具組合，使解材製板效率大爲提高。更爲重要的是，用框鋸可以最大限度地將各種原料解割成所需的大、小料，再與已經成熟的榫卯、釘合、膠合等拼合工藝相結合，無論多麽參差不齊的木料，都可以製作成所需要的理想型材，真正開啓了後世木工所謂的"小料可作大用"的生產時代，而這在"裂解與砍斫"製材時代是無論如何也做不到的，可以説正是框鋸使各種木材達到了物盡其用的完美功效，大大降低了木工生産中對材質的要求與生産成本，這對于農家生産工具的製造、普及至爲重要，因爲農家生産器具大都是木製或者鐵、木共製。

在框鋸的技術支持下，木作領域的材料可以製作成各種理想的大小尺寸。隨着唐及唐代以後木作原材料價格的日漸高昂，在減少用材量消耗且又不影響成品性能的技術思想下，唐代建築與家俱的風格遂"逐漸向宋代纖秀的方向發展"，敦煌壁畫家具圖像的形象變化，正反映了唐宋間木工製作技術與社會審美思想的變遷。

二、從"團鋸博士""剗匠"看鋸匠職業的内部分工

從技術環節看，鋸匠是木匠、雕版匠等行業的前向輔助工種，其主要事務有兩項：一是伐樹截料；二是爲木匠及其他行業預製各種方木和板材。P.3763V《年代不明（10世紀中期）净土寺諸色入破曆》展示了唐五代時期鋸匠的作業情況：

64—65行　粟壹斗伍勝，臥酒，城東園斫木時用。

72—73行　粟壹斗四升，臥酒，陽孔目莊上斫木用。

86行　粟柒升，下手截木日博士用。

89行　粟捌斗，兩件木匠將用。

104—105行　粟三斗，南城上造天王堂雇鋸用。

上引材料中的"斫木"，并不全是"砍伐樹木"，其中有一部分是莊園裏及時"科斫"樹枝的修樹活動，"科斫"是賈思勰《齊民要術》所載相當重要的農事活動，其中桑樹是需要重點"科斫"的對象，執此業者稱爲"桑匠"。P.5032V中記録了招待"桑匠郭赤兒吃用""酒一斗"。前引P.3875B《丙子年修造及諸處伐木油麵粟等破曆》中的"諸處伐木"則屬于鋸匠們的伐樹活動。

原木通常都比較長大，以古代的運力條件，運輸不甚方便。有了框鋸後，可以按照木工事先預設的用材要求將原木分解爲木料。在這樣的技術前提下，爲了運輸上的方便，通常都會將原木按照實際的用途預先截解爲粗料，這就需要專業的木工事先對原木進行審視和規劃，然後由鋸匠執行截木。上引"粟柒升，下手截木日博士用"，即截木活動中招待專業木工博士的具體費用。截木的目的是爲了方便運載，所以文書中又常寫作"載木"，後晉P.2032V第93行記有一筆"載木之時"雇鋸的費用爲"豆一石八斗"。

在具體的建造活動中，鋸匠要爲木匠們預製各種規格的板材和方木，然後交由木匠們精製成門窗椽楳等各種建築用具和板案等各種生活用具。因此，建造活動中既需要有木匠，也需要雇傭鋸匠。P.3875B南城上造天王堂時"雇鋸"的費用爲"粟三斗"；P.2032V第303行"于張押衙雇鋸用"的費用爲"豆壹碩"。

唐五代時鋸匠職業的内部分工已比較細密。P.3875B《丙子年修造及諸處伐木油麵粟等破曆》記録了鋸匠職業内部分工的具體工種：

60－61行　粗麵三斗，泛都知解木人夫食用。粗麵三斗，又泛都知［解］木人夫

食用。

61－62行　麵一斗，宋博士錯鋸食用。麵一斗五升，早上、日件、夜頭看錯鋸博士食用。

62－63行　粗麵五斗、油半升，泛都〔知〕郎君、張鄉官三團拽鋸人食用。

73行　麵一斗，□□看團鋸博士用。

77行　麵一斗，開鋸齒博士兩日食用。

上引中的"看團鋸博士"，黃英認爲"看團"二字係"看"與"團"的同義聯用，因此不應將"團鋸博士"理解爲手工業者的名稱⑯。"看""團"二字都有"招待""款待"之意，確實可以同義聯用，然而在"看團鋸博士"中委實不屬同義聯用。按："團鋸博士"當校作"摶鋸博士"，因爲"團"是"摶"的俗字，意爲"以手圜之也"⑰，摶鋸博士是組裝框鋸的匠師。框鋸的組裝在當時是個高技術活，它涉及絞索的鬆緊、鋸條的剛柔以及鋸條安裝的方向角度等諸多技術細節，是鋸子好不好用的關鍵，以此"團鋸博士"這一工種從鋸匠職業的內部分工中細分出來。

"摶鋸博士"其實是與"調馬師"同一類型的職業匠師。馬匹在被乘用、役使之前都得經過系統調馴，否則不堪使用，調馴馬匹的匠師現在稱爲"調馬師"，敦煌有"調馬騎"的博士，P.4906第20行記錄有"粟壹碩貳斗，沽酒，調馬騎，看阿郎用"。

鋸匠職業內部細分出來的第二個工種爲"開鋸齒博士"。開鋸齒博士是給新鋸條的齒牙開刃和修復舊鋸條磨損齒牙的匠師。不同功用的大小鋸子，其鋸齒開刃的角度不同，鋸子好用不好用，開刃的角度也是一大關鍵。

鋸匠職業內部細分出來的第三個工種爲"錯鋸博士"。錯鋸博士是古代用礪石或三角銼刀磨利鋸齒并校正齒形的匠師。漢人劉向云："錯者所以治鋸。"⑱錯是古代銼鋸的工具，又別稱"鑢"，俗稱"錯子""銼子"或者"銼刀"，P.3644《學童習字》中有"錯子"；P.3391《雜集時用要字》"使用物"中有"錯子""銼刀"。每當鋸齒用鈍以後，須要用"錯"磨礪，使其再度鋒利，此生產過程稱爲"錯鋸"，故敦煌文獻中又常用"錯鋸"來指代"錯"，如S.4215中有"錯鋸壹，重壹兩"；P.3161中有"錯鋸壹"。錯鋸博士與近現代"磨剪子餞菜刀"的磨刀師頗爲相類。

鋸條開鋒刃并裝配好後，最後的使用者爲鋸匠。鋸匠操作框鋸的生產過程爲：先在原木上彈上墨綫，然後由兩人沿着墨綫推拉框鋸，將原木解製成所需的板材和方木。這個解製原木的過程，近現代人俗稱"拉大鋸"，敦煌文獻中則稱爲"拽鋸"。"拽鋸人""解木人"從不同的技術工藝環節共同說明了"鋸匠"的工作情形，諸種博士稱名上的不同，共同闡釋了初唐以來鋸匠行業內的具體分工。

莫高窟第454窟西壁榜題"木工締構精舍"。榜題中的"木工"，不是指執斧鋸爲業的"木匠"，而是指負責屋宇建設總指揮的木工"都料"。柳宗元于《梓人傳》中強調指出木工"都料"的作用是"善度材"，設計圖"盈尺而曲盡其制，計其毫厘而構大厦"⑲。P.3302V《上梁文》云："鳳樓更多巧妙，李都料繩墨難過。剬截木無弃者，方圓結角藤蘿。"長興元年（930）河西都僧統所聘請的這位李都料，不僅"鳳樓"的設計巧妙無比，而且度材尤其精準，繩墨功夫無人能及，木料沒有絲毫的浪費。誠如柳宗元所記之楊都料的情形，都料是總工程師和指揮者，祇負責"度材"，不負責具體的截料施工，木料的"劃截"施工由專業的"劃匠"執行，S. 8426B1 "十一日，酒五升，付□□□。同日，又劃匠酒五升"。入唐以後，木工截料使用框鋸，因此，"劃匠"亦屬鋸匠，其與鋸匠的區別在于："劃匠"負責截料、下料，而鋸匠則將劃匠所下之料鋸製成相應的板材和方木，復由木匠精製成門窗等用器，最後由屋宇的締構者"都料"指揮總成安裝，大廈雲構，即柳宗元所說的"某年某月某日某建"者。由此，屋宇樓堂修造活動中大木工作業的生產流程完整顯現出來：都料（度材）→劃匠（下料）→鋸匠（製材）→木匠（製器）→都料（締構）。

三、從"木行""方子"看唐五代的板材市場

P. 2838《唐光啓二年（886）安國寺上座勝净等諸色斛斗入破曆》載安國寺因修橋雇解木人的工價與供食記録："粟壹碩貳斗、麥三斗，雇解木人用。麥壹斗、油壹升，雇解木人兩日糧用。"如前所述，雇解木人即是雇鋸，宋人稱雇鋸爲"鋸傭"，釋惠洪《冷齋夜話》云："景靈宮鋸傭解木，木既分，有蟲鏤紋數十字如梵書。"[20]雇鋸的市場行爲，説明唐五代敦煌地區存在着以"執鋸"爲生業的鋸匠。上引文中的鋸匠因修橋而被雇傭兩日，屬臨時的散工雇傭。

鋸匠也可以被"木行"長期雇傭，替木行製作各種圓材、方材和板材。敦煌地區有木行，盛唐第 39 窟北壁五代時期供養人第四身題記云："孫木行都料兼步軍隊頭像奴一心供養。"[21]經由木行，敦煌各種修造活動所需的木料可以很方便地備齊，如：S. 1053V 記載某寺戊辰年"麥伍斗，賣（買）栖木用"，栖木即製作"鷄栖"構件用的木材；S. 3540《庚午年正月廿五日比丘福惠等十六人修窟立憑》記載福惠等十六人發心于宕泉修窟一所，"所要色目材梁，隨辦而出"。日本九州大學文學部藏敦煌文書東哲 20 號《新大德造窟檐計料》列出了修窟檐所需的詳細色目材梁清單[22]。這份清單令人關注的地方不僅僅是它所列出的諸色名目，還在于它指出了將要采辦的材料是各種"方子"而不是原木：桿枳方子、承椽方子、門額方子、門神方子、門比（楼）方子、沙窗額方子等等。方子，《現代漢語詞典》"方材"詞條云："截面呈方形或長方形的木材。也叫方子。"[23]在《營造法式》中，"方子"是指"地版下的龍骨。長同進深，高 4.8—6 寸，厚 4—5.1 寸"；而"方木"是指"大木構件。祇須尺寸適合，不作任何加工均稱方木"[24]。顯然，新大德材梁清單中的"方子"不是《營造方式》中的方子，而是指原木采伐回來後按照規定的尺寸加工出來的方形大木預製構件"方木"。直至今天，建材市場中仍稱這樣的預製構件爲"方木"，30×50 毫米的 35 方木在家裝中使用最爲普遍。在新大德的清單中，可以看到敦煌大木作常用的方木規格有五寸方、六寸方和十寸方三種。福惠、新大德等人要采辦的各種材梁，顯然是木行面向市場預製出來的規格產品。前引題記中的木行都料孫像奴無疑是木行製板、製方的技術主管，其具體施工者自然是木行長期雇傭的鋸匠。

四、敦煌文獻中的"桶匠""旋匠""雕刻"

日常生活中有諸多木質的圓形器物，以桶、盆最爲常見。唐五代時期敦煌寺院裏使用着各種大小規格的木盆，如 P. 2613《唐咸通十四年（873）正月四日沙州某寺交割常住什物點檢曆》有"大木盆壹"；P. 3161《某寺常住什物交割點檢曆》有"大木盆壹；伍㪷木盆壹；六㪷木盆壹；小木盆壹"；S. 1624《後晉天福七年（942）某寺交割常住什物點檢曆》有"木盆大小五，内壹在嚴護；五㪷木盆貳"等等。在敦煌百姓的日常生活中，還有各種規格的木桶，如 S. 6217《乙巳年二月十二日某寺常住什物》中有"大統（桶）壹"，Дх. 2822《雜集時用要字》"諸匠部第七"列有"桶匠"。桶匠是民間對"圓作木匠"的俗稱，"圓作"是"指製作盆桶等圓形木器的工匠和作坊"[㉕]。馮常安是目前可考知姓名的敦煌圓作匠人，其所製圓件爲鼓，P. 2641 云"造鼓木匠馮常安等捌人，早上餺飥，午時各胡餅兩枚，供五日，食斷"。鼓屬圓作，而鼓架則屬方作（小木作的俗稱），S. 1366 記"八日，造鼓床木匠九人，逐日早上各麵一升，午時各胡并（餅）兩枚，至十五日午時吃料斷"。

前引 P. 2613 中有"木鉢子貳"；P. 3161 中有"小木椀子壹拾壹枚"。木碗的製作要使用"擐"工藝，S. 3074V《蕃占敦煌時期某年五月至十二月某寺斛斗破曆》記載："十六日出白麵兩碩，付金縈，充桓椀博士食。"引文中的"桓椀"，高啓安錄作"楦碗"，校作"旋碗"[㉖]。按：慧琳《一切經音義》釋"鏇"云："似絹反。《説文》：鏇，圓爐也。周成《難字》作'擐'，謂以繩轉軸裁木爲器者也。經文作'旋'，非體也。"[㉗]由此，"桓碗"當校作"擐碗"，擐椀博士即運用"擐"工藝製作木碗的匠師。運用"擐"製作工藝製器的匠人，唐人通稱爲"鏇師"，即 Дх. 2822《雜集時用要字》"諸匠部第七"中的"鏇匠"。因爲"擐"工藝運用了物理學中的旋加速知識，民間又稱其爲"旋匠"。鏇師工作時旋加速力量的獲得，要利用簡易車床，P. 2641"粟壹碩貳斗，沽酒，梁和尚旋車人事用"，衹是無法判定此車床是立式還是臥式。敦煌文獻中有招待旋匠酒食的記録，P. 3005《粟破曆》"一斗，旋博士斫模日沽酒看博士用。三斗，旋碗日看博士用"；S. 8426B1"十月三日，酒壹斗看旋匠用"。日常生活中最常見的鏇器當推各種器物的脚腿，唐人文獻中稱爲"鏇脚"[㉘]。至于厨房中的擀杖，則是人盡皆知的鏇器，P. 3391 所記録的厨房用品中有"案板""擀杖"。

Дх. 2822《雜集時用要字》"諸匠部"中列有"雕刻"。P. 3276V《結社修窟功德記》云："莫不匠徵郢手，巧出班心。鏤栱雕甍，鸞飛鳳舞。"毫無疑問，敦煌的木作行業中有專業的雕刻匠，民間俗稱木作雕刻工匠爲"雕花匠"。

"桶匠""旋匠""雕刻"匠人的存在，足以説明敦煌地區大木、小木、圓作、旋作、雕花的五木匠業務已然齊全。

五、結語

綜上所述：自唐初發明"框鋸"以來，武后時期已有執框鋸爲生業者，唐人稱其爲"鋸匠"，敦煌稱爲"拽鋸人"和"解木人"。鋸匠的主要生業有兩項：伐樹；替木匠、雕板等木作匠人預製各種規格的板材。鋸匠的從業形式有兩種：一是散工，敦煌文獻中稱爲"雇鋸"；二是"木行"的長期工，在木行都料的指揮下，爲木行鋸製各種規格的圓木、方木和板材。鋸匠製材、木匠製器，唐代木作領域的行業分工鮮明地顯現出來。"劃匠"工種揭示了唐代新出現的鋸匠在大木作業中的具體工序位置，以此都料（度材）→劃匠（下料）→鋸匠（製材）→木匠（製器）→都料（締構）的大木作生產流程展現無遺。敦煌文獻中的"開鋸齒博士""搏鋸博士""錯鋸博士"是鋸匠職業中析分出來的三個技術支持工種，分別爲鋸匠提供鋸齒開刃、框鋸裝配及鋸齒錯磨的技術服務。敦煌文獻中的"桶匠""旋匠""雕刻"匠人，説明後世大木、小木、圓作、旋作、雕花的五木匠分工自唐代以來就已經存在。

注釋：

① 楊森：《敦煌壁畫家具圖像研究》，民族出版社，2010 年，5 頁。

② 徐時儀校注：《一切經音義三種校本合刊》，上海古籍出版社，2008 年，554 頁。

③ 李浈：《中國傳統建築木作工具》（第 2 版），同濟大學出版社，2015 年，103 頁。

④ （宋）孫光憲：《北夢瑣言》，中華書局，1960 年，23 頁。

⑤ （宋）李昉等撰：《太平廣記》，中華書局，1961 年，3139 頁。

⑥ 同注③，65 頁。

⑦ 同注②，915 頁。

⑧ （南唐）尉遲偓：《中朝故事》，中華書局，1985 年，11 頁。

⑨ （唐）韓鄂原編，繆啓愉校釋：《四時纂要校釋》，農業出版社，1981 年，22 頁。

⑩ 同注③。

⑪ 同注③，54 頁。

⑫ 同注⑤。

⑬ 唐耕耦、陸宏基編：《敦煌社會經濟文獻真迹釋録》第 3 輯，全國圖書館文獻縮微複製中心，1990 年，146 頁。

⑭ （唐）段成式撰，方南生點校：《酉陽雜俎》，中華書局，1981 年，173 頁。

⑮ 同注③，161 頁。

⑯ 黃英：《敦煌經濟文獻"團鋸博士"釋義考辯》，《綿陽師範學院學報》2014 年第 7 期。

⑰ （漢）許慎撰，（清）段玉裁注，許惟賢整理：《説文解字注》，鳳凰出版社，2007 年，1055 頁。

⑱ （漢）劉向：《古列女傳》，中華書局，1985 年，78 頁。

⑲ （清）董誥等編：《全唐文》，中華書局，1983 年，5984 頁。

⑳ （宋）釋惠洪撰，李保民校點：《冷齋夜話》，上海古籍出版社，2012 年，57 頁。

㉑ 敦煌研究院編：《敦煌莫高窟供養人題記》，文物出版社，1986 年，12 頁。

㉒ 馬德：《九州大學文學部藏敦煌文書〈新大德造窟檐計料〉探微》，《敦煌研究》1993 年第 3 期；馮繼仁：《日本九州大學藏敦煌文書所記窟檐的分析與復原》，《文物》1993 年第 12 期；馬德：《敦煌古代工匠研究》，文物出版社，2018 年，371—372 頁。

㉓ 中國社會科學院語言研究所詞典編輯室：《現代漢語詞典》（第 6 版），商務印書館，2012 年，365 頁。

㉔ 陳明達：《〈營造法式〉辭解》，天津大學出版社，2010 年，60—61 頁。

㉕ 羅竹風主編：《漢語大詞典》，漢語大詞典出版社，1986 年，655 頁。

㉖ 高啓安：《唐五代敦煌飲食文化研究》，民族出版社，2004 年，79 頁。

㉗ 同注②，58 頁。

㉘ 同注②，1627 頁。

（作者單位：山東師範大學歷史文化學院）

敦煌吐魯番漢文文獻中的剃頭、洗頭擇吉日法

游自勇

內容提要：吐魯番所出 Ch. 3821V《剃頭良宿吉日法·洗頭吉日法》是 7 世紀中葉以後的抄本，敦煌藏經洞發現的《推皇太子洗頭擇吉日法》抄寫于五代以後，二者是中國中古漢文文獻中僅有的兩件以剃頭、洗頭作爲獨立占法的占卜書。這類占書在中古時代原本就存在，9 世紀中葉以後其內容逐漸散于具注曆日中，其作爲獨立占書則趨于消失。此類與日常生活密切相關的占書雖然消失，其內容則藉由曆書、日常生活類書的廣泛傳播，滲透入百姓的日常生活，從而獲得了更長久的生命力。

關鍵詞：敦煌吐魯番　剃頭　洗頭　占卜　擇吉

頭髮在世界很多文化中都被視爲人體或精神的象徵物，人們普遍相信，對頭髮施加巫術，會對人產生重要影響[①]。因此，圍繞"頭髮"，人們創造出了不少占卜之術。其中，剃頭、洗頭因與頭髮直接相關，所承載的禁忌自然不少。在漢文典籍中，有關剃頭、洗頭的占卜術幾乎都屬于擇吉法，散見于各種具注曆日中，它們作爲一種獨立占術則極爲少見。敦煌吐魯番漢文文獻中存有兩件剃頭、洗頭擇吉日法，可讓我們管中窺豹，略見一斑。

一、德藏 Ch. 3821V 號文書録文及内容

德國國家圖書館藏吐魯番出土 Ch. 3821 號文書爲 1904—1905 年德國第二次吐魯番探險隊所獲，原編號爲 T II 1497，具體出土地點不明。據榮新江先生的介紹，文書尺寸爲 13.3×45 厘米，與德藏其他殘片一樣，用兩塊厚玻璃板夾住，四周用膠條固定。正面爲《佛説灌頂七萬二千神王護比丘咒經》卷十二，年代約在 7 世紀中期到 8 世紀末；背面左側沿字被剪斷，切口較齊，餘文不存，可知抄寫時間晚于正面佛經[②]。

此件最早由榮新江先生于 1998 年著録并據首題擬名爲《剃頭良宿吉日法》[③]。2001年，西脇常記先生對其進行了録文并擬名爲《剃頭良宿吉日法·洗頭擇吉日法》，2002年他又重新校訂了録文[④]。以下對照 IDP 彩色照片并參照西脇常記先生的釋文迻録如下：

1. 剃頭良宿吉日法
2. 女宿剃頭，無病，大吉。
3. 虚宿日剃頭，無瘡，大吉。

4. 婁宿日剃頭，聰明，長命，吉。

5. 觜宿日剃頭，潤澤，易長，大吉。

6. 角宿日剃頭，宜道行，吉。

7. 鬼宿日剃頭，聰明強記。

8. 室宿日剃頭[1]，安樂，無病，吉。

9. □□日剃頭，相富貴，得寶，吉。

10. □□日剃頭，身安自在，吉。

11.　　]□八日六日

12.　　]□□□□日

13.

14.　　　　]法

15.　　　]洗頭，令人長命。

16.　　　]至老不入獄。

17.　　]洗頭，令人至老不被事[2]。

18.　　]日、十二日洗頭，令人高遷，大吉。

19.　　]□日、廿六日洗頭，令人眼明。

20. □月二日[3]、十二日洗頭，令人長命、富貴。

21.　　　　　]洗頭[4]，令人不橫死[5]。

（後缺）

校記：

[1] "室"，據殘筆劃補；"宿日"，據此件文例補。

[2] "被"，西脇常記釋作"秘"，誤。

[3] "月"，據殘筆劃及文義補。

[4] "洗頭"，據殘筆劃及文義補。

[5] "令人不橫死"，據殘筆劃及文義補。

圖 1　Ch. 3821R（圖片來源：IDP）

230

圖 2　Ch. 3821V（圖片來源：IDP）

此件文書中部以後上缺嚴重，記載了兩種占法。第 1 行原題"剃頭良宿吉日法"，2—10 行挑出二十八宿中屬于吉日的星宿卜辭，11—13 行羅列日子，參照敦煌時日宜忌類占書和曆書中有關剃頭、洗頭吉日的記錄，這三行應是集中羅列一年中適宜剃頭的日子。第 14 行僅存"法"字，15 行以後的內容均爲與"洗頭"相關的占辭，可知這與前面的剃頭法不同，這部分內容與俄藏敦煌文獻"推皇太子洗頭擇吉日法"類似（見下文），西脇常記和榮新江先生據此擬名"洗頭擇吉日法"。比照第一種占法的原題，此處可能擬名爲"洗頭吉日法"更爲合適。

二、俄藏 Дx. 1064、1699、1700、1701、1702、1703、1704 號文書錄文及內容

俄藏 Дx. 1064、1699、1700、1701、1702、1703、1704 號文書爲册頁裝，8 紙，正、背面接抄，2—4 紙有原題爲"推皇太子洗頭擇吉日法"的占法，此占法前有雜寫、會興題禮佛文、故圓鑒大師二十四孝押座文，後爲講經文，均係同一人所抄[5]。其中"推皇太子洗頭擇吉日法"部分，西脇常記先生最早錄文，王愛和、陳于柱、關長龍三位先生也有釋錄。以下對照俄藏圖版并參照西脇常記、關長龍二位先生的釋文迻錄如下：

1. 推皇太子洗頭擇吉日法：
2. 凡每 月三□ 、 八 日洗頭，[
3. 十日 [ ] □□ [
4. 廿日 [　　　　　] 日得 [
5. 已上日，吉。 餘 別日及陰□ 洗 頭[1]，凶，[
6. 之。又法：子日洗頭，令人有好事及得
7. 財，吉。丑日洗頭，令人富貴，宜六畜。
8. 寅日洗頭，令人死不上堂，凶。卯日洗
9. 頭，令人髮白更黑，大吉。辰日洗頭，令人
10. 起事，數數被褥。已日洗頭，令人宜遠行，

11. 無憂。午日洗頭，令人破傷、生瘡，凶。

12. 未日洗頭，令人髮美，長好，吉。申日洗頭，令

13. 人見鬼，凶。酉日洗頭，令人得酒食。戌日

14. 洗頭，令人□□[2]。亥日洗頭，[

15. 貴［　　　］□□［

16. 日□[3]［　　　　］□日□[4]［

17. 六月七日，七月七日，八月一日［

18. 九日、廿日，十月十一日，十一月十四日、廿日，十二月□□

19. 并大吉利，餘日即凶惡。又法：

20. 正月五日洗頭，至老不入獄，不被官嗔。二月

21. 八日洗頭，至老不入獄。三月廿六日、廿一日洗

22. 頭[5]，令人高遷。四月十二日洗頭，令人長［

23. 廿日洗頭，令人眼明。六月八日洗頭，令人富

24. 貴、長命。七月七日、廿一日洗頭，令人不死□。

25. 八月廿一日洗頭，令人大吉，貴。九月九日、十九日

26. 洗頭，人顏色好[6]。十月四日、十一日洗頭，令人□[7]

27. 貴。十一月□日［　　　］洗頭[8]［　　　］十［

28. 洗頭［　　　］富貴［

校記：

[1] “餘”，據殘筆劃及文義補。

[2] “□□”，《敦煌本數術文獻輯校》釋作“死傷”。

[3] “□”，《敦煌本數術文獻輯校》釋作“七”。

[4] 第一個“□”，西脇常記釋作“八”。

[5] “至老不入獄。三月廿六日、廿一日洗頭”，《敦煌本數術文獻輯校》漏釋。

[6] “人”，《敦煌本數術文獻輯校》漏釋。

[7] “□”，《敦煌本數術文獻輯校》釋作“大”。

[8] 此句《敦煌本數術文獻輯校》徑釋作“十二□一日洗頭”，并認爲“□”依例可補作“月”字。按此處順接上文“十月”，當是“十一月”，“日”與“洗頭”間尚有空間，據文例應是“某日”。

文書原題“推皇太子洗頭擇吉日法”，下列三種占法。第一種是2—6行，總述每月洗頭吉日。第6行“又法”下至19行爲第二種：6—15行是十二支日洗頭吉凶法，有占辭；16—19行同樣是總述每月洗頭吉日。19行“又法”以下爲第三種，係十二月中洗頭吉日法，有占辭。從內容來看，2—6行與16—19行的性質相同，但吉日似有差

別，説明前後是將幾種洗頭吉日法彙編在一起的。

此件文書的年代，孟列夫定在9—11世紀[6]，鄭炳林、陳于柱據册子裝形制推測屬歸義軍時期[7]。前已述及，此件中有"故圓鑒大師二十四孝押座文"，據《敦煌變文集》考證，圓鑒大師即雲辯，卒于後周廣順元年（951）[8]，所以这份占法的抄録時間最早也在五代時期。

三、漢文剃頭、洗頭擇吉日法與具注曆日的關係

以上簡單介紹了敦煌吐魯番漢文文獻中的兩件剃頭、洗頭擇吉日法占書的内容。如本文開頭所說，此類占法更多地散見于各種具注曆日中，那麼它與後者是什麼樣的關係呢？筆者以爲，存在兩種可能性：一種可能是，本來就存在這樣一類專門的占法，後來散到曆日中去了；另一種可能是，後人從曆日中把相同的事項摘出來形成了專門的占法。就筆者的觀察，前者的可能性更大。理由如下：

第一，這是具注曆日本身的體例和特點決定的。敦煌吐魯番所出具注曆日中，首次出現"沐浴"事項是 P. 2797V《大和三年己酉歲（829）具注曆日》，明確出現"剃頭"事項則要到 P. 4996＋P. 3476《嘉福二年癸丑歲（893）具注曆日》，此後沐浴、剃頭、洗頭才成爲具注曆日的常見事項。如 S. 276《長興四年癸巳歲（933）具注曆日》四月七日癸丑，下有"洗頭吉"；四月十日丙辰，下有"剃頭吉"。S. 95《顯德三年丙辰歲（956）具注曆日》正月一日甲午，下有"剃頭吉"，正月四日丁酉，下有"洗頭吉"。類似例子不少，不再一一贅列。筆者將敦煌吐魯番所出具注曆日中提及剃頭、洗頭的日期全部摘出，可以發現，在對吉日的判定上，不但具注曆日與上文討論的兩件獨立剃頭、洗頭擇吉日法無法吻合，即便是不同時期的具注曆日間，也沒有完全相同的吉日，其原因在于曆日本身每年都在變動之中。這就説明從曆日中摘出這些變動的吉日并將之納入一個專門的占法之内，其實是不現實的。另外，我們知道，具注曆日祇需要告訴民衆某事項在某日的吉凶，無需附帶占辭，極爲單一，如果是從曆日中摘出，那還需要專門再創造出一套甚至更多套的占辭，這顯然是更爲費勁的作法。

第二，具注曆日在對剃頭、洗頭吉日的選擇上存在不止一套判斷體系。這在 S. 612《大宋太平興國三年戊寅歲（978）應天具注曆日》中看得最清楚。此件卷首序言部分專列"洗頭日"：

> 每月一日、三日、五日、七日、九日、十一日、十三日、十五日、十七日、十九日、廿一日、廿三日、廿五日、廿七日、廿九日，已上日用之，吉。亦宜使子、丑、申、酉、戌、亥，大吉。[9]

其中包含了兩種占卜原則。一種是每月的奇數日，另一種是十二支中的子、丑、申、酉、戌、亥日。前者等于説隔日就是吉日，這在現實中是不可能的，目前所見具注曆日也無法對應。我們還可以對照《推皇太子洗頭擇吉日法》的第一種：

> 凡每月三□、八日洗頭，[   ]十日[ ]□□[   ]廿日[   ]日

得 [   ] 已上日，吉。

句式基本一致，但在吉日選擇上奇、偶數日都有。後者的占卜原則更爲通行。唐玄宗天寶年間成書的《外臺秘要》引《崔氏書》云："初剃兒頭良日，寅、丑日吉，丁、未日凶。"⑩ P. 2661V《諸雜略得要抄子》記："凡洗頭、沐浴，子、丑、未、酉、亥吉。"⑪ 顯見在與頭髮相關的地支日禁忌中，有些基本原則是一致的。

S. 612 序言部分"洗頭日"呈現出了兩種占卜原則，説明是將不同判斷體系彙集在一起，亦可證具注曆日中有關剃頭、洗頭的事項是源自專門的占法。

第三，其他民族語言占書可提供間接證據。有關頭髮的禁忌雖然是世界通行的一種文化，但中國中古時期的占卜書有其自身的結構和特點。德藏吐魯番回鶻文獻 T Ⅱ Y .29 中載有"十二支剃頭吉凶法（擬）"，按照十二地支的順序，逐一羅列該日剃頭所對應的吉凶事項，如短命、白髮、生病、六畜死等⑫。敦煌文獻 P. 3288 背面抄有藏文"沐浴洗頭擇吉日法（擬）"，據陳于柱、張福慧的譯文，這種占法詳列十二月中每月洗頭、沐浴的吉凶日，有卜辭⑬。以後者爲例，比較如下表：

時間	Ch. 3821V	Дх. 1701 + 1702 + 1703	P. 3288V
正月	] □頭，令人長命。	正月五日洗頭，至老不入獄，不被官嗔。	
二月	] 至老不入獄。	二月八日洗頭，至老不入獄。	二月…日……洗頭……致使頭髮脱落。
三月	] 洗頭，令人至老不被事。	三月廿六日、廿一日洗頭，令人高遷。	
四月	] 日、十二日洗頭，令人高遷，大吉。	四月十二日洗頭，令人長 [	
五月	] □日、廿六日洗頭，令人眼明。	廿日洗頭，令人眼明。	
六月	] 月二日、十二日洗頭，令人長命、富貴。	六月八日洗頭，令人富貴、長命。	六月六日和……日洗頭，長壽。
七月	] 洗頭，令人不橫死。	七月七日、廿一日洗頭，令人不死□。	
八月		八月廿一日洗頭，令人大吉，貴。	八月二十…日……洗頭可長壽并富裕。

Ch. 3821V 和 Дх. 1701 + 1702 + 1703 的句式、構造基本一致，占辭指涉的事項也相差不大，二者應同源，但在具體日期上則不能對應，可能是在實際行用過程中根據具體情況作了調整的結果。P. 3288V 藏文本所存信息太少，雖然是譯文，但句式和漢文本差不多，有些事項也相似，推測是據某種漢文本翻譯過去的，這也間接説明當時獨

立編纂的剃頭、洗頭擇吉日法的數量和種類不在少數。

四、結論

　　吐魯番所出 Ch. 3821V《剃頭良宿吉日法‧洗頭吉日法》和敦煌藏經洞發現的《推皇太子洗頭擇吉日法》，是中國中古漢文文獻中僅有的兩件以剃頭、洗頭作爲獨立占法的占卜書。此類占法的文字，逐漸被吸收進具注曆日中，其作爲獨立占書則不復存在。從現實情況看，傳統社會中有很多占法最後都不再作爲單獨的類項存在，而是散于曆書、日常生活類書等當中，這在宋以後更爲明顯。其原因，一是就內容而言，這類占法是最"生活"的，二是占法原理容易掌握，基本是一一對應關係，一查就知道。這兩點契合了普羅大眾的"實用"心理，雖然這種方式使得占法的獨立性消失，但藉由曆書、日常生活類書的廣泛傳播，這類占法滲透入百姓的日常生活，從而獲得了更長久的生命力。

注釋：

① 參見江紹原：《髮須爪：關于它們的迷信》，中華書局，2007 年；[美]孔飛力著，陳兼、劉昶譯：《叫魂：1768 年中國妖術大恐慌》，上海三聯書店，1999 年，139—142 頁。

② 榮新江主編：《吐魯番文書總目（歐美收藏卷）》，武漢大學出版社，2007 年，310 頁；榮新江：《再談德藏吐魯番出土漢文典籍與文書》，饒宗頤主編《華學》第 9、10 輯，上海古籍出版社，2008 年，869 頁。

③ 榮新江：《德國"吐魯番收集品"中的漢文典籍與文書》，饒宗頤主編《華學》第 3 輯，紫禁城出版社，1998 年，320 頁。

④ Tsuneki Nishiwaki, *Chinesische Texte vermischten Inhalts aus der Berliner Turfansammlung（Chinesische und manjurische Handschriften und seltene Drucke. Teil 3）*, Stuttgart：Franz Steiner Verlag, 2001, p. 92. [日]西脇常記：《ドイツ將來のトルファン漢語文書》，京都大學學術出版會，2002 年，166—168 頁，圖 47。

⑤ 圖版見《俄藏敦煌文獻》7，上海古籍出版社，1996 年，293—295 頁。相關介紹與錄文參黃正建：《敦煌占卜文書与唐五代占卜研究》，学苑出版社，2001 年，104 頁；《敦煌占卜文書与唐五代占卜研究》（增訂版），中國社會科學出版社，2014 年，91 頁；[日]西脇常記：《ドイツ將來のトルファン漢語文書》，168—171 頁；王愛和：《敦煌占卜文書研究》，蘭州大學博士論文，2003 年，333 頁；王晶波：《敦煌占卜文獻與社會生活》，甘肅教育出版社，2011 年，405—406 頁；鄭炳林、陳于柱：《敦煌占卜文獻叙錄》，蘭州大學出版社，2014 年，293—294 頁；關長龍：《敦煌本數術文獻輯校》，中華書局，2019 年，1265—1268 頁。

⑥ [俄]孟列夫主編，袁席箴、陳華平譯：《俄藏敦煌漢文寫卷叙錄》，上海古籍出版社，1999 年，583 頁。

⑦ 鄭炳林、陳于柱：《敦煌占卜文獻叙錄》，294 頁。

⑧ 參見王重民等編：《敦煌變文集》下冊，人民文學出版社，1957 年，838—839 頁。

⑨ 郝春文、金瀅坤編著：《英藏敦煌社會歷史文獻釋錄》第 3 卷，社會科學文獻出版社，2003 年，288 頁。

⑩（唐）王燾撰，高文鑄校注：《外臺秘要方》，華夏出版社，1993 年，706 頁。

⑪ 關長龍：《敦煌本數術文獻輯校》，1274 頁。

⑫［日］西脇常記：《ドイツ將來のトルファン漢語文書》，173—174 頁。

⑬ 陳于柱、張福慧：《敦煌古藏文寫本 P. 3288 V（1）〈沐浴洗頭擇吉日法〉題解與釋録——P. 3288 V 研究之一》，《敦煌學輯刊》2019 年第 2 期，94—99 頁。

（作者單位：首都師範大學歷史學院）

國家圖書館藏敦煌遺書古代修復簡述

林世田

内容提要： 敦煌藏經洞文獻文物與道真收羅古壞經卷和修補佛典的活動有密切關聯，修補古壞經文應是三界寺藏經的重要來源。古人將愛護圖書與修復圖書視爲士大夫必備的美德之一，佛教界也認爲修復殘破佛經有非常大的功德，敦煌遺書題記中留下了古代修復的點滴記載。國圖所藏敦煌遺書中，保存了豐富的修復實例，展現了古代修復技法與修復後書籍的面貌。敦煌遺書古代修復以吐蕃統治時期和歸義軍時期爲主，裝幀技術與修復技藝水平還比較低下，强調牢固耐用的實用性，尚未注意美觀；相比前代亦有所創新和發展，如粘合劑、粘合方法有所改進，補紙紙紋與卷子捲收方向一致，出現了具有橫向懸挂功能的裝幀形式。

關鍵詞： 國家圖書館　敦煌遺書　古籍修復

一、引言

書籍修復是一項藝術性非常高的手工操作技術，在我國有着悠久的歷史，歷代均有創新和發展。書籍在長期流傳的過程中，因爲自然的或人爲的因素，逐漸破損，或殘缺不全，甚至支離破碎，無法卒讀，必須經過修復，纔能繼續閱讀使用。殘破的書籍經過精心修復，不但能恢復其特有的風貌，更能延長其壽命。歷史上衆多修復者在長期的修復實踐中，積纍了豐富的經驗。然而，由于修復者大多文化水平較低，鮮有關于書籍修復的文字記載與撰著傳世。歷代文獻所載的隻言片語多出于文人之手，論述既不系統，也不具體，因而爲研究古代修復帶來了困難。

1900 年，敦煌藏經洞的發現爲解決這一問題帶來了曙光。敦煌遺書不但數量龐大，有五六萬號之多，而且時間跨度長，從 4 世紀一直延續到 11 世紀，長達 7 個世紀之久。據我們對國家圖書館所藏敦煌遺書的初步調查，大約四分之一的寫卷在古代進行了不同程度的修復。千年以前的修復實踐重現世間，爲研究古代修復提供了鮮活的資料。

二、藏經洞文獻文物的來源與性質

敦煌藏經洞所藏六萬多號文獻，極大地豐富了人們對 4 至 11 世紀歷史的認識，對世界學術史的意義怎樣估計都不過分。爲了更準確、更充分地使用敦煌藏經洞的文獻，百餘年來，國內外衆多專家學者對藏經洞文獻的來源與性質進行了不懈的探索。儘管在認識上還有一定分歧，但總的來説是逐漸趨于一致。藏經洞文獻文物的來源與性質越來越清晰地展現在人們面前，這非常有助于人們從新的角度研究藏經洞的文獻。

1907 年，斯坦因雖然没有進入藏經洞挑選敦煌遺書。但在《西域考古圖記》中，他以一個考古學家的素養，對藏經洞狀態第一次作了詳盡的描述。他把所有藏品分爲兩種類型：一類是“正規的圖書館包裹”，一類是“雜包裹”，并爲我們留下了一幅珍貴的照片——剛剛移出藏經洞的漢文寫卷。他留下的客觀描述和照片，成爲後來學者研究藏經洞文獻來源和性質所不可或缺的材料。

敦煌研究院施萍婷先生在 1990 年撰文指出，敦研 0345《三界寺應有藏内經論目錄》、國圖 BD14129《三界寺見一切入藏目錄》及 S.3624《三界寺見一切入藏目錄》分别是道真和尚于後唐長興五年（934）在三界寺修復藏經時整理的需修復藏經目錄、修復後的藏經目錄草稿、修復後的藏經目錄定稿。施先生進而認爲，藏經洞所藏佛經與當年道真補經活動有直接關係[①]。她的真知灼見非常具有啓發意義。

北京大學榮新江教授對藏經洞的性質也進行了深入的研究[②]。通過研究斯坦因首次考察的相關記録和照片，他認爲藏經洞漢藏文佛典是分帙整齊地存放的，其他文字材料和繪畫也都分類包在一起[③]。并根據道真以沙州釋門僧政的身份簽發的《辛亥年（951）臘八燃燈分配窟龕名數》、俄藏 Dx.1400 + Dx.2148 + Dx.6069《于闐天壽二年（964）九月弱婢祐定等牒》記宕泉造窟和三界寺供養事，以及 P.2130 題記“三界寺道真，經不出寺門，就此靈窟記”等材料，推測道真所在的三界寺應該位于莫高窟前面，很可能就是今敦煌莫高窟第 16 窟前，即敦煌莫高窟下寺。榮先生在施文基礎上，結合自己多年來對海内外藏經洞文獻文物所進行的詳盡考察，進一步推斷：藏經洞原本是歸義軍初期的河西都僧統洪辯的禪窟，他去世後成爲紀念影堂。在 10 世紀中葉，藏經洞失去原有的功能，漸漸成爲道真收羅古壞經卷、修補佛典的儲藏所，并放置佛典殘卷和一些供養具。其中既有完整的佛經，也有絹畫、法器乃至殘經[④]。榮先生從現存敦煌絹畫、佛經的古人修復情形，推斷藏經洞所存已經“不堪受用”的佛像畫幡、古壞殘經，它們等待的是修復而不是廢弃[⑤]。斯坦因“雜包裹”中的殘經廢紙、木軸引首、經帙殘片及絲帶等，均是作爲修補佛經、經帙、絹畫的材料而保存在藏經洞[⑥]。從已發現的道真相關文獻來看，道真的修經事業開始時間應不遲于後唐長興五年，而敦煌文獻中提到道真的文獻，最晚的紀年是宋雍熙四年（987），故而推測道真的修補工作至少應當延續到 10 世紀 80 年代，而且在擔任釋門僧政後，他很可能安排一些弟子參加并繼續他的佛經修補工作。

蘭州大學敦煌學研究所鄭炳林教授在榮先生的基礎上進一步指出：藏經洞出土的藏經就是三界寺的藏經，藏經洞是三界寺的圖書館。他認爲，公元 900 年前後，甘州回鶻攻打敦煌，三界寺及其藏經被焚，905 年張善才主持重建了三界寺。五代時期，道真在擔任三界寺觀音院主、法律、僧政及僧録期間，廣泛收集各寺古壞經卷，加以修補拼綴，重建了三界寺藏經。修補古壞經卷是三界寺藏經的重要來源之一[⑦]。

根據三位先生細緻入微的研究，我們也認爲：藏經洞文獻文物與道真收羅古壞經卷和修補佛典的活動有密切的關聯，修補古壞經卷應是三界寺藏經的重要來源。從這個角度來看，敦煌藏經洞的文獻文物是研究古代修復的最好資料。

三、傳世文獻與敦煌遺書題記所見敦煌地區古代修復

古人將愛護圖書與修復圖書視爲士大夫必備的美德之一。北齊顏之推的《顏氏家訓》中提到，"借人典籍，皆須愛護，先有缺壞，就爲補治"。敦煌地處絲綢之路的要衝，自漢武帝建立河西四郡起，敦煌便深受中原文化的浸潤，文化發達，人們對典籍的愛護一如中原。《魏書·劉昞傳》即記載了李暠與劉昞之間一段典籍修復的史料。李暠（351—417），隴西成紀人，十六國時期西涼國的建立者。北涼神璽元年（397），段業自稱涼州牧，以李暠爲效穀縣令，後又升敦煌太守。北涼天璽二年（400），李暠自稱大將軍、護羌校尉、秦涼二州牧、涼公，建立西涼，以敦煌爲都城。五年之後，遣使奉表于晋，并遷都酒泉。李暠"好尚文典"，立國後注重文教，境內文風頗盛。劉昞是敦煌人，幼承家學，十四歲時從博士郭瑀學。後隱居酒泉，開館授徒，受業者500餘人。"李暠私署，徵爲儒林祭酒、從事中郎。暠好尚文典，書史穿落者親自補治。昞時侍側，前請代暠。暠曰：'躬自執者，欲人重此典籍。'"⑧可見李暠儘管貴爲一國之君，仍躬自補書："書史穿落者親自補治。"劉昞爲一代名儒，亦善修書，否則不會見李暠修書而主動相助。由此可見河西地區士大夫不但讀書著書，而且親自修書，其修書歷史可謂源遠流長。

敦煌古代多種宗教并存，有佛教、道教、摩尼教、景教、祆教，而以佛教最爲發達。印度、西域的佛教經過敦煌傳入中原內地，而中原內地的佛教又通過敦煌傳入西域。正由于這個原因，敦煌佛教的香火極爲昌盛，由官府、寺院及民間私社組織的法事活動非常頻繁。法事活動衆多，佛經使用頻率高，損壞的自然也就多，有損壞就要修復，以恢復其功用。而且佛教界認爲修復殘破佛經有非常大的功德，如三階教僧人師利所撰僞經《示所犯者瑜伽法鏡經》（S. 2423），特別強調修復殘破佛經的功德，"復次，善男子，未來世時，復有諸衆生等見他舊時破塔、破寺、破經、破像，零落毀壞，無心修理，有人勸修而作是言：非我眷屬所造，何用修爲？我寧更自造立新者，何假修故？善男子，汝應知之，修理故者得元造新根本功德，更得勝福。由此，造立新者不如修故之福無量無邊"。此即所謂"造新不如修故"。

古代修復亦在敦煌遺書題記中留下了點滴的記載：S. 2231《大般涅槃經》卷卅九卷尾題記："令狐光和得故破《涅槃》，修持竿得一部，讀誦爲一切衆生。耳聞聲者，永不落三途八難，願見阿彌陀佛。貞觀元年（627）二月八日修成訖。"從題記上看，令狐光和得到《涅槃經》殘卷，貞觀元年二月八日配補成一部。從 S. 2231 寫卷字體上看，本卷《大般涅槃經》爲南北朝寫本，到唐代已經成爲"故破"經，正在情理之中，可與題記相印證。

P. 2163《諸經要集》卷首紙係後來配補，題云："此集共釋道纂撰《諸經要集》

較（校）勘，大意相類，廣略不同。據其集題欠頭十一卷，請後樂道緇俗、高尚哲人，願尋大藏經文，發心接續者矣。"可見修復者看到卷首殘缺的殘卷，根據文本結構內容，認爲應該是唐西明寺釋道世所集的《諸經要集》，即用《諸經要集》與之校勘，一是發現兩者"大意相類，廣略不同"，二是發現殘缺前面的十一卷，因而據其考證在卷首補紙上補寫經題"諸經要集"。《諸經要集》爲唐西明寺釋道世所集，爲避唐太宗諱，"道世"省"世"字，國家圖書館藏《諸經要集》（BD14568）卷首題名亦省"世"字。顯然本經在長期流傳之後，殘缺不全，修復者在得到此殘經後，先配補引首，加裝天竿，補上經名，但是沒有補抄缺卷，而是在卷首寫下題識，請他人注意收集欠缺的十一卷。因其先入爲主地認爲本卷是《諸經要集》，故對卷尾題寫經名"金藏論"視而不見，造成寫卷前題"諸經要集"，卷尾題"金藏論"，給今天的研究者造成困擾。

S. 4000《佛説智慧海藏經》卷下題記云："大唐寶應元年（762）六月廿九日，中京延興寺沙門常會，因受請往此敦煌城西塞亭供養，忽遇此經，無頭，名目不全，遂將至宋渠東支白佛圖，別得上卷，合成一部。恐後人不曉，故于尾末書記，示不思議之事合。會願以此功德，普及于一切，我等與衆生，皆共佛道。"可見唐代敦煌地區缺頭斷尾、卷帙不全的佛經非常多，并有常會這樣的有心人將殘經配補齊全。從題記看，在古代，虔誠的佛教信徒認爲，配補佛經與寫經、誦經具有同樣功德，皆可成佛。正是在這種功德思想的背景下，敦煌藏經洞留下了大量配補的佛經。

S. 6191 爲《大般若經補闕備用卷紙簽》，上書："雜大般若經（或有施主及官家闕袟號處，取添帙內，計十卷）。"可見古代寺院有專門存放殘經的地方，供施主及官家配補。

歸義軍時期寫本 BD02549《妙法蓮華經》卷七背面有修經題記："忍辱修真寶，嗔他逆福田。高心不（補）者（這）經，是他曹家經。"字迹稚拙，似出自學童之手。這個寫卷首尾均殘，背有古代裱補，補紙隨手撕就，極不規範，反映學童修復水平非常之低。

BD05788《佛説佛名經》第十三卷尾題記："沙門道真修此經，年十九，浴（俗）性（姓）張氏。"背面倒書："佛名經卷第十六　界比丘　道真受持　張。"

BD14129《三界寺見一切入藏目錄》卷中發願文云："長興五年歲次甲午六月十五日，弟子三界寺比丘道真，乃見當寺藏內經論部袟不全，遂乃啓顙虔誠，誓發弘願。謹于諸家函藏，尋訪古壞經文，收入寺中，修補頭尾，流傳于世，光飾玄門，萬代千秋，永充供養。"

S. 5663《中論》卷二題記中寫道："乙未年（清泰二年，935）正月十五日三界寺修《大般若經》兼內道場課念沙門道真，兼修諸經十一部，兼寫《報恩經》一部，兼寫《大佛名經》一部，道真發心造《大般若》帙六十個，并是錦緋綿綾俱全。造銀番（幡）伍拾口，并施入三界寺。銅令（鈴）、香盧（爐）壹，香兼（棷）壹，施入三界寺。道真造劉薩訶和尚，施入番（幡）二七口，銅令（鈴）、香盧（爐）壹，香兼（棷）、花氈壹，已上施入和尚，永充供養。道真修《大般若》壹部，修諸經十三部，番二七口，銅令（鈴）、香盧（爐）壹，香兼（槤）壹，經案壹，經藏一口，經布一條，花氈壹，以上施入經藏供養。"

S. 6225 正面爲佛經目録："集《大般若經》一部，六百卷，具全。又集《大般若經》一部，未全。《大般涅槃經》三部。《大悲經》三卷，具全。經録一本。"背面有"三界寺比丘道真諸方求覓諸經，隨得雜經録記"題記，説明這也是道真尋訪、配補的佛經目録。

上述 4 則題記反映了道真的身份和事業。他在三界寺的主要職責是管理經藏、修復藏經，而且主要是《大般若經》。他第二個身份是内道場的課念沙門。第三個身份是寫經生，抄寫了《報恩經》《大佛名經》等。從有道真題名的題記字迹看，他的字筆力遒勁，可謂入木三分，有明顯的向隸書回歸的味道。據方廣錩教授揭示，唐末中國書法有向隸書回歸的傾向。敦煌也不例外，道真就是這種字體的代表。

因爲修補佛經需要大量紙張，而當時紙張非常珍貴，于是道真便四處募集廢紙。募得許多過期的地契、合同、公文、告示、檔案，以及缺頭斷尾的佛經用來裱補或配補殘破的經卷。這些題記爲道真修復藏經活動留下了真實的記録。

據方廣錩教授統計，藏經洞大約有 58000 號漢文文獻，其中《大般若經》就有 5400 號，占總數的 9.3%。我們翻檢敦煌遺書圖録，其中有很多是殘篇斷簡的兑廢經，而且還留有古代的勘記。如：BD02716《大般若波羅蜜多經》卷十二，爲唐寫本，2 紙，首脱尾全，背有古代裱補，裱補紙有勘記"欠頭"；BD03291《大般若波羅蜜多經》卷五百六十九，爲吐蕃統治時期寫本，有勘記"欠尾"；BD05054＋BD05574《大般若波羅密多經》卷一百一十八，爲吐蕃統治時期寫本，首殘尾斷，4 紙，首紙背有勘記"無頭未（尾）"。這些勘記説明，當時這些經已經首殘、尾殘或首尾均殘。

又如：BD03516《大般若波羅蜜多經》卷三百三十，爲吐蕃統治時期寫本，首殘尾全，17 紙，首紙背有勘記"三百卅、三十三袟、十"。"三百卅"乃本經卷次，"三十三袟"乃本卷所屬袟次，"十"乃本卷在袟内的卷次。這條勘記説明，這些經卷在點勘時都已經殘破，但是還可以通過配補等方式進行修復，因而寫下如此詳細的勘記。若爲廢弃物，則不必花費如此大的精力而多此一舉。此類勘記在《大般若經》殘卷中俯拾皆是，不勝枚舉。結合道真修復《大般若經》的記録，它們很有可能是道真收集來的，屬"又集《大般若經》一部，未全"中的經卷。BD04197《大般若波羅密多經》卷五百四，首紙背面有勘記"五百四，不中用"，更多則是在殘卷上標注"兑"字，兩種勘記的最大區別是，後一種殘卷已經失去文獻利用價值，因而祇能作爲修復材料，如裱補紙、裱糊經袟等。

可以説，歷史上敦煌佛經的修復是一直持續不斷的。總結敦煌佛經古代修復保護的歷史經驗，可以爲我們今天的古籍保護提供參考和啓示。

四、國家圖書館藏敦煌遺書古代修復典型案例

任繼愈先生主編的《國家圖書館藏敦煌遺書》的條記目録爲我們提供了圖録所不

能反映的大量古代修復信息，爲我們的調查帶來了極大的方便。我們根據條記目錄記載的古代修復信息，細審圖録，并有選擇地查閱原卷，梳理出一些古代修復案例。

1. 套邊：BD09092（陶 13）

本件首次刊布在江蘇古籍出版社 1999 年出版的《國家圖書館藏敦煌遺書》第 5 册中，圖録編者分爲兩個子目，BD09092.1 擬題爲“觀無量壽佛經十六觀”，BD09092.2擬題爲“無量壽佛觀相”。經王惠民先生考證，實爲《觀無量壽經變榜題底稿》^⑨。圖録編者在條記目錄中著録云：“卷軸裝。首尾全，尾有芨芨草尾軸。原紙天地被剪，古代并曾溜邊，或曾被用作帙皮。本件總長 48.5 厘米，寬 29 厘米，1 紙，正面 17 行，行 20 餘字；背面 1 行，行 14 字。”

我們細審原卷，紙質粗厚堅韌，應爲歸義軍時期敦煌當地生產的紙張。天頭地腳經過裁切，致使上下殘缺一二字。天頭地腳套邊，套邊 0.6 厘米，折向正面的套邊遮住文字。國家圖書館在近年的修復中，揭開正面的套邊，露出被遮住的文字。卷尾有芨芨草天杆。我們推測畫家據此完成壁畫創作之後，此卷便失去文獻價值，即成爲修復材料。

此卷作爲修復材料之後，正如圖録編者所言是用來做帙皮的。歸義軍時期當地所產紙張尺幅較寬，多爲 31 厘米左右。此卷天地被剪去二三字之後仍存 29 厘米，其原高應在 31 厘米以上。用它修復年代較早的寫經，則需將天頭地腳裁去一部分。作爲經帙，經常開合，則需牢固，故在天頭地腳套邊。此爲敦煌遺書中所罕見者，亦應爲存世最早的套邊實例。

此卷卷尾有芨芨草天杆，從文獻角度看，有悖于書籍形制的慣例，殊爲不類；而從用作修復材料的角度來看，這一矛盾就渙然冰釋：修復者將原卷尾，作爲卷首，加做芨芨草天杆。

2. 以殘經配補成完整經卷

將同一部經的多件殘破寫本配補成一個完整的寫卷，延續殘破經卷的使用壽命，是修復經卷最爲常見的一種方式。敦煌遺書中存在着大批配補而成的佛經，略舉數件如下：

BD00070《金剛般若波羅蜜經》：唐寫本（7—8 世紀），首殘尾全，有烏絲欄。前 2 紙與後 11 紙紙質、字體不同，且前 2 紙没有朱筆斷句，後 11 紙有朱筆斷句，係配補而成。

BD00280《妙法蓮華經》卷五：歸義軍時期寫本，首尾均全，尾有原軸。首紙爲後代配補，字體與餘紙不同；首紙有烏絲欄，餘紙無烏絲欄。

BD03579《大般涅槃經》卷六：首尾均全，21 紙。前 14 紙爲唐寫本，後 7 紙爲南北朝寫本，配補成完整的經卷。

BD00367《妙法蓮華經》卷六（八卷本）：首殘尾全，有軸。第 9 紙以後各紙爲經黃紙，係唐寫本；前 8 紙爲歸義軍時期配補，紙質不同。

BD00409《金剛般若波羅蜜經》：首脱尾殘。本件由多種不同紙張拼接而成。據我們考察：1—4 紙有烏絲欄，據字體判斷，應爲唐寫本；5—7 紙與第 11 紙紙張、字體相同，爲吐蕃統治時期寫本；8—10 紙，據字體判斷也應該是唐寫本，但與 1—4 紙字體略有差異，且僅有上下界欄，兩者并非源于同一個抄本。第 7 紙尾 2 行抄于一個烏絲欄內，兩行各占半欄，明顯有事先規劃的迹象，可知 5—7 紙與第 11 紙乃爲後代配抄。第 7 紙末行"佛"等字筆劃擠占到第 8 紙，可以推知古人抄補時，事先統計好需要抄補的紙數、行數，粘接好寫卷，再行抄寫。本卷抄補者因爲計算錯誤，補紙缺少一行，抄到最後時發現錯誤，而不得不在最後一欄抄寫兩行。

BD00660《藥師琉璃光如來本願功德經》：首全尾殘，有護首，有竹製天竿。後 7 紙爲唐寫本，豎欄頂天立地，無上下邊欄。前 4 紙係歸義軍時期配補，紙質、字體與後 7 紙不同。

BD01921《觀世音經》：歸義軍時期寫本，首尾均全。尾紙係前代配補，字體幼稚，多通假，多删改。

有的寫卷在配補之後，綴接處往往有少許文字重複或缺漏。例如：

BD04033《大般若波羅蜜多經》卷二百二十二：歸義軍時期寫本，9 紙，首全尾殘。第 7、8、9 三紙與前面各紙紙質、字迹不同，爲後代配補。第 7 紙以後上下欄綫明顯低于前 6 紙約一字。第 6 紙末行爲"智清净，無二無二分，無別無斷故，虛空界清"，第 7 紙首行爲"清净故，四無所畏，四無礙解，大慈大悲，大喜大"，第 6 紙末字與第 7 紙首字均爲"清"字，衍一字，第 7 紙首字"清"右有删除符號，爲修復者的校勘標識。

BD04992《佛藏經》卷三（四卷本）：歸義軍時期寫本，23 紙，首殘尾全。第 22 紙的紙質、字迹與前後不同，係後代用另一寫本配補。22 紙首字"弗"與 21 紙末字"弗"重複，應將其中之一塗掉或刮掉，而這件并未處理，留下瑕疵。

BD05029《觀世音經》：唐寫本，6 紙，首殘尾全。從烏絲欄、字迹、紙質看，本件是由三種寫本配補而成。第 1 紙爲一件吐蕃統治時期寫本，第 2、3、4 紙爲歸義軍時期寫本，第 5、6 紙爲唐寫本。第 1 種寫本與第 2 種寫本拼合後，尚缺"千國土滿"四字，未補出。

3. 麻繩縫綴斷裂經卷

以麻繩縫綴經卷的斷裂處是一種非常特殊的修復方法，但在敦煌遺書中却不乏例證，亦可見當時敦煌物力維艱，修復材料之匱乏。如：

BD00062《四分律比丘戒本》：吐蕃統治時期寫本，首殘尾全，有烏絲欄，尾端橫向撕裂，斷裂處用麻繩縫綴。

BD04731A《妙法蓮華經》卷二：唐寫本，3 紙，經黃打紙，首尾均殘。背有古代裱補。第 1、2 紙接縫處開裂，以細麻繩綴連。

BD04731B《妙法蓮華經》卷二：唐寫本，2 紙，經黃打紙，首殘尾脱。尾紙末端脱斷處有細麻繩穿連。

BD05190《梵網經·盧舍那佛説菩薩心地戒品第十》卷下、《菩薩安居及解夏自恣法》：唐寫本，11 紙，首脱尾全。背面有古代裱補，卷尾用麻繩縫綴。

BD05370《妙法蓮華經》卷六：唐寫本。首脱尾殘。4 紙。第 1 紙破裂，用麻繩縫合。

麻繩縫綴是敦煌古代殘破經卷的修復方式之一，但要注意繫在卷尾的麻繩并不是用來縫綴的。如：BD03437《無量壽宗要經》爲吐蕃統治時期寫本，首脱尾全，尾紙有寺院題名"恩"，爲報恩寺寫經。卷尾中部繫有一段麻繩。BD05453《四分比丘尼戒本》，首尾均全，有護首，卷尾也繫有麻繩。這種繫在卷尾的麻繩，應該是用于展平寫卷的，其功用或許與 BD06375《佛説閻羅王授記勸修七齋功德經》卷尾紙背面中部所粘長紙條基本一致。經我們研究，BD06375 卷尾所粘寬 4.2 厘米、長 23 厘米的紙條，可能是粘裹方杆用的。由于《佛説閻羅王授記勸修七齋功德經》的功能是超度亡靈，使用率比較高，又加上卷子不太長，設置方杆，正是爲了與天杆一起懸挂或展平寫卷。這是我們迄今所看到的最早的具有横向懸挂功能的裝幀形式，是一個新的發現。我們將其視爲横披裝幀形式的早期形態。此前通行的觀點認爲，横披是由立軸轉變而來，現在看來，也不能排除由寫卷發展而來的可能性。

4. 卷背裱補

BD05146《大般若波羅密多經》卷五百五十七：吐蕃統治時期寫本，首殘尾全，16 紙。背有古代裱補，首紙背面裱補紙劃有烏絲欄，且剪成燕尾形狀，疑原爲某寫卷卷尾，修復時用作裱補紙。裱補紙上有勘記"五十六袟（本文獻所屬袟次），第七卷（袟内卷次）"，説明本卷是在裱補之後再進行校勘，故而勘記寫在裱補紙上。裱補紙上的烏絲欄與正面的烏絲欄對應得較爲整齊。

以經文殘片用作裱補紙的情況也很常見。例如：

BD00202《思益梵天所問經》卷四：吐蕃統治時期寫本，首殘尾全，有烏絲欄，背有古代裱補，現代修復時從背面揭下 5 塊裱補紙，爲《無量壽宗要經》，已經綴合爲一塊，今編爲 BD16455。

BD01185《天地八陽神咒經》：唐寫本，首尾均殘，背有古代 3 塊裱補紙，紙質、字體一致，爲同一抄本，可以綴合，内容爲歸義軍時期寫本社司轉帖。

敦煌遺書中還有多層裱補的寫卷。如：BD00111《天地八陽神咒經》，爲吐蕃統治時期寫本，首尾全，通卷碎損嚴重，古代曾多次裱補，因而有的地方層層相積。裱補紙紙質不一，顏色不同，剪裁整齊。從外觀看，以横條裱補爲主，間有竪條。裱補紙大小不一，大者長 25.5 厘米，高 12.7 厘米；小者長 13.2 厘米，高 2.5 厘米。條記目錄載：卷尾碎損嚴重，古代修復時僅露出卷尾，有題記，題記文字方向同正文，而"三界寺藏經"印章被遮覆；現代修復時"爲表現裱補紙上的題記及印章之全貌，特將該裱補紙揭下後，將題記及印章粘貼于卷尾背面"，因而造成形態上與原件略有差異。我們認真查看原卷，發現尾紙有燕尾，背面有題記及鈐印，題記與鈐印各爲一紙，且與正面文字方向相反。據《敦煌寶藏》及現代修復後的原件推測：原卷尾有三界寺印章，古代修復時在卷尾粘貼裱補紙，將三界寺印章遮蓋，且有燕尾。該卷所有者三界寺僧沙彌海子，讀經之後在裱補紙上留有題記"三界寺僧沙彌海子讀《八陽經》者"。從原卷尾上鈐有三界寺印來看，此卷原爲三界寺所有，後來可能因爲殘破而轉給本寺僧人沙彌海子，沙彌海子取得所有權後將原標志三界寺所有的三界寺印用裱補紙蓋住，并留下自己的讀經題記。殘破部分，有的在正面補出文字，字體稚拙，墨色較新；有的則未補字。第1紙與其他各紙字體不一，有烏絲欄，而其餘各紙則無烏絲欄，從字體上看似爲歸義軍時期配補。首紙末行部分字的偏旁寫在第2紙上，説明其修補程序是先接紙後補文字。

5. 裱補紙上補寫缺字

傳統修復爲恢復書籍的閲讀功能，常常劃欄補字；現代修復倡導整舊如舊，則不再劃欄補字。

BD00588《無量壽宗要經》：吐蕃統治時期寫本，首脱尾殘，第5紙正面有古代裱補，修補之後，在修補紙上描出被遮筆劃。

BD00832《妙法蓮華經》卷五：唐寫本，首尾均殘，卷面有殘洞，背有古代裱紙一塊，裱補紙正面補寫殘缺經文。

BD01349《大般若波羅蜜多經》卷二十二：唐寫本，首全尾殘，背有古代裱補，裱紙正面補寫缺文，裱紙背面抄《花嚴經指歸》（7—8世紀）。

BD02243《七階佛名經》：唐寫本，經黃打紙，首殘尾全，第1至3紙背有古代裱補，第1、2紙裱補紙正面補寫經文，字體端莊，與原卷經文差异甚少，可見補寫者文化素養較高。

BD05254《金光明最勝王經》卷二：吐蕃統治時期寫本，17紙，首殘尾全，卷中有一殘洞，有古代裱補，并補寫殘字。背有古代裱補，上寫藏文及經名、題名。

6. 加裝護首

敦煌遺書中，加裝護首是一種常見的修復方式。例如：

BD00191《佛名經》卷六（十六卷本）：唐寫本，首尾均全，有護首，係後代配補，有竹製天竿，中部繫灰白色縹帶。2、3、19、20紙背有古代裱補。

因爲配補護首常取用其他廢舊經卷的護首，所以常出現護首與經文本文不符的情况。張冠李戴，爲古代配補的明證。例如：

BD00707《金光明最勝王經》卷六：唐寫本，首全尾殘。護首有竹製天竿，有紺青紙經名簽，上用金粉書寫"大般若波羅蜜多經卷第五百八十三"；下墨書"五十九"，爲本卷所屬帙次。護首經名與本卷内容不符，可知爲古人使用廢弃的泥金寫本《大般若波羅蜜多經》卷第五百八十三的護首配補爲《金光明最勝王經》卷六的護首，原有縹帶，現已失。

BD00498《金剛般若波羅蜜經》：唐寫本，首全尾脱，麻紙。護首端有芨芨草天竿，繫有細麻繩。護首背寫有經名"妙法蓮華經卷二"，係古代修復時用《妙法蓮華經》卷二護首改作本經護首。

BD00992《一切佛心咒》《延壽命經》《彌勒下生成佛經》：第1紙爲《佛説延壽命經》，未抄完，後面倒書《一切佛心咒》。後人將此頁倒裱在唐寫本《彌勒下生成佛經》卷前，似作爲護首。後面接抄《隨求即得大自在陀羅尼神咒經》等咒語。

所配補護首的背面，除書寫經名及卷次、袠次外，也常書寫寺院名，標明所屬。例如：

BD02474《維摩詰所説經》卷下：吐蕃統治時期寫本，首尾均全。護首有蘆葦天杆，有經名，爲後代配補。背有古代裱補。護首背有經名與寺院題名“維摩經卷下界”，説明該經爲三界寺所有。

BD03306《灌頂章句拔除過罪生死得度經》：唐寫本，4紙，經黃紙，首殘尾全。有護首，係後代配補。護首有竹質天竿及淺棕色綢縹帶，有紺青紙經名簽，經名模糊不清。護首背有古代裱補，有寺院題名“修”（敦煌靈修寺簡稱）。另有勘記“卅七袠，一”。從勘記可推測古人使用廢弃的《大般若波羅蜜多經》卷第四百六十一的護首配補爲《灌頂章句拔除過罪生死得度經》護首。

7. 加裝拖尾

加裝拖尾也是一種常見的保護修復措施。例如：

BD02557《觀世音經》：唐寫本，首殘尾全。卷首橫向斷裂嚴重，背面有古代裱補多處，有兩塊裱補紙爲社會經濟文書。卷尾裱補紙餘幅較長，作爲拖尾，保護原卷。

BD02619《維摩詰所説經》卷上：唐寫本，經黃紙，首殘尾全。背有古代裱補。卷尾接出補紙，作爲拖尾，保護原卷。

英國國家圖書館所藏咸通九年（868）《金剛經》，卷尾殘，古代修復者利用處理的書狀，剪出燕尾，作爲拖尾，保護原卷。

8. 集綴殘經、兌廢經作爲他用

殘經或兌廢經雖然文獻不完整，但仍有部分利用價值，修復者常常把它們粘接起來，成爲一個新的卷子，便于利用其背面抄寫新的文獻。敦煌遺書中這類例子頗不鮮見，例如：

BD00876《大目犍連冥間救母變文》：977年寫本，本卷將三件殘破的《無量壽宗要經》粘接在一起，利用其背面抄寫變文。

把兩個殘經綴接後另備他用。例如：BD00485《大乘稻竿經》《妙法蓮華經》卷七：分別爲吐蕃統治時期寫本、唐寫本，首脱尾殘，第2紙有餘空，後三紙爲麻紙，與前兩紙紙質不同。

BD00342《雜阿含經》卷三十二：唐寫本。本件將《雜阿含經》《阿毗達磨大毗婆沙論》《中阿含經》等粘接成一卷，天頭題有“吳”“王法律”“鄧僧正”“繼興”“吳孔目”“楊”等人名，或爲原持有者，或爲抄寫者。

BD00473《大般涅槃經》等兌廢稿集綴：歸義軍時期寫本，首殘尾缺，第5、6、8

紙末端均有空白，而且顏色、字體與其他各紙不同。第 2 至 6 紙上邊有墨筆塗畫，第
4、5 紙及 5、6 紙接縫處現殘，且次序顛倒，顯然係將廢卷綴接後另備他用。

BD04724《大寶積經》廢稿綴卷：唐寫本。首殘尾斷。10 紙。本件是由錯抄的
《大寶積經》卷八十三、卷二十八、卷二、卷十、卷二十七、卷二十二、卷五、卷四、
卷二、卷四十八等廢卷、殘卷綴接而成，共有 10 紙。其中兩個"卷二"可以綴合。

BD02721 大般若波羅蜜多經卷二百六十三、卷二百七十四：吐蕃統治時期寫本。
10 紙。首尾均脫。第 9 紙有武周新字"正"。此爲兩個兌廢卷子拼接一起。第一個 251
行，第 2 個 28 行。

敦煌遺書中，此類將廢稿、殘卷綴接的寫卷非常多，其目的一般是利用背面抄寫
其他文書。

9. 修復標記

古人在進行修復時，有時會在卷背做一些記號，以避免粘連錯誤。這些記號爲我
們瞭解古代修復的技藝和程序提供了信息。

BD00323A《阿闍世王授決經》：唐寫本，首全尾殘，有烏絲欄，第 3、4 紙縫背有
古代修復時用古紙粘接。第 3 紙左下邊有朱筆標注"已下'上曰'"，第 4 紙右上邊有
朱筆標注"已上'王雖頻'"，表示第 3 紙可以與第四紙相連接。

BD00323C《尸迦羅越六方禮經》：唐寫本，首尾全，有烏絲欄，背有古代裱補。
第 2 紙左下邊有朱筆標注"已下'至官'"，第 3 紙右上邊有朱筆標注"已上'至
懸'"，爲古代修補經卷時的提示，表明第 2、3 紙之間的銜接關係。

以上我們以國圖藏敦煌遺書古代典型修復實例，依不同類別，分別對其加以簡要
的說明，以期概要展示敦煌遺書中保存的古代修復技法與修復後書籍的面貌。當然，
我們這裏展示的，衹是國家圖書館所藏敦煌遺書豐富的修復實例中的很小一部分，此
外尚有衆多案例值得進一步探討。

五、敦煌寫卷古代修復的初步評價

敦煌遺書古代修復的評價，由專業的修復人員來做自然更爲合適。在此，我們僅
是以非專業人員的眼光，從加裝護首及卷尾、配紙、劃欄補字、糨糊等四個方面作一
粗略的評價。

1. 加裝護首及卷尾

敦煌遺書絕大部分爲卷軸裝，收起時從左端向右卷起，展閱時則從右端打開，這
樣卷子的右端常露在外面，而且因打開的頻率很高，極易污損殘破，因此敦煌寫卷的
卷首大多或殘破或脫落。所以古人修復卷子時，常在卷首綴接一張素紙，作爲護首。
有的在護首前粘裹一根竹條（或茇茇草），竹條兩端與寫卷橫幅相齊，稱爲"天竿"。
在天竿的中間縫綴一根絲帶，用以捆扎寫卷。卷尾邊緣有時加木製的軸，軸的兩端各

露出約 1 厘米，用來卷收經卷，叫地軸。多數敦煌遺書并未加軸，直接卷收。卷尾脫落或殘破後，修復時綴接一段尾紙，作爲拖尾，以保護原卷正文。例如：BD00707《金光明最勝王經》卷六，使用保存完好的《大般若波羅蜜多經》卷第五百八十三的護首配補爲本卷的護首，有竹製天竿，存有縹帶繫孔，但縹帶已佚失。BD00288《金光明最勝王經》卷一、BD01243《金光明最勝王經》卷八、BD02635《金光明最勝王經》卷九等寫卷，卷首均接出一張紙，作爲護首，保護原卷。BD00432《金光明最勝王經》卷一、BD01430《金光明最勝王經》卷二，則有意識地將卷首背面的裱補紙留出餘幅作爲護首，保護原卷。BD02654《金光明最勝王經》卷一、BD05417《金光明最勝王經》卷五均屬配補尾紙，作爲拖尾，以保護原卷。

2. 配紙

配紙是書籍修復的一項重要工序。如今古籍藏量較大收藏機構的修復室都備有各類古籍修復用紙，修復師可根據古籍的紙質、顏色、厚薄以及橫竪紙紋進行配補選擇。如果配紙適當，修復後的卷子宛若天成。反之，即使有高明的技術，經過精工細作，也難協調一致[10]。因此，修復質量的好壞與配紙有密切關係。而敦煌在吐蕃統治時期以及歸義軍時期，紙張匱乏。當時紙張是軍事戰略物資，歸義軍政權曾專門設立軍資庫司來負責紙的管理和支用[11]。

在這樣背景下，道真補經，衹能四處募集廢紙，諸如過期的地契、合同、公文、告示、檔案，以及缺頭斷尾的佛經，都被用來裱補或配補殘破的經卷。因此，修復者手邊有何種廢紙，便用何種廢紙作裱補紙，其配紙基本上是不加選擇的。補原卷殘失的地方時，補紙的紙紋應與原卷紙紋的橫竪一致，這樣既可以使原卷在裱補後協調一致，又可以保持寫卷的平整，而敦煌古代修復者尚未意識到這一點。在修復之前，裱紙應根據原卷破損部位的大小裁剪整齊，而在敦煌寫卷中，很多補紙不整齊，有的是隨手撕就，顯得非常粗糙。找不到裱補紙的，甚至用麻繩連綴。例如：BD00071B《金光明最勝王經》卷一、BD00481《金光明最勝王經》卷二、BD01240《金光明最勝王經》卷四等寫卷，其補紙極爲不規則，隨意撕就，補紙兩端似用手撕裂；而 BD01098《金光明最勝王經》卷六、BD03441《金光明最勝王經》卷九中，所有補紙均剪切整齊，裱補端正，可見其修復之認真。

3. 劃欄補字

殘破的寫經常常缺欄短字，讀起來頗爲不便。如果從閱讀使用的角度來説，缺欄的地方要照樣劃齊補全，新補的欄應與原卷上的欄粗細完全一致。缺字的地方也應根據經文，仿照原書字體補全[12]。而敦煌遺書中有很多寫卷修復後并沒有劃欄補字，且劃欄補字的寫卷質量參差不齊。有的寫卷即利用裱補紙上的烏絲欄，修復時裱補紙上的烏絲欄與原卷上的烏絲欄并沒有對齊，上下左右參差錯落。補字的字體與原卷字體風格相去甚遠，多稚拙，而且還有錯字，表明修復者文化素養較低。如：BD00394《金光明最勝王經》卷一，卷首殘破，最初修復時用長 40 厘米、高 24.2 厘米的補紙，幾乎是通紙托裱，在補紙正面補出殘失的文字，字體拙劣，多有錯字，可見補字者文化水平比較低。卷首補紙下界欄爲補者用毛筆隨意所畫，沒有使用細筆、尺子等工具，欄綫較粗且彎彎曲曲。

4. 糨糊

現代修復時一般使用澱粉製作的糨糊作爲粘合劑，要求糨糊調得合適，寫卷紙質厚則糨糊不可過稀，紙質薄則糨糊不可過稠。糨糊過稠易起皺僵硬，舒卷時易折，而糨糊過稀則補紙易脱落。所以糨糊調得適當與否，與寫卷的修復質量有很大的關係。修復時糨糊要塗得均勻，不宜過多過寬[13]。

敦煌古代修復所用粘合劑經過千年滄桑已經變成褐色，其成分尚需進行科學分析。BD01275《金光明最勝王經》卷二，糨糊直接塗在原卷上，範圍較大，暴露在補紙外面，而且塗抹過多，導致裱補處僵硬。BD01098《金光明最勝王經》卷六，補紙塗抹糨糊過多，造成裱補處僵硬，舒卷不便。BD00068《金光明最勝王經》卷四，背面使用《佛名經》作爲補紙，《佛名經》上有一層褐色的糨糊殘留，可能是修復者原擬《佛名經》正面文字向裏；大概塗抹上糨糊準備裱補時，纔發現文字朝裏，《佛名經》文字將會通過殘破部分顯露在正面，故又決定背面向裏。這樣便造成《佛名經》上有一層糨糊殘留。若此推測不誤，則可據以推知其修復程序：修復者先根據原卷破損情況，剪好若干塊補紙，在補紙上塗上糨糊，然後進行裱補。

整體上看，敦煌遺書古代修復以吐蕃統治時期和歸義軍時期爲主。此時，敦煌與中原的交通極不通暢，其修復匠人無法得到中原高水平裝幀技術與修復技藝的薰陶，水平還比較低下，所注重的僅是牢固耐用的實用性，尚未注意美觀。但是，吐蕃統治時期和歸義軍時期的修復技藝相比前代亦有所創新和發展，如部分背面裱補所使用的粘合劑柔軟無色，説明粘合劑已經改進；粘合方法有所改進，估計使用了隔糊；補紙紙紋與卷子卷收方向一致，有利于寫卷的卷收。特別是 BD06375 尾紙背面中部粘貼的長紙條，可能是用來粘裹方圓形木杆的，這是我們迄今所見到的最早的具有橫向懸掛功能的裝幀形式。BD03437《無量壽宗要經》、BD05453《四分比丘尼戒本》卷尾所繫麻繩與其有异曲同工之妙，值得進一步探討。

【本文係國家圖書館科研項目"國家圖書館藏敦煌遺書專題研究"（NLC – KY – 2009 – 09）階段性成果】

（本文撰寫過程中得到劉波博士幫助，謹此致謝！）

注釋：

① 施萍婷：《三界寺·道真·敦煌藏經》，《敦煌學國際研討會文集·石窟考古編（1990年）》，遼寧美術出版社，1995年，178—210頁。

② 榮新江：《敦煌藏經洞的性質及其封閉原因》，《敦煌吐魯番研究》第2卷，北京大學出版社，1997年，23—48頁；榮新江：《敦煌藏經洞的原狀及其封閉原因》，《敦煌學十八講》，北京大學出版社，2001年，75—95頁；榮新江：《再論敦煌藏經洞的寶藏——三界寺與藏經洞》，《敦煌學新

論》，甘肅教育出版社，2002 年，8—28 頁。

③ 榮新江：《敦煌學十八講》，北京大學出版社，2001 年，80 頁。

④ 同注③，86—87 頁。

⑤ 同注③，83 頁。

⑥ 同注③，86 頁。郝春文先生在《二十世紀的敦煌學》（上海古籍出版社，2006 年）中，對榮新江教授推測藏經洞可能是道真當年搜羅古壞經卷、修補佛典的儲藏所提出兩點質疑，一是"據斯坦因回憶，藏經洞發現時，洞內堆滿了各種典籍，兩個人進去，就沒有剩餘空間了。在這樣一個狹小的空間內，堆放了六萬多件各種典籍，從中查找一部佛經恐怕都十分困難，要想在其中從事修補佛經工作就更不容易了"。按，實際上榮新江教授的觀點很明顯，藏經洞在道真及其以後的一段時間內作爲搜羅古壞經卷、修補佛典的儲藏所，1006 年于闐佛教王國爲信奉伊斯蘭教的黑韓王朝所滅，纔促使三界寺將所藏經卷、絹畫等神聖物品封存于藏經洞。據此，在 1006 年以前，藏經洞并沒有存放這麼多的典籍，作爲一個儲藏所并不狹小。二是"方廣錩曾指出有的佛典上沾有鳥糞，如果藏經洞是道真的工作場所，自然不會允許鳥兒以此爲巢"。按，我們根據道真在 BD14129 寫卷上留下的發願文可以推測道真修復的佛典以及所用的修復材料來源的廣泛性，我們不能排除，這些鳥糞是隨着搜羅的古壞經卷一起進入藏經洞的。

⑦ 鄭炳林：《晚唐五代敦煌三界寺藏經研究》，《西北第二民族學院學報》2004 年第 2 期，12—17 頁。

⑧（北齊）魏收：《魏書》卷五十二，中華書局，1974 年，1160 頁。

⑨ 王惠民：《國圖 B. D. 09092 觀經變榜題底稿校考》，《敦煌研究》2009 年第 5 期，1—7 頁。

⑩ 肖振棠、丁瑜：《中國古籍裝訂修補技術》，書目文獻出版社，1980 年，29 頁。

⑪ 盧向前：《關于歸義軍時期一份布紙破用曆的研究》，《敦煌吐魯番文獻研究論集》第 3 輯，北京大學出版社，1986 年，394—466 頁。

⑫ 同注⑩，36 頁。

⑬ 同注⑩，21—23 頁。

（作者單位：國家圖書館古籍館）

國家圖書館敦煌遺書修復
在古籍修復事業發展史上的承上啓下意義

胡　泊　薩仁高娃

内容提要：敦煌遺書大多破損嚴重，修復工作改善了其保存狀態與整理研究進程。國家圖書館對敦煌遺書的修復，積累了豐富的經驗，在古籍修復史上具有承上啓下的意義。敦煌遺書修復項目確立的古籍修復四項原則，爲此後西夏文獻、西域文獻、三件早期印刷品等珍貴文獻的修復所采用，并成爲古籍修復行業通行的原則，推動了我國古籍修復事業的科學化、規範化和持續發展。

關鍵詞：敦煌遺書　古籍修復　國家圖書館

1910 年劫餘敦煌遺書自甘肅運至京城，入藏京師圖書館（國家圖書館前身），在百餘年的整理與研究過程中，國圖敦煌遺書的修復一向爲古籍修復界和敦煌學界所關注。其修復的成功與否，直接影響着敦煌遺書的壽命以及整理研究進程。2020 年正值敦煌藏經洞發現 120 周年暨敦煌遺書入藏國家圖書館 110 周年，回顧國圖藏敦煌遺書的修復保護歷程，總結其在古籍修復事業發展史上的特殊意義，很有必要。

一、敦煌遺書修復項目之前國圖的古籍修復工作——"整舊如舊"修復原則的提出

國圖古籍修復史上，具有開創意義的工作是《趙城金藏》的修復。《趙城金藏》是金熙宗皇統年間（1141—1149）潞州（今屬山西長治）民女崔法珍在山西、陝西部分地區斷臂化緣、募資所刻漢文大藏經。因發現于山西趙城（現已并入洪洞）廣勝寺，故稱之爲《趙城金藏》。1942 年春，侵華日軍企圖搶劫這一稀世珍寶，八路軍某部聞訊後派員夜入古刹，連夜將經卷運出，避免了這批文獻被日寇奪掠。1949 年 4 月 30 日，這部《大藏經》被運送到北平圖書館（今國圖）入藏。由于這部佛教典籍曾長時間存放于潮濕的煤窯中，大半黴爛破碎，已無法展卷閱讀，必須進行全面的搶救性修復。北平圖書館接收《趙城金藏》後不到一個月，即向中國人民解放軍北平軍事管制委員會文化接管委員會遞交了"擬具增設技工四人（技工二人、學徒工二人）整理趙城藏"的呈文。此時的北平圖書館祇有 4 名修復人員，難以滿足平時的修復任務，《趙城金藏》的修復工作更無從談起。很快，北平圖書館的請示得到了上級批準，從此開始了《趙城金藏》的修復工作。

《趙城金藏》修復之初，國圖修復部門明確地將"保持古籍原樣"作爲修復目標，而"保持原樣"即是當前公認的"整舊如舊"修復原則的早期表述形式。

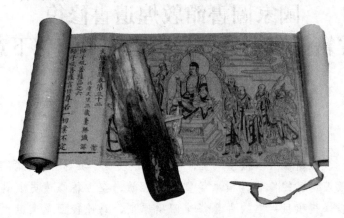

圖1　《趙城金藏》修復前後對比

　　從修復步驟來看，國圖對《趙城金藏》的修復基本保留了其原始裝幀形式，這對于古籍版本研究者而言意義重大。這次修復耗時長達 10 餘年，最終讓破壞嚴重的佛教典籍重新獲得了生命。當然從今天的角度來看，當時的修復尚存許多不足："一、部分經卷被換掉了褙紙；二、很多經卷被全卷托裱，使經卷大大加厚；三、經卷上下兩邊被裁齊，使原有的紙張受損；四、部分經卷的天地杆被換下，影響了修復效果；五、記錄修復工作沒有留下任何的文字記錄和圖片資料。國圖收藏的《趙城藏》一共有 4800 多卷，其修復過程長達 16 年，而前前後後沒有留下一個字的工作記錄、一個字的檔案，這對于國內第一個大型文物修復工程來說，不能不說是一個遺憾。"[①]因此，《趙城金藏》的修復雖然大體上遵循了"整舊如舊"的修復原則，但囿于當時的客觀條件和修復理念，在具體操作過程中，仍然未能完全保留文物的原始信息。事後發現的這些修復缺陷，在國圖敦煌遺書的修復工作中一一得到了修正。

二、敦煌遺書修復——四項修復原則的形成

　　國圖藏敦煌遺書達 16579 號，寫卷長度爲世界各大藏家之首。敦煌遺書作爲中古時期寫本時代的遺物，時間跨度長，爲我們留下了各種不同時期、不同地域、不同原料的紙張，爲我們研究中國造紙術的産生與發展提供了珍貴資料。采用不同裝幀形式的敦煌遺書，也展示了中國古代早期書籍裝幀形式的發展演變過程。但是這批極具價值的珍貴文獻由于年代久遠，在民國戰亂中長期處于顛沛流離、秘密封存狀態，入藏國圖後也長期保存在幾十個戰備木箱中，限于當時的條件，一直未能得到較好的保護和修復。整體面貌較爲殘破：有的卷子紙張老化，影響展閱；有些卷子曾被泥土、油脂、水侵蝕，造成紙張脆硬或糟朽。因此，大量的敦煌經卷急需搶救性修復。

　　1991 年 3 月，在時任館長任繼愈先生的領導組織下，敦煌遺書的修復工作被列入國圖"八五"期間重點工作。這是國圖繼修復《趙城金藏》後，第二個大規模的文獻

修復項目。此次修復成果在國圖古籍修復史上具有十分重要的意義。因爲其與之前修復《趙城金藏》有着極大的不同，不再是一開始便憑藉傳統經驗進行大規模修復，而是經過反復討論、實驗和總結，充分調研國際上敦煌遺書修復方法的利弊，明確修復原則後，纔啓動了實際修復工作。當時國圖善本特藏部（現古籍館）古籍專家冀淑英先生首次提出"搶救爲主、治病爲輔"的指導方針，要求在整治敦煌遺書時突出重點，解決了修復破損古籍的先後問題，使修復工作由無序變有序，也標志着古籍修復開始向科學化邁進。

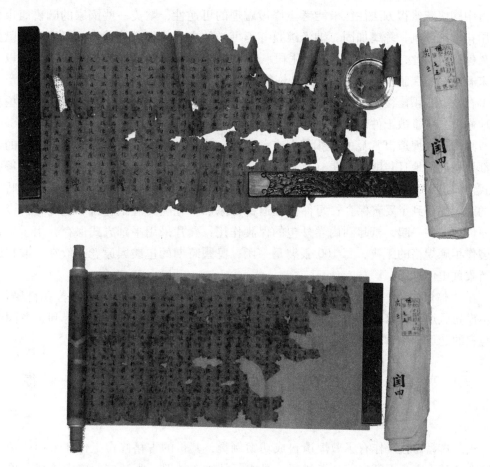

圖2　敦煌遺書修復前後對比

敦煌遺書具體修復原則爲以下四點：

1. 在指導思想上，嚴格貫徹"整舊如舊"的原則，儘可能保持寫卷原貌。

此前《趙城金藏》更換褙紙、裁齊經卷上下兩邊、更換天地杆、整卷托裱等方式，在敦煌遺書的修復中都摒弃不用。另外，對"整舊如舊"的概念也不能片面理解成爲恢復到某年代的原始狀態，而是保持目前所看到的狀態，使其不再發生改變。

2. 在修復方法上，堅決摒弃傳統的通卷托裱方式，采用以局部修補爲核心的全新修復方法，即"最少干預"。

253

這種做法，一方面可保護卷子背面的信息，另一方面做到最少干預原則。在具體操作中，雖没有通卷整托，但仍然在没有軸杆的卷子上加了新軸，用來確保卷子不會因受到外力擠壓、得不到支撐而發生斷裂損壞；同時選用質地結實又有一定年份的乾隆高麗紙作爲包首，將卷子虛卷起來，最大限度保護卷子。

3. 在外觀效果上，要求修復時附加的裱補紙比原卷略淺，以此對補紙和原卷加以區分，目的是避免過度修復而干擾原有信息，妨礙後人的研究。

4. 在保留處理上，要求修復工作本身是可逆的。

中國傳統修復方法往往未能考慮修復處理的可逆性，歐美一些國家的圖書館也曾使用化學粘合劑、絲網加固、納米鍍膜等不可逆的方式修復敦煌遺書，影響了文獻的長久保存。因此，要求所有的修復手段、修復材料均不會對原件造成任何損害，以備將來有更好的保護技術出現，可隨時恢復修復前原貌。

在以上四項修復原則的指導下，國圖使用中國傳統修復技法，歷經 20 餘年，搶救性地修復完成了數千件破損嚴重的敦煌遺書。

國圖藏敦煌遺書常見的破損情況有：毛邊、破口、缺損。修復後，原來破損的地方都用相近質地且無酸的紙張（構皮紙、桑皮紙）補好，毛邊處也通過粘接寬紙邊的方式使其得到完整留存；原卷的裝幀形式、正反面文字信息、卷軸乃至前人綴合時所用的綫繩都得到了妥善保存；每件敦煌遺書都添加了乾隆高麗紙包首和拖尾，但没有與原件粘連在一起，衹起到内卷外包的保護作用；殘片采用平鋪方式保存，用手工宣紙製作相應規格的紙夾，每 100 張裝爲一函；民國時期的包裝與原卷存放在一起，以存留收藏史信息。

在"整舊如舊"理念的基礎上，敦煌遺書修復原則得到了進一步完善和科學化。這不僅對敦煌遺書修復工作意義非凡，同時也適用于所有古籍的修復，得到了各國修復專家的認可和讚賞，在古籍修復史上具有承上啓下的意義。

三、敦煌遺書修復項目之後國圖的古籍修復工作——修復技藝的更加完善與靈活運用

國圖古籍修復工作有了敦煌遺書成功案例後，其後的古籍修復工作在采用四項修復原則的基礎上，不斷完善修復技藝，根據藏品實際情況，靈活使用修復手段，更加注重修復與研究的有機融合。

（一）西夏文獻的修復與修復檔案的建立

國圖是西夏文獻藏量較多的機構之一，所藏西夏文獻主體是寧夏靈武西夏文佛經。入館之始，這批西夏文獻破損嚴重，需進行修復方可爲學界服務。爲保護這批珍貴文獻，促進西夏學的進一步發展，2003 年，國圖善本特藏部在敦煌遺書修復期間，對館藏西夏文獻也進行了全面修復。

西夏文獻的修復，從調研、論證到修復完成，歷時一年。期間除在修復指導方針

上嚴格遵循古籍修復四項基本原則之外，其創新突破有以下幾點：

1. 對西夏文獻用紙進行了紙張纖維檢測

在修復工作開始前，提取西夏文獻的紙樣（取已經脫落的無文字殘渣），利用顯微鏡和紙張纖維分析系統進行了紙張成分分析。這一操作有助於修復人員更加科學地選用修復材料，直接影響到文獻修復後的品質。以往修復人員選擇修復材料，主要用眼看、手摸，憑藉經驗選擇。經驗固然重要，但如果有更客觀的科學技術輔助支持，會讓這一工作事半功倍。而且在此次紙張檢測中發現，西夏文獻所用紙張中，除了麻紙、皮紙之外，還有竹紙。這說明，紙張分析不僅有助於準確選擇修復配紙，也能爲研究西夏的經濟、文化發展提供客觀資料。

2. 建立電子修復檔案

20 世紀修復《趙城金藏》時，沒有建立修復檔案，留下了巨大的遺憾。因此在西夏文獻修復過程中，在修復敦煌遺書時留下的圖文并茂的修復記錄的基礎上，建立了用電腦管理的"古籍修復檔案管理系統"。主要包括三個方面的內容：文獻參數（尺寸、酸鹼度等）及修復前破損狀況的文字記錄、修復前後的數碼影像記錄、紙張纖維檢測結果（紙張纖維圖）記錄。存入資料庫的電子檔案可隨時調出，留下了寶貴的參考資料和研究信息。

3. 專家全程參與

這批文獻的裝幀形式全部爲經折裝，但大多折口部分已經斷裂。褙紙上保存有大量文字，其中有的被印刷史專家們認爲可能是最早的泥活字和木活字印刷品。特別是從數層相粘的書皮紙上發現了多種文字的文書資料，對西夏學研究有重要價值。而如何做到既能將文獻完整呈現，又能保持其原有面貌，成爲修復西夏文獻的難點。另外，西夏文字早在清代就成了幾乎無人能識的"死文字"，文獻的排列順序及殘片的準確歸位也是難點之一。針對這些問題，當時善本特藏部請來西夏文專家史金波先生，從修復方案的制定、修復用紙的選擇，到最後殘片的處理，都認真聽取了史先生的意見。修復方案自始至終有專家參與，在國圖修復史上還是第一次，意義重大。實踐證明，這對于修復工作十分有利。

4. 修復方法靈活

在修復技術方面，始終運用傳統修復方法。針對部分西夏文獻前人用有文字的紙作爲托裱紙，處理方式是將托紙揭開，拍照後再進行歸位。這樣一來方便向專家學者提供文獻內容，二來保持了文獻原狀。

這批文獻中還有大量封面是用帶有文字的紙張層層裱糊而成，將其逐葉揭開後，發現其上書寫或刻印有西夏文和漢文文獻。其中漢文文獻包括大量的佛教文獻，是研究西夏佛教的重要資料。所以對封皮紙板中寫有文字的裱糊紙，採用兩種處理方式：一是將部分書冊封皮紙板層層揭開，按殘片形式編號裝訂成册；二是將紙板中有文字的紙張揭開掃描，然後再將其復位。

經過努力，館藏西夏文獻修復工作歷經一年時間得以順利完成。爲修復 2015 年新購藏的西夏文獻奠定了良好的基礎。

（二） 西域文獻的修復與鑲接法的運用

國圖自 2005 年起，先後 6 次自和田等地徵集入藏西域文獻近千件，建立了 "西域文獻專藏"。這些文獻年代從 4 到 10 世紀，跨度長達 600 年；文種衆多，有漢文、梵文、佉盧文、于闐文、龜茲文、突厥文、猶太波斯文、藏文等；内容豐富，涵蓋政府文書、私人信札、契約、典籍、佛經等，爲絲綢之路歷史文化、中國對外關係史等研究領域帶來了新的研究課題，提供了珍貴史料。然而，西域文獻入藏時狀況不佳，尤以紙質、絹質及樺樹皮文獻爲甚。大部分紙質文獻存在髒污、殘損、揉皺等問題，如不進行修復保護，很難提供學者們研究利用。經與文獻研究專家、古籍修復保護專家共同研究，國圖古籍館文獻修復組制訂了穩妥的修復方案，對紙質、絹質文獻進行了全面修復，并進行了紙張檢測。與此同時，國圖組織製作了木質文獻的裝具，大大改善了西域文獻的保存狀態。

文獻入藏之初，國圖古籍館邀請西域文獻研究專家和古籍修復專家，就如何進行保護和修復展開商討。專家們在考察文獻入藏狀況的基礎上，明確強調了修復的基本原則，即對文獻進行有效保護的同時，最大限度地保留文獻入藏時的原貌，保留文獻表面遺留的歷史信息。具體有兩個方面的要求：（1）對于文獻表面的污迹，如不會造成文獻的繼續損害，則不必去除；（2）對編號不同但可以綴合的殘片，修復時不進行綴合處理，按原編號分別修復、保存，而將綴合工作留到下一步的文獻研究環節中進行。

根據修復原則和文獻研究專家的指導，結合西域文獻的時代、出土地點、載體材質、保存狀況等方面都與敦煌遺書殘片有較多的共同點，在制定修復方案的過程中，充分參考了國内外敦煌遺書殘片的修復手段，最終采用國圖修復敦煌遺書殘片的方法進行修復，并對技術手段稍作完善。具體包括常用的除塵、去污、展平、補破、綴合、鑲接、壓平、存放等步驟，采用改良之後的紙夾存放法保存修復後的殘片。其中鑲接法是此次修復中采用的一種新方法，它有效地解決了殘片殘損邊緣字迹的保護問題，同時展閱正背兩面文字也不受影響。

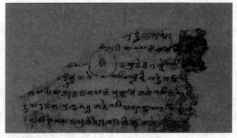

圖 3　西域文獻修復前後對比

西域文獻的修復堪稱典範，在敦煌遺書、西夏文獻的修復經驗基礎上，又有了很大的突破：

1. 文獻研究專家的全程參與指導

此次修復，國圖邀請北京大學段晴、榮新江、薩爾吉、葉少勇等文獻研究專家全程參與，并進行指導。如前如述，在制定修復方案時，專家即建議在不影響文獻保護的情況下，最大限度保留其入藏時的原貌，保留文獻上遺留下來的歷史信息。在制定修復方案、修復細則及技術路綫時，都嚴格按這一要求進行；修復過程遵照"修舊如舊"的原則；使用材料相似但有明顯區別，修復過程可逆；修復方法不對文物造成進一步破壞。修復後的殘片表面顏色未變，基本保留了文獻入藏時的原貌；整體面貌則大爲改觀，外觀乾净、平整，裂口和殘洞都已補牢，強度增加，有利于文獻的長期保存。能取得這樣的成果，與文獻專家的參與是分不開的。

國圖藏西域文獻大多殘損嚴重，有的嚴重扭曲；而西域文獻語種衆多，修復人員不能辨識梵文、佉盧文、于闐文等寫本殘片，無法參照文字筆迹進行部件重定、紙屑綴合等工作，這都需要文獻研究專家的指導。段晴教授及其研究團隊在這方面給予了很多支持和幫助。修復人員碰到殘片綴合、紙屑復位等類似問題，便將圖片發給段晴教授，請其指導、確認；薩爾吉、葉少勇老師還曾專程到訪國圖古籍館文獻修復室，現場指導綴合、復位等工作。這方面的密切合作，避免了修復工作的失誤，提高了修復工作的品質，達到了比較理想的效果。

2. 對于"最少干預"原則的準確解析

"最少干預"原則是指導古籍具體修復工作的一條非常重要的原則，它要求修復工作應盡可能少地改變古籍修復前的原貌，這意味着古籍修復工作始終要控制在最小範圍，要最少量地添加修復材料，避免過度修復。

貫徹"最少干預"的修復原則，也要防止片面、機械的理解，即走向"不干預"的極端。就西域文獻殘片而言，殘片保存在紙夾中，可能會有一定幅度的移動，造成殘片邊緣磨損。尤其是邊緣寫有字迹的殘片，可能會造成文字筆劃的損傷。翻轉移動殘片時，特別是翻動雙面書寫的殘片時，不可避免會用手或鑷子接觸殘片。因此，基于對文獻保存安全的考慮，在修復時，修復人員采用鑲接法對殘片進行修復。

需要特別説明的是，鑲接法本身是可逆的，殘片四周鑲接的皮紙可以很方便地隨時去除，恢復修復前的原貌，本身并不會對文獻產生損害。遵循"過程可逆"原則的鑲接法，確保了文獻原貌得以完整保存，從另一個角度實現了"最少干預"原則。

3. 建立完備的殘片修復檔案

在以往的修復工作中，詳細的殘片檔案記録是比較缺乏的。國圖開發的古籍修復檔案系統資料庫，初步彌補了這一缺憾。該資料庫還可以將所有資料打印出來，以紙質形式保存，提供參考。建立古籍修復檔案系統資料庫的做法已得到國内同行的認可，正在逐漸向全國推廣。西域文獻殘片修復檔案是這方面的一個成功樣例。

4. 修復案例的編輯出版

西域文獻紙張、形制、文字及破損狀況等特殊性，恰好可以比較全面地涵蓋古籍修復的不同類型，這一修復案例因此具有更廣泛的參考價值。西域文獻的修復全過程都有詳細記録，爲方便業界借鑒，國圖編纂了《國家圖書館藏西域文獻的修復與保護》，2017 年由國家圖書館出版社出版。

（三） 三件早期刻本佛經的修復與先進儀器設備的介入

2015 年，國圖入藏了三件唐末五代時期刻本佛經：後唐天成二年（927）刻本《佛説彌勒上生經》、晚唐至北宋初刻本《金剛經》和《彌勒下生經》。三件刻本均爲卷軸裝，修復工作依舊采用了敦煌遺書修復原則，并結合先進儀器設備，修復工作又有了較大的突破：

圖 4　後唐天成二年《佛説彌勒上生經》修復前後對比

1. 古籍保護重點實驗室發揮重要作用

此次佛經修復工作，依托文化和旅游部古籍保護重點實驗室的先進儀器設備，由國圖的青年古籍保護修復人員獨立完成了佛經原件及補紙紙張成分檢測、佛經用紙塗布材料分析、原件與補紙色差分析等一系列檢測工作，體現了國圖古籍修復工作向更深更廣領域發展的趨勢，也全面展示了新一代古籍保護修復人員的綜合科研能力。

2. 補紙自行抄造

爲進一步提升修復效果和修復效率，此次修復過程中，首次嘗試將自行抄造的修復用紙用于藏品修復。修復人員首先采集了佛經原件用紙的纖維成分、紙張厚度、簾紋寬度等指標參數，之後自主開展修復用補紙小樣的抄製實驗。在取得滿意的效果後，聘請專業抄紙技師，按照修復人員提供的纖維成分配比、紙藥用量、簾紋樣式等相關指標參數，采用古法手工造紙工藝批量抄製修復用補紙。采用這種方式配置修復用紙，一方面大幅提升了修復用紙與藏品原件的匹配度，同時節省了修復人員用于尋找理想補紙的時間，提高了修復效率。

3. 裝具的改良

在吸收敦煌遺書裝具式樣優點的基礎上，針對這三件佛經的具體特點，采用了更爲科學合理的夾套收納形式，既保留了佛經原有的細木杆，同時又避免了由于卷尾收卷過緊造成新折痕的問題。

四、結語

　　國圖藏敦煌遺書的修復工作，在總結《趙城金藏》的修復技藝和經驗得失的基礎上，提煉出修復工作的四項原則：整舊如舊、最少干預、修復用紙區別明顯、過程可逆，成功修復了亟待搶救的數千卷敦煌遺書。這四項修復原則，爲其後的西夏文獻、西域文獻、三件早期刻本佛經等珍貴文獻修復項目完整采納。通過敦煌遺書修復工作培養出來的一批修復師，現已成爲國圖古籍修復工作的中堅力量，一次次高品質地完成了重要古籍修復任務。敦煌遺書修復在國圖乃至國內外古籍修復事業發展史上具有重要的承上啓下意義。

注釋：
① 杜偉生：《〈趙城金藏〉修復工作始末》，《國家圖書館學刊》2003 年第 2 期，59 頁。

（作者單位：國家圖書館古籍館）